日本侵華甲午大屠殺全纪录

李国俊 著

中国文史出版社

图书在版编目（CIP）数据

日本侵华甲午大屠杀全纪录 / 李国俊著 . -- 北京：中国文史出版社，2017.12

ISBN 978-7-5034-9166-5

Ⅰ . ①日… Ⅱ . ①李… Ⅲ . ①中日甲午战争 – 史料 Ⅳ . ① K256.306

中国版本图书馆 CIP 数据核字（2017）第 083693 号

责任编辑： 刘　夏
封面设计： 陈欣欣

出版发行： 中国文史出版社
网　　址： www.chinawenshi.net
社　　址： 北京市西城区太平桥大街 23 号　**邮编：** 100811
电　　话： 010–66173572　66168268　66192736（发行部）
传　　真： 010–66192703
印　　装： 廊坊市海涛印刷有限公司
经　　销： 全国新华书店
开　　本： 16
印　　张： 28
字　　数： 390 千字
版　　次： 2018 年 1 月北京第 1 版
印　　次： 2018 年 1 月第 1 次印刷
定　　价： 78.00 元

目 录

侵略篇

旅顺大屠杀篇

殉国篇

败类篇

国耻篇

台湾篇

战犯篇

代 序

甲午国殇 痛定思痛
从中日甲午战争到太平洋战争

尽管日本发动甲午侵华战争已经过去了一个多世纪，但这场战争留在中国人民、中华民族心灵上的创伤是刻骨铭心、千年难忘的。

中日甲午战争，是日本帝国主义强盗强加在中国人民头上的空前大灾难和民族奇耻大辱，中国人民永远不会忘记日本欠下的这笔大血债。

全书分阴谋篇、侵略篇、旅顺大屠杀篇、殉国篇、败类篇、国耻篇、台湾篇、战犯篇共 8 篇 48 章，约 50 万字。对甲午战争的起因、发展、结束、签订《马关条约》、台湾人民抗日斗争、战犯罪行作了较为翔实的记述，对整个战争进程进行了评述和研究，并较深入地分析和总结了多层面的经验和教训。

前事不忘后事之师，甲午国殇，痛定思痛。

这场中日甲午之战，从表面上看，从近期看，是日本的胜利、中国的失败，但从本质看、长远看，则正相反。被胜利冲昏头脑的日本侵略者，根本就不会想到，甲午战争正是日本由胜利走向失败再走向灭亡的开端；而对于中国则是从失败走向复苏再走向胜利的开端。这已为之后 50 年的历史所证实。

日本亡华之贼心不死

日本发起甲午战争的战略，是要一举消灭中国，而不仅仅是侵占几块领土。消灭中国，是日本明治天皇睦仁登基不久就确定了的侵略方针，并定为日本的国策。睦仁军国主义侵略集团为实现这一狂妄野心，精心策划，阴谋出尽，紧锣密鼓地准备了26年，于1894年夏（甲午年）动手。睦仁宣称此战一定要打胜，打到北京去。日本侵略军在占领了中国辽东半岛和山东半岛威海之后，侵华死硬派、侵华日军第一军司令官山县有朋，就急不可耐地提出要向北京进军，打下北京，消灭中国。老奸巨猾的内阁首相、睦仁侵华集团的核心人物伊藤博文却意见相反，不同意攻打北京，提出先抢夺台湾澎湖。理由是如果打下北京，必然招来列强的干预，到头来日本不一定能够得到多少好处，与其如此，不如拿下台湾更为实在。伊藤估计，列强在台湾的利益不大，拿下台湾不会有多大麻烦。天皇睦仁同意了伊藤博文的主张。所以就出现了将山县有朋调离侵略军第一军回国之举。侵华日军将侵略矛头转向了台湾。

甲午战争结束时，尽管日本只夺得台湾、澎湖列岛及其附属岛屿，抢到白银二亿三千万两及攫取到许多特权，没有实现占领全国消灭中国的战略目标，但是，日本亡华之贼心并未死，准备以后重来。以后50年的历史证明，日本一直没有停止过对中国的侵略阴谋，并一步一步地实现之。直至1937年7月7日卢沟桥事变发动全面侵华战争，日本侵占了中国的大半部江山和主要大中城市。

甲午战争——日本消灭美国的前哨战

日本消灭了中国是不是就会停止侵略了呢？否。日本要消灭的不仅仅是一个中国，它要的是整个世界。

日本之所以一心要消灭中国，为的是要消灭美国，从而征服世界。甲午战争的直接近期目的是消灭中国，而长远终极目的是消灭美国。因此说，甲午战争是揭开了日本消灭美国战争的序幕，是日本为消灭美国进行的前哨战。

为什么日本要消灭美国？因为日本的野心膨胀到要征服全世界，称霸于世界“四方”。日本把美国看成了它征服世界的主要障碍，因此日本将消灭美国定为征服世界的“先决”关键，只有消灭了美国，日本才能征服世界。这一关键问题在以后的《田中奏折》中说得十分清楚。

不过直接动手消灭美国这一重要步骤，从1894年甲午战争算起，日本一直耐心地等待了47年之久，终于在1941年才动手，偷袭珍珠港，发动太平洋战争，妄图一举歼灭美国海军有生力量，日本的舰艇直达美国西海岸，登陆占领美国。这个甜蜜的美梦被粉碎后，日本彻底走向了灭亡。

日本图谋征服世界的贼心由来已久。早在16世纪末的1592年，日本统治者丰臣秀吉首次提出了征服世界的战略方向，并有实际行动。丰臣秀吉发动了侵朝战争，实即侵华战争，企图通过朝鲜这个跳板进侵中国，消灭中国之后继续进军印度，消灭印度，直破欧洲，“统一天下”。此次侵朝战争遭到失败，使日本这个“蛇吞象”的狂妄图谋未能得逞。

到了明治天皇睦仁登基，睦仁忠实地继承了丰臣秀吉“灭亡中国、征服世界”的衣钵，提出要“开拓万里波涛，布国威于四方”，要向世界“开拓疆土”。这个“消灭中国、征服世界”的“四方”主义，在睦仁手上得到了初步实施，他发动的甲午侵华战争劈开了中国的大门。

明治之后，统治日本的天皇裕仁，忠实地继承了睦仁的遗训，更加疯狂地推行“消灭中国、征服世界”的“四方”主义。他于1940年发出的天皇诏书中提出，要“弘扬大义于全宇，缔造世界为一家”。

甲午战争32年后的1927年，日本首相田中义一于是年6月27日至7月7日共11天，召开了一次秘密特别会议，后称“东方会议”。在这次会议上详细地研究了侵占满蒙、消灭中国、征服世界的细致方案。会后田中义一将此次会议的密谋写成了一个长篇奏折向裕仁天皇报告，称之为《田中奏折》。田中义一在奏折中十分明确地提出了征服世界的战略方针和实施路线图，他指出：

“……必须以‘铁与血’之政策方能拔除东亚之难局。然欲执行铁与血政策，则美国必受支那以夷制夷之煽动起而制我。将来欲制支那，必以打倒美国势力为先决问题，与日俄战争之意大同小异。欲征服支那必先征服满洲；如欲征服世界必先征服支那。”“此乃明治大帝之遗策，亦是我日本帝国存在之必要条件也。”这句话说明，消灭中国、消灭美国、征服世界的构想，在睦仁执政时就已经有了。

《田中奏折》强调要打美国，提出：“然我国为独立计，不得不与美一战，以警示支那及世界。”“美国虽有雄大之海军，支那虽有众多之陆军，赤俄虽有众多之军兵，终必无奈我何。”

睦仁提出的征服世界的“四方”主义，在《田中奏折》中得到完整的发挥。《田中奏折》特别强调必须与美国一战，必须以“打倒美国势力为先决”，而且还以1904年的日俄战争打败俄国为例来证明日本可以战败美国。这时，可以看到日本征服世界要先消灭美国的野心与决心。

日本完全按照《田中奏折》中的战略路线图，分四个步骤实施征服世界的罪恶战略：

1894年，发动甲午侵华战争，打开中国的大门；

1931年，发动“九一八”侵入中国东北；

1937年，发动全面侵华战争；

1941年，偷袭珍珠港，发动太平洋战争，拼打美国，妄图一举消灭美国海军的有生力量，占领美国，征服世界。

日本败了，无条件投降，“四方”主义彻底破灭，日本军国主义灭亡。

美英扶助日本的恶果

日本提出的“消灭中国、打倒美国、征服世界”的“四方”主义，美国和英国长时间不为所动，置若罔闻，甚至帮助日本侵略中国。

甲午战争前，1874年，日本首次入侵台湾就勾结美国。日本要美国驻中国公使德隆，为其提供有关台湾的情报。在德隆的帮助策划下，一名熟悉台湾情况的美国驻厦门领事、一个很反动的特务分子李仙得，被特意引荐给日本当顾问，此人为日本侵占台湾起了非常恶劣的作用。美国还为日本侵台军队提供运输船只。

英国则更加帮助日本侵略中国。甲午战争前夕，日本极力向英国献媚，依靠拉拢英国。而英国则利用日本来制约俄国。英国尽力照顾日本，给日本解除原先签订的不平等条约，重新订立有利于日本的新条约，使日本得以挤入列强行列，与英国平起平坐。英国金伯理勋爵对日本驻英公使青木周藏说：“这个条约的性质，对日本来说，比打败清国的大军还远为有利。”另外，为在朝鲜撤军的中日谈判中，英国极力偏袒日本。而日本则尽量利用英国，打压中国，制约俄国，发展自己。青木周藏在致外相陆奥宗光的密函中说道："我首先尽可能把英国和清国加以离间，得奏其功。""金伯理氏欣然认可我所主张的论点。""我千方百计，好容易把斗大的鱼捕入网。"

然而，甲午战争47年之后，昔日狼狈为奸的好友变成了仇敌，日本对美国、英国发难了。

1941年，日本偷袭珍珠港，炸死几千名美军官兵，炸沉多艘海军军舰，炸毁物资无数，美国遭受日本的沉重打击，损失惨重。接着日本发动了太平洋战争，企图一举歼灭美国海军的有生力量。随着战争的发展，尽管美国打赢了，但美国海军受到了重创，损失非常惨重，空军损失也极大。太平洋一战，美国付出了非常惨重的代价。

日本打美国是下了决心的。日本太平洋海军统帅山本五十六发誓：此战决心要歼灭美国海军，将胜利战果向天皇报喜。

英国也受到了日本的"重礼"。珍珠港偷袭之后，日本立即扫平了东南亚，占领中国香港。在中国香港，日本俘虏了英军15000人。紧接着缅甸一战，日军打得英军死伤枕藉，落荒而逃，英军被俘官军好几万人。日本将英国战俘押解去当苦力，其中被杀、被虐惨致死的有数万人，剩下的也都瘦骨嶙峋、奄奄一息。这些幸存下来的英国战俘，至今忘不了日军的兽性暴虐。

日本根本瞧不起美国、英国，把美国人、英国人称作狗。在美英字旁加上一个"犭"字旁，成为"渼"国，"猤"国。

美国、英国根本不知道，日本甲午打败中国要了中国的命，同时也是在要美国的命，要英国的命。

从甲午战争起，在长达半个世纪的日本侵华恶行中，美国、英国一直漠然视之，总认为这是日本与中国两个国家之间的事，美国、英国可以不问，隔岸观火，作壁上观。直至1941年日本突然偷袭珍珠港，炮弹对准了美国，美国才恍然大悟，但为时已晚。从甲午战争到太平洋战争爆发，美国失去了47年的宝贵时间，付出了沉重的代价。

美国、英国两位东郭先生，不识中山狼的真面目，只能咎由自取。

日本军国主义复活的警示

当今的美国似乎得了健忘症，忘记了偷袭珍珠港（18 艘军舰沉没，347 架飞机被炸毁，炸死美军 2403 人），忘记了太平洋战争，忘记了在对日作战中牺牲的多少万美国军人、被杀死的多少万骨肉同胞，忘记了日本给美国造成了多么惨重的灾祸创伤，更忘记了罗斯福总统的告诫。日本偷袭珍珠港的第二天，罗斯福总统沉痛地向全国人民发表演说，对日宣战，并告诫说："我们永远不能忘记日本蓄谋已久的无耻进攻。""我深信这种背信弃义今后不会再影响我们。"他非常肯定中国对抗日的贡献，他说："如果没有中国的抗日，日本就会调动更多的师团侵入澳洲和印度。"

忘记过去就是背叛，忘记过去就是自杀。英国首相丘吉尔曾警告："忘记历史必然招来历史的重演。"

今天美国姑息日本，与日本相互勾结、相互利用，与当年甲午战争时的英国与日本的相互勾结、相互利用十分相似，甚至有过之无不及。

美国极力武装日本，强烈支持日本解禁"集体自卫权"，希望用复活日本军国主义武力来挑衅、遏制中国的崛起。试问，做得到吗？回答是否定的，做不到。因为今天的中国远非甲午时的中国，也远非"九一八"时的中国，更非"七七"时的中国。美国只能是竹篮打水一场空。

然而，日本就像捞到一根救命稻草，以"中国威胁论"为借口，紧抱美国大腿，抓紧时机加速复活军国主义。这条解开了项圈的日本军国主义狼犬必然要咬人，先咬中国，又咬韩国，咬俄国，一心想掠夺钓鱼岛、独岛、北方四岛。

当美国将这只凶恶的狼犬喂养到兽皮丰厚时，日本一定会回过头来咬死自己的主子美国。为什么？这是维新天皇睦仁制定的，以后被裕仁、田中义一大大发展了的，"消灭中国，消灭美国，征服世界""开拓万里波涛、布国威于四方"的"四方"主义，是日本军国主义的灵魂，是军国主义昼夜穷兵黩武至死不弃的战略目标。安倍晋三一伙军国主义分子，顽固地参拜"靖国神社"，就是参拜这个"四方"主义，就是要继承与发展"靖国神社"中供奉的战犯祖宗们遗传下来的这条“四方”主义路线。人们不能不看到，日本军国主义者对两颗原子弹之仇是一定要报的。日本军国主义到时候把枪口对准美国只是个时间问题，美国在劫难逃。不信，拭目以待。但是美国迄今执迷不悟。

看来，日本复活军国主义的逆流很难回转，复活了的日本军国主义一定会走老路也是必然趋势。美国对日本解禁“集体自卫权”的支持，表明美国加速了日本军国主义的复活，使美国走上了一条不归路。这是奥巴马犯下的一个不可宽恕的严重错误，有悖于他获得的“诺贝尔和平奖”。

在日本加速复活军国主义的严峻形势下，时刻高度警惕且充当中流砥柱的只有中国。

中国必须团结全国人民，必须团结世界人民包括日本人民，坚决反对日本军国主义复活，为维护“二战”胜利果实、维护《开罗宣言》《波茨坦公告》而奋力前进。

挽狂澜于既倒，阻逆流于泛滥。

今日更需千钧棒，只缘妖雾又重来。

这才是纪念甲午战争、汲取甲午教训的实在意义。

2015 年

前 言

1894年7月，日本蓄谋已久的侵华战争，在甲午这年开始了。战争进行了8个多月，以日本的胜利和中国的失败而告终。1895年4月17日，在日本侵略者的胁迫下，中日签订了《马关条约》。日本强迫中国割让台湾岛及所有附属岛屿和澎湖列岛，赔巨款白银2.3亿两，并攫取了许多特权。

甲午战争是日本首次大规模的侵华战争，也是中国军民首次大规模的抗击日本侵略者的反侵略战争。这场战争是中国人民永远不能忘记的国耻大辱。

日本对外侵略扩张的国家战备目标，早在明治初年即已确立。1868年，日本明治天皇睦仁登基，进行维新改革，学习西方，发展资本主义，使日本很快崛起，成为一个经济上和军事上的强国。可是，日本明治天皇统治集团制定并实行了一条极其狂妄、极其贪婪、极其野蛮、极其冒险的封建军国主义侵略扩张的反人类路线。对内，实行封建的法西斯专政，残酷地镇压人民；对外，将征服中国、征服朝鲜、征服亚洲、消灭美国进而征服和称霸全世界，定为日本的国家战备目标和基本国策。

为了侵略中国，日本用尽心机、阴谋策划、精心组织、积极准备，从1868年至1894年，足足花了26年的时间，于1894年即中国夏历甲午年，决定动手，发动首次大规模的侵华战争，向中国进行了灭绝人性的血腥侵犯。

在甲午侵华战争中，充分暴露出日本军国主义比豺狼野兽更加残暴的野兽面貌，其凶残狠毒比之豺狼野狗有过之无不及，其诡谲狡黠更超越妖魔鬼怪。日本军国主义浑身浸透了凶残与狡诈的非人性、非人类特征，是世界上最为狠毒的法西斯主义和恐怖主义。

在甲午侵华战争中，日本对中国进行了大规模的侵略和惨无人道的毁灭：大规模地屠杀中国人民、大规模地强奸妇女、大规模地烧毁房屋和设施、大规模地抢劫掠夺、大规模地抓夫奴役……甲午大屠杀使中国人民遭到空前的大浩劫和深重灾难，使中国遭到空前的割地赔款和丧权辱国。

甲午大屠杀令人发指咋舌，特别是旅顺大屠杀，其杀人手法之残忍狠毒，比豺狼虎豹更胜千倍。日军除了“枪杀”“炮杀”外，有“刀杀剑刺”：砍头、劈脑、割耳、削鼻、剖腹、挖心、切肝、掏肠、断肢、切腿，将胎儿从母胎中挖出，挑在枪尖上玩弄；有“水杀”，将人推入水塘、海水中溺死；有“火杀”，将人用烈火烧死；有“吊杀”，将人颈项捆绳吊起来致死；有“咬杀”，纵放军犬将人活活咬死；有“埋杀”，将人活埋土中致死；等等，种种残杀手段极其惨无人道。

甲午大屠杀的凶手们，浑身浸透了中国人民的鲜血，他们不是人，而是完完全全的比野兽还野兽的畜生和魔鬼。可是，这伙刽子手战后丝毫没有受到应有的惩处。这群无法无天的战争罪犯们，一个个逍遥法外，并以战胜者的姿态，趾高气扬地骑在中国人民的头上，继续进行罪恶的宰割。他们杀了中国几十万人，割去了中国的神圣领土台湾及澎湖列岛，勒索白银 2.3 亿两。对这种赤裸裸的强盗劫贼行径，日本不仅不以为耻，却引以为荣，实在卑鄙之至，恶劣至极。这是日本把自己钉上了万世唾骂的耻辱柱。

由于甲午大屠杀的战争罪犯、杀人元凶没有受到应有的惩处，致使甲午大屠杀 37 年后的 1931 年，又发动“九一八事变”，开始第二次一系列的大屠杀；战犯、杀人元凶们依然又一次逃脱了正义的审判和惩处，以致在甲午大屠杀 43 年之后的 1937 年，又发动“七七事变”，开始第三次的一系列更大规模的大屠杀。日本侵略者更加丧尽天良、肆无忌惮地兽性大发，制造了无数次骇人听闻的大规模屠杀，特别是长时间日以继夜地屠杀了 30 多万人民群众的南京大屠杀，更是残忍无比、震惊中外，其屠杀手段、规模和时间，都大大超过甲午大屠杀。

凶恶残忍的日本军国主义侵略者，屠杀中国人民长达 52 年，即从 1894 年甲午侵华时起至 1945 年日本无条件投降时止。1874 年日本入侵台湾，屠杀无数台湾居民的时间和人数还不包括在内。

日本屠杀中国人民的数字在人类历史上是空前惊人的。仅从 1937 年至 1945 年八年全面侵华战争中，直接死亡在日本屠刀下的中国人数高达 3500 万人，而间接死亡人数则高达 9000 万人，总共惨死在日本侵略屠刀下的人数，应该是 1.25 亿人，约占中国总人口的 27.8%，是世界空前绝后的。间接死亡是指由于日本侵略战争中，日夜杀人、放火、强奸、毁灭、轰炸、放毒等，造成的整个中国的大动荡、大浩劫、大逃亡，导致大量饿死、冻死、累死、吓死、拖死、病死、儿童夭折、老人营养缺乏贫病交加而非正常死亡，受日军满天散布的毒气、细菌、瘟疫而致死，肺结核、鼠疫、霍乱、疟疾、伤寒、天花等恶性传染病的大面积传播而致死。这种非正常死亡的人数每户至少有 1 人，平均 1 ~ 1.5 人。当时中国的总人口约 4.5 亿，平均每户约 5 口人，共约 9000 万户。每户非正常死亡至少按 1 人计算，就是 9000 万人。在日本对中国长达半个世纪的侵略和屠杀下，即使活下来的人民大众，也是在国破家亡、饥寒交迫、颠沛流离的苦难日子里挣扎。

中国人民被日本侵略者杀害的鲜血可以汇成江河大海，尸骨可以堆起三千座海拔 8840 米的世界最高峰珠穆朗玛峰的高度。这样不共戴天的血海深仇，中国人民会忘记吗？绝对不会！中国人民子子孙孙、世世代代都不能忘记。

现在，人们极其愤怒地看到，日本在无条件投降多年之后，对其罪犯先人们在中国、亚洲、太平洋地区犯下的屠杀、放火、强奸、抢劫、毁灭、奴役……的滔天罪行，不仅毫不反省，反而抵赖、否认，并猖狂地翻案。日本现在的统治集团正在向着军国主义复活的危险邪途上，加速步伐地奔去：日本的首相带头鼓励参拜供奉屠杀中国人民的甲级战犯的靖国神社；否定历史，篡改历史，颠倒黑白，美化侵华战争、侵亚战争，侵太平洋战争；编写推行歪曲历史的《新历史教科书》；修改和平宪法，推行军国主义；勾结美国插手中国的台湾问题……一系列反动行为。这不能不引起中国人民、亚洲各国人民和世界人民的高度警惕。

如果说日本侵略者在三个阶段（甲午、“九一八”“七七”）对中国实施了三次大规模的大屠杀，那么日本现在的统治集团否定大屠杀及推行上述一系列反动行为，就是对中国的第四次“大屠杀”。否定历史、篡改历史、美化侵略史，为大屠杀的战犯元凶招魂，参拜，是比肉体上的屠杀更加恶毒的大屠杀，它是下一轮大屠杀的前奏。

日本现在的统治集团复活军国主义、妄图卷土重来的狼子野心，警醒了中国人民：把中国人民不堪回首的痛苦历史，重新摆在重要的位置上来回忆；它激发了中国人民对日本侵略者的血海深仇；它激起了中国人民在抗战时期凝结起来的抗日爱国民族精神；它引起中国人民高度警觉，随时警惕日本的第五次大屠杀。日本统治集团否定历史、篡改历史、参拜供奉甲级战犯的靖国神社，从反面教育了中国人民：军国主义复活的日本是丝毫不可相信的，是一个极其危险、极不安分的国家，以前是，今后仍然是亚洲祸水之源、世界祸水之源，是亚洲各国最危险的邻居。

中国人民必须居安思危，认真对待。中国人民必须“以史为鉴、勿忘国耻、牢记历史、警惕日本”，这是日本屠杀中国 52 年以及战后 70 几年日本的恶劣表现使我们得到的极其宝贵的教训。

中日甲午战争的性质：日本是侵略者，中国是被侵略者；日本是战争的挑起者，中国是被迫而不得不抵抗的应战者；日本进行的是一场侵略中国的强盗侵略战争，而中国进行的则是为保卫祖国的反侵略战争；日本是经过长时期的蓄谋所进行的反和平、反人类、反人道的非正义战争，而中国进行的是维护和平、维护人权、维护国家领土和尊严的正义战争。

中日甲午战争，以日本的胜利和中国的失败而告终。

日本向中国勒索到白银2.3亿两，约合日元3.5亿元；掠夺了约1.2亿日元的战利品；抢劫了中国城乡居民的财产、金银、珠宝、文物等无数。日本一夜之间成了暴发户，发了大财。日本从中国抢夺来的金钱和物资，相当于日本年财政8000万日元收入的近6倍。不仅如此，还逼迫中国割让台湾及澎湖列岛给日本。

在甲午战争中，中国军民被日本杀害者几十万人，尤其在旅顺全城屠城，2万居民仅剩“36人”。

更为严重的是，经过日本甲午侵华，日本强盗顿发横财，从而引来了世界列强帝国的眼红，像饿狼般一起扑来撕咬中国的残臂断肢，掀起了第二次割地狂潮，中国从此更加深深地陷入了殖民地半殖民地的可悲境地。

中日甲午之战，对中国来说，是一段极其惨痛的历史，但它又是一部极好的历史反面教材。从日本侵华甲午战争中，我们可以总结许多有益的经验和失败的教训，使我们可以从中找出日本侵略中国的一般规律。用甲午战争的经验教训，联系“九一八”“七七”、南京大屠杀、对亚洲各国的大屠杀、对欧美各国的大屠杀、太平洋战争，从而研究出对付日本侵略者的战略和策略，这就是我们今天温习甲午战争的真正意义。

在认识日本的问题上，中国人一向是把日本人民和日本国家统治侵略集团严格地区别开来。在战时，日本国家政权是由一小撮侵略成性的以天皇为首的统治侵略集团掌握的，它是我们的敌人。日本人民被这个侵略统治集团统治，也是被害者，日本人民是中国人民的朋友。

日本敌人和日本人民，这两个界限必须划清。

对敌人，对日本军国主义侵略统治集团，对受这个集团控制的国家政权和国家形式，我们必须与之进行坚决斗争，要立场坚定、旗帜鲜明、针锋相对、寸步不让。

对人民，对日本各阶层的人民，我们要友好相处、和睦与共、亲善融洽、永世友好。我们非常感谢日本友人对中国人民的支持和帮助，赞赏日本友人为正义而进行的斗争。希望中日两国人民友好、互助，共同发展。

从甲午日本侵华到以后50年的日本灭华屠族的惨痛历史中，中国人民得出一个极为重要的经验和教训：对日本敌人，对日本军国主义国家，对一小撮法西斯、封建军国主义、恐怖主义侵略集团分子，必须进行坚决的斗争，不能丝毫松懈和妥协，不能丝毫软弱和幻想。历史经验告诉我们，对待日本军国恐怖主义分子，由于他们是一群无法无天无人性的野兽，对于野兽，刺激它，要吃人，不刺激它，也要吃人，反正都是要吃人。人们对付野兽的办法，只有一举，就是与之坚决斗争，把野兽制服。只有如此，人们才能存活。对野兽决不能存有任何幻想。

这就是历史给予我们的沉痛教训。

令人痛恨的是，在日本侵华甲午战争中和在以后50年日本大规模侵华战争中，出现了一群大小汉奸、特务、变节分子。他们是中华民族的败类，是中国肉体上的毒瘤，是可耻的叛徒。这群败类出卖天良、出卖灵魂、出卖祖宗，出卖祖国和人民。他们卖国求荣，认贼做父，为虎作伥，做日本鬼子豺狼的走狗和帮凶，帮助日本侵略野兽残杀自己的骨肉同胞。这帮民族渣滓对自己的同胞和祖国，犯下了滔天罪行，他们与他们的日本主子一样，已被历史的巨轮辗得粉碎，遭到可耻的下场。

值得注意的是，这帮可耻的叛徒、帮凶，其汉奸思想战后并没有受到应有的批判，更没有肃清，其毒流至今仍在暗流明冒、蠢蠢欲动。“对日新思维”就是这股反动逆流的代表之一。“对日新思维”挂羊头卖狗肉，是现代汉奸思想的集中表现。“对日新思维”是日本现代军国主义的辩护人和代言人，是为复活日本军国主义施放烟幕弹的吹鼓手，是日本倒行逆施的绝好帮凶。“对日新思维”散布的毒液，其要害是：麻痹人们的神经中枢，瓦解人们的斗争意志，摧毁人们的思想防线，崩溃人们的民族精神。其毒极恶，其害无穷。中国人民在与日本复活军国主义的斗争中，必须密切注视“对日新思维”的蠢动而彻底揭穿之。

70多年前，曾担任远东国际军事法庭审判日本甲级战犯，并亲手与其他法官一起，判处东条英机等7名日本军国主义头子们以绞刑的中国大法官梅汝璈，在揭露日本兽军南京大屠杀罪行的文章中，写过一段非常深刻的话，他严肃地指出：“正如远东国际法庭所认定的，松井石根应该是南京大屠杀的主犯和祸首。对这样一个灭绝人性、不负责任的寇酋，远东国际法庭判处其绞刑是完全符合正义要求的举动。对中国人来说，也是一件差强人意的事情。当然，我们决不能因为松井一人被判处了绞刑而忘却了这桩中国历史上罕见的浩劫。相反地，我们以及我们的子孙后代，都应牢牢记住日本兽军的这桩滔天罪行，并从中吸取教训。我们不是复仇主义者。我无意把日本军国主义欠下的血债写在日本人民的账上。但是，我相信，忘记过去的苦难可能招致未来的灾祸。特别是美日反动派正在加紧勾结、日本军国主义又在跃跃欲试的今天，我们对过去的血海深仇更不能一时忘怀或放松警惕。因此，我觉得，为了充实历史和教育人民，我国历史工作者对于像轰动全世界的南京大屠杀一类的事件，以及日寇在我国无数的其他残暴罪行，似乎还应该做些调查研究和编写宣传的工作。”

人民尊敬的梅汝璈大法官，在审判日本甲级战犯、伸张正义、维护和平、惩处枭首的神圣而伟大的事业中，立下了人民永远记得的伟大不朽功勋。他上述的一番语重心长的话，说得多好啊！尽管这篇文章是在1961年写的，但在今天仍然具有非常重要的现实指导意义，不失其耀眼的光辉。

日本从甲午起对中国 50 年的残酷侵略战争，使中国人民遭受长达半个多世纪的深重灾难和空前浩劫。这段极其惨痛心碎的历史，中国人民、中华民族的子孙后代，一定不能忘记！万万不能忘记！

阴 谋 篇

军国主义盛行的日本帝国，是世界上最富有侵略性的国家，是一个极端贪婪无赖的国家，是一个残杀别国人民成性的国家，是一个杀人取乐、嗜血兽性的超级恐怖主义国家，是一个毫无人性的反人道、反人类的国家，是一个专搞侵略战争、破坏世界和平的反和平的国家，还是一个搞阴谋诡计出众的国家。这是日本在侵略中国七十余年中所获得的“桂冠”，也是从日本侵略朝鲜、亚洲各国和侵略欧美得出的历史结论。

日本，是世界上法西斯国家中最会搞阴谋诡计的国家。

从 1874 年日本入侵台湾，到 1894 年发动甲午侵华战争，日本搞的阴谋已是层出不穷。在以后的五十年侵华残杀中，日本的阴谋诡计愈加卑劣、多端。如 1928 年阴谋暗地炸死张作霖，1931 年发动“九一八”侵略东三省，1937 年发动卢沟桥事变全面侵华，策划“满洲国”伪政权、华北伪政权、南京伪政权……以及对东南亚国家的侵略和屠杀，偷袭珍珠港，发动太平洋侵略战争，日本耍尽了阴谋诡计，施尽了欺骗、讹诈、歪曲等卑劣手段。

对甲午战争日本用的阴谋，中国人民今天去研究它、剖析它，总结经验、吸取教训，仍是非常有意义的。

从甲午日本侵华的前后阴谋，到以后几十年间搞的一系列阴谋，我们可以总结出这样几点：日本为了达到其侵略目标，总是要先制造事端，造成混乱，暗中捣鬼；然后找到借口，贼喊捉贼，乘机行动；同时制造舆论，施放烟幕，造谣欺骗，混淆视听，颠倒黑白，明里装人、暗地作鬼；常耍流氓无赖、厚颜无耻、敲诈勒索。特别值得注意的是：日本擅于“贼喊捉贼”“先发制人”“突然袭击”。日本侵略者惯用“有事”这个词，借口“有事”寻衅，挑起事端，进行侵略。1872 年图谋入侵台湾，用了“有事”；甲午日本出兵侵略朝鲜，用了“有事”；挑起甲午侵华战争，用了“有事”；暗杀张作霖，用了“有事”；“九一八”“一二八”“七七”……数不清的侵略，都用了“有事”。“有事”成了日本“贼喊捉贼”“先发制人”进行侵略的“借口”，成为日本进行侵略的“先声”。

认清日本制造的“有事”阴谋，是中国人民在甲午战争中所得到的十分重要的经验教训。透视现在的日本，它就像一面照妖镜，将妖怪照得一丝不挂、透心彻肺。现在的日本统治者，忠实地继承了其战犯祖父辈的侵略衣钵，打出了所谓

“台海有事”“周边有事”的鬼幌子，勾结美国，准备在适当时机，对中国动手。千万注意，“台海有事”“周边有事”就是准备侵略中国的“先声”。

中国人民要擦亮眼睛，要用历史这面照妖镜揭穿日本复活军国主义、复活侵略主义的大阴谋。要时刻准备着及时应对日本借“台海有事”“周边有事”，对中国发动突然袭击。

日本在甲午侵华战争中施展的阴谋诡计、狡黠欺诈，表现得淋漓尽致，其阴毒手法令人发指。其中尤为突出的是：既杀人，又灭口；杀了人，紧掩盖；当凶手，装“善人”。日本魔鬼豺兽在旅顺，屠城6天，日以继夜，把全城2万男、女、老、少、婴儿、胎儿……不用枪杀，统统用利刀屠杀殆尽，仅剩“36人”。可是，这伙野兽非常害怕外国媒体曝光，竟然无耻地多次威胁外国记者不得如实报道。在其《辩解书》中，虽然极其卑鄙地掩盖事实真相、颠倒黑白、百般欺骗、瞒天过海，但还是原形毕露。现在，日本统治者对南京大屠杀的否认，采取的正是他们祖父辈豺兽侵略者当年采取的手法，故技又重演了。很显然，重温一下甲午日本兽性的大爆发、对旅顺人民的大屠杀，就可以更加深刻认识日本现代军国主义的法西斯面目，更加揭穿其否定“南京大屠杀”、否定历史的复活军国主义的侵略本质。

日本帝国主义侵略最高决策集团的成员。头号战犯日本天皇睦仁主持召开御前会议，布置侵华阴谋。图为会场。左起：海军军令部长桦山资纪、海军大臣西乡从道、枢密院议长山县有朋、有栖川炽仁亲王、明治天皇睦仁、内阁总理大臣伊藤博文、陆军大臣大山岩、参谋本部次长兼大本营陆军首席参谋官川上操六等大战争罪犯。

日本帝国主义为了进行侵华战争，特成立大本营，作为军事侵略的最高军事指挥机构。

大岛义昌率领的日军混成旅团入侵朝鲜，在朝鲜仁川登陆。

陆奥宗光（1844—1897）

大战犯、日本帝国外务大臣、侵华急先锋

大岛义昌（1850—1926）

主要战犯、日本帝国侵华将领

伊东祐亨（1843—1914）

主要战犯、日本帝国甲午侵华联合舰队司令官

慈禧太后（1835—1908）

叶赫那拉氏，清廷最高决策者

光绪皇帝（1871—1908）

李鸿章

北洋大臣

奕䜣

建造北洋水师的总理海军大臣

翁同龢

光绪皇帝的老师

袁世凯（1859—1916）

清廷派驻朝鲜的商务外交总理

李昰应（1820—1898）

朝鲜国王高宗李熙之生父

李熙

朝鲜第二十六代国王高宗

日本侵朝后，强征大批朝鲜民夫，民夫苦不堪言，图为朝鲜民夫。

即将开赴朝鲜的中国清军，在码头等待出发。

乘火车开往港口集合，转赴朝鲜的中国清军与送别的亲人告别。

乘船开赴朝鲜的中国清军。

在丰岛海面遭到日舰袭击，搁浅自焚而沉没的中国“广乙”舰。

1894年7月25日在丰岛海面上，日舰突然袭击，击沉中国“高升”号运兵船。

日本侵略军围攻朝鲜平壤的中国守军。中国清军将士英勇抗敌。

在平壤中国清军撤出时，被日军俘虏的中国士兵。他们全部被日本侵略军杀害。

日本侵略军进攻平壤城北的牡丹台。

第一章　唇亡齿寒

日本为了全面入侵中国，首先要打掉中国的海外屏障。因此，阴谋决定将夺取中国台湾岛及澎湖列岛、吞并琉球、剥离朝鲜，作为日本侵华的首期战略目标。这也是1894年发动全面侵华的前期准备。

1894年日本甲午侵华战争，实际上是从1874年日本入侵台湾就开始了。

从1874年到1894年的二十年间，日本施展了种种极其卑劣的阴谋手段，入侵了台湾，吞并了琉球，剥离了朝鲜，完成了首期侵华战略目标，为其侵略中国大陆准备了成熟条件。

唇亡而后齿寒，被打掉了海外外围屏障，中国的大门就敞开于日本侵略者的兽齿之下了。

第一节　日本入侵台湾

◆ 利用事端、阴谋策划

日本对台湾垂涎已久，总想寻找一个“借口”动手。

机会终于到来。1871年末，琉球国有几十名岛民遭遇风暴，漂流到台湾南部东海岸登陆，与当地高山族村民发生了冲突。高山族村民经常遭到日本倭寇的抢劫骚扰，这次琉球岛民到来，以为又是日寇来抢劫，因而发生误会，双方打了起来，有些琉球岛民被误杀。

这件事，纯属琉球与台湾两地居民之间发生的一起民事误斗纠纷。而琉球当时是中国的藩属国，与中国在历史上有悠久的密切关系，此事完全属于两国之间的事。可是，日本居心不良，乘此事件挑衅中国，找一个侵略借口。于是，日本于第二年，即1872年搞了一个阴谋，提出由日本“封”琉球国国王为所谓“藩王”，将琉球从原为中国的藩属国地位改变为日本的属国，日本居然以宗主国自居。

在完成了这一步之后，即积极做入侵台湾的准备。1872年，日本外务卿副岛种臣，指派桦山资纪潜入台湾做特务，暗中搜集海防及沿海登陆口岸的登陆地理位置等军政情报资料，并勾结美国驻华公使德隆，要其提供有关台湾的情报。在德隆的策划帮助下，引荐一名熟悉台湾情况的美国驻厦门领事、一个很反动的特务分子李仙得给日本当顾问，此人为日本侵台起了非常恶劣的作用。

为了侵略台湾，日本此时专门成立了侵台领导组织机构——“台湾事务管理局”，任命大隈重信为事务局长官。与此同时，在日本长崎设立侵台军事基地，任命陆军中将西乡从道为台湾事务都督，负责指挥侵台日军。阴谋利用美国的“纽约号”轮船运送侵台日军，利用美国海、陆军军官为侵台日军护航。

◆ 狡诈诡辩、制造借口

日本在做好一切准备之后，于1873年发难。这年3月，日本侵华的狂热分子、日本外务卿副岛种臣指派柳原前光跑去北京，就琉球岛民被误杀一事，向中国政府进行质问、威胁恫吓。中国清朝政府总署大臣毛昶旭、董恂严正回答：（琉球、台湾）二岛俱我属土，属土之人相杀，裁决固在于我。我恤琉人，自有措置，何须贵国事而烦为过问？柳原前光无言以对。可是日鬼极其狡诈，竟然强词夺理、耍流氓，抓到一句话来肆意曲解。中国官员在交涉中说：番民皆化外，犹贵国之是夷，不服王化，亦万国所时有。柳原前光却胡说：“化外”就是不属台湾了，也就不属于中国的领土。

日本为了给侵略台湾找借口，竟然会颠倒乾坤、胡说八道。中国官员这里讲的“番民皆化外”，非常明确的是指台湾高山族的居民没有受到教化，即教育之意，怎能曲解成“化外”即为“国土之外”呢？中国官员还将日本的夷民来作比，问：你们日本不是也有些夷民不服日本国的王化吗？不受日本国的教育吗？这难道可以说，日本的这些未开化的“化外”之民所居之地，就不属于日本领土吗？中国官员这里讲得很彻底，“亦万国所时有”就是说，全世界范围来看，这种不受王化教育的“化外”之民在每个国家都有。日本却要抓住“化外”不放，只能充分暴露日本为了要侵占台湾找到一个何其荒唐的“借口”，充分暴露其狼子野心。可以看出，日本是一个多么无赖、多么流氓的国家。须知，日本为了侵略中国、亚洲国家及全世界，都会找一个“借口”。“借口”成为日本侵略的导火线。21世纪的今天，我们仍然要密切注意日本为达到不可告人的侵略目的，而散布“借口”。

日本终于皮脱狼心现了。1874年5月7日，由西乡从道率领侵台日军三千余人，乘军舰在台湾南部的琅桥登岸，张开兽嘴来吞噬台湾了。日军攻入台湾高山族的牡丹社、高士佛社、竹子社等社村，像一群饿狼般，猛扑向羊群，对台湾人民进行非常残忍的杀戮，到处杀人，到处抢劫，到处强奸妇女，到处纵火烧屋，村子顿成火海，高山族居民被屠杀者无数，村村家破人亡，哀声遍野。日本对台湾人民进行的首次大屠杀、大毁灭，犯下了滔天罪行，欠下了一笔很深的血海罪债。

日本在入侵台湾后，中国政府闻讯，立即任命钦差大臣沈葆桢及帮办福建布政史潘蔚，于1874年6月，先后在上海、台湾与日本驻华公使柳原前光及日军侵台首领西乡从道进行交涉。日本态度蛮横，就是赖在台湾不肯撤兵，7月、8月交涉均无结果。日军一直坚持其在台湾进兵的地区是“无主野蛮”之地，决不撤出，并一再威胁中国。9月10日，日本任命特使大久保利通来到北京，对中国政府大肆恐吓，限令5日内，要中国提出解决台湾问题的办法，否则就要对中国发动大规模的战争。

◆ 无奈撤出、敲诈勒索

日本入侵台湾后，国内国外发生危机。上台才一年的岩仓具视内阁，由于国内出现了财政危机，国债高达二亿日元，财力、军力均不足；入侵的日本士兵又不断受到疾病威胁；国际上遭到反对，美国抗议和警告日本利用其人员和船只侵台会引起纠纷，英国驻日公使巴夏礼说他在中国住过二十年，一贯认为整个台湾岛都是中国的领土；再加上台湾高山族人民为保卫乡土而对日英勇抵抗，等等。这些因素，使得日本难以实现夺取整个台湾的野心，而不得不准备从台湾撤出。可是日本强盗成性，既然来了，就不能空手而回。日本特使大久保利通公然无耻地向中国提出日本入台，“费尽财力”，中国应“令日本兵不致空手而回”。他提出为“赔偿”军费，开口索银五百万两，至少也要二百万两。中国无奈，李鸿章允付五十万银两，其中给日本“抚恤”十万银两，留用日本在台湾的“所有修道造房等件”费用四十万两，实为赔偿军费。日本获得了五十万两银子回国，并强迫中国签订《北京专约》，专约中写上台湾居民“曾将日本国属民等妄为加害”、日军入台“原为保民义举”等话。这时，日本就强迫中国肯定琉球属于日本了，日本侵台竟说成是“保民义举”，实在卑鄙无耻。

第二节　日本吞并琉球

琉球从历史上就长期是中国的保护国，国王经过中国政府的册封，并予礼赠；国王每年都派使者官员到中国京城晋见朝廷皇帝。琉球经常遭到日本倭寇的侵扰，由中国出兵保护，援助拒敌。琉球与中国关系密切，往来频繁，友好相处。

可是，日本为了实现其侵略中国的战略目的，扫除外围，想方设法要将琉球吞并纳入日本的版图。

1872年即日本明治四年，日本搞了一个阴谋诡计，提出由日本“封”琉球国国王为所谓“藩王”，将琉球从中国的属国地位改变为日本的属国。

1875年，日本进一步侵略琉球，竟然派兵驻琉球；并不准琉球接受中国政府的册封，不准琉球向中国进贡；宣布撤销福州琉球馆；将琉球的外交权和外贸权等全部控制起来。

1879年4月，日本正式宣布废除琉球国，捉拿国王，将琉球完全攫为日本所有，并将琉球改为日本的一个县，取名冲绳县。琉球从此被彻底消灭，为日本所吞噬。

第三节　日本剥离朝鲜

日本为了侵略中国，在入侵中国台湾、吞并琉球的同时，积极侵略朝鲜，将朝鲜从中国的属国地位剥离出去，成为日本的殖民地。

1875年，日本派出“云扬号”等三艘军舰，闯入朝鲜东南沿海和西南沿海领海，进行窥探、侦察、测量，搜集登陆情报资料，并将军舰驶进朝鲜釜山港口，展开海军攻击与登陆军事实地演习。

同年9月，日本“云扬号”等军舰突然闯进朝鲜江华湾，派出陆战队侵略江华岛草芝炮台，进行挑衅，引诱朝鲜炮台守军开炮。

日本侵略者惯用的伎俩就是找“借口”动手。朝鲜炮台一开炮，日本侵略军便歪曲说“朝鲜炮轰日舰”。抓住这个“借口”，便调动军舰大规模进攻朝鲜江华岛各炮台，并在永宗岛强行登陆。

同年10月，日本海军三艘军舰两次闯入釜山港挑衅；11月，公然在釜山登陆，袭击朝鲜守卫部队。

1876年，日本派出七艘军舰和一千多名海军陆战队，开进朝鲜江华岛一带，用炮舰武力相威胁，硬说日本的“云扬号”军舰遭到朝鲜的炮击，要予以“追究”。这又是一次“借口”阴谋。

在日本的武力威胁下，朝鲜不敢抵抗，被迫于1876年2月与日本缔结了所谓《日朝修好通商条约》，即《江华条约》。这个条约是日本强加在朝鲜头上的不平等条约，其目的就是将朝鲜对中国的属国地位剥离开来，认定朝鲜为所谓“自主之邦”，实为将朝鲜置于日本的势力范围。《江华条约》使朝鲜脱离了中国的宗属关系，日本的魔爪伸进了朝鲜，控制了朝鲜的政治、经济、文化等各方面。

日本为了进一步侵略朝鲜，极力在朝鲜制造混乱，扶植朝鲜下台失意的官僚们，组织“开化党”，用以反对当权派的“事大党”，反对朝鲜现政权。

在日本的支持下，“开化党”得势，激起了朝鲜人民的爱国抗日热情和对日本的憎恨。1882 年，在朝鲜京城爆发了士兵起义的“壬午兵变”，“事大党”乘机利用兵变，烧毁了日本驻朝公使馆。日本立即派海军和陆军入侵朝鲜，又借口受到损失，强迫朝鲜签订了《仁川条约》。条约规定，日本在朝鲜有驻兵权，这就使日本侵占朝鲜、使朝鲜殖民主义化有了“合法”的条约保证。《仁川条约》还规定朝鲜要向日本支付巨额“赔款”，充分暴露出日本已经赤裸裸地把自己摆在了国家强盗的可耻位置。

日本到 1882 年签订《仁川条约》时，已经将朝鲜与中国剥离，将朝鲜置于日本的控制之下。

这是日本侵略中国非常重要的一步。这一步的罪恶目的日本达到了。

虽然日本入侵台湾后又不得不撤出，但只是暂时撤出。日本入侵台湾、吞并琉球、剥离朝鲜，都如愿以偿。中国的海外屏障被全部拆除。日本侵略中国的前期目标已经达到。下一步，就是发动全面侵华战争了。

第二章　日本发动甲午侵华战争前的阴谋

第一节　朝鲜东学党起义

1894 年，朝鲜爆发的东学党起义被日本侵略者利用，成为日本发动甲午侵华战争的导火线。

19 世纪的后半期，朝鲜广大农民群众受到封建地主、官僚贵族的残酷剥削以及帝国列强特别是日本帝国的凶狠掠夺，而日益贫困、民不聊生，处于水深火热之中，阶级矛盾和民族矛盾十分尖锐。终于爆发了声势浩大的农民起义。

东学党又称东学道，打出了“尽灭权贵”的反封建旗帜和“逐灭洋倭”的反帝国主义特别是反日倭的旗帜。东学党在朝鲜成为一个在宗教外衣掩护下的反帝反封建的革命团体。参加者前仆后继，信徒发展到万余人，遍布全国，成员多为农民。东学党进行了多次起义，从1859年至1892年的33年间，农民起义从未间断。东学党提出的口号是：勿杀人，勿伤物；忠孝双全，济世安民；逐灭夷倭，澄清圣道；驱兵入京，尽灭权贵。东学党纪律严明，买卖公平，秋毫无犯，劫富济贫，群众纷纷响应。

1893 年，东学党发起了主要针对日本侵略者及洋人的斗争，提出要将“洋倭”逐出朝鲜，使在汉城的日本人和其他外国人非常恐慌。东学党只逐“洋倭”，不包括华人。

1894 年 4 月，东学党起义军节节胜利，在全罗、忠清、庆尚三道建立了自己的政权——执纲所，接着攻克了朝鲜南部重要战略要地——全州。朝政府大为震惊，于是想到要用外援来征剿。同时，以“和谈”停战来取得喘息机会，表面上尽量答应起义军的条件。起义军缺乏政治经验，受政府欺骗，答应停战罢兵，并把全州还给了政府。起义军一退兵，政府军立即反攻，到 12 月，起义军被消灭。

第二节 日本利用动乱、暗设陷阱

朝鲜东学党农民起义，日本甚为欢喜，幸灾乐祸，认为良机已到，抓紧利用。日本善于搞阴谋诡计，背地捣鬼，阴谋手法十分毒辣，其阴险奸诈的特技表演，可称全球之冠。东学党起义开始，日本就密切注视事态的发展，日本外相陆奥宗光事后承认说：我便密令杉村濬密切注意东学党的动向，并仔细观察朝鲜政府对东学党采取何种措施以及朝鲜政府与中国使节之间的关系。

日本确定了利用东学党起义，扩大混乱，逼朝鲜政府向中国请求援兵，怂恿引诱中国军队入朝，以便日本找到“借口”出兵，在朝鲜消灭中国军队，挑起战争的战略目标。

陆奥宗光在所著《蹇蹇录》中，记述了日本出兵朝鲜、挑起战争、消灭中国军队的决策过程及其侵略应对方针：

在内阁总理大臣官邸召开内阁会议。伊藤内阁总理大臣立即派人请参谋总长炽仁亲王殿下及参谋本部次长川上操六陆军中将参加会议。二人到后，立即对今后派兵赴朝鲜问题作出秘密决议。内阁总理大臣随即携带此项秘密决议和解散议会的内阁决议进宫，循例奏请天皇裁夺施行。

在密议决策出兵的同时，日本作出了侵华阴谋三方针：政府经过慎重审议后，确定了如下方针发生战争，我国当然要倾注全力贯彻最初的目的；其次，我国尽可能地居于被动地位，事事使中国成为主动者；且每当发生此种重大事件，根据外交惯例，在第三者的欧美各国之中，必然会有支持一方和反对一方的情绪，除非事势万不得已外，必须把事态严格地局限在中日两国之间，应极力避免第三国发生纠葛。上述方针最初是伊藤总理和我两人熟思商定的，特别是伊藤总理的意见居多，当时阁员都表示赞同，并经天皇裁可。所以在中日两国交战中，我国政府始终努力贯彻这一方针。方针定的“最初目的”是在朝鲜消灭中国军队，将朝鲜攫为日本所控制；而“重大事件”即指日本发动全面侵华；“反对一方的情绪”指国际上对日本侵华的反对。

在作出出兵朝鲜的决定和对华侵略战争的三方针后，日本采取如下行动。

一、利用动乱，扩大混乱，支持东学党人向朝鲜政府造反。指派日本军部掌握实权的参谋本部次长川上操六这个特务头子，与日本浪人即流氓组成的反动团体“玄洋社”头目平冈浩太郎，秘密商定，阴谋组织“天佑侠”，以假惺惺的同情姿态，“帮助”东学党对政府开战，企图使这场正义的农民战争变成受日本利用操纵的工具，建立一个由日本掌控的傀儡政府。

二、逼朝鲜政府向中国请求援兵入朝。日本暗地怂恿、支持朝鲜东学党战争，使政府军节节败退，丢城失县，逼得朝鲜政府下决心向中国求援派兵。1894 年 5 月底，东学党攻陷全州，朝鲜政府决心正式向中国清政府请求出兵。朝鲜政府的一举一动，都瞒不过日本人，日本外务大臣陆奥宗光，曾密令驻朝临时代办杉村濬密切注意朝鲜与中国派兵进程的动向。日本迫切希望朝鲜向中国求援，中国一出兵，日本立即出兵，挑起战争，与中国开战。

三、怂恿诱骗中国出兵朝鲜。日本早就掌握了朝鲜多次密议要求中国派兵镇压东学党的情报，每天都在等待朝鲜向中国正式提出要求；日本也早就掌握了中国准备派兵的态度，只等最后敲定。同时，日本又直接诱骗中国出兵。

四、日本紧张地进行出兵朝鲜的准备。日本外务大臣陆奥宗光在《蹇蹇录》中，透露说：

> 政府向朝鲜出兵的计划既已决定，我立刻命大岛特命全权公使做好随时返任的准备；同时，又与海军大臣密议决定：使该公使搭乘“八重山”号军舰，在该舰附载若干海军陆战队；并请训令该舰及海军陆战队一律听从该公使指挥。另由参谋本部密令第五师团长，由该师团中抽调若干部队做好紧急出兵准备，待命开往朝鲜；又密令船公司等征集船只和军需品，在急遽之间很快地做好了各种安排。此项计划因属外交和军事上的机密，社会人士自然无从臆测。

日本的阴谋可谓十分周密，可悲的是中国清政府却一点都不知道，可见其腐败到了何等程度。尤其是作为驻朝鲜总理交涉通商事宜的袁世凯，对朝鲜政局既未作深入研究，更对日本之阴谋久不觉察，并极力主张中国出兵援助朝鲜王朝镇压东学党起义，这不能不影响李鸿章的决策。

1894 年 5 月 31 日，东学党攻占全罗道首府全州，朝鲜王朝非常震惊，朝王李熙派闵泳骏向袁世凯求援，袁答：朝鲜有危，吾岂不悉心护之乎？若有难处之端，吾当担当矣。闵大喜，回报朝王。

李熙一面想中国出兵，另一面对日本始终放不下心，担心中国出兵会引起日本出兵。李熙还是比袁世凯、李鸿章更清醒，他问闵泳骏：若日本称邻谊，出兵来助，以何对之？闵答：此亦袁世凯必有涂抹之策，不必烦圣虑。于是李熙最后决定正式向中国提出派兵援朝。袁世凯的“涂抹之策”，就是“朝外署应驳阻，各洋员尤不愿日先自扰”，而希望洋人干涉，未免想得太天真。

日本天天在等待朝鲜向中国求援，陆奥宗光时时急候杉村浚的报告。朝鲜向中国求援一经决定，信息即被杉村浚获知并立电陆奥宗光。

为了掌握中国出兵的时间，杉村浚奉命特派译员郑永邦前往探访袁世凯。郑以“询匪情”为名，赤裸裸地以日本的名义，要求袁世凯转呈中国政府派兵“代韩戡”乱。为解除袁的顾虑，郑永邦欺骗说：我政府必无他意。双方对话：

郑永邦：匪久扰，大损商务，诸多可虑。韩人必不能了，愈久愈难办，贵政府何不速代韩戡。

袁世凯：韩廷亦有此请，我政府冀其习战自强，尚未核准。

袁世凯探询：乙酉约，我如派兵，应由何处知照？

郑永邦诡答：由总署、北洋均可，我政府必无他意。

袁世凯并向郑透露了只要朝鲜正式请援公文一到，即可转呈政府出兵。袁的这个表态，立即被杉村浚和陆奥宗光掌握。

袁世凯对郑永邦的欺骗深信不疑，立即电告李鸿章。

1894 年 6 月 1 日，李鸿章致电总理衙门。

李鸿章回述了袁世凯同意派兵援朝的理由，即韩归华保护，其内乱不能自了，求华代戡，自为上国体面，未使固却。如不允，他国人必有乐为之者，将置华于何地也？自为可却之举。对于日本是否会跟着出兵的问题，作出如下认定：

第一条，1885 年的《中日天津条约》中，并无中国派兵日本也派兵的规定；第二条，即使日本派兵来，“仍不过藉（借）保护使馆为名，调兵百余名来汉”城；第三条，日本派兵来，可由朝鲜外交部门去“驳阻”，而且外国洋人也不会愿意日本来扰；第四条，日外务省译员郑永邦奉命会见袁世凯时，曾表示日政府“并无他意”。基于以上理由，李鸿章同意出兵朝鲜，只要朝鲜政府求援书一到，立即指派提督叶志超带精兵数千人，乘海军舰只赴朝鲜仁川和釜山各口援护。

李鸿章、袁世凯虽然估计到中国一出兵，日本可能出兵，但他们对日本毫无认识，对日本所谓的“我政府必无他意”信以为真。总以为日本即使出兵，最多是为保护使馆出百八十人，并将日兵骚扰的对策放在韩国的“驳阻”上及外国洋人身上，岂不天真幼稚！李鸿章、袁世凯一直认为，日本出兵不是什么大问题。这个昏庸幼稚的认识，使中国钻进日本的阴谋圈套，致使日本侵华奸计得逞，李、袁起了“帮手”作用，对于中国遭受日本的空前浩劫，这两个人负有不可推卸的严重罪责。

日本在派出郑永邦向袁世凯作间谍试探的第二天，即 6 月 2 日，急不可耐地由杉村濬亲自出马，再次会见袁世凯，落实中国出兵情况，进一步诱袁世凯上钩。杉村濬十分露骨地要中国尽快出兵，以汉城危急为由，促进中国先调兵来防护。杉村濬与袁世凯对话云：

杉村濬问：盼华速代戡，允否？

袁世凯答：韩惜民命，冀抚散。及兵幸胜，故未之请，不便遽戡。韩民为请，自可允。

杉村濬问：倘请迟，匪至全州，汉城甚危。拟先调兵来防护，华何办法？

袁世凯答：或调兵护，或徙商民赴仁川，待匪近再定。

杉村濬说：韩送文请告知，以慰盼念。倘久不平，殊可虑。

这次杉村濬来意，袁世凯仍未觉察，一直深信不疑。袁在给李鸿章的电报中，还幼稚可笑地说：杉与凯旧好，察其语意，重在商民，似无他意。作为常年驻在朝鲜的外交大臣，对日本竟然如此相信，日本长期的侵华阴谋准备，他却丝毫无知，或知而不报，实在不可原谅。

日本的陷阱阴谋，使中国一步一步投入其圈套。

第三节　中国出兵朝鲜、投入圈套

1894 年 6 月 3 日，在日本多方阴谋诡计活动下，朝鲜政府终于向中国提交了乞兵求援书。求援书直接交送到袁世凯手中，袁立即电告李鸿章，袁又一次对李表示，日本“似无他意”，催李转奏朝廷准允出兵。

朝鲜发出求援书的情报即刻被日本获知，日外相陆奥宗光即命日本驻天津领事荒川已次去拜会李鸿章，进一步施展骗术，坚定李鸿章出兵的决心。一直对日本推心置腹、深信不疑的李鸿章，又一次受到日本奸计的蒙骗，荒川重申了杉村濬的谎言，使李鸿章更加相信日本对于中国出兵真是“必无他意”。李鸿章以君子之心，度小人之腹，他将中国出兵的表态和盘托出，坦诚相告，对荒川说：韩请兵，势须准行。俟定议，当由汪使（驻日公使汪凤藻）知照外部，事竣即撤回。

至此，日本完全掌握了中国出兵的时间表。

袁世凯转来的朝鲜乞兵求援书一送到李鸿章手中，李立即按原定计划，调遣直隶提督叶志超，率同太原总兵聂士成，挑选淮军 1865 人，于 1894 年 6 月 6 日、8 日，两批船运朝鲜牙山登岸。

从此，中国掉进了日本阴谋策划、精心设下的万丈深渊，而不能自拔。

1894年6月5日，日本按既定阴谋部署，命日本驻朝鲜特命全权公使大鸟圭介，由日本横须贺起程，返回朝鲜任所。大鸟此时的身份已经不光是一名公使，而是充当在朝鲜挑起对华战争的特使。大鸟身负日政府秘密授予他制造混乱、进行挑衅直至引发对中国的侵略战争的重大使命。大鸟出发时，日本外相陆奥宗光面授多项机密训令，其中一项就是“若时局急促，无请本国训令之余暇时，该公使得施行认为适当之临机处置”。这就是说，日本政府授予了大鸟对中国发动战争的大权，只要大鸟认为时机“适当”，即可随时发动，无须请示日本政府。

大鸟在这天乘坐“八重山”号军舰，秘密率领300名海军陆战队员，开赴朝鲜仁川港。

驻日公使汪凤藻将大鸟返朝的情况急电报告李鸿章。同时，袁世凯也在7日电告李鸿章云：大鸟来，虑生事。可是，李鸿章还是大意不经，毫不在乎。他复电汪说：韩未请倭派兵，倭不应派。若以使馆护商为词，究竟有限，且汉城现安静无事，祈与妥商。在复袁世凯电中，李鸿章还在坚持其日本“必无他意”的天真幻想：大鸟不喜多事，伊带巡捕二十名来，自无动兵意。

6月6日，中国发出照会给日本，告诉中国出兵援朝。中国驻日本公使汪凤藻奉李鸿章批示，向日本外务省提交照会，略云：

为照会事：顷准我北洋大臣李电开，查光绪十一年中日议定专条内云：将来朝鲜若有变乱事件，中国要派兵，应先行文知照，事定仍即撤回，不再留防等语。本大臣今接朝鲜政府文开：全罗道具所辖，民习凶悍，附串东学教匪，聚众攻陷县邑，又北窜全州。恳请酌遣数队，速来代剿，俟悍匪挫殄，即请撤回。本大臣览其情词迫切，且派兵援助，乃我朝保护属邦旧例，因是奏奉谕旨，派令直隶提督叶，选带劲旅，星驰朝鲜全罗忠清一带，相继堵剿，克期扑灭，务使属境乂安，各国在韩境通商者皆得各安生业。一俟事竣，仍即撤回，不再留防。

同日，即6月6日，日本向中国发难，跟进宣布向朝鲜出兵。

日本所急切期待的中国出兵，终于等到了。猎物掉阱，正中狼心，好不欢喜。按照“中国主动，日本被动”的阴谋方针，中国出兵，日本当然跟进出兵，以挑起战争，但总得要找一个“借口”，以便挑衅，这是日本阴谋家惯用的手法。这次，找的“借口”就是不承认中国是朝鲜的保护国、朝鲜是中国的属国。

中国出兵朝鲜，照会日本知照，这表明中国尊重日本，遵守了《中日天津条约》，是按国际公约规定办事的，说明了中国大国风范，本来是无可厚非的。可是，日本出于它阴谋侵略中国的不可告人的卑劣目的，根本就不把中日签订的《中日天津条约》放在眼里，“醉翁之意不在酒”。日本要的是挑起战争，所以国际公法不公法，条约不条约，都是可以当一张废纸，而“借口”也是可以随意拈来。朝鲜历史上一直是中国的属国，也是国际公认的，是众所周知的历史事实和现实状况，日本并不是不知道，可是它将此问题提出来，硬说日本“不承认”。狼子野心终究暴露出来，“不承认”的后面，显然就是要找中国的麻烦，而且要找大麻烦，这就是狼心本意。

阴谋久盼中国出兵既已实现，日本下一步就是千方百计挑起事端，进行挑衅，引起中国的反应，走第一步，日本再走第二步。于是，在“属邦”二字上发起挑动。当中国出兵的照会送达日本后，日本即令外务省就“朝鲜为中国之属邦”一词向中国责难。日本外务省官员纠缠中国驻日公使汪凤藻进行指责，汪对之“大费辩论”。日方坚持要将“属邦”一语除去，汪不答应，“正词拒之”。电告李鸿章，李复电汪：文内我朝“保护属邦旧例”，前事历历可证，天下各国皆知。日本即不认朝鲜为中属，而我行我法，未便自乱其例。故不问日之认否，碍难酌改。

李鸿章坚持原则、驳斥日本是正确的，但他对日本在“属邦”问题上纠缠的真正用意并未看清，没有看透日本借题发挥的狼子野心。

6 月 7 日，日本政府向中国政府发出两份照会：一份复照驻日公使汪凤藻；一份急电日本驻北京临时代理公使小村寿太郎，照会中国总理衙门。

在这两份照会中，日本向中国提出了两个问题：

一、声明日本从未承认朝鲜为中国之属邦；

二、宣布日本向朝鲜派兵。

对日本出兵朝鲜，袁世凯特遣译员前往日使馆，询问杉村濬日本“派兵何事”。杉村濬到这时还在诡施骗术，假答日本出兵是为了“调护使馆，无他意”。袁世凯至此还在相信杉村濬的鬼话。袁世凯还认为杉村濬是“惊慌自扰”，抱着等大鸟圭介来朝后或许可以“镇静”下来的幻想。

李鸿章对此也是深信不疑。李、袁始终执迷不悟。

中国接到日本照会，就于 6 月 9 日即旧历五月初六照会日本，予以驳斥。在声明中国出兵朝鲜的理由之后，对日本提出了两点要求：一、日本派兵不要多派；二、日兵不可深入朝鲜内地，以防造成惊恐及与中国军队相遇发生冲突。中国政府的这个照会，可谓隔鞋搔痒，软弱无奈。

这时，日本军队正在开往朝鲜，有的已经到达，有的正在途中，中国一纸如此的照会，岂能逆转侵略者。

可悲的是，事已至此，中国清政府对已经张嘴露齿、即将猛扑过来的日本豺狼，仍然毫无察觉，并继续受到日本的狡诈欺骗和愚弄。

第四节　日本阴谋得逞　紧跟出兵朝鲜

就在中国照会驳斥日本的同一天，即6月9日，日本驻朝鲜公使大鸟圭介奉命按原定部署率军舰和海军陆战队抵达朝鲜仁川，并于翌日凌晨四时，率兵四百余名从陆路奔赴汉城。

日本在接到中国照会的第三天，即6月12日，小村寿太郎奉令复照中国总理衙门，再次重申不承认朝鲜为清国属邦，说日本派兵赴朝是根据条约为之。日本这个阴谋出众的国家，竟然瞒天过海，用戏弄孩子的谎言，再次哄骗中国。在复照中，日本厚颜无耻地夸张日本兵“受令甚严”，“其与清国兵相遇，不敢故致生事”，并表示“是我政府所信而不疑”。日本已经在紧张地磨刀霍霍，立即要杀到中国人的头上来，可还能编出如此谎言鬼话来麻痹中国。这再次充分暴露日本玩弄“两面派”阴谋的狡诈和卑鄙。

就在发出复照的这一天，即6月12日，日本用商轮装载军火和一千五百名士兵运抵朝鲜仁川，13日转往汉城。

第五节　朝鲜要求中日双方撤军

日本出兵，朝鲜十分紧张，一直担心的事终于发生了。

朝鲜政府采取了几项对策。

一、进行责问、劝阻和抗议。朝鲜一接到日本出兵进朝的通知，立即于6月8日，外务署主事李鹤圭奉命到日本驻朝公使馆，向杉村濬质问其出兵的理由，而此时公使大鸟圭介尚在赴朝途中；9日，派外务参议闵商镐与美籍人李仙得到仁川劝阻大鸟率兵入京，大鸟已离仁川；10日，又派外务协办李容植在麻浦附近截住大鸟，劝其不要带兵入城，双方争辩甚烈，大鸟态度强硬，坚持要入，强行于当天傍晚6时半进入首都汉城；11日，外务督办赵秉稷亲自访见大鸟，提出抗议，要求日本马上撤兵离朝，大鸟断然拒绝。

二、转变对东学党起义军的政策，由“讨伐”改为“招抚”，加快解决东学党问题，以消除日本派兵的口实。派严世永招抚使到全州与东学党谈判，进行招抚。朝鲜政府此时的态度是，只要东学党答应起义军撤出全州，条件都可答应。谈判中，严世永接受了东学党提出的十二项条件，于6月11日双方共同签订了休战协定，即《全州和约》。东学党起义军于签约的第二天，即6月12日全军撤出全州。东学党起义军问题顺利解决。

三、《全州和约》一经签订，朝鲜政府即于6月13日，致函袁世凯，请求中国撤军。公函写到：更有危机，尤须通情。日本以天兵来剿，忌疑多端，日前突发五六百兵，驻我都下，屡向外署驳论阻止，终不听从，意似必须天兵撤回，始肯同撤。传闻仍有数千兵，继来于后。敝邦警备素疏，有强敌包藏祸心，入据心腹，东人臣民危在旦夕，度日如年，人情大骚，不堪设想。情急势迫，企望维殷。

第六节　中国准备撤军

对日本出兵，朝鲜已经敏锐地看到来者不善，及时安抚东学党，迅速解决东学党起义军问题，收回了全州。同时，立即致函要求中国撤军。朝鲜政府的对策是明智的。可是，李鸿章这位中国决策大臣，并不是这样，他对日本出兵一直抱有幻想，非常天真地认为不会有大事，他还要袁世凯去劝告朝鲜政府不必惊慌，只要解决了东学党问题，收复全州，中国撤兵，日本也会撤退。说：日与华争体面，兵来非战，切勿惊扰。迭阻不听，即听之。速设法除全匪；全复，华兵去，日自息。

在接到朝鲜政府请示撤兵的公函之后，李鸿章曾准备撤军。6 月 13 日接报当天，即电在朝鲜的中国军队统帅叶志超，令速将部队调回牙山，准备撤兵返回本国。电报写道：

应急速调所部回牙山，整饬归装，订期内渡，以便商轮往接。一面函告袁道，催日本同时撤兵，勿再观望迟疑，为要。

此时在朝的中国部队共有 1965 人，于 6 月 6 日、8 日两批运登朝鲜牙山地区。李鸿章在发出这份电报的头天，即 6 月 12 日，指示叶志超委任聂士成为前敌营务处，专司对东学党起义军的剿办。聂率兵 100 人前去全州，正是起义军与政府签订了和约、全军撤出全州之时。聂来并未与起义军接触，更未交战，只是张贴告示，进行宣抚，要起义军解散队伍、悔罪投诚、洗心革面，均不剿杀。起义军既已撤出全州，聂的任务也已基本完成。

李鸿章 6 月 13 日发电叶志超，准备撤兵的指示无疑是正确的。但是，李优柔寡断，没有及时果断撤兵，而是拖延时日，于陷阱中越陷越深，以致最后完全让日本挟持，陷入灭顶之灾。

第七节　日本继续大举增兵

日本自从内阁秘密决定，并经明治天皇睦仁裁可出兵朝鲜之后，加紧了出兵步伐。内阁会议的当天晚上，陆奥宗光和外务次官林董，将川上操六请到外相官邸，三人对坐讨论落实出兵朝鲜的计划。讨论中一致认为：日本出兵，必然要与清兵发生对抗。中国所派军队当不至于超过5000人，而日本要居于必胜地位，需要6000～7000兵力。如果中国进一步增加兵力，日本也要增派一个师团。因此，应做派出一个师团的准备，并首先派出一个混成旅团。林董后来回忆说当天的会议，不是议论怎么和平解决问题，而是讨论了怎样进行作战和如何取胜的问题。

1894年6月5日，日本驻朝鲜特命全权公使大鸟圭介奉命偕同外务省参事官本野一郎、海军军令部第二局员海军少佐安原金次，乘八重山号巡洋舰，从日本横须贺起航返回朝鲜任所。行前，按照陆奥宗光与海军大臣西乡从道的密议，由西乡指示八重山舰长山藤次郎海军大佐：要与公使共进退；抵仁川后，公使如认为必要，除该舰临时搭乘之70名官兵外，尚可与停泊仁川港之帝国军舰各舰长协议，务派多数陆战队登陆以待命。当晚11时半，杉村濬接到陆奥宗光电报：大鸟公使于6月5日午后1时，乘八重山舰从横须贺起锚去仁川，有300名水兵和20名警察作为警卫随行。但水兵出发一事，在新的训令到达之前不得公开。300名水兵实为海军陆战队。

6日，杉村濬向朝鲜外务督办赵秉稷和袁世凯通报了大鸟回任时间，只透露了随身带来警察20名作为护卫，但对水兵300名秘而不宣。

9日，日本常备舰队司令海军中将伊东祐亨，奉海军大臣西乡从道令，指挥松岛、千代田、八重山、大和、筑紫、赤城6艘军舰，驶入朝鲜仁川港停泊。当晚，伊东自各舰抽调士兵共405人、官佐28人，组成联合陆战队，于10时全部上岸，驻扎在仁川日租界，10日凌晨3时，转移到日本总领事馆；4时，陆战队的枪队和炮队，分别进入汉城和龙山。

10日，日本混成旅团组建完成。人数共7600多人，旅团下属第十一和第二十一两个步兵联队，一个骑兵中队，一个有12门野炮的野战炮队。混成旅团由陆军少将大岛义昌担任旅团长。

同日，大岛义昌奉第五师团长、陆军中将野津道贯命，率领第一批部队，分乘熊本丸、远江丸、越后丸、酒田丸等运兵船，从宇品出港，开赴朝鲜。

11日，混成旅团续发部队，分乘住江丸、兵库丸、仙台丸、山城丸驶离港口，向朝鲜进发。

到 12 日，尽管东学党问题已经和平解决，朝鲜已要求中国撤兵，中国也准备撤兵，朝鲜局势已趋平稳，但日本仍然继续大量增兵。

6 月 12 日至 15 日，各运兵船午后进入仁川港。

16 日，日本混成旅团部队全部登陆仁川。旅团司令部设在仁川水津旅馆。

此时，日兵进入朝鲜的部队有：一个步兵联队、一个骑兵中队、一个炮兵中队、一个工兵中队、半个辎兵队、一个野战医院以及兵站监部和司令部。人数共计 2673 人，军马 186 匹，加上早先进入的一户兵卫少佐率领的步兵一大队先遣部，混成旅团进入朝鲜的兵力达到 4000 人。海军则有松岛、吉野、大和、武藏、高雄、千代田、筑紫、八重山 8 艘军舰以及赤城、海岛 2 艘炮舰，停泊在朝鲜仁川等海口上。

日本进入朝鲜的陆、海军兵力，已大大超过中国。此时，日本得意忘形，目空一切，张牙舞爪，根本不把朝鲜看在眼里。“当日轮载军火至，朝鲜海关监督，阻不许起岸，谓此项军火值洋三万元，须纳税三十元。日人嗤之以鼻，纷纷捆载而登。”

“日兵之赴韩者络绎，中外震动。袁世凯嘱韩廷函日方阻止，不听；复请各国驻使助诘，亦无效。经朝鲜外务署诘问日方派兵之故，大鸟答以‘朝鲜不能自行除匪，请中国代戡，当然无能力保护日人，故率兵自卫’云。”

日本侵略者的嘴脸，已经暴露无遗。

第三章 日本出笼诡计——侵朝拖华

第一节 中国提出中日双方同时撤兵

1894年6月13日，中国在接到朝鲜政府请求撤兵公函的当天，李鸿章同意撤兵，并即电令叶志超迅即准备撤兵回国。

与此同时，袁世凯奉命与日驻朝特命全权公使大鸟圭介进行撤军谈判。日本出兵朝鲜，引起各国震惊，驻汉城公使纷纷质疑，日本在国际外交和舆论的压力下，不得不与中国谈判。

日军大举进朝，是日本早就经过精心策划、一定要达到的第一步目的。豺狼进来了，岂肯撤走？日本之所以与中国坐下来谈判，是为了表面应付外国的压力。同时，也是为了拖延几天时间，以待新的阴谋出笼，谈判是假，发难是真。李鸿章指示袁世凯，向日本提出中日两国同时撤出的建议。应该说，这个建议是充分给了日本面子，给了台阶让日本体面地下台。

中国出兵朝鲜，是经过朝鲜政府的正式请求，发出了国家的求援书；朝鲜要求事定撤军，中国同意遵守；东学党问题已经平息，朝鲜致函中国撤军，中国立即答应，正在积极准备撤军。中国的所作所为，完全遵照了国际规则和中朝惯例及《中日天津条约》无懈可击。

而日本，大举进兵朝鲜，根本没有得到朝鲜政府的任何请求，而且东学党起义军问题已经平息，何用日本再派兵去镇压？何况中国已经决定，准备撤兵回国。日本还有什么理由赖在朝鲜不走？日本的行为，只能认为是对朝鲜国家主权的侵犯，同时还包藏了发动战争、侵略中国的狼心。

中国提出中日双方同时撤兵，表明中国在对待日军进朝问题，采取了友好和平的方针，避免用武力解决，同时，也是为了维护朝鲜的国家主权不受日本的侵犯，双方共同撤出的方案，也是中国为了尊重和保持了日本的体面。本来，就是要日本先撤退后，中国方撤兵，这也是正常的。

谈判开始时，日本外相陆奥宗光即电驻朝公使大鸟圭介，训令他坚持反对从朝鲜撤军，而且非常强硬地指示：

关于对朝鲜将来之政策，日本政府不得已或至采取强硬之处置。

从6月13日开始至15日止，三天谈判没有取得任何进展，日本坚持不撤兵。不仅如此，日本还提出了一个所谓中日共同改革朝鲜内政的方案。其实质是日本干涉朝鲜内政，日军可以赖着不撤的诡计，中国理所当然地不能接受。在日本的破坏下，谈判彻底破裂。

第二节　日本贼喊捉贼　坚不撤兵

东学党起义军和平解决，起义军撤出全州，朝鲜政局恢复平静。朝鲜政府正式要求中国撤军，中国立即答应，并正在积极准备撤兵回国。

在这样的和平气氛下，日本却在大举向朝鲜进兵，不仅外人感到震惊和疑惑，即使日本，也感到"师出无名"，很是尴尬。日本外相陆奥宗光道出了这种心情。他在所写的《蹇蹇录》中，记述了日本所处的尴尬局面：

大鸟圭介一进入汉城，就已感到和本国出发时所预料的情况有所不同，朝鲜国内意外地平稳，中国派去的军队只是驻扎在牙山，并未进驻内地；至于其他外国人的情况，亦如上述，所以该公使曾一再致电政府建议："目前若向朝鲜派遣过多军队，就会引起朝鲜政府和人民，尤其是第三者外国人发生不必要的怀疑，在外交上实非得计。"

大鸟进入朝鲜后，见到朝鲜的政局已经平稳，如一再增兵进朝，必然引起惊疑不安，自感理亏，而致电陆奥，提出"在外交上实非得计"的顾虑。而陆奥也认为：当时中日两国军队虽同驻朝鲜国内，但驻地相隔甚远，时似无发生冲突之患，而东学党在表面上也似乎趋于平静。因此，他不得不肯定大鸟的建议"非常恰当"。这种局面，不能不使得日本陷入尴尬境地。

如何摆脱这个极为被动的局面？日本不愧是一个超级魔术师的谲诈多端的国家。它还是要横下一条心来，将既定的阴谋进行到底。

陆奥宗光在《蹇蹇录》中写到：

然而，反观我国国内情况，已成骑虎之势……我政府考虑到在此千钧一发之际，成败的关键完全取决于兵力的优劣，所以决定仍按政府原定计划，迅速先将预定的混成旅团派往朝鲜为万全之策。因此我便训令大鸟公使：“即使外交上稍有纷议，亦须使大岛少将所率领的本队全部进驻汉城。”该本队即混成旅团。

日本深知，在此时此刻出兵朝鲜，会遭到朝鲜政府、人民以及世界各国的责疑甚至干涉，但还是决心宁可外交“被动”，也要军事“主动”，“先发制人”。陆奥宗光在《蹇蹇录》中承认了这一点，事后并感到“悚然”：

如上所述，我国政府的政策，在外交上虽然居于被动的地位，但在军事上却要先发制人。因此，为了在外交及军事关系上取得协同一致的步调，各当局莫不潜心策划，煞费苦心，至今思之，犹不禁悚然。

日本出于一心要挑起战争、消灭中国驻朝军队的不可告人的阴谋，尽管朝鲜政局稳定，找不到任何借口来发动对中国的战争，但还是按照既定的方针，坚持不撤军，并绞尽脑汁，想出新的诡计来应对它面临的难堪局面。

第三节　日本的诡计出笼

日本早就下了决心，要挑起战争，与中国打一场大仗，实现它垂涎已久的“蛇吞象”侵华战略阴谋。

要挑起战争，必须具备两个基本条件：第一，日本军队不能撤出朝鲜；第二，中国军队也不能撤出朝鲜。如何既能使日本军队赖在朝鲜，又能拖住中国军队不放，必须想出一个办法来。这个办法既能使已经陷入困境的日本变被动为主动，又能进而发动侵华战争，阴谋总是会有绝招的。

陆奥宗光毫不隐讳地坦白了这一点，在他的《蹇蹇录》中，记下了如此一段话：目前既无迫切的原因，又无表面上的适当借口，双方还不可能开战。因此，要想使这种内外形势发生变化，除去实施一种外交策略使局势改观以外，实在没有其他办法。

陆奥宗光坦白地承认了日本只有“实施一种外交策略”，才能在毫无借口的被动情况下，找到新的借口，从而掩人耳目，达到其既能使自己的军队赖着不走，又能羁留中国军队陷入“泥潭”，以便一举消灭之，还可欺蒙世界舆论和外国洋人的视听。这个“外交策略”有一举三得之效。

这个所谓“实施一种外交策略”是个什么东西呢？就是日本精心设计的新的

阴谋诡计——《改革朝鲜内政方案》（简称《方案》）。

《方案》的设计师是日本首相伊藤博文，补充者是日本外相陆奥宗光。

《方案》的内容是：朝鲜内乱，应由中日两国军队共同尽力迅速镇压。

乱民平定后，为改革朝鲜内政起见，由中日两国向朝鲜派出若干名常设委员，调查该国财政概况，淘汰中央及地方官吏，设置必要的警备兵，以维护国内安宁；整顿该国财政，尽可能地募集公债，以便用于兴办公益事业。

这个是“羊头”，而卖的是“狗肉”。豺狼野心再怎样花样翻新，其贪婪的尾巴还是暴露无遗。

《方案》以对朝鲜内政改革为幌子，逼中国共同执行，中国如不答应，立即发动战争，与中国开战。日本深料中国肯定是不会答应的。这个“借口”是多么巧妙，足见日本《方案》制造者的阴险诡谲、道德沦落到了何等程度。为了挑起战争，日本侵略统治集团什么事都可以做，至于其负上卑鄙无耻、欺世盗名的国家名声也在所不惜。

日本外相陆奥宗光是一个诡计多端的人，他在所写的《蹇蹇录》中，毫不隐讳对伊藤博文和自己在制定这个改革方案中所起的恶劣作用，他将日本提出的《方案》的真实意图暴露无遗。人们可以十分明确地看出，日本提出所谓《改革朝鲜内政方案》是假，是个由头，是个借口；而挑起战争、消灭驻朝中国军队从而进行大规模的侵华战争，才是《方案》的实质所在。《蹇蹇录》中写道：

但是，我认为实行这一提案的结果，首先将使我国外交方针不得不从被动者的地位一变而为主动者，并且预料在目前情势下，中国政府尚不能轻易同意我国的提案；同时也曾想到如果中国政府不同意时，将来应如何继续进行我国外交策略。伊藤总理在阁议席上虽未公开说明，但可推察总理在草此提案时早已胸有成竹抱有决心。我感到帝国政府在外交上已到达不得不转向运用权变策略的时机。我也估计到中国政府十之八九不能同意我国提案。如果中国政府拒绝我国提案，不问其理由如何，我政府皆不能漠视，并由此可断定中日两国的冲突终将不可避免，不得不实行最后之决心。这个决心，帝国政府在最初向朝鲜出兵时业已决定，事到今日就更无丝毫犹豫之理。

这段话道出了所谓改革提案的实质，其阴谋目的就是以“中国不同意”为借口，挑起战争，与中国开战。这就是内阁决定的阴谋本质所在。

陆奥宗光的上述供词，再明白不过地承认了日本为了发动对中国的侵略战争，是如何玩弄极其卑劣流氓行径。陆奥宗光是发动甲午侵华战争的日酋之一，与伊藤博文一样是甲午侵华战争的重要出谋划策者，他在战后写的这篇《蹇蹇录》，尽管颠倒是非、掩盖真相、欺骗世人，但毕竟掩饰不了全部阴谋过程，以致不得不露出不少狐狸尾巴。人们可以从其“尾巴”中透视出日本在发动甲午侵华战争中的险恶阴谋，及其对世人瞒天过海的拙劣欺骗。

陆奥宗光得意地将日本的所谓《改革朝鲜内政方案》向中国正式提了出来。1894年6月16日，陆奥宗光邀见中国驻日特命全权公使汪凤藻，将日本《改革朝鲜内政方案》当面交给了汪，作出说明。说明的部分只是“改革”的内容，而真实意图自然陆奥宗光是秘而不宣的。汪凤藻不愿将日本的提案转报中国政府，坚持“中日两国军队应先从朝鲜撤出，然后再从长商议将来问题”。陆奥强硬地表示日本不能撤军，诡辩了一番，胡说什么不从根本上改革朝鲜的秕政，就根本得不到“安宁”。日本安宁得很，安宁到要使别人不得安宁的地步，反而硬要颠倒黑白，信口雌黄。日本为了挑起战争，不惜连人脸都可以不要，而贼喊捉贼地耍流氓，这就是日本国的高超伎俩，实在是恬不知耻。陆奥宗光一再逼汪接受日本的所谓改革方案，汪针锋相对一再驳回，坚持双方要先撤军。这次谈判时间竟然如此之长，以致从当天下午八点谈起，谈到第二天凌晨一点以后。最后汪凤藻只允将《提案》转报中国政府。

1894年6月17日，日本将所谓《改革朝鲜内政方案》由驻北京临时代办小村寿太郎送交了中国总理衙门。李鸿章也于同日接到了日本驻天津领事荒川已次送来的《方案》。

第四节　中国反对日本《改革朝鲜内政方案》

日本的所谓《改革朝鲜内政方案》（简称《方案》）即从表面形式和内容看，是一个彻头彻尾干涉朝鲜内政的方案，一个主权国家怎能由一个外国指手画脚去“改革”呢？日本也太狂妄了。

这样一个强盗方案，理所当然地遭到中国的反对，尽管中国的反对是日本阴谋所急于需求的。

问题是包括李鸿章的中国决策层始终没有识破日本《方案》的阴谋本质，一直被其表面现象迷惑，掉入日本圈套，由其牵着鼻子越陷越深，以致无法自拔。

日本的《方案》为何一再要中国“从速答复”？为何一再提出要中国“从速”同意此方案？非常清楚，所谓“改革”是假；逼中国不同意从而把破坏谈判的责任推到中国头上，以便日本挑起战争，发动一场早就计划和准备好了的大规模侵华战争，这才是真，才是陆奥宗光所谓的“方案的意义”所在。日本之所以要中国“从速”答复和同意，就是急切要发动战争；日本睦仁侵略集团已经急不可耐了。

陆奥宗光自以为聪明，他纠缠了五个多小时与汪凤藻谈判，中国公使未能就范。谈判结束后，陆奥夜不能眠，仍然怀疑汪凤藻对日本方案可能没有真正“理解”其“意义”。

其实，汪凤藻从谈判中，已经嗅到了豺狼的腥味，摸到了日本的侵略祸心，想到了中国必须增兵，准备大敌。

6月17日凌晨结束与陆奥谈判的当天，汪立即电告李鸿章有关谈判详情，并提出增兵的建议：察倭颇以我欲撤兵为怯，狡谋愈逞，其布置若备大敌。似宜厚集兵力，隐伐其谋。

6月18日，袁世凯也从朝鲜致电李鸿章：日廷意在胁韩，大鸟不能自主，难与舌争。似应先调南北洋水师迅来严备，续备陆兵。袁世凯看到了增强兵力的重要性，但并未看透日本“意在侵中”的阴谋，而不仅仅是“意在胁韩”。

汪、袁的建议很值得重视，而李鸿章则不以为然，理由是：日本重兵已先占据汉城和仁川，如果中国增兵容易“生事”；我军远驻在牙山，多少都差不多，现有兵力也足以固守；我如多调军力，日本也会增调，若此如何收场；我军做好准备，不与之冲突，看形势发展再说，云云。李鸿章将不增兵的理由向总理衙门作出陈述：汪、袁皆请添援重兵，鸿思倭兵分驻汉、仁，已占先着。我多兵逼处，易生事；远扎，则兵多少等耳。叶驻牙山，距汉二百余里，陆续添拨已二千五百，足可自固，兼灭贼。我再多调，倭亦必添调，将作何收场耶？今但备而未发，续看事势再定。

身为直隶总督、北洋大臣的清廷决策层大臣的李鸿章，对日本始终认识糊涂，书呆子气十足，幼稚无知，既轻率地听信袁世凯对日本“必无他意”的相信，决定出兵于前；复对日本出兵认为是“日与华争体面，兵来非战，切勿惊扰，迭阻不听，即听之”的无所谓的麻痹态度，及至日本坚不撤兵，众人建议增兵防变，又怕引起日本增兵，不敢备战于后。

日本提出《方案》，李鸿章又被表面现象迷惑，仅仅把它看成侵犯朝鲜内政，而没有看透日本侵华的狼子野心，没有识破日本《方案》是既可使日军赖在朝鲜不撤，更重要的可以拖住中国军队陷入泥潭而消灭之；并以中国不与日本共同推进“朝鲜改革”为借口，发动战争，大举侵略中国的阴谋本质。

李鸿章在不能干预朝鲜内政的口号下，与日本进行交涉。他只认为日本“以重兵挟议，实欲干预韩内政，为侵夺之谋”。

日本一再强硬要挟中国接受其《方案》，极尽威胁、恫吓之能事。李鸿章批示袁世凯要坚持原则，不怕威胁：任他多主恫吓，当据理驳辩，勿怖。

中国总理衙门与李鸿章，对日本《方案》进行了斗争，以“朝鲜有其自主之权”“不得对其内政滥加干涉”据理驳斥。

1894 年 6 月 21 日，即日本提出《方案》的第四天，中国政府令驻日公使汪凤藻复照日本政府：

韩乱告平，已不烦中国兵代剿，两国会剿之说，自无庸议。善后办法，用意虽美，只可由朝鲜自行厘革。中国尚不干预其内政，日本素认朝鲜自主，尤无干预其内政之权。乱定撤兵，乙酉年两国所定条约俱在，此时无可更议。

中国政府的照会立场鲜明，原则坚定，理由非常充分，彻底驳斥、严正指责了日本的强盗行径。

尽管中国政府照会义正词严，理由充分，无瑕可剔，但是，日本这个从来就不讲信义的国家，出于其急于要挑动战争、侵华灭朝的豺狼野心，根本不讲任何道理，于接到中国复照的第二天，即 6 月 22 日，陆奥宗光再次照会中国政府：我政府断不能撤现驻朝鲜我国之兵。

陆奥宗光把这个照会认定为“对中国的第一次绝交书”。他还是忍不住地道出了日本改革方案的最终目的，就是要使中日关系“促其彻底决裂”，“使阴霾笼罩的天气，一变而为暴风骤雨”。《方案》“毕竟不过是”为了挑起战争，“筹划出来的一项政策”；说穿了，提出《方案》就是一个大阴谋、一个烟幕弹而已。

第五节　日本胁迫朝鲜改革内政

日本极其荒诞地提出干涉朝鲜内政的所谓改革方案，其阴险目的是既逼中国反对以借口发动战争；又借此控制朝鲜，将朝鲜攫为日本殖民地。

日本极其狡诈地提出由中日两国共同来执行此改革方案，不过是一个幌子，他们深知中国绝对不会同意的，显然朝鲜的“改革”就必然落到日本手中。

在经过一段时间谈判、中国一再表示反对的“时机”下，果然日本要独自借“改革”诡计一口吃掉朝鲜。

1894 年 6 月 21 日，日本复照中国，日本“坚不撤兵”。“对中国的第一次绝交书”发出的头一天，日本天皇睦仁召开了御前会议，作出两项重要决定：（1）

向朝鲜派出第二批军队；（2）撇开中国，日本单独胁迫朝鲜“改革”。显然，日本意在吃掉朝鲜。

6月26日，日本政府指示日本驻朝鲜公使大鸟圭介，面谒朝鲜国王，胁迫朝鲜“改革内政”。

日本在向朝鲜宣传了一番改革内政的欺骗“理由”之后，想到必须为日本大举进兵朝鲜向国际作出“解释”和欺骗。如何制造出兵的“理由”呢？这次已按捺不住了。日本侵略元凶仍无耻地制造了一个“有事”出兵论。

日本出兵朝鲜，引起了朝鲜内外的一片惊疑，国际舆论哗然，日本十分被动。日本满以为提出了一个朝鲜内政改革方案就能万事大吉，但国际上的压力使日本不得不就出兵问题作出解释。

日本公使大鸟在面谒朝鲜国王、当面奏请朝鲜要进行改革的同日，又奉令致送公文给朝鲜王朝，再次强调日本不撤兵，其“理由”之一：出兵朝鲜是按日朝《济物浦条约》办事，“有事仍当随时派兵护卫”。现在东学党起义，是“有事之时”，所以日本要出兵。日本为了欺骗世人，习惯于睁眼说瞎话，东学党起义事件已经平息，怎么还说“有事”？即使在动乱时，朝鲜一直没有求助日本派兵，日本进兵朝鲜完全是侵犯一个主权国家的侵略行为。日本不撤兵提出的“理由”之二：东学党起义是“属内民”，“其祸不大”，清国派兵援助，“则祸延及东洋大局，其有事也大矣”。日本一向狡诈卑劣，竟然把祸水推向中国，而且胡说这是“大事”。日本不是不知道，中国派兵是应朝鲜王国的请求，开始就商定“事平即撤”；而且日本当时也一再怂恿中国派兵援朝。怎么一下子却胡说是“祸延东洋”？是“大事”？日本不撤兵提出的“理由”之三：说事态平息了，中国不肯撤兵，“其事更大”。日本坚不与中国同时撤兵，反倒说中国不肯撤兵。

这就是日本的“有事论”。这是彻头彻尾的诡辩论，是彻头彻尾的强盗逻辑，是贼喊捉贼的卑鄙无赖行径，日本的狡诈和无赖面目已经十分丑陋可恶地暴露无遗。

日本在甲午战争前抛出这个“有事论”，是日本蓄意挑起战争的一个十分卑鄙龌龊的手法，在以后的五十年侵华罪恶中，“有事论”不断翻新手法，累累挑起祸端，已经屡见不鲜了。日本投降后六十年，新生的军国主义分子不是又继承了他们祖先的衣钵，制造“台海有事”“周边有事”吗！我们中国人子孙后代，千万要警惕日本鬼子的“有事论”啊！“有事”者，即日本侵略别国制造的“先声”也。“有事”后面紧跟进的就是侵略，就是杀戮，就是抢掠，就是强奸，就是纵火，就是对另一个主权国家的毁灭。

我们中国人、亚洲人、欧美人以及世界一切爱好和平的人们，必须擦亮眼睛，随时揭穿日本的所谓“有事”的反和平、挑战争、行侵略的恶毒本质。

6月26日，大鸟面奏朝王的同一天，送去日本公文。

日本公文云：日兵之入韩也，或有狐疑焉。曰：是非公法所载也。殊不知，朝日两国之间既有置兵警备之约也。清历壬午七月于济物浦两国全权大臣会同约定六款，其第五款，日本于公使馆置护卫兵若干备警事云云。日本公使公文内开：今将我护卫兵于本年七月二十日如数撤回，此系遵照我明治十五年在济物浦所定条约，视其无须警备之时，暂行撤回。至于将来有事，仍当随时派兵护卫，不得因此次撤警备误认废灭前约，宜将此意向朝鲜政府声明知照，所有各兵营暂行撤回本国，将来如遇朝鲜有事，日本政府随时派去护卫。是以条约明文也，凡两国之所认准也。日本既然一心贪婪垂涎于杀人越货，怎能遵守国际公法？日本此次出兵是警备吗？日本此次出兵是护卫使馆吗？数量只是若干名吗？日本侵略者应当明白，即使所谓朝鲜“有事”，没有朝鲜政府的请求，日本就根本无权派军队入朝；日本人还应当明白，自己写的“警备”“护卫”的概念是什么？日本此次大举进兵朝鲜，既未经朝鲜政府邀请，又不是“警备”与“护卫”，所抱何意？日本侵略者还应当明白，朝鲜的动乱已经解决，国内政局已趋平稳，已经无事，何来“有事”？

日本公文又云：顷者朝鲜南道之乱，可以做有事之时矣。然南乱本属内民，其祸不大；至于清兵派兵援之，则祸延及东洋大局，其有事也大矣。故日本这保护该民，亦事势之不得已也。次如清国既闻乱民平定，犹屹然不撤其兵，则不啻使其事更大，其意实不可测也。且夫初认朝鲜为自主之国，使与各国订结平等抗礼之条约者谁耶？盖莫非日本之功矣。然则日本何有敌视朝鲜之理哉？故若有认朝鲜为藩属，或乘机设乱欲郡县之者，则拒之斥之，以全朝鲜之自主独立，盖我日本所宜任之也。朝鲜人虚心平气，能详此意，则一朝而豁然，可心悟日本之来无他意矣。日本骗子的骗术如此之拙劣，以致自己打起自己的嘴巴来了。就在25天前，即6月1日，陆奥宗光指令杉村濬、郑永邦拜见袁世凯，郑说：匪久扰，大损商务，诸多可虑。朝人必不能了，愈久愈难办，贵政府何不速代朝戡。第二天，即6月2日，杉村濬奉令，又亲自会见袁世凯，杉村濬催问袁：盼华速代戡，允否？又紧促袁：倘请迟，匪至全州，汉城其危，拟先调兵来防护，华何办法？这些话犹在耳，为什么在25天之后，竟信口雌黄，说清廷派兵援朝，是祸延东洋大局，是所谓“大事”？这种出尔反尔的戏法，充分暴露日本是怎样一个语无伦次、信誉扫地的小人之国家。既然敢当强盗，为何不敢直说？颠倒是非、混淆黑白、倒打一耙，是日本一向精彩之表演，中国天天大声要日本与中国同时撤兵，不同意撤兵者日本也。日本真是做了婊子，还有脸立贞节牌坊，实天下之卑鄙无耻者也。

截至1945年日本无条件投降时止，日本侵略朝鲜，变朝鲜为殖民地，长达半个世纪以上，日本侵略者自己照一照镜子，看看上述语言，日本骗子的面目和豺狼兽心，真是日本侵略者自己讲的“一朝而豁然”也。“日本的来无他意”究竟是一个什么样的骗人的脏东西。日本想以此来挑拨中朝关系，实在可鄙之极。其实“乘机设乱欲郡县之者”日本也。在此照书25天前，日本人催中国出兵朝鲜，并一再保证说“我政府必无他意”，却一下子变为“其事更大”，要“拒之斥之”了！中国人、朝鲜人终于明白了“悟日本之来”不是“无他意”，而是“有他意”矣。

日本步步紧逼胁迫朝鲜，引起了朝鲜的高度警觉，促使朝鲜举国激愤，发奋自强。就在日本大鸟胁迫朝王之后两天，即6月28日，朝鲜国王和群臣共同商议对策时，朝王深沉地感叹说：外侮如此，国势可知，言之亦耻矣。唯当奋发惕励，可以自修自强矣。

6月28日，日本外相陆奥宗光，将日本内阁决议通过的所谓《朝鲜改革内政纲领》，密电训令驻朝公使大鸟圭介，要其向朝鲜提交，大鸟于7月4日提交给了朝鲜政府。

日本炮制的这个挂羊头卖狗肉的所谓《朝鲜改革内政纲领》，共有5个纲领，26个条目。这个《纲领》是个彻头彻尾的超级骗子的骗术，其真实目的，是通过所谓“改革”，使日本的魔爪伸展到朝鲜的“心脏”，将朝鲜攫为日本所有，变朝鲜为日本的殖民地。以后的历史事实充分证明了这一点：所谓“内政改革”烟消云散，见鬼去了。日本成了朝鲜的太上皇，成为对朝鲜人民的超级吸血鬼。朝鲜处于亡国、人民陷于亡国奴的绝境。日本这里讲的任何花言巧语和种种骗术，终究逃脱不了历史的照妖镜。日本这个多变狡诈的妖魔鬼怪，最终露出了十分丑恶的原形。

第六节　朝鲜的反对与反省

日本对朝鲜的胁迫，引起了朝鲜政府的强烈反对，拒绝了日本的所谓“改革方案”和所谓“改革纲领”。

朝鲜政府对日本严正指出：日本“严限实行改革的日期，不免有干涉内政之嫌”。朝鲜政府坚持要日本军队撤出朝鲜，并表示“内政改革一事，须待贵军撤回之后，我政府可实行之”。

朝鲜的原则立场非常明确，揭穿了日本粗暴干涉朝鲜内政、践踏朝鲜主权的侵略无耻行径，坚决要日本撤军。可是日本侵略者还流氓十足地赖在朝鲜，并积极进行灭亡朝鲜和侵略中国的军事集结和外交诈骗。

在日本大军占领都城、胁迫朝鲜丧失主权的淫威下，朝鲜进行了沉重的反省，朝鲜国王于 7 月 8 日，向全国下达了《罪己诏》。

第四章　日本联英制俄

第一节　李鸿章“以俄制日”外交的失败

日本坚不撤兵，并胁迫朝鲜进行所谓内政改革，中国与之多次交涉无结果。此时，李鸿章不是考虑如何加强自己在朝鲜的军事实力，以强后盾防不测，而是想利用外国人来干预，迫使日本撤兵。显然，他的这个幼稚想法是肯定要落空的。

1894年6月20日，俄国驻中国公使额西尼，乘休假回国、路经天津途中之机，访晤了李鸿章。李向额西尼提出了要俄国出面调停，迫使日本同意与中国同时撤出军队。李还特意卖关子，说英国已经要求调停，中国还是先尽着俄国，俄国有优先权。额西尼甚是欢喜，表示愿意。并于6月22日致电俄国圣彼得堡俄外交大臣吉尔斯。额西尼为此暂留天津，没有按原定日程回国，等待外交大臣的答复。额西尼的致电中写道：

我乘火车经过天津时访问了李鸿章，他告诉我一项重要消息。朝鲜形势现极严重。据李称：叛乱虽已大致平定，但中日两国军队之在场，使两国几乎无法避免武装冲突。李以中国政府名义，请我将中国的请求转知帝国政府，中国希望俄国出面调停此事，以迫使日本立即与中国同时从朝鲜撤退军队。李声称：中国政府认为俄国与此事有直接利害关系，故俄国有出面调停的特殊权利。他恳切地促我将中国的要求电知阁下，以期我国能促使日本立即从朝鲜撤兵，并且中国方面也郑重地承诺同时撤兵。我认为我国决不应错过目前中国要求我们担任调停者的机会；况且此事对于我方既无任何牺牲，又能大大增加我国在朝鲜以及整个远东的势力，并足以消除在朝鲜发生不可避免而对我方甚为不利的武装冲突之可能。李声称：英国已提议愿意充当调停者，但中国认为俄国在此次事件中有优先权，因此认为应向我们提出。情况业已危急。李促我迅速答复。我将于六月十六日以前在天津等待你的训令。（六月十六日是俄旧历，公历为6月28日。）

俄外交大臣吉尔斯在接到这份电报的当天，就表示同意充当调停人，立即写好奏本上奏俄国沙皇。奏曰：

我同意额西尼伯爵的意见我国出面调停，将增加我国在远东之势力。而且必须防止英国干预此事的可能。我认为应速将额西尼伯爵来电内容通知我国驻东京公使，并嘱其竭力劝告日本政府，就同时撤退军队一事与中国政府达成协议。

沙皇接奏后表示同意，立即于第二天电令俄国驻东京公使希特罗渥，向日本政府提出劝告。

6月25日，希特罗渥会见日本外相陆奥宗光。两人对话：

希特罗渥：奉本国政府训令，询问：中国政府已请求俄国调解中日两国纠纷，俄国甚望两国早日和平解决。因此，若中国政府撤退其派驻朝鲜之军队，日本政府是否亦同意撤退其军队？

陆奥宗光：大体虽无异议，但在目前两国对立，彼此互抱猜疑之时，欲求涣然冰释，恐非易事。若中国政府能就下列两点保证其一而撤退其军队，日本政府亦可撤退其军队，即：

一、同意由中日两国共同负责改革朝鲜内政，直至完成为止；

二、不拘任何理由，若中国政府不愿与日本共同承担改革朝鲜内政，日本政府则以独立实行之，届时中国政府无论直接或间接皆不得加以阻碍。

陆奥宗光在回答了上述话之后，说了两点极其欺骗的话：

继之我又向俄国公使保证下列二事：甲、日本政府除希望确立朝鲜之独立及和平外，决无他意；乙、将来中国政府不论采取何种举动，日本政府决不作进攻性之挑战，万一不幸此后中日两国间不得不交战时，日本亦必立于防御地位。

陆奥宗光拒绝了俄国调停，坚持不撤军，还硬是讲了一番强盗语言和欺骗假话。

日本侵华灭朝的计划是早已确定了的，并且早已预料到必然会有第三国出面来干涉。日本的方针是，决不能让第三国插手。因此，日本又一次来了一个“麻痹术”，用天大谎言来麻痹俄国，说什么“日本决无他意”，是“希望确立朝鲜的独立和平”，对中国“日本决不作进攻性的挑战”。如果中日打起来了，“日本亦必立于防御地位”，云云。尽是些动听的谎言，并暴露了日本的狼子野心。以后的事实完全戳穿了日本的谎言！

俄国碰了钉子，很是恼火，于6月30日照会日本，措辞严厉地提出：如果日本不与中国同时撤兵，日本政府应负重大责任。

陆奥宗光在接到俄国照会后，立即与伊藤博文商议，如何抵制俄国干预之策，并召开内阁会议作出决定。日本要两手欺骗：一方面，麻痹中国，拉住不放；另一方面，仍然继续麻痹俄国，放出对朝鲜“决无侵略领土之意”，待朝内乱完全平定之时“即将军队撤回”的烟幕弹。7月2日，日本将以上谎言复照俄国驻日本公使希特罗渥，并假惺惺地说：帝国政府对于俄国政府友谊的劝告，深表谢意，同时希望俄国日本两国政府间现存之信义及友谊，对帝国政府此项保证给予充分信任。对俄国进行欺骗麻痹之后，再伸出橄榄枝拉拢，可见日本之狡猾。

俄国果为日本花言巧语所惑，同时也是怕卷入中日争端和战争中去，俄国终于退缩了。这也是帝国主义国家本性所决定，俄国为了争夺在朝鲜的利益，与日本有矛盾，但它决不会为正义去保护中国而得罪日本；相反，宁可与日本妥协去牺牲中国。

日本在照会俄国、麻痹俄国的第三天，7月4日，日本政府命日驻华公使小村寿太郎对中国进行麻痹。这天，小村亲赴中国总理衙门，表示撤兵问题“愿两国相商”，但“不甚愿他国干预”，即主要指俄国的干预。小村进一步诱惑说：已接其外务电，予以商议之权，日内必然开谈。

7月7日，在小村寿太郎的主动提议下，实际上已经陷于僵局的中日会谈重新进行。参加会谈的中方代表为：奕䜣、孙毓汶、徐用仪、崇礼、张荫恒五人。日方代表仅小村寿太郎一人，带了一名书记官翻译郑永昌。

会谈一开始，小村就主动提出，要将双方撤兵问题作为谈判的首要问题进行协商，并且非常具体地讲到协商撤兵的方法和时间。撤兵问题是中国日夜盼望解决的问题，想不到日本会主动提出，中方当然高兴。双方对话：

小村寿太郎：对于此次事件，如贵我两国不速开协商之端绪，恐日益受他国之干涉，此应为特别注意之事。

孙毓汶：贵政府对此事更应提出办法，我政府希望据此与贵署大臣达成协议。

小村寿太郎：目前自朝鲜撤出两国兵员，乃谈判开始先应议定之事项。即对于撤兵之方法和时间进行必要之协商。此点仅供贵王大臣参考，故明言之。

孙毓汶：如同意以此为协商之第一项，本大臣亦表同感。

奕䜣：早者明日，迟者亦不过后日，可答复之。

小村寿太郎：此事亟须处理，希望至迟后日必须答复。

日本一直坚持不撤兵，这次小村主动提出可以协商撤兵，并且将撤兵作为谈判的第一项议程，是一个麻痹术，其目的是由于俄国的干涉，不得不装出日本可以商谈撤兵的假象，来蒙蔽和麻痹中国，使中国处于松弛无防状态，并麻痹中国放松求助第三国的干预。可是，中方代表信以为真，还认为是俄国出面调停的功效而沾沾自喜，完全又一次掉进了日本的陷阱。这次谈判，日方已经提出将撤兵的时间和方法，作为谈判的第一项议程，孙毓汶当即表示同意，奕䜣却相反，表示如何定，要待次日或再次日答复，致使这次由日本提出的假戏没有真演下去，中国反而成了被动者。日本对中国的麻痹术又获得成功。

就在中日谈判的7月7日同一天，俄国驻华公使额西尼已经获知日本拒绝俄国警告、坚持不撤兵的消息，立即又一次致电外交大臣吉尔斯，请求政府明确表态施压日本撤兵。电云：

我深信目前已是明确决定我们态度的时候，是否能够容忍日本建立独占势力，甚至攫取这个半岛，从有惹事企图的日本政策及许多政治上原因来看，日本显然不是我们在大陆上的好邻居。无论如何，依我的意见，不能对中国政府继续采取不确定的态度。中国政府坚持要我们答复，我们是否准备坚持日本军队撤离朝鲜的主张；如果我们在东京的坚决态度宣告失败，使中日两国间战争的爆发无可避免时，我们对中国将采取何种态度。我竭诚期望能尽速得到你的指示。

额西尼对日本的侵略意图看得透彻，他在7月1日致吉尔斯的电中，一针见血地指出：

局势已很危急。日本谋取朝鲜内政统治权的企图已经很明显。中国政府正迫切期待我国在东京所提各项建议的结果。显然中国希望没有战争，而日本却似有意寻求战争，深以为胜利非己莫属。危险正来自日本方面，而不是中国方面……日本的目的似在排斥俄国的参加……日本一旦取得某种初步的胜利，则决难与之取得协议。

额西尼还向自己的政府一再陈述了充当调停的好处。他在7月3日向外交大臣吉尔斯的电报说道：

我和李鸿章的谈判中看出，中国显然已了解，我国的调停意在迫使日本与中国同时从朝鲜撤退军队，并认为是避免战争的唯一途径。为了报答我们的效劳，中国正式承认，俄国具有与中日两国共同解决朝鲜内部组织问题的权利。李鸿章请求我国协助，俾使日本同意与俄中两国共同解决朝鲜的改革问题，此项改革应在中日军队从朝鲜撤退后立即实施。我坚信希特罗渥应竭力劝告日本接受此项建议，这一建议对于我国及日本均极有利，它将保证朝鲜秩序今后得以维持，将排除中国在朝鲜的优越势力，并成为防止任何列强企图重新侵犯王国完整的唯一有力保证。

额西尼算是一位帝国主义列强外交界的杰出人才。他对当时形势的分析、对日本本质的透视、对俄国充当调停的好处、对朝鲜半岛的独立自主及实现和平，都显示出其具有卓越见解。可惜，他不是决策人物；决策者是贪婪的俄帝国主义侵略者和暴君沙皇。

在日本的强力面前以及日本的反间计下，俄国最终不得不向日本妥协，由开始气势汹汹的虎头，变成了蜷缩溜走的蛇尾。

当 7 月 7 日接到额西尼的来电的当天，吉尔斯奉命回电额西尼，全盘托出了俄国退缩的决定。电曰：

我们努力的目的，在于消除中日两国间发生冲突的可能性。我们要求日本由朝鲜撤兵是友谊的劝告，完全珍视李鸿章对我们的信任，然而我认为不便直接干涉朝鲜的改革，因为在这建议的背后，显然隐藏着一个愿望，即把我们卷入朝鲜纠纷，从而取得我们的帮助。同时请声明我们对中国持有最友好的态度，并将竭尽一切以支持中国的和平愿望。

额西尼接到此电，自知希望已断，于第三日，即 7 月 9 日派参赞巴福禄回复李鸿章，李感到冷水浇头，完全绝望了。尽管他提出俄为何“前后语意不符”的责问，也只能是徒劳。当天，李鸿章将巴福禄的回话上电总理衙门，曰：

顷额使遣巴参赞来领事过晤称：顷接俄速电复，日韩事明系日无理，俄只能以友谊力劝日撤兵，再与华会商善后，但未使用兵力强勒日人。至朝鲜内政应革与否，俄亦不愿预闻等语。鸿诘以五月二十二日额遣尔等来告，俄廷要勒令日撤兵再议，日不听，尚有第二层办法，是前后语意不符。巴谓：我等亦觉不符，恐俄廷另听旁人间阻。额拟将来中日会议，彼亦无庸干预云。

巴福禄的回话中，透露出额西尼对俄廷的决定是有异议的。同时，巴福禄也透露出，使俄廷转变立场，可能“另听旁人间阻”。旁人者谁？日人也；间阻者，奸计反间也。说明日本对俄国做了手脚，买通了俄国。由此，更加暴露了日本的险恶和奸诈。至此，日本的反间计成功，俄国不再充当第三国插手干预。障碍已经清除，日本可以放手对付中国了。

就在7月9日巴福禄回绝时，中日第二次会谈开始。此时的日本，已经把两天前自己主动提出的撤兵问题要作为首要议程进行协商的提议，置之脑后了，并强硬地重申了“我兵员决不撤回”的一贯主张。原因就是日本已获知俄国退缩的信息，态度由虚假的欺骗转而复原为本来的凶相面目，并且为发动战争抓中国的口实。这次中日谈判，中国的立场仍然是先撤兵后谈判，并一再强调“他国之干涉”，欲以此来吓日本撤兵。殊不知俄国已经退缩，日本不再顾虑，“他国干涉”之语已不起作用。至于一再用《天津条约》责日，更无济于事，日本已把《天津条约》抛到九霄云外去了，在强盗面前，能谈道理否？

这次谈判，日本的目的不在谈判本身，日本根本不想取得任何微小的进展，而是为了抓中国的辫子，用来作为挑起战争的口实，这就是日本的野心及其狡诈性所需要的。这样的谈判自然是徒劳的，只能浪费时间，而时间对中国却是至关重要的。

四天之后的7月13日，俄国终于公开表态。在致日本的照会中，竟然对日本赤裸裸的欺骗“甚为满意”。俄国的这个照会不仅完全承认了日本的侵略立场，还与日本站在一起，逼中国就范，要中国按照日本提出的“原则”早日达成双方协议。俄国背信弃义，完全没有一点大国的正义尊严，与日本乃一丘之貉。

日本接到俄国这个照会，顿时喜出望外，正是俄国的出卖，大大壮了日本侵略者的兽胆。日本到了可以对中国摊牌的时候了。

至此，中国对俄国的指望全部落空。

李鸿章策动俄国人来做调停人，是打错了算盘。李鸿章“以夷制夷”的思想由来已久。眼看日本坚不撤兵，李很想搬出俄国人来压服日本，以为俄国比日本强大，俄出面日肯定不敢抵制而撤兵。

李鸿章相信俄国，也与俄驻华公使额西尼的积极热情有关。李向额西尼一提出调停问题，额即满口答应，并几次致电俄外交大臣，请求压日撤兵。因此，李抱有很大幻想，一直以为俄国一定会用强力手段逼迫日本撤军。他在6月25日致电总理衙门，说道：……俄皇已电谕驻日俄使转致日廷，勒令与中国商同撤兵……如日不遵办，电报俄廷，恐须用压服之法。当日本于7月2日复照俄国拒绝撤兵四天之后，李鸿章还在幻想俄国“或有办法”。

7月7日，额西尼接到吉尔斯拒绝充当调停人角色的来电后，于7月9日，派参赞巴福禄会晤李鸿章，明白通知，俄国不能插手调停。但是，李鸿章并不死心，直到7月23日，李鸿章还在幻想俄国会出来干预。电报清廷，俄国可调十船来仁川，与日作战，中国海军可与合作。光绪皇帝听后不以为然，命李“不得倚仗俄人”。

李鸿章在日本坚不撤兵、凶相毕露面前，完全把希望寄托在俄国身上，一厢情愿地通过外交途径，企图“以俄制日”来解决日本撤兵问题，却把自己的军力置之度外，不去积极做好应战准备，花掉大部分时间去与日本谈判，去请俄国出面调停，以致使日本赢得了足够的时间、周密的部署。日本的狡猾就在于它对外施行欺骗、敷衍，对内则积极准备侵略战争。中国却相反，对外实施信任外交，十分相信对方与外方，可以通过谈判和调停解决日本的问题；而对内却实行了实力虚无主义。殊不知，无军事实力作后盾，外交只能空谈；日本将外交作为军事的一种手段，在外交上的种种令人眼花缭乱的欺骗，都是为了达到其军事目的。对此，李鸿章显然是不甚了了。尽管当时中国的军力落后于日本，但至少可以将在朝鲜的中国军力增强到足以与日本相抗衡的程度，日本也不易得手。

李鸿章“以俄制日”的外交失败，显然负有不可推卸的严重责任。责任之关键在于：丢掉了时间，贻误了军机，授敌以时，困己手足，涣散了军心和人心。李鸿章犯下的严重罪责是肯定的。

第二节　偏袒的英国调停

就在俄使额西尼为调停中日问题忙碌时，英国深恐俄国从中得利，连忙命驻华公使欧格讷插进来进行调停。

英国的调停与俄国截然不同，它貌似公正，实则偏袒日本；表面中立，背地帮日。

从下述所谓调停的要点中，可以非常明显地看出英国赤裸裸地代表日本来逼迫清廷就范。其要点：

视中国坚持要日本与中国同时撤兵为“未定有办法”，在这个撤兵的大原则问题上，英国完全站在日本的立场上，拒绝谈此问题；

抛开撤兵大问题，专谈日本的利益要求；

威胁中日“失和”的后果对中国“无益”，而一点不谈日本；

为日本辩解“日本兵已及万余，立时全撤，原不易做到”；

威胁中国答应与日本共同对朝鲜进行所谓“内政改革”，而此问题是日本一再坚持的阴谋；

再三告诫中国，不能请俄国插手，说“惟此事不宜多请别国说合，并不宜多处商量”；

威胁中国说，日本兵多，“不能和商了”；

胁迫中国答应“改革朝鲜内政”，“派大员赴朝鲜商办”，要中国保证不占朝鲜的土地，并代表日本要与中国一样“共保朝鲜”，即日本要侵占朝鲜；

胁迫中国承认日本商民的特权；

当中国拒绝后，竟威胁说“小村必无回信”。

这样偏心的“调停”，理所当然地达不到英国的目的，也就必然地使日本的这位代理人“调停”失败，日本背后唆使英国出面的阴谋也宣告破产。

然而，英国的偏袒、怂恿，使日本更加嚣张。陆奥宗光向英国驻日公使巴柴特说：

朝鲜问题今已大有进展，局势绝非昔日可比，日本政府已不能依据先前与中国约定会商之条件，即使中国政府同意互派改革朝鲜内政之委员，亦须约定对于日本政府迄今的独立进行之事项，不容置喙干涉。中国政府如不能自本日起五日内以适当手续表明态度，日本政府将不再与中国进行会商。此外，中国如在此期内再向朝鲜增派军队，日本政府即认为是威胁之行为；中国政府如能本此宗旨与日本会商，日本政府当不拒绝。

日本的狰狞面目使人憎恶。日本又一次贼喊捉贼，朝鲜之紧张局势完全是日本侵略者一手造成，反倒打一耙，无耻之尤；中国增兵就认为是对日威胁，而日本未经朝鲜邀请，竟大举进兵，此实对中国和朝鲜之最严重、大之威胁。既然是日本提出要双方谈朝鲜“改革”之事，日本却又一次食言，自己打自己嘴巴，不容中国“置喙”。

如此荒谬无理之条件，理所当然地遭到中国的怒斥。日本的条件也抹了一下英国的脸面，一时惹怒了英国。英国外交大臣金伯理于7月21日，电令巴柴特向日本政府提出备忘录，略云：

日本政府此次对中国政府之要求，不仅与日本政府曾经言明作为谈判基础之处相矛盾，而且超越其范围之外。今日本政府已单独进行此事，且丝毫不许中国政府过问，实系蔑视天津条约之精神。因此，如果日本政府坚持此项政策，以致发生战争，日本政府应对其后果负责。

日本当即向英国申辩和驳斥，第二天，日本向英国政府提交一份备忘录，略云：

日本政府所要求于中国政府之条件，绝非如英国外交大臣所诘问者，英国政府若谓由此纠纷所产生之后果，由日本政府独负其责，日本政府敢信为不当。

英国政府接此强硬答复，没有作出任何反应，也就默认了。但是，英国没有忘记自己在中国的既得利益，为了保住这个利益，英国不得不向日本表达要求，要日本予以保证。

7月23日，巴柴特奉令会晤陆奥宗光，提出：

今后中日两国若发生战事，中国的上海为英国利益的中心，希望取得日本政府不在该地及其附近作战的保证。

此举反映出英国调停的真实用心，就是为取得日本对上海英国利益的保证。英国一提出此问题，日本当然答应，做了一个顺水人情。这一切都说明以牺牲中国利益向日本换取自己利益的英国调停之实质，而李鸿章"以夷制夷"的依赖思想，只能以失败而告终。

第三节　日本勾结英国

英国是当时世界帝国主义列强中最会"钻营"的帝国，日本很早就动手拉拢英国。早在1871年，日本就派出岩仓具视和大久保利通等人，去欧洲列强各国，交涉修改不平等条约，谈了二十来年并无结果。

1891年，发生了一件大事，使英国对日本的态度有了很大的转变。

1891年春，俄帝国制订并实施在西伯利亚修建铁路的计划，打破了英国对地中海、印度洋到远东唯一交通航线的垄断，英国甚为惊慌不安，决心要与俄国争斗。于是看准了日本，利用日本来制约俄国，作为抗俄的前哨阵地。

两年后，1893年日本正紧锣密鼓地阴谋策划侵华战争。次年7月，日本派出外相陆奥宗光与英国继续进行修改条约的谈判。为了得到英国对日本打中国的支持，日本提出了比历次谈判更低要求的方案，作出很大让步来争取与英国，于1894年7月16日在伦敦签订了新的《日英通商航海条约》，该条约主要内容：

一、条约批准后五年起生效。新约未生效时仍行旧约。

二、条约生效后，废除治外法权，日本全面开放内地，允许英国人有在内地居住、旅行、营业的权利，但无土地所有权。

三、只对特别物品提高海关税率。

四、过去租借地的外人租地权照旧保持，除最初规定的租金外，无论是土地及其地上物，都不得再收任何租金。

对这个条约日本虽然作了很大妥协，但日本所获得的利益是巨大的。如废除了治外法权，英国在日本无土地所有权，对特别物品提高关税等。更重要的是日本“一跃而加入对等伙伴国家的行列”，可与帝国主义列强平起平坐。日本与英国的这个条约，成为日本与其他外国修订条约的蓝本。

7月19日，即条约签订后的第三天，日本驻英国公使青木周藏，写了一封密函致外相陆奥宗光，道出了多么得意的心情以及日英勾结的内幕。青木在函中写道：

回顾我从二月中赴任到英国以来，经过正式谈判和私人交谈，前后约五十次，才使谈判取得成就，签订相当水平的条约，不辱大命，可以一扫三十年来的污辱，一跃而加入对等伙伴国家的行列，实堪大贺。条约已于昨日签订完毕，金伯理勋爵恳切地对我说：“这个条约的性质，对日本来说，比打败清国的大军还远为有利。”他对我内阁和个人表示祝贺。关于朝鲜事件，从今年三月起，我极力唤起英国政府注意，指责其偏信清国之非，并列举李鸿章及北京政府难以凭信的事实，破除金伯理勋爵等人的妄想，并说明我国在朝鲜的权利，即由天津条约与清国共同保护及管教的事实。在目前发生事变的时节，金伯理大臣发表恳切的谈话，即由于考虑了我的想法。我首先尽可能把英国和清国加以离间，得奏其功；并详细论述由日本单独或同清国共同占领朝鲜权利，并且从我国国防上具有生存的义务。金伯理氏欣然认可我所主张的论点。一方面，通过赛鲍德氏于暗中破除英国外交部的妄想。另一方面，利用《泰晤士报》《每日电讯报》《每日纪事报》等，广为影响英国舆论，使他们同意支持我国的行动。但是，关于这一问题，老兄的指示还不充分，我千方百计，好容易就要把斗大的鱼捕入网内，但尚未发射子弹，只有坐待而长太息。上月寄呈的“保护国”方案，想已见到。如在一战中途同清人缔结此种条约，及早对俄人南侵进行弹压，如何？对于这个方案，英国政府从开始就没有表示不同意，最后，如昨日电报所报告，已经表示同意。总之，英人的意思，让日清两国把力量置于朝鲜的北端或全部，而自己不费劳力，以防止俄国南侵。

这封密信，是日本与英国勾结、侵华制俄的绝好供词和证词。

青木周藏的密信，非常明确地透露出日本与英国所进行的是一场肮脏的交易，这场交易的核心是：英国支持日本侵占朝鲜和发动侵华战争；日本愿意充当英国在远东的“看门犬”角色，制止帝俄势力南下，并维护英国在中国的利益。

密信还暴露了青木为日本占朝侵华所进行的阴谋活动：

极力离间英国与中国的关系；

极力诽谤中国，暗中破除英国对中国的“偏信”和“妄想”；

极力疏通英国的主要报纸，大造损中支英的舆论；

极力笼络金伯理，买通赛鲍德，大肆进行间谍阴谋活动；

抛出所谓朝鲜“保护国”方案，密谋取得英国的同意和支持。

这笔卑鄙交易的做成，是英国与日本勾结的实现，使日本的侵华灭朝野心得以膨胀，立即发动侵华战争。

英国对中国进行的所谓调停，实际上是为日本侵华投放的烟幕弹，是日英勾结的大骗局。可是，李鸿章和总理衙门奕䜣等人，一直蒙在鼓里，未能识破日英勾结、狼狈为奸的真相。就在小村于7月14日向中国政府提出日方所谓“第二次绝交书”的照会之后两天，日英条约签订的当天，即7月16日，欧格讷还装憨为日本开脱，继续欺骗中国。

第四节　美国的“劝告”

美国是支持日本侵略朝鲜的，眼看日本气势汹汹、露骨地派大兵进入朝鲜，蓄意要发动灭朝侵华战争，而俄、英两国又在穿梭外交调停。在此形势下，美国觉得应该表一个态，劝一劝日本不要打起来，以便日后争取国际舆论的好评。

7月9日，美国训令驻日公使谭恩，会晤陆奥宗光，向日本政府提出一个劝告书，略云：

朝鲜变乱虽已平定，而日本政府与中国均拒绝由该国撤回其军队，且对于该国内政，实行激烈的改革，美国政府对此深表遗憾。美国政府对日本及朝鲜两国均有深厚友谊。因此，希望日本尊重朝鲜之独立和主权。若日本兴无名之师，使防御薄弱的邻国化为兵火战场，合众国大总统当深为惋惜。

美国看出了日本的侵略意图，看出了日本要发动战争是师出“无名”，也看出了日本必然会挑起与中国在朝鲜打起来，使朝鲜变为“兵火战场”。但美国只是表示遗憾和惋惜及希望，丝毫没有谴责之意，也不讲日本的无理兴兵及其侵略行径。在撤兵问题上各打五十板，歪曲中国的撤兵立场。显然，这样的劝告书，对日本是客气不过的，而这种客气必将导致充满野心的日本更加肆无忌惮了。

日本施展诡诈的狡辩手段，陆奥宗光对谭恩说：朝鲜内乱表面虽已平定，而祸根尚未完全芟除，尤以想到中国一贯施展诡诈阴险的手段，日本政府若不详审将来之形势如何，轻易撤兵，并非保护东亚和平之道。

日本贼喊捉贼，自己要当强盗，反倒打一耙，竟说什么不撤兵是“保护东亚和平之道”，其实日本不撤兵乃是日本侵占朝鲜、侵略中国的战争之道。

可是，美国政府在日本如此露骨欺骗、贼喊捉贼的所谓解说、拒绝美国的劝告面前，却不加反应，不了了之。

美国的所谓劝告，就是如此虚晃的过场。这表明，当时帝国主义列强在侵略中国的立场上是一致的。其他如法国、意大利等帝国虽然也有所活动，但都是走一走过场。

第五章 日本发难

第一节 日本对华“第二次绝交书”

日本在蓄谋占朝侵华的计划中，将防止第三国干预作为其侵略重要方针之一。日本这个阴谋国家，深知一旦发动侵华灭朝战争，必然会受到列强帝国的干预，尤其是顾忌帝俄，其次英国。因此，在派兵进入朝鲜、寻衅中国的同时，日本在外交上进行了一系列阴谋活动，以瓦解第三国的干预，主要是瓦解俄国的干预。

帝俄开始时对日本施压颇重，日本通过欺骗、买通、以英制俄等阴谋手法，瓦解了俄国的干预，取得带有关键性的外交胜利。

日本对英国采取的是妥协策略，尽量取得英国的欢喜，从而实现了其与英国联盟、制约俄国的诡计。

俄国由硬转软，最后完全退出，使日本解除了后顾之忧。

英国与日本签约，使日本获得了英国的支持，增加了侵略力量。

日本此时可以完全放手去发动侵华战争了，且看这一时期日本的所作所为：

1894 年 7 月 13 日，俄国送给日本照会，表示不再干预之意，并奉承了日本一番。日本接此照会，自然喜出望外，立即于第二天对中国发难。

7 月 14 日，陆奥宗光与伊藤博文等人商议后，电令小村寿太郎向中国政府送交照会。日本管这个照会叫“第二次绝交书”。照会略云：

查朝鲜累有变乱之事，从其内治纷乱而来。我政府因念今俾该国能更正内治，绝变乱于未萌，莫善于日清两国勠力同心者。缘两国之于该国所有关系原常吃紧也。乃将此意提出与清国政府。岂料清国政府定然不依，惟望撤兵，我政府实深诧异。所闻驻京英国大臣顾念睦谊，甚愿日清两国言归于好、出力调停等语。但清国政府仍惟主撤兵之言，其于我政府之意毫无可依之情形。推以上所开，总而言之，清国政府有意滋事也，则非好事而何乎？嗣后因此即有不测之变，我政府不任其责，等因前来。

日本的这个照会可谓凶相毕露、张牙舞爪、贼喊捉贼、倒打一耙、强词夺理、流氓威胁。

明明是日本派兵闯入朝鲜，成为朝鲜最大的变乱之源，可日本硬要把自己打扮成“绝变乱”者。

明明是朝鲜政府一再要求日本同中国一起撤出军队，而中国也积极主动要求日本与中国同时撤兵，可日本一再坚持赖在别国不撤兵，反而责备中国是“有意滋事”“则非好事”。

明明是中国一再表示了自己的立场：先撤兵，后商谈日本提出的所谓改革朝鲜内政问题，可日本硬要胡说中国“惟望撤兵”，对日本的提议“毫无可依”。

经过如此一番强盗语言，究竟要达到什么目的？日本在照会中最后一句话道破了“天机”，即“嗣后因此即有不测之变”。什么是不测之变？说穿了，就是日本要行凶了，豺狼开口要吃人了，日本侵略者要挑起侵华灭朝战争了。

日本在照会中，还扮演一个“怕死鬼”的角色，说“即有不测之变，我政府不任其责”。日本战犯们竟然肆无忌惮地发动战争，到别的国家去杀人、放火、强奸、抢掠、毁灭，还轻飘飘地说上一句“不任其责”，实在幼稚可笑。一切战争罪犯都逃脱不了正义的审判，除非死在审判前。发动甲午侵华战争的罪犯们，绝没有想到在五十年后的1945年，日本会无条件投降，日本战犯们受到了人类正义的审判，其中罪大恶极的数名甲级战犯被送上了“绞刑架”，这就是强盗们应付出的、无可逃脱的代价；这就是日本政府首犯们的“任其责”。真是天网恢恢、疏而不漏。当年的睦仁、伊藤博文、陆奥宗光、山县有朋、大山岩、川上操六、炽仁等以及其他侵华屠族的头目们，他们对中国和朝鲜犯下了滔天罪行，尽管因为他们陆续死去而没有受到正义的审判与惩罚，但他们犯下的罪行，最终还是落到了他们那些后代接班侵略者的身上，并受到了最后的严惩。所谓“我政府不任其责”是由不得侵略者的，这就是历史的逻辑。

第二节　日本淫逼朝鲜对中国废约逐兵

日本的目的，是要挑衅中国，发动一场侵华战争。日本侵略集团指示驻朝公使大鸟圭介的任务，就是尽力促成中日关系破裂。

大鸟在6月26日面谒朝鲜国王，逼朝政府“改革内政”的第三天，即6月28日，致朝鲜政府照会，在“保护属国”几个字上大做文章，向朝鲜发难，矛头直指中国。

日本开始“滋事”了，开始“变乱”了。日本这个贼再也无法掩饰自己的狰狞面目，自己把扣在中国头上的所谓“滋事”“变乱”的丑陋帽子，赤裸裸地戴在了日本自己的头上。

日本向中国发难，先从两方面着手：逼朝鲜废除与中国的条约；逼朝鲜将中国军队驱逐出境。

目的：日本全部占领朝鲜，变朝鲜为日本的殖民地，并以此作为侵犯中国的基地和桥头堡。

日本这个阴诈出众的国家，善于无中生有，抓住一个莫须有的口实，作为侵略的突破口。1873年，日本贪欲膨胀，企图吞掉中国台湾，制造了一个极其荒谬的借口：台湾居民是“化外人”，不是台湾人，竟悍然派船运兵侵登台湾。中国官员明确告诉日本强盗：“化外”者即没有受到教育的意思，日本也有这类人，世界各国均有。可日本硬要歪曲“化外”之意，实在荒唐可笑、卑鄙无耻。这次，日本又要耍这种无赖了。

日本在6月28日致朝鲜的照会中，胡说什么中国驻日公使汪凤藻送给日本的照会中，有“保护属国”的字样，有违朝鲜与日本签订的《江华条约》的精神，质问朝鲜是不是中国的属邦，限期要朝鲜答复。并威胁说，如朝鲜认为是中国的属邦，即“失和”。真是流氓的讹诈！

朝鲜接到日本照会，犹如接到了一个绑票罪犯的勒索函。朝鲜用回避的方法对付了这个绑票者。

6月30日，朝鲜政府复照日本，照会略云：

查丙子修好条规第一款内载，朝鲜自主之邦，保有与日本国平等之权一节，本国自立约以来，所有两国交际交涉事件，均按自主平等之权办理，此次请援中国，亦系我国自用之权利也，与朝日条约毫无障碍。本国但知遵守朝日订立条约，认真奉行。且我国内治外交一向自主，亦为中国之素知。至中国汪大臣照会径庭与否，应与本国无涉。本国与贵国交际之道，只可认照两国条规办理为妥。相应备文照复贵公使，请烦查照，将此转达贵外部大臣可也。

朝鲜给大鸟的这个照会，既未直接答复“属邦”问题，顾及了与中国的关系；又有理有节地回答了日本，维护了国家尊严，也间接批评了日本的越轨行为。

朝鲜恐中国误解，于7月9日特意送给袁世凯一个照会，重申了朝鲜为中国属邦地位，解释了没有直接就“属邦”问题表态的考虑。照会表明了朝鲜对中国有深厚的属邦关系以及防止日本“借口违约，滋生事端”的苦心。照会云：

朝鲜为中国属邦，已三百年之久，厚承保护。现在日本借护馆为名，忽发近万名兵，据守都城，朝鲜全局如在其掌握。彼以公文诘问为中国属邦与否，限日回复。甫逾限期，彼派书记翻译督促甚急，两次来照，声称决裂，威逼多端。所以敝邦将朝日条约所载之句语以答，而初不回复保护属邦与否，以防彼不能借口违约，滋生事端。兹将所有往来公文信件，抄录一份，备文照会贵总理，请烦查照，转达中朝，并望见复施行。

日本在接到朝鲜政府复照后，眼看逼朝表态没有达到目的，转而将矛头直指中国。聂士成率军进驻牙山，发张安民布告，日本抓住布告中有“保护属邦”字样，向中国提出质问。

袁世凯在接到大鸟圭介送来的日本照会之后，报经总理衙门，于7月8日奉命复照大鸟圭介，拒绝了日本的责问。照会云：查聂军门所出告示字样，系照我国与朝鲜向来体制应行各节办理，数百年例案备载，章籍可考，固非初出心裁。至朝鲜与各友国立约交际，内治外交，向由自主，并曾与欧西各国照会声明在案。无俟贵公使来文声明，本总理久已知悉。惟贵公使如何观之，断非本总理所与闻。

大鸟圭介接袁世凯复照，仍然无理取闹，照会中国，云：

日本政府认朝鲜自主独立，照约实迹不可移，勿再叙。至谓例案章籍，不可推究，于今非我应与闻。

7月12日，日外相陆奥宗光电令驻朝公使大鸟圭介，要大鸟利用一切借口，挑动战争。电令云：

英国在北京之调停已告失败，目前有采取断然处置之必要，只要在不招致外间过分非难的范围内，不妨利用任何借口，立即开始实际行动。

7月14日，日本驻华代理公使小村寿太郎，奉命向中国递交“第二次绝交书”，又一次贼喊捉贼，日本自己在滋事，反诬中国“滋事”，并威胁说“将有不测之变”。

7月19日，日本向朝鲜政府公然提出四项强盗要求，勒令朝鲜立即废除与中国签订的一切条约，驱逐中国军队；并十分无耻地迫令朝鲜为日本建兵营，还要在朝鲜这样一个主权国家架设军用电线，等等。这就是陆奥所谓的“实际行动”即侵略行动。日本的四项侵略勒令是：

一、汉城、釜山间架设军用电线，应由日本政府自行负责进行；

二、朝鲜政府应遵照济物浦条约，速为日本军队修建必要之兵营；

三、驻牙山之中国军队，师出无名，应速使其撤退；

四、应废除中朝通商以及其他与朝鲜独立相抵触之一切中朝间的条约。

7 月 20 日，大鸟圭介奉命向朝鲜提交了一份强盗最后通牒，命令朝鲜政府立即把中国军队赶出朝鲜，并限三日内答复，威胁说如延不复，日本就要“决意从事”。

日本在发出这个强盗照会之后，当天夜半，大鸟圭介又向朝鲜送一个照会，要挟朝鲜立即废除与中国签订的一切条约章程，厚颜无耻地说是为了保护朝鲜自主之权利。日本此时把自己摆到了“太上皇”的位置，去命令一个主权国家废除与别国的条约，已经严重地践踏了朝鲜国家的自主权利，可是还要猫哭老鼠，实在太卑劣。

朝鲜政府接到日本的强盗照会，明知日本正在发难，但强迫朝鲜对中国逐兵废约这样的荒唐事，朝王坚决不做，又不能不应付日本，于是，以“推”敷衍。

朝鲜按照日本提出的 7 月 22 日期限，答复了日本，云：中国援兵本可撤退，因《乙酉条约》未便撤退，将来转烦唐代理详请中国政府核办。《乙酉条约》即指《天津条约》。这时袁世凯已撤离朝鲜，由唐绍仪代办。

对于有关中国派兵时照会中有“保护属邦”的字样，朝鲜答复说“与本国无涉”。对于聂士成的布告中有“保护属邦”的文字，朝鲜答复“未及闻之”。

朝鲜如此答复日本，是有勇气的。“答复”拒绝了日本的强盗威逼。

大鸟圭介接到朝鲜的复照后，凶相毕露，竟无耻地要用武力对朝。

7 月 22 日接复照当天，大鸟送给朝鲜外务督办赵秉稷照会，实即最后通牒，威胁说：贵政府如不予以满足之回答，则为保护我权利，或须用兵，亦未可知。显然准备发动侵略战争了。

日本恬不知耻的可恶，就在于自己当了强盗劫犯，还在满嘴谎言，栽赃别人。它栽在别国头上的帽子，如“无视日朝条约朝鲜自主之邦”，损朝鲜自主独立之权利等，正是为日本自己制造的最合适的“桂冠”。

第三节　日本军队包围朝鲜王宫、推翻朝鲜政府劫持国王、洗劫王宫财宝

1894 年 7 月 23 日，即日本致朝鲜最后通牒的翌日清晨，大鸟圭介率领日军由龙山急驰进入朝鲜首都汉城，沿途不断发炮示威，将朝鲜王宫团团围住。这是

大鸟圭介授命、在给朝鲜致最后通牒之前就与日军旅长大岛义昌约定好了的。日军包围王宫，闯入王宫，将国王李熙劫持，推翻了朝鲜政府。这就是日本侵略者口口声声讲的“日朝条约朝鲜自主之邦”“有与日本国平等之权”、朝鲜“有自主独立之权利”等等花言巧语。现在事实证明：侵犯朝鲜“自主独立之权利”者不是别人，正是日本自己也。日本的谎言完全被日本自己戳穿。

日本赤裸裸地侵犯一个主权国家，劫持朝鲜国王的同时，又做了几件肮脏丑事：

日本劫持大院君李昰应当政变的傀儡，“主持”国事，利用开化党人金嘉镇、安炯寿等为傀儡官员。大院君是经过大鸟派冈本柳之助特务进行胁逼上台的。

日本大肆抢掠王宫五百年来所有中朝间御赐财物，抢走朝鲜军库中所存洋枪火炮。

日本当太上皇，命令朝鲜的内政、外交、朝日善后诸问题处理，必须经日本同意。

矫国王诏“不再对中国朝贡；将闵氏官族闵泳骏、闵炯植、闵应植及金世基等高官流放到远恶岛上去”。其余闵族都闻风逃亡。

矫诏请日本出兵驱逐驻扎在牙山的中国军队，并令朝鲜人要往中国打仗。

所有政变后的一切“王诏”，都是大鸟圭介胁迫大院君作出的傀儡把戏。

1894 年 7 月 23 日，旧历二十一日，即朝鲜被日本灭亡的这一天，朝鲜被消灭在口口声声要“保护”朝鲜“自主独立”的日本人手里。对这次灭国政变，朝鲜《高宗实录》记述云：

二十一日，日本兵入阙。是晓，日兵二大队由迎秋门入，侍卫兵发炮御之，上命止之。日兵遂守卫宫门，午后到各营，收其武器。

8 月 5 日，旧历七月初五，李鸿章致电总理衙门，报告当时朝鲜被灭情形云：

朝税司柏卓安二十六日致津税司密信谓：二十一日，日人进宫，将太公（指大院君）请来，主持国政，太妃亲戚及闵姓要人俱逐出，太公旧识俱帮同办事。二十三日，从此朝为自主之国，不再朝贡。二十四日，请日代剿逐牙山兵，又令朝人要往中国打仗。均日人勒令太公所书谕旨，否则杀之。朝官民多愿华为上国，只有数人愿朝自主，并有美国人帮助议事。华使馆国旗被日扯下。闻日人云：

一、因前十年日兵在韩被华军击败，欲图报复；

二、日愿在朝自用权柄，使朝畏服，不属华；

三、朝铁路电工等事，均用日人办理；

四、日恐国人内讧，使出外打仗，争胜图名利，小胜小败，决不能退。

又朝王遣闵尚镐变洋服，搭轮到津诉称：五百余年中朝御赐印物，日尽收去；兵库所藏数十年购存洋枪炮火，全行夺去；凡所致令，任处黜陟，非国王所能与知。详达天朝，俾明此断断忠悃，乞赐救援云。

日本侵略者强盗嘴脸全部暴露于天下。强盗此前所讲的一切谎言一下子完全被戳穿，日本最后一块遮羞布被它自己撕得粉碎。在日本这场劫王灭朝的丑行中，美国也插手作了帮凶。

7 月 23 日，日本突然袭击，向中国不宣而战。在丰岛海面击沉中国租轮“高升号”，船中清兵 1200 人除少数获救，大部分沉入海底；俘虏“操江轮”及官兵数十人押去日本；击伤“广乙舰”使之搁浅焚沉。

同日，日军又向牙山中国驻军突然袭击，造成华军 300 余人伤亡。

这就是日本的“决不作进攻性之挑战”的弥天大谎。日本侵略者这种当面装人、背后做鬼的欺骗手法，在以后几十年的侵华中还要使用多次。中国人民必须从日本的“人面鬼心”中看透日本，不要轻易相信日本的表面言论，要十分警惕鬼子后面的把戏，这就是甲午日本侵华给我们的一个十分重要的经验教训，这个用血肉换来的教训是十分宝贵的，后人必须牢牢记住。

8 月 1 日，在日本侵略者突然袭击、不宣而战、击沉中国运兵船，并向牙山突然进攻之后，中国被迫向日本宣战。同日，日本也向中国宣战，这场由日本一手制造的甲午战争就此揭开了，它完全达到了日本侵略者早就准备好了的发动侵略战争的罪恶目的。

第四节　日本发难的促成因素

1894 年 7 月 23 日，日本军队包围朝鲜王宫、劫持朝鲜国王、推翻朝鲜政权之日，即日本消灭朝鲜、发动侵华战争、揭开侵华序幕之时。

就在前四天，即 7 月 19 日，日本睦仁侵略统治集团，下令日本海军舰队，在 7 月 23 日开始采取“自由行动”，即灭朝侵华战争的罪恶行动。

选择在 7 月 23 日这天发难，是由两个重要因素促成的。

第一个因素，俄国对干预日本做了妥协。俄国由开始声色俱厉的干预，一下子变为“甚为满意”的收场，是日本通过间谍阴谋买通俄国及“以英制俄”策略的效果。日本最担心的俄国干预被消除，是其加速发动灭朝侵华战争的重要原因之一。

第二个因素，日本以退让妥协拉拢英国，使英国与日本结成为实际上的日英联盟，使之既可制俄，又可侵华灭朝。1894年7月16日，新的《日英通商航海条约》在英国伦敦签字，标志着英日联盟的正式成立。日本在6月份制定的侵华灭朝的所谓朝鲜“保护国”方案，一提交英国，英国就表示了同意。英国外交大臣金伯理在条约签订时，公然向日本驻英公使青木周藏祝贺，说：这个条约和性质，对日本来说，比打败清国大军还远为有利。这是英国政府向日本公开明确表示的允许和支持日本将要发动灭朝侵华战争的立场。

有了俄国的退出，特别是有了英国的允许和支持，日本这个急待捕食的饿狼，自然就要张嘴吃人了。

日本的侵略决策集团立即开会，决定了发动侵略战争的实际步骤。算计好了每一天的侵略时间，决定1894年7月23日开始，打响侵华战争。在此之前的十天，日本侵略者已经进入了侵略战争的实际步骤。

1894年7月12日，日外相陆奥宗光电令驻朝公使大鸟圭介，云：目前有采取断然处置之必要，只要在不招致外间过分非难的范围内，不妨利用任何借口，立即开始实际行动。

7月14日，日本在接到俄国妥协退出干预的照会的翌日，电令小村寿太郎向中国清廷提出措辞强硬的照会，即日本所谓的“第二次绝交书”，威胁中国，日本立即要摊牌了。

7月19日，大鸟圭介向朝鲜政府提出包括逐华兵、废华约、建兵营、架军线的侵略要求。

同日，日本政府下令日本舰队在7月23日以后采取“自由行动”。

7月20日，日本向朝鲜提出最后通牒，敦促朝鲜立即驱逐中国军队出境，并限令7月22日前答复，如延不复，日本“决意从事”。

与此同时，大鸟即与日军旅长大岛义昌约定，调集驻龙山的日军，急速开进汉城“举事”，时间定在7月23日清晨。

7月23日，大鸟圭介与大岛义昌率日军包围王宫，劫持国王；抢掠宫中所藏中朝御赐印物和兵库数十年存储的洋枪炮火，矫旨“请日军”驱逐屯牙山的华军。

7月23日，日本舰队在丰岛海面发起突然袭击。击沉、击伤中国运兵船多艘，清军官兵死伤千余人。

7月23日，日军突然袭击牙山之中国军队，造成华军的重大伤亡。

日本经过几十年精心策划的灭朝侵华的侵略战争，于1894年7月23日开始，日本包括天皇睦仁、内阁总理伊藤博文和大山岩、山县有朋、川上操六、炽仁亲王等一小撮战犯们，用血腥的兽爪掀开的首次大规模侵略中国的罪恶战争序幕就此揭开了，这年是中国旧历甲午年，故而称为日本甲午侵华战争。

这场豺兽的疯狂造成中国人民极大灾难，日本这个比野兽还野兽的豺狼帝国，大肆屠杀中国人民，焚烧中国人民的住房和各种设施，抢掠中国无数财宝，强奸并奸后屠杀中国无数妇女和幼女，毁灭中国无数城镇农村，抓走无数民夫去供日本奴役，割去中国台湾及其附属岛屿、澎湖列岛，占领辽东大块中国领土、抢去中国数万万两白银……犯下了令人发指的滔天罪行。

日本战犯们在甲午侵略中，对中国人民的屠杀和浩劫，必须付出代价，其欠下的血债必须偿还。五十年后日本末日的到来，充分证明了历史的车轮到时一定会将日本侵略者这一小撮穷凶极恶、满身血腥的豺兽辗得粉碎。

第六章　中国的对策及教训

日本挑起的甲午侵华战争，以日本的完全胜利和中国的惨败而告终。从此，日本强盗打开了中国大门，揭开了全面侵略中国50年的序幕。在半个世纪的侵华战争中，日本这个比野兽还野兽、比魔鬼还魔鬼的恐怖主义豺狼帝国，从甲午侵华战争中开出的这部残酷无比的杀人机器，开足了马力，极其疯狂、狠毒、残忍地对中国人民进行了50年的大屠杀，其野蛮残酷手法既继承了甲午屠杀的兽性，又比甲午侵华屠族犯下了更大的滔天罪行。

在此后几十年侵略中国的罪行中，可以发现日本采取了许多酷似甲午侵华时的故技，并大大加以“发挥”“创新”。因此，研究总结甲午日本侵略者如何通过奸诈狡猾的手段和狠毒残酷的兽性表演挑起甲午战争的历史教训，是非常重要的。前事不忘，后事之师。特别是日本投降60年后的今天，重新回忆甲午日本侵华战争的起源及其历史教训，是非常必要的，是非常有意义的。

从酝酿、准备、策应到发动甲午战争，日本是怎样施展阴谋？是怎样一步一步地使其阴谋得逞？中国有哪些错误？这都是必须弄明白、让我们世世代代后人铭心不忘的。

第一节　李鸿章的对策及错误和罪责

李鸿章是当时大清国的直隶总督、北洋大臣、主持北洋军政的封疆大吏，又是主持外交事务的大臣，对于维护国家北大门的安全负有非常重大的责任。在日本侵略者发动侵华战争前后，李鸿章犯下了几个极其严重的错误，主要有：

◆ 极力主张出兵朝鲜，是李鸿章错误之一

《大公报》记者王芸生指出：

朝鲜东学党起义，是朝鲜农民的革命运动，他们反对朝鲜政府的暴政，同时反对日本和其他帝国主义的侵略，“逐灭夷倭”的口号是极其鲜明的，清廷应朝

鲜王朝之请而出兵朝鲜，是极端错误的，那是帮助朝鲜的腐朽统治者，但不是为侵略的目的而去的。清廷出兵的理由是“保护属邦”，肯定是错误的。清朝和朝鲜之间所谓宗属关系，沿袭了几百年，是两个封建王朝的旧关系，不同于资本主义时代宗主国与殖民地的关系。中国封建王朝对待四邻的所谓宗属关系，所谓“朝贡”，正如朝鲜开化党所说，乃是一种“虚礼”；在经济上以“贡礼”交换“赏赐”，颇带有交易的味道。清廷是应朝鲜王朝之请而出兵的。当清兵到达朝境时，东学党农民军已因受朝鲜政府的和议欺骗而退兵，所以清兵并未曾与朝鲜农民军接仗，而东学党自始至终也没有反对中国的意思。清廷的出兵朝鲜，在最初阶段是错误的，及至日本开仗，中国士兵为了反抗侵略而和朝鲜人民流血在一起，是正义的，是光荣的。

当东学党起义军节节胜利、政府军纷纷败退时，朝王向中国驻朝商务交涉事务总理袁世凯，要求中国派兵援助“代戡”，袁世凯当即表态答应。袁世凯积极主张派兵，对促成李鸿章和中国总理衙门决定出兵负有重大责任。他数度电报李鸿章，请示出兵，李鸿章立表同意。李鸿章和袁世凯出兵代戡东学党起义的主张，一开始就有，只等待朝鲜政府的正式行文请求。李、袁的出兵“理由”是“为上国体面”，“如不允，他国人必有乐为之者，将置华于何地？自为不可却之举”。原来如此，就轻率出兵，实在罪责难逃。朝鲜是个独立的主权国家，虽然历史有数百年的“属邦”关系，实际是“贡礼”交换“赏赐”的“虚礼”“交易”关系，不是真正意义上的宗主国与殖民地的统治与被统治的关系。东学党起义，纯属于朝鲜国内的政治斗争发展到军事斗争问题，外国是不能加以干涉的，更不能派兵去“代戡”。这是甲午的一个非常重要的教训。

◆ 对日本侵略者在认识上的无知，是李鸿章错误之二

日本的阴险狡诈，早在1872—1874年日本入侵台湾时就已充分暴露。可是，李鸿章面对日本精心设下的陷阱，却毫不觉察，对日本非常相信。对日本“引君入套”的谎言和诱饵“我政府必无他意”这句话，李鸿章信以为真。

殊不知，这句谎言却要了中国人的命。日本此后50年的侵华中，阴谋谎言可谓层出不穷，一次一次地蒙蔽舆论，一步一步地宰割中国，时至日本无条件投降后60年的今日，甲午的这个教训，我们中国人都必须牢牢记住，这就是：日本是不可相信的。日本传统的非人性的卑劣意识形态，决定了日本决不会“诚心待邻”的，决定了他们一贯讲假话、讲骗话，以达到其算计中国的阴谋目的。善良的中国人，一定要牢牢记住，在1894年的甲午日本侵华中，李鸿章被日本谎

言欺骗所带给中国国家和人民的深重灾难。记住：任何时候，在任何问题上，对日本的话都要好好地、仔细地、反复地想一想，高度警惕其讲话背后可能要发生的重大事变。这就是甲午日本侵华战争给我们的宝贵教训。

李鸿章对日本认识上的另一个错误，是相信日本会遵守与中国的条约。李鸿章和袁世凯都认为，派兵去朝，只需一个行文通知日本就行，这是1885年《天津条约》规定了的；并认为条约中并没有规定“华派（兵）日亦派（兵）之文”。李鸿章天真地看待了日本，以为按《条约》，中国派兵之后日本不能派兵。殊不知，日本这个侵略成性、根本就无诚信可言的国家，《条约》只是一纸空文，《条约》是其侵略阴谋中的一个工具。日本对待《条约》的态度是：有利者坚守之，无利者随时废除之，要利时强迫签订之，无理时歪曲诡辩之。

甲午日本对待《中日天津条约》就是如此行事的，前脚中国出兵，后脚日本就出兵。对日本来说，《条约》算什么？更有甚者，连朝鲜与中国签订的一切友好条约，日本一声令下，就给全部废除了。甲午日本践踏国际公法、戏耍《条约》的非人类国家的行径，在以后五十年的侵略战争中，愈演愈丑，愈演愈烈。甲午日本随意践踏《条约》的教训，中国人民也要牢牢汲取。

李鸿章对日本认识上的再个错误，是错误地估计了日本出兵朝鲜的人数，认为即使日本也派兵，最多只是借保护使馆为名，调派一百来人就够了。李鸿章没有看清日本派兵的真实用意，而是按一般常规来看待日本，日本派去朝鲜的兵力不是一百，而是两万。日本投降六十年后的今天，日本竟然违反《和平宪法》向海外派兵，闯进了伊拉克，借口是去“维和”。善良的中国人民，必须对日本出兵海外保持高度的警惕，要时时想到，不知道哪一天，日本会来一个突然袭击，它还会满嘴谎言说：这是为了“保护使馆”，是为了维护某国的“独立自主”。特别对我国台湾，要密切注视日本的动作。这就是甲午给我们的宝贵教训。

李鸿章对日本认识上的错误还表现在，错误地认为日兵在朝鲜出现骚乱，会由朝鲜政府去“驳阻”，而且外国人会去干涉，“各洋员尤不愿日先自扰”。以后的事实证明，这都是李鸿章的幼稚。

◆ 没有及时撤兵，是李鸿章错误之三

当日本紧跟中国出兵朝鲜时，朝鲜敏锐地看到日本来者不善，一直使朝鲜担心的事终于发生了。于是，朝鲜政府一方面与日本严正交涉，要日本撤兵；另一方面，为免除日本口实，于6月13日照会中国，请求中国也撤兵。

李鸿章在接照的当天，立即电令叶志超，将部队急速调回牙山，“整饬归装，订期内渡，以便商轮往接”。这个决定无疑是正确的，但可惜的是，决而不行，

撤兵的决定没有执行，以致掉入日本陷阱的中国军队最终不能自拔，而遭到覆灭的命运。

李鸿章误军之罪责难辞。

派赴朝鲜的杰出军事将领，原太原总兵、被日人誉为勇敢见称的计划战略家聂士成，于7月10日晚，向李鸿章发电提出请求撤兵回国的重要建议：

我军本奉命平朝乱，非与倭争雄也。倭乘间以水陆大队压朝，据险寻衅，蓄谋已久。又敌众我寡，地利人和均落后着，与战，正坠彼术中。今匪乱已平，正可趁此接队内渡，免资口实。此老子不为人先之谋，亦兵家避实就虚之计。况朝为泰西通商之国，岂容倭人鲸吞？倘仍顽梗，可请英、俄诸国评论曲直；一面调集我海陆各军驻屯北洋、奉天边境。俟秋凉，我陆军出九连城趋平壤以附其背，海军战舰大队塞仁川以扼其吭，彼时倭师劳而无功，将骄卒惰，可一鼓破之也。否则，倭将先发制我，衅端一启，大局可危。

聂士成的这个建议电文，是一篇非常卓越的军事战备方案和对敌战术兵法。其精辟之见解在当时中国清廷中，无一人能比之。

聂士成深刻地指出和分析了如下几个主要问题，并提出“休整、蓄力、集结、择时打击敌人”的精辟策略。

一、中国军队来朝鲜的目的：是代平朝乱，不是与日本争雌雄。因此，目的既然达到了，即乱已平，任务就完成了，中国军队就应该撤退回国。

二、日本大队压韩的目的：是专来滋事挑衅，而且是日本蓄谋已久的阴谋。

三、敌我形势分析：“兵力”条件，是敌众我寡。日军兵力数倍于中国；“地利”条件，是日据汉城、仁川等重要城区、港口，而中国军队囿孤在海边的牙山，海军更少布防。“人和”条件，日本争取到国际舆论上风和列强帝国的支持或中立，中国则相反。

四、作战胜败分析：在敌强我弱、敌优我劣、敌盛我衰的形势下，战争打起来必然是敌胜我败，而恰好坠入日本事先设下的圈套中。

五、现在对策：即速趁乱平之机撤兵回国。这样做，是体现老子的“无为”哲学：“不为人先”而实为主动之谋；是孙子兵法中之“避实就虚”之计，让日本人扑空；可以免除日本坚不撤兵的口实。

六、军队回国后，经过休整，再调集部队集中于辽沈渤海边境，时间待到秋凉后，发动陆军进攻平壤，海军封锁仁川港口，陆海合围，消灭日军。这里的日军，独据朝鲜，时间一久，必然产生将领骄恣、士兵懒散。此时发动攻击，“必可一鼓而破之”。

对请外国调停的问题，聂士成是将它摆在撤兵回国、重整军备的基础上进行的。与李鸿章孤军不撤完全依赖俄英调停而置战备于不顾的做法截然相反。

七、对不撤兵的危害性：聂士成指出，如果不撤兵回国，一再拖下去，日本必然会“先发制我”，“衅端一启，大局可危”。聂士成的预见，果然一针见血，预见卓越。

聂士成的撤军建议深刻而精辟。如此卓越的见解尚未见有第二人。如果当时采纳实施此建议，中国已经坠入泥潭很深的双腿就可拔出来了。中国就会从军事上、外交上由被动而转为主动；就给日本釜底抽薪，日本这锅烧得很旺的祸水就开不起来了，日本积极挑动战争的阴谋就会落空。

尽管日本侵华是迟早的事，但无论如何不可能出现中国军队在朝鲜孤军受歼的局面。

李鸿章坚不撤兵，又不增兵，致使兵薄势孤，在陷阱中越陷越深。

李鸿章的罪责，实难谅恕。

◆ 拒绝增兵，不管备战，是李鸿章错误之四

从6月7日，日本公开宣布派军队入朝鲜，到7月23日发难，包围朝鲜王宫、劫持国王、驱逐中国军队、废除朝华一切条约，前后共计一个半月。在这段时间里，李鸿章的主要精力是放在如何与日本交涉上，如何谈判，如何通过俄、英进行调停，根本就不管如何加强军备。曾经多人给他进言，要他增加兵力，甚至对光绪皇帝的增兵谕旨，李鸿章一概是置若罔闻，不予理睬，并强词夺理。不增兵，是李鸿章最大的错误。

李鸿章为什么不愿增加兵力、加强战备呢?

一、怕中国增兵，会逼得日本生事。

6月17日，中国驻日本公使汪凤藻致电李鸿章，提出增加兵力的建议：察倭颇以我急欲撤兵为怯，狡谋愈逞，其布置若备大敌。似宜厚集兵力，隐伐其谋，俟余孽尽平，再与商撤，可望就范。李鸿章复电却说：日性浮动，若我再添兵厚集，适启其狡逞之谋。因拟必战，殊非伐谋上计。袁世凯于6月18日致电李鸿章云：日廷意在胁韩，大鸟不能自主，难与舌战。似应先调北洋水师迅来严备，续备陆兵。李鸿章在致电总理衙门的电文中，反驳了汪、袁二人的增兵建议，阐述了自己不增兵的理由，说：汪、袁皆请添拨重兵，鸿思倭兵分驻汉（城）、仁（川），已占先着。我多兵逼处，易生事。殊不知，豺狼吃人，刺激它要吃，不刺激它也是要吃的，日本侵略者一定要吃人的，不增兵它更要吃。

二、认为在朝中国军队足可自卫、灭敌，无须再增。还认为军队驻扎在远离敌方的地方，兵多兵少一个样。

李鸿章在致总理衙门的同一电文中说：（军队）远扎，则兵多少等耳。叶驻牙山，距汉二百余里，陆续添拨已二千五百，足可自固，兼灭贼。

三、怕中国增兵会引发日本增兵，不好收场。

李鸿章在致总理衙门的同一电文中说：我再多调，倭亦必添调，将作何收场耶？今但备而未发，续看事势再定。

四、认定日本不会首先开战。

光绪皇帝几次谕饬李鸿章增兵，李一直抵制不办。6月16日，翁同龢在其日记中记述：朝旨屡饬李相（指李鸿章）添兵，仅以三千勇屯仁川、牙山一带，迟回不进。噫！败矣！6月25日和7月1日，光绪帝又两次谕饬李鸿章增兵备战，李仍不动，还说“日本不会先开衅”。

五、认为与日交涉要以理取直，不能恃强相逼。

6月29日，旧历二十八日，丁汝昌向李鸿章请求与日一战，提出：各舰齐作整备，候陆兵大队调齐，电到即率直往，并力拼战，决一雌雄。袁世凯提出：不妨先播进汉声势，而不必遽进，看其如何变态。7月初，叶志超提出将军队移驻水原，对日造成威胁之势。这些建议均遭到李鸿章的拒绝。李鸿章反驳说：与日相逼，日转有词。两国交涉，全论理之曲直，非恃强所能了事，仍望静守勿动。

六、依赖俄国干涉和英国调停。认为“以夷制夷”，无须用兵。

总之，李鸿章一直对战备十分轻视，以致被日逼得步步后退。

翁同龢在其《日记》中写道：二十七日，樵野信云：“朝事无把握，盖合肥处处后退也”。樵野即张荫桓，合肥指李鸿章。

◆ 不积极备战，不是用军事后盾来与日本交涉退兵，是李鸿章错误之五

用谈判、交涉及请外人调停的和平方法，使日本退兵，尽量做到不用兵而解决日本的撤兵问题，自然是最理想的。问题是：李鸿章没有在日本露骨的挑衅面前，识破日本的侵略阴谋，没有戒备思想，尤其轻视军备，不去加强战备，不顾及可能发生的突变，不是以加强军事实力、严布军力为后盾开展外交交涉，而是单打一地把希望寄托在外国人的干涉和调停上；又生怕刺激日本，幻想用不加强军备来缓和日本的野心，以削弱自身的愚蠢办法，一厢情愿地祈求强盗发善心。这种以中国仁义诚挚之心去度日本豺狼吃人之腹的“东郭先生”式的软弱屈辱外交，岂能不败！

究其思想根源，还是一个“怕”字。李鸿章患有严重的“恐日症”。

李鸿章给中国带来的沉痛教训，应为中国世代后人永远汲取。

第二节　对李鸿章的责难

面对日本侵略野心的日益暴露和朝鲜政局的日益严峻，清廷主战主和尤其主战者，顿时哗然。诸臣中主战者不乏其人，纷纷抨击李鸿章的错误。1894 年 7 月 7 日，旧历六月十五日，礼部右侍郎志锐，上奏一本，痛批李鸿章。

志锐的这一奏折，一针见血，指出了要害，分析透彻，论述精辟，针对性强，措施得力。志锐提出了几个关键性问题。

一、朝鲜对中国之重要性犹如篱与墙：藩篱撤，则盗贼入。日本一旦侵占朝鲜，海陆被控，则中国陷于背断喉扼，“将成巨患”。

二、只有加强军备，做到“力敌势均”，才能使日本“有所惮，不敢猝发”。只有示以“必战之势”，才可克服日本的挑衅。否则，就会“我退彼进”，日本之挑衅就会得寸进尺，永无休止。

三、专恃依赖俄、英调停来退日兵是办不到的。俄、英与日本素有交情，都想在朝鲜和渤海打中国的算盘。即使偏袒我方，在我既无可以倚仗的军事实力又没有什么可给予的权益的情况下，全凭嘴巴口舌，俄、英会干吗?

四、从历史上看，李鸿章等在日军侵台问题时，付出了 50 万两白银给日本；处理琉球问题则任其让日本去吞并；处理朝鲜壬午、甲申之乱，中国都对日作了妥协，让日本占尽便宜。今天，李鸿章又退让，将放纵日本更加骄横，更加侵进，而“养痈遗患”，中国将“永无安枕之日”。

五、对策是：加强兵力，与日本“权势维均”，然后谈判。“壮我之气，而后可以讲和；充我之力，乃亦无妨言战。”已在朝鲜的军队应立即进驻汉城和仁川扼住要地，对狡诈日寇必须以“兵力震慑”。并警告李鸿章，“如不如是执行，再敢瞻前顾后、畏缩不前，立于重惩”。

第三节　中国清廷的对策及罪责

在日本动武前，清廷决策者中有两类观点相反的人，即强硬派和妥协派。光绪皇帝，大臣中的翁同龢、李鸿藻等属强硬派代表人物；而慈禧太后，李鸿章和有的王公大臣属妥协派代表人物。

两国宣战后，在战争进程中，强硬派坚持主战，谓之主战派；妥协派坚持主和，谓之主和派。

从日本出兵朝鲜，至包围王宫、劫持国王，在一个半月时间内，强硬派立场强硬：主张增兵、积极备战，以军事实力与日抗衡，在充实军力的基础上与日谈判，不依赖俄、英的调停；主张做好打仗的准备，甚至对日可以发生“不惜一战”的强硬姿态，以迫使日本不敢寻衅。

妥协派中的最大后台是慈禧太后。日本在朝鲜骄横时，慈禧在干什么呢？她在为庆祝自己的六十寿诞而乐不可支，忘乎一切。1894 年即甲午年的十月，是慈禧的六十岁生日，阿谀奉承的王公大臣、贴身太监极尽拍马之丑态。从新年一月开始，就大张旗鼓，为张罗寿庆而川流不息，满朝文武上下忙碌不停，而慈禧则借此时对大臣们和王公国戚，加官进禄、封赐奖赏，以示皇太后的恩典。奕䜣被晋封为庆亲王，李鸿章被赏赐三眼花翎顶戴，其他官员一一被封赏。庆寿典礼极尽奢侈、豪华铺张，所有开支花费白银七百余万两。在此喜庆日子里，慈禧不愿看到紧张局面来打扰，对日本问题她希望大事化小，小事化了。李鸿章窥揣到慈禧的如此心理，正合己意，而放手推行其妥协外交路线。因而光绪皇帝的多次增兵的谕旨，李鸿章都是阳奉阴违，拖着不执行；多人有关加强兵力备战的建议也都一一被拒绝。

1894 年 7 月 14 日，户部尚书翁同龢、礼部尚书李鸿藻、军机大臣总理各国事务大臣世铎、额勒和布、张之万、孙毓汶、徐用仪、奕䜣、福锟、崇礼、廖寿恒、张荫桓等，奉光绪帝谕旨，共同商议对日的对策。

7 月 18 日，将商议意见上奏光绪。

这个奏折首先肯定了要“速筹战事”，“乃一定办法”。并呈报已遵旨准备调遣三路军队共一万二千余人赴朝。请求光绪帝谕饬李鸿章派出各军要“迅速前进，勿稍延缓”。但奏折还是以求和为主，讲了一大堆不能战争的难处；“兵端一起，久暂难定，中国沿海地势辽阔，余隙肆扰，防不胜防，又当经费支绌之时，筹款殊难以为继，此皆不可不虑也”。幻想日本会“悔祸就商”，并“可不必催令（日本）撤兵”。对于增派军队入朝没有任何布置要求，对李鸿章把军队全部集中于平壤也无异议。因此，尽管奏折最后讲到日本“先逞凶锋，则大张挞伐”，只是一句空话。

奏折是强硬派与妥协派观点的混合产物，仍然没有摆脱恐日、恐战、妥协求和的幻想心态。

奏折上呈的第二天，即 7 月 19 日，日本就向朝鲜政府提出四项强盗要求，威逼朝鲜废除华约，驱逐华兵。奏折后的第五天，即 7 月 23 日，日本令大鸟圭介率兵包围朝宫，劫持国王，逼勒大院君矫诏日兵驱逐中国驻牙山军队。

奏折的和平指望全部落空。

李鸿章之所以能够在一个多月的时间内，不积极执行增兵备战的上谕和群官的建议，主要罪责在慈禧操纵下的清廷。

在李鸿章身上犯的一系列错误，清廷是难辞其咎的。事实上，总理衙门诸大臣以至光绪皇帝，都在随李鸿章行事，都抱着“静观其变，等待事成”的消极观望立场。因此，清廷对整个事件进程的失败，其主要罪责难辞。尽管光绪的朝廷是一个傀儡。

第四节　慈禧的深重罪责

甲午战争的失败，归根结底在慈禧身上。李鸿章的错误，根本也完全在慈禧身上。

李鸿章的对日外交的妥协退让，不仅仅是李鸿章个人的行为，而且反映了当时慈禧为首的清廷主和派的意愿。

慈禧之所以坚持主和，实际是以退让妥协、以牺牲国家民族利益，换取一个偏安环境，遂其六十年寿庆大典之欢心。慈禧可以完全置国家安危于不顾，即使日本侵略军已经侵入中国本土，兵临城下，京畿危殆的极其危险时刻，慈禧还是要举行隆重的六十大庆。甚至釜底抽薪，挪用急待添补的海军国防经费，来大兴颐和园，以供她个人享乐。

出于这个极其卑劣的个人目的，慈禧不惜使用种种阴谋手段，排斥、打击甚至处死主战者和异己分子，并封杀光绪帝及其主战大臣们的主张。

慈禧，这个中国近代史上给中国人民带来灭顶之灾、祸国殃民的女人，对甲午中国的外交及军事的惨败，负有主要的极其严重的罪责。慈禧是祸国殃民的总根源，她罪孽深重。

日本侵略者之所以在甲午侵略战争中，几个月时间就吃掉了中国的辽东半岛及山东半岛，消灭了中国北洋海军及十几万中国陆军，就中国本身而言，充分反映了慈禧所驾驭的清廷王朝，已经腐朽到了何等透顶的程度；而慈禧本人也陷入何等穷奢极侈的十分腐烂的生活中。

慈禧误国利己之举，激起了主战派及所有爱国抗日官吏及人民的无比愤慨，甚至有的官吏，准备自己被杀头，点名揭发慈禧，痛批慈禧。御史安维峻就是这样舍命上谏的人。王芸生《六十年来中国与日本》一书中，对此作了如下记述。

甲午战时，清廷内部矛盾苦情甚剧。翁李即翁同龢、李鸿章不和，已尽人皆知，而宫中帝后矛盾的暗潮更烈。这年慈禧后欲庆六旬大寿，提取海军经费，大修颐和园。及朝鲜事起，慈禧即主从速和解了事，以免耽误她大举庆寿，广受贡献。光绪帝业已亲政，倾向主战。慈禧不悦，更形矛盾。光绪面谕内庭行走人员，指示内外臣工，多上主战条陈。于是，南书房上书房两斋人员每日轮流上封奏，主战论盛极一时。一天，光绪召见南书房行走陆宝忠，告以为难情形。宝忠奏对：拂意太过，于孝有亏。南上两斋人员，如张仁辅等，多奏请停办点景，移作军费，大触慈禧之怒。

当时景点定由西苑至颐和园，沿途扎彩棚，每五步一座，植花奏乐演剧。为慈禧六十岁寿大庆，花去白银七百万两；大摆宴席八百五十桌，由京城摆到颐和园，用去丝绸缎子十万匹，红地毯五十万尺。

慈禧向御前诸臣云：今日令吾不欢者，吾亦将令彼终身不欢。慈禧憎恨南上两斋人员，乃有书房辍讲之举。珍瑾二妃之黜，珍瑾二妃之兄志锐之斥，太监高万枝之死，都是帝后矛盾中的牺牲者。当时慈禧的主和，甚为清议所不满，御史安维峻于1894年12月28日即旧历十二月初二日上封奏，请杀李鸿章，所列罪状，虽多系语言，也足见一般舆论对李鸿章的不满。折中有“和议出自皇太后，太监李莲英左右之”之句，在当时可谓胆大敢言。

奏折摘录：窃李鸿章平日挟洋以自重，今当倭贼犯顺，自恐寄顿倭国之私财付之东流，其不欲战，固系隐情。及诏旨严切，一意主战，大指李鸿章之心。于是倒行逆施，有言战者，动遭呵斥。李鸿章之丧心病狂，九卿科遂亦累言之。倭贼之议和，诱我也。彼既外强中干，我不能激励将士，决计一战，而乃俯首听命于倭贼。然则，此举非议和也，直纳款军。不但误国，而且卖国。中外臣民，无不切齿痛恨，欲食李鸿章之肉。而又谓和议出自皇太后，太监李莲英左右之。皇太后既归政皇上，若仍遇事牵制，将何以上对祖宗，下对天下臣民？至李莲英，是何人？敢干政事乎？如果属实，以祖宗法制，李莲英岂复可容？李鸿章久有不臣之心，非不敢反，直不能反。若能反，则早反矣。既不能反，而犹事事挟制朝廷，抗违谕旨，彼其心目中不复知有我皇上，并不复知有我皇太后，臣实耻之！臣实痛之！惟冀皇上赫然震怒，明正李鸿章跋扈之罪，布告天下。

奏上，光绪帝大为震恐，恐为太后所不谅，当时主张拿交刑部议罪，经翁同龢乞宥，乃命革职发往军台。当日明发谕旨略云：

本日御史安维峻呈进封奏，托诸传闻，竟有皇太后遇事牵制，何以对祖宗天下之语。肆口妄言，毫无忌惮，若不严行惩办，恐开离间之端。安维峻着即革职，发往军台效力赎罪，以示儆戒，原折着掷还。

安维峻的封奏，可谓大胆敢为。此封折与其说针对的是李鸿章，不如说其矛头是直指慈禧皇太后，封折的陈奏与其说是主和主战之争，不如说已经大大超出了战和论争的范围，而直接控诉慈禧的专权误国，腐败奢侈，痛批慈禧误国殃民的罪行是上违祖宗天下，下愧臣民百姓；并深刻揭露慈禧宗派及宦官之骄横自私，目无皇帝，误国殃民之狂妄。

光绪帝反而处置这位肝胆赤心的大臣，说明光绪的软弱怯懦和慈禧专权独裁的淫威跋扈。正是这个延续了几十年的独裁者和极端自私的个人主义者，把偌大一个中国和数万万中国人民，一步一步地推向了死亡深渊。

安维峻虽然遭到了革职发往军台重处，可是，其为国家安危、为民请命而敢于犯上的大无畏精神，却在人们的心目中留下深刻印象。

侵 略 篇

日本帝国主义于1894年7月23日，对朝鲜丰岛海面的中国船只突然袭击，击沉多艘，打死中国官兵及船员一千余人；当日，又向牙山中国驻军发起突然袭击，中国官兵牺牲三百余名。

日本终于摘下了欺世的假面具，采取突然袭击、不宣而战、先发制人的无耻强盗行径，揭开了侵略中国的甲午战争序幕。

此后，日本进行了一系列恶毒的侵略行动：围歼平壤中国军队，黄海击毁中国军舰，分兵两路进攻中国辽东，占领辽东半岛，残杀中国军民，实施旅顺大屠杀，进攻威海卫，摧毁中国海防炮台，消灭北洋舰队。最后，这场由日本天皇睦仁侵略集团发动的甲午战争，以中国的惨败、日本的胜利而告终。

在“胜利者”野兽的面前，中国不得不向日本屈膝求和。

日本侵略帝国逼迫中国签订《马关条约》。《马关条约》的要害是中国割让台湾及其附属岛屿、澎湖列岛给予日本，赔偿日本军费二万万两白银。

日本占领的辽东半岛，由于帝国主义列强眼红、影响到列强的利益，迫使日本予以放弃、归还中国，代价是中国清政府再次支付给日本白银三千万两。连同二万万两，日本抢走中国白银二万万三千万两，大批大批军资、民资、民财在外。

日本顿时成了世界强盗暴发户。日本这个行尸走肉，靠中国人民的海似鲜血而起死回生，兽骨兽性大为膨胀。

日本发动的这场罪恶战争，充分暴露了日本的极端丑陋与卑鄙；暴露了这个国家的极端残暴，暴露了其是以天皇睦仁为首的军国主义、法西斯主义、封建愚民主义、恐怖主义大混合的一小撮侵略分子集团野兽们的残毒野性统治的国家。

这场由日本强加在中国身上的战争，暴露了中国纸老虎的脆弱；暴露了中国清朝廷的腐败和无能；暴露了中国的国防是如此不堪一击；暴露了中国在各方面的落后，不得不挨打。

但是，正是在这场首次遭受日本强大的侵略攻势面前，中国人民反抗日本侵略者的斗争，表现了英勇拼搏、浴血奋战、艰苦卓绝、不屈不挠、为国牺牲的大无畏精神；表现了中华民族抵御外侮的伟大爱国民族精神。正是这种精神，使落后于日本的中国给了日本侵略者以沉重打击，日本侵略者付出了惨重代价。

特别是战争的沉痛教训，使中国人民对日本这个野兽成性的侵略国家，有了深刻的认识；召唤了国人的觉醒；促进了中国在以后年代中的伟大变革。

中国的伟大革命和伟大变革，最终埋葬了肉割中国七十多年的日本侵略野兽。

中日黄海大海战。

在黄海大战中的中国北洋舰队的“镇远”舰。

甲午战争时期的中国威海卫军港。

日军在荣成湾龙须岛登陆。

黄海海战前，日本联合舰队的水兵跪在甲板上祈祷。

日军进攻中国旅顺黄金炮台。

被炸毁的中国龙庙嘴炮台大炮。

日本联合舰队“松岛”号舰在激战中被清军“镇远”舰击成重伤。

在黄海海战中，日本联合舰队旗舰“松岛”号被中国北洋舰队军舰击成重伤的惨状。

日舰“松岛”号中弹后到处死尸、一片枕藉的惨状。

日本侵略军在土城子战斗中惨败，图为日军正在溃退。

战死的日军被抬去火葬。

邓世昌指挥的北洋舰队的“致远”号巡洋舰。

林泰曾指挥的北洋舰队的“镇远”号装甲炮塔舰。

日本侵略军第一军偷渡过鸭绿江，攻占了中国的九连城（今丹东市市郊）。

被日军虏获的九连堡垒上的清军大炮。

宋庆（1820—1902）

四川提督，甲午战争中，统率清军的老帅。

清军的骑兵。

侵略、攻占营口市街的日军。

驻守旅顺的清军。

向海城反攻的清军。

清军英勇抗敌。

中国清军在凤凰城与日本侵略军激战。

第七章　日本突然袭击　不宣而战发动侵华战争

第一节　日本天皇睦仁决定和批准发动侵华战争

1894年7月17日，日本天皇睦仁召开“御前会议”。“御前会议”是由日本天皇亲自主持，由首相、陆相、海相、外相、藏相等内阁各相及大本营军事诸首脑参加的最高决策会议。这次参加会议的有：天皇睦仁、内阁总理大臣伊藤博文、海军军令部部长桦山资纪、海军大臣西乡从道、陆军大臣大山岩、参谋本部总长有栖川炽仁亲王、参谋本部次长川上操六、枢密院议长山县有朋、外相陆奥宗光等人。

“御前会议”作出了对中国进行侵略战争的罪恶决定，天皇睦仁亲自批准，并准备好《宣战诏书》，在宣战之前采取偷袭行动，先发制人。先逼中国宣战，只等挑起战争，就立即对中国宣战。

在这次“御前会议”上，天皇睦仁发布特别圣旨，任命对华侵略的积极主战者和鼓吹者、狂妄的军国主义分子、海军中将桦山资纪为海军军令部长，以取代原海军军令部长中牟田仓之助海军中将。原因是中牟田仓之助主张“舰队取守势运动”，反对取攻势运动，而被天皇免职。更换海军军令部长表明，日本天皇睦仁侵略集团发动侵华战争的极端狂热野心和贪婪决心。

7月19日，经“大本营”提名，天皇睦仁批准，任命伊东祐亨为联合舰队司令官。此人与桦山资纪一样，是甲午侵华海战中的元凶，对中国人民犯下了滔天罪行，制造了深海血债。

第二节　日本侵华战争三方针

日本对中国发动大规模的侵略战争，制定了侵略三方针。

第一，战胜的方针：海军取胜，夺得制海权。陆军则登陆中国，长驱直入，侵进北京。

第二，战平的方针：战争胜败未决，陆军则侵占朝鲜平壤，海军维持朝鲜海峡的制海权。

第三，战败的方针：海军战败，陆军则全部由朝鲜撤退，而以海军防守日本沿海。

其中，以第一方针为基本战略方针。要争取实现第一方针，具体战役部署为：

第一步，诱骗中国军队到朝鲜来歼灭之，并击沉援兵舰只；

第二步，倾海军全力，在黄海一举歼灭中国北洋海军主力，取得制海权，然后彻底消灭中国北洋海军；

第三步，从朝鲜和海上两路进攻中国。

战争的进程表明，日本侵略者就是按照这个基本战略方针和战役步骤，有计划、有准备、有步骤地开展了侵华军事行动。这个罪恶的侵华战争计划，是在极端秘密的阴暗角落里，偷偷准备的。

第三节　日本在丰岛海面突然袭击中国船舰制造丰岛血债

日本侵略者在 1894 年 7 月 23 日同时从海上和陆地对中国军队发起了突然袭击。

1894 年 7 月 23 日早上七八点间，日本舰队在丰岛海面对中国的船舰进行了突然袭击。日本海军联合舰队司令官海军中将伊东祐亨、联合舰队第一游击队司令官坪井航三、第一游击队“吉野”号舰长大佐河原要一、“浪速”号舰长大佐东乡平八郎、“秋津洲”号舰长少佐上村彦之丞等元凶，率舰突然袭击中国运兵船只。其罪行：击沉中国租用的英轮“高升”号运兵船，船中官兵 1116 人，其中除 245 人获救外，其余 871 人全部被打死或沉入海底牺牲。船中 79 名中外工作人员，除 12 人获救外，余 67 名全部随船沉溺海底。士兵和船员共计死亡人数 938 人。日军在丰岛对中国进行首次海上屠杀，制造了首次海上血债。

此外，日军舰队还掳劫中国“操江”运输船，全船 83 人全被日军劫走。

7 月 25 日，日军舰队重创中国“广乙”号舰，打死 30 多人，打伤 40 多人，该舰在朝鲜十八岛附近搁浅焚毁。还击伤“济远”号，打死 30 人，打伤 27 人，大副沈寿昌裂脑，二副柯建章洞胸，学生黄承勋断臂。

第四节　日本突然袭击牙山中国驻军，制造牙山血债

1894 年 7 月 23 日，日军突然袭击驻牙山的中国清军。侵略者的将领是：日本混成旅团长大岛义昌少将、参谋长冈外史少佐、福岛安正中佐、武田秀山中佐、吉志正纲少佐、松崎直臣大尉、山田四郎。

侵牙山的日本混成旅团的建制：第 11 联队和第 21 联队，下属 4 个大队，共 15 个中队；炮兵第 5 联队第 3 大队、山炮 8 尊；骑兵第 5 大队第 1 中队，战马 47 匹；工兵第 5 大队第 1 中队；辎重兵；卫生队等，合计兵力 4000 余人马。

日军的突然袭击、不宣而战，造成清军 300 余人死伤；掳去火炮 8 门、大米 500 包及大量弹药；清军在撤退途中，因溽暑饥疫死亡者无数。日本继丰岛之后制造了第二次血债，罪恶滔天。

第八章　日军围攻平壤　制造平壤血债

第一节　中国驻平壤的军队及防务

日本挑起了对华侵略战争，中国被迫不得不增兵朝鲜，以抵抗日军的侵略。中国调集了四路军队进入朝鲜：记名提督宁夏镇总兵卫汝贵之盛军 13 个营 6000 人；总兵马玉昆之毅军 4 个营 2000 人；高州镇总兵左宝贵之奉军步队 6 营、马队 2 营、炮队 1 营共 9 个营 4000 人；副都统丰升阿之奉天练军盛字营马队 4 营、步队 2 营共 6 个营 1500 人。合计 32 个营、1.35 万人，齐集平壤。另外，由牙山撤退的直隶提督叶志超之榆防军 4 个营、太原总兵聂士成 3 个营、记名提督江自康之仁字营 2 个营、游击潘金山之义胜营 1 个营，共计 3600 人退入平壤。中国在平壤的总兵力，总计 42 个营、1.7 万余人。清廷命叶志超为全军统帅。

中国军队在平壤采取了单纯防御的战术，部队主力 1.3 万人守城，4000 人守平壤后路，环城筑垒，坐待来敌。

第二节　日军进攻平壤的兵力及元凶

日军进攻平壤的兵力为 1.6 万余人，其建制及元凶头目：

（一）第五师团：师团长、陆军中将野津道贯，为日军总指挥。

第一行进团队：司令官炮兵中佐柴田正孝。

步兵第二十二联队：联队长中佐富冈三造。

步兵第一大队：大队长少佐富田春壁。

炮兵第五联队第二大队：大队长少佐山内定矩。

骑兵第五大队第二中队的一个分队。

第二行进团队：司令官步兵中佐友安治延。

步兵第十二联队（缺第一大队）：联队长中佐友安治延。

骑兵第五大队本部及第二中队：大队长少佐木村重。

炮兵第五联队本部及第一大队：大队长少佐四宫信应。

工兵第五大队（缺第一大队）：大队长少佐马场正雄。

卫生队。

合计 5400 人。

（二）第九混成旅团：旅团长少将大岛义昌。

步兵第十一联队：联队长中佐西岛助义，参谋长少佐冈外史。

步兵第二十一联队（缺一个大队）：联队长中佐武田秀山。

第一大队：大队长少佐一户兵卫。

右翼司令官少佐奥山义章，少佐森祇敬。

炮兵第五联队第三大队：大队长少佐水田龟。

骑兵第五大队第一中队。

工兵第五大队第一中队。

卫生队和野战医院。

合计：3600 人。

（三）朔宁支队、第十旅团：旅团长少将立见尚文。

步兵第二联队第一大队（缺第一中队）：大队长少佐富田春壁。

步兵第二十一联队第二大队（缺第八中队）：大队长少佐山口圭藏。

骑兵第五大队第三中队的一个小队及一个分队。

炮兵第五联队第一中队：中队长大尉山名有友。

炮兵第五联队第二中队：中队长大尉铃木直义。

炮兵第五联队第三中队：中队长大尉大野齐。

合计：2400 人。

（四）元山支队（第三师团的一个混成旅团）：由第五师团长指挥。

步兵第十八联队：联队长大佐佐藤正。

步兵第十八联队第一大队：大队长少佐石田正珍。

骑兵第三大队第一中队。

炮兵第三联队第一大队：大队长少佐村表三郎。

工兵第三大队（缺一个中队）：大队长少佐佐川耕作。

合计：4700 人。

第三节　日本在平壤制造的血债罪行

日军分四路围攻平壤，于 1894 年 9 月 12 日发起了总攻，至 9 月 16 日凌晨，不包括练军死伤人数，日军共打死打伤中国清军4200余人，具体为：（1）在平壤城区打死打伤清军2000余人；（2）在清军撤退中打死打伤清军2200余人，其中打死1500余人，俘获683人，被俘人员后来均无下落，疑都被处决；（3）清军高州镇总兵、奉军统领左宝贵被日炮击中胸部牺牲，营官副将杨建春和都司徐玉山也被日炮击中而牺牲。

日军大肆抢掠清军枪炮和物资：抢走各类大小口径炮35门、步骑连发枪550支、后膛单发枪及其他枪610支、炮弹792发、子弹56万发、行军帐篷1092顶、军用锅354口、各种粗细杂粮4700石、大车156辆、乘马及驮马250匹、金砖43千克、金锭53千克、银锭540千克以及火药、信管、纸币和其他各种物资无数。

日军对平壤的围攻，打死打伤中国守军，是继丰岛、牙山之后的第三次对中国的侵略行为，制造了第三次更大规模的血债，其罪行更加严重。

第四节　平壤溃败的历史教训

平壤之战，是日本侵略中国之中陆军首次作战。这次战役对中国和日本都具有十分重要的军事意义。平壤战役的胜或负将决定两国的国家命运，所以这次战役具有决定性的意义。

如果中国取胜，日本失败，则日本的军队将撤出朝鲜，中国将在朝鲜驻军以制约日本；之后的黄海海战将不可能发生，或推迟发生。如果日本取胜，中国失败，则中国军队将被逐出朝鲜，日本就会乘胜发动黄海海战，打垮中国北洋舰队，获得制海权，然后向中国进犯。

平壤战争的进程，以日本的胜利和中国的惨败而不可逆转地发展。日本果然接着在黄海发起攻击中国北洋舰队的海战，给予北洋舰队重创，夺取了制海权。紧接着大举向中国进兵侵犯。

很显然，平壤之战是甲午中日战争的关键。

总结平壤失败的经验教训，以启迪后人是十分必要的。

对中国清军在平壤失败的原因，后人诸多论述，有许多精辟见解。对失败的原因，主观客观的原因很多，但笔者认为：集中到一点，就是指挥平壤战役的统帅出了问题。

从兵力看，中国派往平壤的总兵力是1.7万余人，日本攻击平壤的总兵力是1.6万余人，双方兵力相当。从士气看，中国清军的士气并不低于日本。从将领看，清军中的总兵聂士成、左宝贵、马玉昆、卫汝贵等人，都是英勇善战的指挥者，将领们并不比日本的将领差。但是，有两个方面不如日本：第一，武器不如日本；第二，统帅不如日本，而且很糟。

指挥平壤战役的统帅是直隶提督叶志超。此人是李鸿章首次派往朝鲜的军队提督，驻守牙山。叶志超是一个畏敌怯战、贪生怕死的人，日军突然袭击牙山清军，阻于聂士成部防守之成欢驿，聂激战不敌，撤退至叶志超驻守之公州，而叶志超早已抛弃公州，不战而逃。在向北撤退的路线上，叶不敢走正道，怕与日军相遇，而是绕小道经由十几个小县、山区逃到平壤。时正值酷暑，士卒饥疫相加，死者无数。可是，叶志超向朝廷谎报军情，假造战功，说在成欢驿和平壤途中又"连败倭兵"。腐败的清廷竟然信以为真，颁嘉奖令，弁员数百人晋升加禄，并赏银二万两奖励全军。尤其可笑的是，清廷竟然任命这样一个败军之将任总统朝鲜诸军守卫平壤之统帅，以与日军作战。叶志超被任命后，十分害怕，他不是勇挑重担，与敌拼搏，而先想到的是自己如何脱身回国。平壤战役打响激战，叶志超即提出突围撤出平壤，遭到总兵左宝贵的斥责未果。左宝贵怕叶志超遁去，而派亲兵守之。

叶志超又装病向清廷提出：身患头眩心跳之症，"请求"开缺回津就医调养。清廷未识破他的装病欺骗，反而回电挽留慰勉。此计不成，叶志超原形毕露，干脆鸣金收军，准备撤出逃跑。

当时东路马玉昆军正在激战，击退日军进攻，获大胜；西路卫汝贵部正阻击日军，迫其退去。北路左宝贵部正在与日军激战，虽左宝贵中炮牺牲、元武门失守，但清军士气旺盛，与敌拼搏。而且内城并未攻破，只要立即调兵增援，北路完全可以挽回危局，使整个战役获胜。可是，就在此时，叶志超竟然畏敌如虎，丧胆失魄，下令收兵，不再出战。并在平壤城头上遍插白旗，以示投降。叶志超向日军乞求归路，日军不允。是日夜，叶志超率军退出平壤城，向北突围逃窜，遭到日军伏击，于山隘处，枪炮排轰，溃兵人马腾藉相蹂，死者达二千余人，被俘数百人。遗弃在平壤的大小炮 40 门，快炮和毛瑟枪万余支，军士粮饷，装有金砖 67 块、金锭 61 锭的 12 箱黄金，14 箱金币，10 万两饷银……全被日鬼掳去。

平壤战役中国清军死伤人数 4200 余人。

平壤惨败后，叶志超领残军回国，故技重演，谎报军情，说他如何如何与敌人拼杀，杀死日军多少多少，掩盖败局，再次冒功领赏。后有方官揭发，清廷下令查办，才将叶志超问成死罪，"监斩候"，待时斩首。由于局势变化，叶志超未被实施死刑并于 1900 年获释出狱，第二年病死。

从平壤战役整个过程中，可以明显地看出，作为统帅的叶志超，一开始，他就畏敌如虎，丧胆失魄，时时想逃。这样贪生怕死、不敢上阵的统帅，怎能率领全军去战斗？

日本人藤村道生在他的《日清战争》一书中写道：

清兵仍然有继续战斗的可能性。但是，总指挥官的失败主义招致了大溃退，使日军于第二天早晨几乎是在没有流血的情况下就占领了平壤。

第九章　日本黄海行凶　击沉中国军舰制造黄海血债

第一节　行凶的日本海军舰队

日本天皇睦仁为首的军国主义侵略集团，在丰岛、牙山、平壤接连击溃了中国陆军，将中国军队赶出了朝鲜之后，妖焰十分嚣张。日本大本营命令联合舰队，加紧在黄海偷袭中国北洋舰队，提出要一举“聚歼清国舰队于黄海”，要实现夺取制海权的毒蛇计划。

执行这项毒蛇计划的是日本联合舰队，军舰共 12 艘，其舰行序列及舰体装备情况：

第一游击队：

吉野：巡洋舰，4225 吨级，速力 22.5 节，炮 12 门，鱼雷发射管 5 个。

高千穗：巡洋舰，3709 吨级，速力 18 节，炮 8 门，鱼雷发射管 4 个。

秋津洲：巡洋舰，3150 吨级，速力 19 节，炮 10 门，鱼雷发射管 4 个

浪速：巡洋舰，3709 吨级，速力 18 节，炮 8 门，鱼雷发射管 4 个。

本队第一群阵：

松岛：海防舰，4278 吨级，速力 16 节，炮 13 门，鱼雷发射管 4 个。

千代田：巡洋舰，2439 吨级，速力 19 节，炮 10 门，鱼雷发射管 3 个。

严岛：海防舰，4278 吨级，速力 16 节，炮 12 门，鱼雷发射管 4 个。

本队第二群阵：

桥立：海防舰，4278 吨级，速力 16 节，炮 13 门，鱼雷发射管 4 个。

比睿：巡洋舰，2284 吨级，速力 13.2 节，炮 8 门，鱼雷发射管 2 个。

扶桑：铁甲巡洋舰，3777 吨级，速力 13 节，炮 8 门，鱼雷发射管 2 个。

本队右侧：

西京丸：代用巡洋舰，4100 吨级，速力 15 节，炮 4 门。

赤城：炮舰，622 吨级，速力 10.25 节，炮 4 门。

1894年9月16日，中国北洋舰队护送运兵船到达黄海鸭绿江之大东沟，彻夜渡兵登岸。17日午，护航舰队准备起锚返回旅顺。

中国舰队之行动，早经美国人通知了日本，日本海军军令部长桦山资纪立即命令联合舰队司令伊东祐亨，率领军舰12艘，进袭中国护航舰只。犯下了海上屠杀中国人民、击沉多艘军舰的滔天罪行。

第二节　中国迎战的北洋舰队

当平壤在开战时，李鸿章电令驻金州总兵刘盛休，统领铭军10个营4000人乘船驰往安州声援，又令北洋舰队提督丁汝昌，率领舰队护航。护航舰只共12艘。发现敌舰，即令10舰迎战，它们是：

定远：铁甲，7335吨级，速力14.5节，炮6门，鱼雷发射管3个。

镇远：铁甲，7335吨级，速力14.5节，炮6门，鱼雷发射管3个。

经远：铁甲，2900吨级，速力15.5节，炮4门，鱼雷发射管4个。

来远：铁甲，2900吨级，速力15.5节，炮4门，鱼雷发射管4个。

致远：巡洋，2300吨级，速力18节，炮5门，鱼雷发射管4个。

靖远：巡洋，2300吨级，速力18节，炮5门，鱼雷发射管4个。

济远：巡洋，2300吨级，速力15节，炮3门，鱼雷发射管4个。

超勇：巡洋，1350吨级，速力15节，炮2门。

扬威：巡洋，1350吨级，速力15节，炮2门。

广甲：巡洋，1296吨级，速力14节，炮2门。

第三节　日本海军击沉中国军舰、制造黄海血债

1894年9月17日下午近1时至5时半，日军联合舰队在黄海大东沟海面袭击中国北洋舰队，制造黄海血债。

日本联合舰队的战犯元凶们：

桦山资纪	海军军令部长、海军中将
伊东祐亨	联合舰队司令官、海军中将
鲛岛员规	联合舰队参谋长、海军大佐
岛村速雄	联合舰队参谋、海军大尉
正户为太郎	联合舰队参谋、海军大尉
河原要一	吉野舰长、海军大佐

野村贞	高千穗舰长、海军大佐
上村彦之丞	秋津洲舰长、海军少佐
东乡平八郎	浪速舰长、海军大佐
尾本知道	松岛舰长、海军大佐
内田正敏	千代田舰长、海军大佐
横尾道立	严岛舰长、海军大佐
日高壮之承	桥立舰长、海军大佐
樱井规矩之左右	比睿舰长、海军少佐
新井有贯	扶桑舰长、海军大佐
鹿野勇之进	西京丸舰长、海军少佐
坂元八太郎	赤城舰长、海军少佐

日鬼海军在黄海侵略海战中的罪行：（1）击沉中国北洋舰队超勇、扬威、致远、经远共 4 艘军舰；（2）击碎触礁搁浅的广甲舰；（3）重创定远、镇远、来远、靖远共 4 艘军舰；（4）中国海军官兵死伤 1450 人，其中死亡 1220 人，伤 230 人。

第四节　黄海抗日海战的历史教训

1894 年 9 月 17 日，日本天皇睦仁侵略集团在鸭绿江口大东沟黄海海面挑起的黄海海战，是一次非常激烈的海盗侵略和反侵略的重大战役，是中国与日本海军力量的生死较量，是中国海军战斗意志与日本侵略军兽性的生死较量，是日寇争夺黄海制海权和中国维护制海权的生死较量，是日本豺狼冲闯中国家门和中国保卫家门的生死较量。

前事不忘，后事之师。尽管这场海战过去了 113 年，但其经验是非常宝贵的。对今天正在和平崛起的中国的国防安全，应对现代日本军国主义的重新武装和扩张意图，回头看一看百年前这场海战，总结其经验，研究其教训，是很有益处的。

有两个重要问题，为世人疑问，即：

一、为何中国 4 艘军舰会被击沉？

二、为何日舰遭到猛烈的炮轰而未有一舰沉没？

分析其原因，有以下几点。

◆ **第一，舰速，北洋舰队不及日本舰队。**

李鸿章呈报朝廷奏折称：我船仅每点钟行十五至十八海里。而日本舰艇航速“最快者每点钟行二十三海里，次亦二十海里上下”。“定远”舰炮务二副高承锡说：战船贵快，快则变阵容易，易于取胜。如大东沟之战，初则两军敌鱼贯，我雁行，战至半时之久，彼即分作两队，变为双行鱼贯，顷刻列成左右夹攻。我船迟缓，变化艰难，所以受敌致败。

“镇远”舰鱼雷大副曹嘉祥说：大东沟之役，敌变动至灵，转瞬一阵。我军变换阵势尚未守竣，已被其所围。

舰速之迟缓是造成北洋舰队受创的主要原因之一。

造成航速不如日本的缘由，李鸿章说：日本从 1889 年后，分年购造新式舰只……而我船订购在先，当时西人之学尚未转造至此，仅每点 15~18 海里为极速，今则至 20 余海里左矣。

中国为何不购置新舰呢？李鸿章说：近来部议停购船械，自光绪十四年（公历 1888 年）后，我军未增一船。丁汝昌及各将领屡求添购新式快船，臣仰体时艰款绌，未敢奏咨渎请。

李鸿章明知军舰速度不如日本，海军将领们又多次要求添购新式舰艇，可是，李鸿章却按着不理。是否真的“款绌”呢？非也。清廷不是款绌，而是将建设海军数百万以上银两的经费，挪去修饰颐和园，为慈禧大办六十岁寿辰花费了。所以，不仅无钱购买新舰，就连舰机零件也不购进，在海战中竟然发生因为堵塞水门之橡皮破烂没有换修，使致远舰在中炮弹后不能堵死进水而迅速沉没的痛心悲剧。曹嘉祥和镇远舰守备饶鸣衢揭发说：致远、经远两舰请换截堵水门之橡皮，年久破烂，而不能修整，故该船中炮，不多时立即沉没。

北洋舰队陈旧失修、舰速滞后是 4 舰被击沉的主要原因之一。

◆ **第二，炮速低于日舰，是 4 舰被击沉的重要原因之二。**

速射炮：日舰队共配置了 97 门，而中国舰 1 门都没有。比例是 97：0。

速射炮速度之快是非速射炮的 5~10 倍。以日比睿舰为例，该舰配置 15 厘米口径速射炮 6 门，“不间断地连射，在五分钟内发射了 1500 余发”。

◆ **第三，炮弹有问题，是日舰遭到猛烈轰击后竟然没有一舰沉没的主要原因，也是 4 舰被击沉的主要原因之一。**

定远舰枪炮大副沈寿垫揭露：中国所制之弹，有大小不合膛者；有铁质不佳，弹面皆孔，难保其未出口先炸者。即引信拉火，亦多有不过引者。临阵之时，一遇此等军火，则为害实非浅鲜。

来远舰帮带大副张哲溁揭发说：所领子药，多不合适，亦不切备。东沟之役，因弹子将尽而炮故缓施者，有因子不合膛而临时减药者。

炮弹问题有质量问题，但更重要的是敌人的破坏问题。黄海战后，一位英国人，时任定远舰上副管驾而亲身参加战斗的泰莱，极其尖锐地揭发了此问题的真相。他指出：是故中国舰队，就枪炮及铁甲而论，至少与日本相当，炮术甚佳；训练虽稍有遗憾，唯水兵可称善战。极严重之事因，为子弹之缺乏。此缺乏也，吾人有理由可信其咎非仅在疏忽而在兵工厂总办之通敌卖国。子弹之短绌，日人盖知之无疑，且为其挑战之原因……是故中国方面之不利，盖不待问。

泰莱给我们解开了一个大谜，敌舰多艘受到猛烈炮火轰击，虽然受到重创和人员伤亡，但没有击到使舰体下沉的程度，这就是奥妙之所在。须知，日舰由于速度快，舰体重量轻、甲板薄，像比睿舰，只是部分带甲，装甲的厚度只有 11.4 厘米；赤城舰，非装甲；西京丸舰也属非装甲；松岛舰司令塔装甲厚度才 10 厘米；吉野舰司令塔装甲厚度也只有 10.2 厘米；浪速舰司令塔装甲厚度仅有 5.1 厘米。这些日舰遭到了猛烈炮弹的轰击，但竟然无一艘沉没。这充分说明炮弹假到了什么程度。还可以从反面来印证这个问题。中国被击沉的致远，司令塔的装甲厚度是 15 厘米；经远的装甲厚度是 20~24 厘米，却被 12~15 厘米口径的速射炮和鱼雷击沉了。日本舰的装甲厚度都比中国舰的要薄，可就是击不沉，而泰莱揭发的“兵工厂总办通敌卖国”“日人盖知之无疑，且为其挑战之原因”。可谓一针见血，揭开了炮弹间谍内外勾结、掌握炮弹生产大权的官员充当汉奸、卖国通敌的极其严重的大问题。可是清廷似乎对此并无任何觉察和调查。清廷之腐败真是烂透了。

以上三大问题的剖析，使我们对为何中国 4 舰被击沉、为何日舰遭到猛烈炮火轰击却无一艘沉没这两个重要问题有了一个比较清醒的认识。此外，在舰队数量上是 12 ：10，日多我少；在战斗中北洋舰队又有两艘军舰临阵脱逃，敌我比例变为 12 ：8，这也是招致中方失败的原因之一。

这个沉痛的历史教训，对今天我们国家在和平崛起中，加强海军建设，巩固海防，特别是防制日本军国主义复活、妄图东山再起，仍然有着深刻的现实意义。

第十章 日本入侵金州旅顺 制造旅顺大屠杀

第一节 侵犯金州旅顺的日军元凶及侵略军队

日本天皇睦仁侵略帝国在黄海击沉中国军舰、制造黄海血债之后一个月时间，立即分兵两路向中国大陆——辽东进犯：一路从辽东半岛的花园口登陆，另一路由朝鲜义州渡过鸭绿江进入中国辽东。

1894 年 10 月 24 日，日本侵略军第二军在海军舰队的掩护下，从位于今辽宁省大连市庄河明阳镇花园口村海滩登陆，从背后进犯辽东半岛的海防门户——旅顺口。

担任侵略金州、旅顺的侵略军是日本新编第二军，该军由第一师团和混合第十二旅团组建而成。

第二军部队建制及战犯将领名单如下：

第二军司令官	大山岩	大将
第一师团及师团长	山地元治	中将
步兵第一旅团及旅团长	乃木希典	少将
步兵第二旅团及旅团长	西宽二郎	少将
骑兵第一大队及大队长	秋山好古	少佐
野战炮兵第一联队及联队长	今津孝则	大佐
工兵第一大队及大队长	田村义一	少佐
辎重兵第一大队及大队长	岸用和	少佐
混成第十二旅团及旅团长	长谷川好道	少将
步兵第十四联队及联队长	盖满邦介	中佐
步兵第二十四联队及联队长	吉田清一	中佐
骑兵第六大队第一中队及中队长	山本米大郎	大尉
炮兵第六联队第三大队及大队长	石井隼太	少佐
工兵第六大队第二中队及中队长	长下山笔入	大尉

以上战犯，对辽东金旅地区的人民进行了大规模的屠杀、放火、强奸、掠夺、毁灭、奴役，使金旅地区变成了人间地狱，人民遭受了深重的灾难，特别是日军在旅顺干下的野兽大屠杀，令人发指。

这里，特别要记住金旅地区血债的罪魁祸首、大刽子手、大战犯大山岩。有关他的罪恶行径另见“战犯篇”中的详细揭露。

第二节　花园口登陆　入侵中国领土及暴行

在大战犯大山岩统率下，日本侵略军第二军第一师团，由师团长、主要战犯山地元治率领，于1894年10月24日在中国辽东省大连市庄河明阳镇花园口村海滩登陆，入侵中国领土；进而从背面进犯中国辽东半岛南端的海防门户旅顺港。

登陆时间，1894年10月24日至11月6日共计14天。登陆的日本侵略军人数24049人、战马2740匹、枪支弹药等军用品大批。

登陆时，劫获中国货船15艘。

登陆后大肆抢劫中国民众的粮食、财富，劫胁中国百姓的马、骡、驴车，为其运输粮食和军用物资，侵占位于今大连普兰店市皮口镇的花园口南边的貔子窝。

日本侵略军兽性大发，到处杀人、放火、奸淫妇女、打砸抢夺财物，抓夫奴役，犯下无数罪恶暴行。所有村庄被纵火烧成火海，剩下一片废墟。无数村民遭到日军屠杀。

第三节　入侵金州　制造金州血债

1894年11月4日至6日，日军通过入侵刘家店、三十里堡、乾河子、十三里台子、撑家屯、狍子山、台山侵陷金州。

日本侵略军所入侵地区，打死打伤中国守军无数；攻陷金州后，日军更是兽性大发，大肆屠杀中国人民，奸淫妇女、纵火烧房、打砸毁灭、抢劫财物、抓夫奴役等无恶不作，犯下滔天大罪，制造了金州血债。

大肆屠杀中国军人无数，俘虏清军16人，其中步兵14人、骑兵1人、炮兵1人。

大肆屠杀中国男女老幼平民无数。

逐户搜查，见男人就捆绑成一串串，驱赶去用人体排除清军埋设的地雷几十人几十人地屠杀，杀后将人体的鲜血向大锅里放，去作“人祭”。

将病人浇上汽油活活烧死。

强奸轮奸妇女，逼得许多妇女投井、上吊自尽，积尸填满了水井。

围聚几百平民往海里驱赶，用海水将人溺死，未死者再用枪从背后击毙；四处抢粮，城乡民间粮食被抢劫一空。根据不完全统计，被抢走的大米达 3210 草袋、杂粮 2000 余石。

劫去步枪 2012 支、大炮 107 门、炮弹 36060 枚、枪弹 424860 发、马匹 85 匹、货币金银财宝无数。

第四节　侵陷大连湾

1894 年 11 月 7 日，日军侵陷位于金州南 8 千米处的大连湾。劫去大炮 120 余门，大小炮弹 2.46 万余颗，德国制枪支 600 余杆，子弹 33.81 万余发，马匹行帐无数。

第五节　侵陷旅顺　旅顺大屠杀

日军在侵占金州后，进兵旅顺。1894 年 11 月 21 日侵入旅顺。在入侵旅顺时，打死中国军民 2500 余人，俘虏 350 人；用斩杀中国清军士兵的鲜血去染红日本的太阳旗，高挂在占领的炮台上；攻毁清军炮台 21 座；掠夺小型炮艇 2 艘、帆船 1 只、疏浚船 1 只、汽艇 1 艘。

特别令人发指的是，日军进入旅顺的当天就屠城，进行大屠杀，从 11 月 21 日至 11 月 26 日，共屠杀了 6 天 5 夜，全城男女老幼 2 万余人几乎被杀光，仅存为日军抬尸清街的 36 人。所有妇女、幼女全部被强奸，并奸后杀死；旅顺城所有房屋被纵火烧成了一片瓦砾；全城居民的财产、珍宝、金银等财富被洗劫一空。

旅顺大屠杀是在日本天皇睦仁的侵华方针和奖励下进行的；是在内阁总理伊藤博文的直接鼓励和怂恿下进行的；是在睦仁侵略集团元凶们的精心策划下和日本侵略军第二司令官大山岩的命令下进行的；是在第一师团长山地元治的直接指挥下进行的。日本兽军整个第二军都参加了大屠杀。

日本侵略者施行的屠杀手法极其残酷、极其野蛮、极其兽性。他们杀人不是用枪弹，而主要是用刺刀砍头、刺胸、剖腹、掏心肝、断手臂和腿脚、刺破孕妇肚皮、挑出胎儿绞死，集体赶下水塘溺死、赶下海中溺死，未死者再刺死、枪击死，将男人的辫子集体连接起来，一串串赶到街上用刺刀刺死，用军犬咬死，把人头割下来挂在大门上。

旅顺大屠杀让世界首次认识到：从 1894 年开始，日本天皇睦仁为首的侵略集团是赤裸裸的比野兽还野兽的凶恶畜生；他们已经变成人类的异种；他们已经成了全人类的公敌和世界上最大的祸根，旅顺大屠杀以后几十年的历史完全证实了这一点。

旅顺大屠杀，将天皇睦仁、伊藤博文、大山岩、有栖川炽仁、山县有朋、桦山资纪、西乡从道、川上操六、陆奥宗光等天皇侵略集团的元凶们、大战犯，钉上了罪恶耻辱柱而万世遭人唾骂和痛恨。这一小撮战争罪犯们在甲午战争中犯下的滔天罪行，首开日本侵略中国的血腥记录。

有关旅顺大屠杀，本书“旅顺大屠杀篇”有详细记载。

第十一章　日本入侵中国辽东　制造辽东大血债

第一节　侵略辽东的日军元凶及侵略军队

日本豺狼帝国甲午大举侵略中国本土，分两路向中国辽东进犯。就在日本侵略军第二军在中国辽东半岛花园口登陆的同一天，即 1894 年 10 月 24 日，日本侵略军第一军从朝鲜义州偷渡鸭绿江，向我国辽东进犯。侵略军第一军共 3 万余人在大战犯山县有朋统率下，侵入中国领土，制造了一系列大血债。

第一军的部队建制及战犯将领名单如下：

第一军司令官	山县有朋	大将
第五师团及师团长	野津道贯	中将
第三师团及师团长	桂太郎	中将
参谋长	小川又次	少将
第五旅团及旅团长	大迫尚敏	少将
第六旅团及旅团长	大岛久直	少将
第九旅团及旅团长	大岛义昌	少将
第十旅团及旅团长	立见尚文	少将
第二旅团及旅团长	奥保巩	少将
步兵第六联队及联队长		
步兵第十八联队及联队长	左藤正	大佐
步兵第七联队及联队长		
步兵第十九联队及联队长		
步兵第十一联队及联队长	西岛义助	中佐
步兵第二十一联队及联队长	武田秀山	中佐
步兵第二十二联队及联队长	富冈山造	中佐
步兵第十二联队及联队长	友安治延	中佐
骑兵第五大队及大队长		

骑兵第三大队及大队长		
炮兵第五联队及联队长	永田龟	少佐
工兵第五大队及大队长	马场正雄	少佐
卫生队、野战医院		

第二节　日军偷渡鸭绿江　侵陷中国领土辽东

大战犯山县有朋率领侵略军第一军，麇集朝鲜义州，于 1894 年 10 月 24 日偷渡鸭绿江，侵入中国国土辽东。

山县有朋极其狡猾，采取了声东击西的诡计，佯作主力进攻中游的假象，而选择在鸭绿江的上游和下游偷渡。

侵略军渡过鸭绿江后，悍然侵入中国神圣领土辽东省，从 1894 年 10 月 25 日起，至 1895 年 3 月 9 日止，四个多月时间，先后侵陷辽东 14 座城市及其广大地区，制造了一个又一个血债：

1894 年 10 月 25 日	侵陷苏甸、长甸
1894 年 10 月 26 日	侵陷九连城
1894 年 10 月 26 日	侵陷安东（今丹东）
1894 年 10 月 30 日	侵陷凤凰城
1894 年 11 月 3 日	侵陷宽甸
1894 年 11 月 19 日	侵陷岫岩
1894 年 12 月 12 日	侵陷析木城
1894 年 12 月 13 日	侵陷海城
1894 年 12 月 19 日	侵陷缸瓦寨
1895 年 1 月 10 日	侵陷盖平
1895 年 3 月 4 日	侵陷牛庄
1895 年 3 月 7 日	侵陷营口
1895 年 3 月 9 日	侵陷田庄台

在此过程中，日本侵略军侵犯蹂躏了辽东广大地区。

第三节　日军在辽东制造累累血债

在头号战犯日本天皇睦仁军国主义侵略集团策划领导下，在大战犯山县有朋亲自指挥下，入侵中国辽东的日本侵略军，对辽东主要城镇和广大地区，实行了极其野蛮、极其疯狂、极其残酷的大屠杀、大纵火、大强奸、大掠夺、大毁灭、大奴役，制造了一连串的大血债，对中国人民犯下了滔天大罪。

1894 年 10 月 25 日，日本侵略军偷渡鸭绿江，围攻虎山，打死中国清军 495 人，俘虏清军 14 人和记名提督谭清远。

据日方公布的数字，日本侵略军在侵略鸭绿江的强盗行径中，抢获清军大炮 74 门，步枪 4401 支，炮弹 30684 颗，枪弹 4320661 颗，精米 2560 石，杂谷 2000 余石，马粮和其他杂物无数。

12 月 10 日，日本侵略军侵犯金家河地区，打死中国清军 110 人，俘虏 16 人。

12 月 14 日，日本侵略军侵犯一面山地区，纵火围击，打死清军 150 人，俘虏 4 人，并打死清军马队统领侍卫永山，抢去钢炮和铜炮各两门。

12 月 19 日，日本侵略军侵犯缸瓦寨，打死中国清军 200 余人，打伤约 300 人。

1895 年 1 月 10 日，日本侵略军侵陷盖平，打死打伤清军 700 余人，其中打死营官以上军官 5 人和哨官以下员弁 19 人。

1 月 17 日，清军第一次反攻海城，日本侵略军打死打伤清军 160 人。

1 月 22 日，清军对海城发起第二次反攻，日本侵略军打死打伤清军 620 余人，打死哨官周绪科、营官左世荣，打伤哨官穆泰和、万金彪、葛永仁。

2 月 16 日，清军第三次反攻海城，日本侵略军打死打伤清军 230 余人。

2 月 21 日，清军第四次反攻海城，日本侵略军打死打伤清军 220 余人。

2 月 24 日，日本侵略军侵犯太平山，打死清军 400 余人，打伤 100 余人。

2 月 28 日，日本侵略军侵犯大富屯、沙河沿、长虎台、东西烟台，打死打伤清军 600~700 人。

3 月 4 日，日本侵略军侵陷牛庄，进行大屠杀。死者累累。

3 月 7 日，日本侵略军侵陷营口，“营口守口大炮 45 尊、步枪 150 支及封冻口内之湄云兵船一艘、小火轮船两艘，并堆积如山的军械弹药，均被日军掳去”。日本侵入营口，清军溃散，日军竹中安太郎少佐“命两个中队渡辽河上游追击，当追至相距 1000~1500 米时，用排枪齐射，逃跑的清军死伤无数”。

3 月 9 日，日本侵略军侵陷田庄台，纵火大烧房屋，进行大屠杀。军民横尸遍地，血流成河。

第四节　日军侵陷牛庄、血腥屠杀、制造牛庄大血债

1895 年 3 月 4 日，日本侵略军侵陷牛庄，对全市人民进行大屠杀。

姚锡光在《东方兵事纪略 · 辽东篇》中记述：

倭兵自未刻冲入牛庄，夜半巷战犹未息。我军肝脑涂地，惨烈万状。而从西路逃出之兵，截于倭人炮火者，死亦众。是役也，兵士伤亡几千人，虏于倭者七八百人，军资自配执兵枪外，尚储毛瑟快枪一千五百余支，枪弹一百五十一万余颗，大小炮十九尊，火药一千六百四十八箱，马匹衣粮无数，皆委之去。

日本人编著的《日清战争实记》供称：桂太郎向各部队传命：“夜间攻击只准使用刺刀。”

日方记载的《中日战史》供称：残兵还未完全剿灭，即已日暮。因停止炮击，执剑挨户搜查，杀人无算。

日本人编著的《日清战争实记》供称：在牛庄市内，路旁伏尸相枕。一些居房前尸积成山，尸山之间流出几条浑浊的血河……走进门里，见院内也堆满了尸体……经日方调查，牛庄军民死亡共有2100余人，其中1/3是牛庄平民。

《英兵部蒲雷东方观战纪实》指责日本侵略军滥杀平民：如此纵杀，殊为残酷。

第五节　日军侵陷田庄台、纵火焚烧血腥屠杀、制造田庄台大血债

1895年3月9日，日本侵略军侵陷田庄台，纵火大烧民房，进行血腥大屠杀、大强奸、大抢劫、大毁灭。整个田庄台被杀军民达到2000余人，房屋被烧殆尽，变成一片废墟，制造了又一起大血债。

日本人编著的《日清战争实记》供述：野津道贯下令将可疑的房屋全部烧毁，镇内到处起火，黑烟笼罩了整个市街。越烧越大，火舌迅速向四面卷去，烧了整整一夜。到10日早晨，这座数千户居民的繁华市镇终于变成一片废土。然而不计其数的粮食、军器等战利品，都被烈火吞没，多么可惜！

日本在田庄台制造的大血债，令人发指，中国人民永远不会忘记日本侵略者欠下的这笔血海深仇。

第十二章　日本侵陷威海　制造威海大血债

1895年1月20日，即辽东半岛的盖平沦陷的第11天，日本侵略者发动了进攻山东半岛中国北洋海军基地威海卫的侵略行动。至同年2月14日签订降约，前后26天时间，日本这头凶恶狠毒的鬼兽，侵占了山东半岛的海防咽喉威海卫。中国多年花费巨资、劳力、物力修建的威海海防基地、威海所有海防炮台，一一被摧毁；中国最大的北洋海军舰队遭到全军覆灭；所有多年储存的大炮、枪支、弹药、粮秣、车辆、军马以及无数的金银财宝，雄厚物资、军饷军需等，全部被日本睦仁侵略帝国劫掠一空。至此，由日本一手挑起的甲午日本侵华战争，以日本强盗打劫胜利、中国惨败而宣告结束。中国不得不以割肉断肠之剧痛的代价，向日本强盗屈膝求和。

第一节　侵犯山东半岛的日军元凶及侵略部队

日本睦仁侵略帝国，为了侵入山东半岛威海海防、消灭北洋舰队及海军基地，由侵略旅大的原第二军改编成立“山东作战军”，任命原第二军军长、在旅顺施行大屠杀的大战犯、大刽子手大山岩这头恶毒的豺兽为“山东作战军”司令官，同时，调动了整个联合舰队共25艘军舰，倾穴出洞，陆军海军张牙舞爪地扑向山东半岛。

侵略山东半岛的部队番号和战犯将领名单如下：

陆军：山东作战军及司令官	大山岩	大将
第二师团及师团长	佐久间左马太	中将
第三旅团及旅团长	山口素臣	少将
第四旅团及旅团长	伏见贞爱	少将、亲王
第六师团及师团长	黑木为桢	中将
第十一旅团及旅团长	大寺安纯	少将
第十二旅团及旅团长	长谷川好道	少将
海军：联合舰队及司令官	伊东祐亨	中将

本队：	松岛、千代田、桥立、严岛
先遣队：	八重山、晏宕、摩耶
第一游击队：	吉野、秋津洲、浪速、高千惠
第二游击队：	扶桑、比睿、金刚、高雄
第三游击队：	天龙、大和、武藏、葛城、海门
第四游击队：	筑紫、鸟海、大岛、赤城、天城

第二节　日军在荣成湾登陆

山东半岛威海卫，位于半岛的东北海端，隔海相望辽东半岛的旅顺口，成为天然的两扇大门，将渤海湾环抱守卫，成为“渤海锁钥”。中国清廷花费巨资、人力、物力，在威海建立了北洋舰队基地，修筑了多座坚固的海防炮台，可谓“固若金汤，十分坚固”。

威海卫炮台之坚固、海防之严密、地势之险峻，日本睦仁侵略集团早就考虑到，知道从海上正面进攻，定难取胜。经过周密的阴谋策划，决定仍袭攻旅顺口炮台之故技，用步兵登陆，从背面进攻威海卫后路；同时，用海军封锁海面，陆海双向夹攻，使北洋舰队腹背受敌，困死海湾基地内，将北洋海军一举全歼。这就是日本睦仁豺狼帝国攻取威海卫的恶毒战术。

日本侵略者取得了这个阴险战术的成功。威海卫炮台的一个致命弱点就是炮台的后门空虚，防备非常薄弱，使威海炮台“前实后空”，虎头蛇尾。这个要命的弱点使威海海防遭到了灭顶之灾。

1895 年 1 月 20 日，日本侵略军在位于山东半岛成山角西南的荣成湾悄悄登陆。至 25 日，登陆兵力达到 34600 人、马匹 3800 匹。登陆后侵占了荣成县城，打死清军 6 人，俘虏 12 人，掳掠步枪 40 支，弹药 72500 发。烧毁村庄，打死打伤村民。

第三节　日军进攻威海卫　制造威海大血债

日本侵略军登陆后，立即从后路进攻南帮炮台、北帮炮台。到 2 月 12 日止，仅 24 天，日军在威海卫及其周边地区，屠杀军民，制造了大量血债，攻占了威海海防的全部炮台，所有大炮及枪支、弹药、军械、马匹、车辆、粮草、衣被、金银、财物等物资被抢掠一空；击毁消灭了整个北洋舰队，抢夺军港中所有仅存军舰编为日本海军所有；无数房屋设备被烧毁；无数妇女被轮奸；无数老人儿童被杀害；无数百姓外逃，流离失所，悲惨死去。日本元凶大山岩，在威海卫又一次施行了他在旅顺大屠杀的暴行，令人发指，罪恶滔天。其侵略日程及罪行如下。

◆ 攻陷威海卫全部海防陆防炮台：

1895年1月24日，日军午后侵入东豆山村、观里村、姚家圈村，打死清军马夫、打伤清军哨官。

1月26日，日军从左右两路入侵南帮炮台。

1月29日，日军入侵鲍家村、九家疃、亭子介村、温泉汤、孟家庄、江家口村。

1月30日，日军向南帮炮台发起总攻，21艘军舰在东海口进行夹击。在南帮炮台战斗中，清军死伤800余人，“将校5人、士卒51人被俘”。日军攻占摩天岭炮台，打死守军一个营500人。日军利用摩天岭炮台的大炮，轰击并侵占扬枫林炮台，守军大半个营被打死。下午1时许，日军侵陷鹿角咀炮台，守军战死无数。日军进攻百尺崖所小城，守军近2个营全部战死，仅80人突围。日军侵陷所前岭炮台，守军一哨人全被打死，哨官徐邦常被日本兵围住，日军用刺刀将他刺死。“徐邦常的妻子怀抱刚满周岁的儿子芸生，准备跳海自尽，被日鬼追及。残酷的敌人夺过芸生，将他在岩石上摔死，又用刺刀挑死了孩子的母亲”。日军侵陷皂埠咀炮台，守军一个营全被打死。

1月30日，日军侵陷虎山，午后击溃清军守军5个营2000余人，抢去大炮12门。北虎口守军700人中战死者130人。日军侵陷风林集、宋家洼、曲阜、诒口、海埠村，杀死村民20多人。

1月31日，日军侵入长峰寨，杀死村民17人；又侵入竹岛村。

2月1日，日军侵陷鹿道口、酒馆集、孙家滩、艾山庄、羊亭集、东阳村。在孙家滩清军战死35人。

2月1日，日军侵陷北帮炮台。道员戴宗骞自尽殉国。

2月2日，日军左右两路纵队会合，侵入威海城。

◆ 在威海卫地区大肆杀戮平民，制造累累血债

有一篇祭文，记述了当时日军杀人、放火、抢掠、强奸、毁灭的暴行：倭寇鸮张，兵马纷扰，突围村庄，操戈入室，持刀登堂，拆毁我房屋，搜取我衣裳，糟蹋我黍稷稻粱，屠杀我鸡犬牛羊。一至黄昏，四起火光。当此时也，朔风凛冽，天气惨凉，饥寒之儿童暮寝雪地，困惫之妇女夜走山冈……奈何变生不测，事出仓皇？欲救祸反遭奇祸，欲消殃竟罹凶殃。当其时，或以子救父而首犯锋芒。或以弟救兄而身被旗枪，或披发缨冠以救乡邻，不转瞬而仆尸道旁。能不令人痛心疾首，而叹天道之茫茫？

◆ 聚歼北洋舰队

1895 年 2 月 4 日夜，日军鱼雷艇偷袭，击沉北洋海军的旗舰定远号。

2 月 6 日，日军陆海夹攻，炮轰日岛，击毁日岛炮台及子药库，清军伤亡甚多。当夜日军鱼雷艇 5 艘偷袭，击中来远、威远、宝筏小艇，皆沉没。来远舰上 30 余人沉海牺牲。

2 月 7 日黎明，北洋海军鱼雷艇 10 艘及小汽艇 2 艘集体私自逃遁，冲出港口，被日军舰追击，所有出逃艇只或被击沉，或搁浅被毁被俘，或触礁沉，全部被歼，其中 5 艘被日海军拖去收编为日舰队鱼雷艇。清军共伤亡 300 余人。

2 月 8 日，日军水陆夹击刘公岛，靖远舰伤亡 40 余人，刘公岛上学堂、机器厂、民房、煤厂都遭破毁、岛内民众多伤亡。

2 月 11 日，日军水陆夹击。当日，北洋提督丁汝昌自尽殉国。

2 月 12 日黎明，广丙舰管带程壁光乘镇边炮艇悬白旗、赍降书至日舰乞降。

至此，日军入侵威海卫，以日本的胜利和清军的失败而告终。日军在进攻威海卫的 24 天侵略行动中，制造了累累血债，犯下了滔天大罪。

第四节　威海降约

威海战役的惨败，使一小撮民族败类向日本侵略者俯首投降，实乃中国之耻辱。为了后世永远记取这段历史之耻，以振我中华，故将威海降约全文录下。

1895 年 2 月 14 日即光绪二十一年一月二十日，中国候补道员牛炳昶，在日本松岛舰上，与日本联合舰队司令官伊东祐亨，签订降约。其条款如下：

一、中西水陆文武各官，须开明职衔姓氏，西人须开明国名姓名，其文案书职及兵勇人等，须开一总数，以便分别遣还中国。

二、中西水陆文武官员，须各立誓，现时不再预闻战事。

三、刘公岛一切器械，应聚集一处，另开清折，注明何物，在何处。岛中兵士，由珠岛日兵护送登岸，威海各清兵，自 2 月 14 日 5 点钟至 15 日正午止，陆续遣归。

四、请牛道台代承交付舰炮台之任；惟须于 15 日正午以前，将舰中军器、台上炮位，开一清账，交入日舰，不可遗漏一件。

五、中国中西水陆各官弁，许于15日正午以后，乘康济轮船，第十款所载，开返华界。

六、中西各官之私物，凡可以移动者，悉许随带以去；惟军器则不论公私必须交出，或日官欲加以搜查，亦无不可。

七、向居刘公岛华人，速劝其安分营生，不必畏惧逃窜。

八、日官之应登刘公岛收取各物者，自16日9点钟为始，若伊东提督欲求其速，可先令兵船入湾内等待，彼时中西各官，仍可安居本船，俟至16日9点钟为止，一律迁出，其在船之水师水手人等，愿由威海遵陆而归，可听其便，其送出之期，则与各兵一律从15日正午为始。

九、凡有老幼妇女之流，欲离刘公岛者，可自乘中国海船，从15日正午以后，任便迁去，但日本水师官弁可在口门内稽查。

十、丁军门等各官灵柩，可从16日正午为始，或迟至23日正午以前，任便登康济兵船离岛而去……唯此船未离刘公岛之前，日本水师官来拆卸改换，以别于炮船之式。

十一、此约既定，战事即属已毕，唯陆路若欲重战，日舰必仍开炮，此约即着废纸。

光绪二十一年一月二十日，即西历一千八百九十五年二月十四日，中国候补道牛、日本水师提督伊东，在松岛舰画押，此约以西文为准。

第五节　北洋舰队彻底覆灭　威海要塞彻底攻破

威海降约签订，标志着北洋舰队的彻底覆灭、威海海防要塞的彻底攻破。中国清政府花费了无数金银、人力、物力建设起来的北洋舰队和威海炮台，被日军摧毁殆尽，损失之巨大莫可名状；更严重的是，从此中国的海防一点也没有了，国家和民族危在旦夕。这里仅将北洋舰队及海防炮台损失的详细资料记述如下：

北洋舰队拥有军舰22艘，总吨位排水量为42396吨，大炮253座，鱼雷发射管27管，乘员3108人，另有鱼雷艇12艘，全部被日本覆灭。此外，还有属于广东舰队的广甲、广乙、广丙巡洋舰3艘和福建舰队的福龙鱼雷艇1艘、南洋舰队的飞艇汽船1艘，也同时被消灭。

列表如下：

（一）在黄海战役中，被击沉和击伤搁浅焚毁的军舰5艘

舰名	舰种	舰质	吨位	马力	炮	鱼雷管	速力	乘员	下水年代	管带
致远	巡洋	钢质	2300	5500	23	4	18.0	202	1886	邓世昌（副将）
经远	铁甲	钢质	2900	5000	14	4	15.5	202	1887	林永升（副将）
扬威	巡洋	钢质	1350	2400	18	0	15.0	135	1881	林履中（参将）
超勇	巡洋	钢质	1350	2400	18	0	15.0	135	1881	黄建勋（参将）
广甲	巡洋	铁架木壳	1296	1600	10	4	15.0	145	1887	吴敬荣（都司）

（二）在威海保卫战中被击沉的军舰4艘

舰名	舰种	舰质	吨位	马力	大炮	鱼雷管	速力（节）	乘员	下水年份
靖远	巡洋	钢质	2300	5500	22	4	18	202	1886年
定远	铁甲	钢质	7335	6000	22	3	14.5	331	1880年
来远	巡洋	钢质	2900	5000	14	4	15.5	202	1886年
威远	练习舰	铁骨木壳	1300	840	11	0	12	124	1877年

（三）搁浅被毁击沉的鱼雷艇 10 艘

舰名	吨位	速力（节）
左一	115	24
左二	108	19
左三	108	19
右二	108	18
定一	16	15
定二	16	15
镇一	16	15
中甲		
中乙		
得顺		

（四）被击沉的汽帆 2 艘

名称	种类
宝筏	布雷汽船
双桅帆船	练习船

（五）被日军掳走的中国军舰 10 艘、鱼雷艇 4 艘、汽船 1 艘。

舰名	舰种	舰质	吨位	马力	炮	鱼雷管	速力（节）	乘员	下水年份
镇远	铁甲	钢质	7335	6000	22	3	14.5	331	1880
济远	巡洋	钢质	2300	5500	18	4	15.0	204	1883
平远	巡洋	钢质	2100	2300	11	1	14.5	145	1889
广丙	巡洋	钢质	1000	1200	11	0	17.0		1891
镇东	炮舰	钢质	440	350	5	0	8	55	1879
镇西	炮舰	钢质	440	350	5	0	8	55	1879
镇南	炮舰	钢质	440	350	5	0	8	55	1879
镇北	炮舰	钢质	440	350	5	0	8	55	1879
镇中	炮舰	钢质	440	750	5	0	8	55	1881
镇边	炮舰	钢质	440	840	5	0	8	55	1881
右一	鱼雷艇		108		2	2	18.0	28	1885
右三	鱼雷艇		108		2	2	18.0	28	1885
镇二	鱼雷艇		16				15.0		
福龙	鱼雷艇	钢质	115	1500	2	3	23.0		1885
飞艇	汽船	钢质	400	310	5		9.0	61	1877

以上舰艇被日帝掳去，降下了中国清政府的龙旗，升上日本的太阳旗，改名换姓地都成了日本舰艇。

被日军攻破摧毁的威海炮台

◆ 一、南帮炮台

南帮海岸炮台

皂埠咀炮台：　　平射炮 28 厘米口径 2 座

　　　　　　　　平射炮 24 厘米口径 3 座

	曲射炮 15 厘米口径 1 座
鹿角咀炮台：	平射炮 24 厘米口径 4 座
龙庙咀炮台：	平射炮 21 厘米口径 2 座
	平射炮 15 厘米口径 2 座
南帮陆路炮台：	
所前岭炮台：	平射炮 15 厘米口径 2 座
	平射炮 12 厘米口径 1 座
扬枫岭炮台：	平射炮 15 厘米口径 2 座
	平射炮 12 厘米口径 2 座
	行营炮 7.5 厘米口径 16 座

◆ 二、北帮炮台

北帮海岸炮台	
北山咀炮台：	平射炮 24 厘米口径 6 座
	平射炮 9 厘米口径 2 座
黄泥沟炮台：	平射炮 21 厘米口径 2 座
祭祀台炮台：	平射炮 24 厘米口径 2 座
	平射炮 21 厘米口径 2 座
	平射炮 15 厘米口径 2 座
北帮陆路炮台	
合庆滩炮台：	平射炮 15 厘米口径 2 座
老姆顶台炮台：	平射炮 15 厘米口径 2 座
	平射炮 12 厘米口径 2 座
	行营炮 8 厘米口径 2 座

◆ 三、刘公岛炮台（海岸）

东泓炮台：	平射炮 24 厘米口径 2 座
	平射炮 12 厘米口径 2 座
	行营炮 7.5 厘米口径 2 座
	行营炮 6 厘米口径 4 座
	速射炮 8 座
近门洞炮台：	平射炮 24 厘米口径 1 座
旗顶山炮台：	平射炮 24 厘米口径 4 座

南咀炮台：	平射炮 24 厘米口径 2 座
	行营炮 8 厘米口径 2 座
	行营炮 7.5 厘米口径 3 座
	曲射炮 12 厘米口径 4 座
	速射炮 3 座
公所后炮台：	地阱炮 24 厘米口径 2 座
	行营炮 7.5 厘米口径 6 座
	速射炮 8 座
黄岛炮台：	平射炮 24 厘米口径 4 座
	行营炮 6 厘米口径 2 座
	速射炮 3 座

四、日岛炮台

平射炮 12 厘米口径 2 座
平射炮 6.5 厘米口径 4 座

五、南帮临时炮台

摩天岭炮台：	行营炮 8 厘米口径 8 座
莲子岭炮台：	行营炮 7.5 厘米口径 2 座
	曲射炮 15 厘米口径 2 座

六、北帮临时炮台

东里川炮台：	平射炮 12 厘米口径 2 座
棉花山炮台：	行营炮 7.5 厘米口径 8 座。
	速射炮 1 座
佛顶山炮台：	曲射炮 15 厘米口径 2 座
紫峰顶炮台：	平射炮 7 厘米口径 2 座
遥瞭墩炮台：	行营炮 7 厘米口径 2 座
远遥墩炮台：	平射炮 12 厘米口径 2 座
	行营炮 7 厘米口径 2 座
	曲射炮 15 厘米口径 1 座

第十三章　日本侵陷台湾、澎湖　制造台湾大屠杀

第一节　日军入侵澎湖　制造澎湖血债

1895年3月23日，日军入侵澎湖列岛。

入侵凶手及其部队是：日本联合舰队司令官伊东祐亨、日军混成支队长陆军大佐比志岛义辉。其部队建制为：步兵3个大队、炮兵1个中队，共约5000人。海军联合舰队全部出动。

◆ 入侵澎湖的作战计划（要点）：

一、第一步占领澎湖南部之仓岛（将军澳屿），占领澎湖后即以此处为根据地，以制马鞍山以南之海面。

二、在冲绳之中城、大岛之久慈设置贮水池，并在冲绳之中城设煤贮藏所。

三、占领澎湖后设民政厅，备置蒸馏水器械。

四、19日到达仓岛后，联合舰队第一游击队吉野、秋津洲、高千穗先侦察澎湖岛。

五、20日总攻击。上陆时，如有陆军抵抗，即开炮击之。在此期间，本队泊于海上。

1895年3月23日，日军发炮猛攻澎湖拱北炮台，打死打伤清守军宏字正营一个哨，日军从良文港登崖，进军大武山，统领“朱上泮闻警，率定海（右）营兵五百进城，至太武社，前队奋登”。前队300余人。“双方相距约二百米，皆竭尽全力以战”。朱上泮率后队100余人增援，日军设埋伏于低洼处，突然发起袭击，清军不防，被当场打死6人，朱上泮中弹负伤。清军被打死者共34人，伤者不计其数，日军占领大武山。24日，日军攻陷拱北炮台，炮台守军死伤殆尽。同日午时攻陷马公城，守城门的清军30余人全被打死打伤。日军沿途搜索，在岛崁社和双头卦社各捕杀清兵20余人。日军占领马公城后，在城里设立澎湖行政厅，以海军少将田中钢常为行政长官，陆军步兵中佐志水直为副长官，并制发

《顺民证》。日军攻占澎湖，掳掠大炮 18 门、枪 2463 支、子弹 1043190 发、火药 797 桶、装药 3173 包、大米 910 包等其他物资。日军侵陷澎湖后，广东、福建、江苏、浙江海道中阻，中国从外洋购进之军械弹药全部在海上被日军劫走。而台湾也成了与大陆隔绝的孤岛。

第二节　日军侵陷台北城　制造大血债、台北亡

日军在攻占澎湖后，于 1895 年 5 月 28 日进攻台湾，在台湾东北角的澳底登岸。

入侵台湾的元凶及其侵略军队：

日本海军军令部长桦山资纪大将，并任命为“台湾总督”、。

近卫师团师团长北白川能久亲王、中将。

联合舰队司令官伊东祐亨中将。

部队建制：

（一）总督府直属部队。下属：炮兵中队、后备步兵第四联队、临时台湾铁道队等。计将校 228 人、士兵 6494 人、役夫 5636 人、战马 1872 匹。

（二）近卫师团。下属：近卫步兵第一旅团，旅团长川村景明少将；近卫步兵第二旅团，旅团长山根信成少将；骑兵大队、炮兵联队、工兵大队等。计将校 360 人、士兵 14209 人、役夫 700 人，战马、驮马、挽马 2452 匹。

（三）联合舰队的松岛、高千穗、浪速、八重山等多艘军舰。

1895 年 5 月 28 日，日军选择台湾东北角三貂角湾的澳底登陆，清军两营新募兵员抵御，被日军打死千人，日军占领澳底。日军大抓民夫，并“系绳于其腰间，由士兵监督，鞭打使役”。接着于 5 月 30 日侵陷三貂岭。6 月 2 日，日军进攻瑞芳，炮火猛轰，打死清军记名提督营官陈得胜，打伤督军俞明震、提督张兆连和曾喜照，炮勇死 8 人，伤 4 人，清兵被打死打伤者共 30 余人，被俘者 30 余人。6 月 3 日，日陆海军齐攻基隆，进入市区巷战，清军死伤众多。接着日军进攻基隆西北之狮球岭，打死打伤清守军无数，狮球岭落于敌手。台北城乱，兵勇互相残杀，积尸遍地，哭声鼎沸，游匪劫掠，库银被抢 24 万两。此皆日军之所致也。1895 年 6 月 7 日，日本侵略军侵入台北市，台北亡。

日本侵略军进驻台北市，立即抢劫、掠夺，居民纷纷逃亡，留者丧魂失魄。据洪弃父记载：日大队至，至则占民房，掠鸡牛，搜军器。民之移家者，担簦蹑履，扶老携幼，累重载舟，纷纷蔽海而浮。妓女、乞丐亦有去者。风云惨淡，日暮则道路无人。有闻扣户声，则阖室惶惶，相惊以番兵来矣。其骇异之情如此。

日本睦仁侵略帝国侵陷台北市，犯下了滔天罪行，血债累累。

大战犯日酋桦山资纪于1895年6月15日进入台北市，6月17日，举行无耻透顶的“始政典礼”，实即强盗兽庆。这天，日本帝国宣布“台湾总督府”正式成立，并将这一天定为“始政纪念日”，从此，开始了日本帝国主义对台湾长达50年最野蛮的殖民统治，开始了日本对台湾人民长达50年的大屠杀、大镇压、大奴役、大掠夺。

从1895年6月17日至1945年8月15日日本无条件投降，日本帝国主义强盗统治台湾人民共计50年2个月。

第三节　日军侵陷台北台中各城、制造大血债

1895年6月12日，日军侵陷中坜。在中坜强征台民为夫役，为其挑运辎重等军用物资。

6月22日，日军侵攻新竹，打死义军50余人，新竹沦陷。

6月25日，日军近卫骑兵大队长涩谷在明，率骑兵小队及步兵第一联队第六中队，自台北护送粮食纵队去新竹，进至头亭溪村，大肆纵火焚烧民房。

6月28日，7月1日，日军近卫步兵第一旅团长川村景明，命令第一联队第一大队长三木一率部进攻安平镇，“收集茅草，在竹林中放火”。打死义军10余人。

7月6日，日军占领安平镇，放火烧毁了安平镇的全部房屋。

7月14日，日本近卫师团长陆军中将北白川能久，下令近卫步兵第二旅团长山根信成，率步兵第三联队第一大队、炮兵第四中队、骑兵十队及工兵中队，组成混成支队并自任支队长，进犯龙潭陂，用六门大炮猛轰，发弹50余发，将龙潭陂村几夷为平地，打死打伤义军无数。

7月16日，日军山根信成率队进攻大嵙崁，发炮猛轰，并大肆纵火烧毁所有街市的房屋，打死义军将领苏根铨，打伤义军统领黄源鉴，俘虏义军首领之一的江国辉。江坚贞不屈，英勇就义。与他同时被俘的义军江排合、林万得等150余人，被日军押至田心仔村，全部用刺刀刺死。

7月25日，日军在新竹城外，打死义军130余人。以前半月，即7月10日，日军在新竹城外枕头山竹林中，包围义军，纵火烧房，义军“被烧死及枪杀者有50余人，另有119人被俘”，被俘人大多为日军杀害。

7月29日至8月3日，日军倾巢出动，向南推进，侵抵海山口、中坜、新埔、龙潭陂、铜锣湾、新竹等地。日军在南进途中，实行了烧光、杀光、抢光“三光”野兽暴行，到处纵火烧房，大肆杀戮台民。日军自供：我军所到之处，烧光家屋，逐杀敌兵（台民）。

8月8日，日军对距新竹20余里地的尖笔山腰的大埔进行炮击，“发射的山炮和野炮，弹弹命中大埔，引起大火，火焰冲天”。

8月9日清晨，大埔陷。

8月10日，日军四面环攻新楚军大本营所在地——头份。打死新楚军原统领杨载云。新楚军士卒被打死打伤者无数。日军纵火，头份街被全部烧光，成为一片焦土。

8月10日，日军侵陷后垅。

8月15日，日军进攻苗栗东畔山高地。苗栗陷。打死义军“千数百人”。

8月23日，日军猛攻大甲溪，打死黑旗军亲兵管带袁锦清、帮带林鸿贵及健卒50余人。“敌以奸（台）民为前锋，分十三人为一队，每队督以日兵一，而以马炮队随其后，前队败，则以马炮队列横阵继进猛击，弹急如雨，我大队千人当其冲，死伤枕藉”。大甲陷敌。

8月28日，日军从东、西、南三面猛攻八卦山，打死义军统领吴汤兴、李士炳、沈福山，守军伤亡殆尽。八卦山陷敌。统领吴彭年率军回救夺山，伤亡甚众，吴身中数弹阵亡。义民死千余人。

日军占领八卦山后，分兵三路，从东、南、北三门进入台湾府所在地之彰化城。义军统领李仕高、沈仲安、杨春发俱巷战死。义军被打死者二千余人。日军进入彰化后，即满城搜杀，“路逢人则杀之”。日本人自己承认：彰化城内，尸体到处可见。据日本宪兵队调查，仅在街面上，即发现“尸体二百五十余具”。实远不止此数。

日军侵陷彰化后，紧接入侵社头、云林街。

8月29日，入侵北斗，陷云林县。

8月30日，日军前锋抵大莆林，薄嘉义县。台中诸城皆失，台南危。

日军侵陷大莆林，大肆搜寻妇女，进行强奸，“搜得妇女六十余人，纵兵奸污”。日军并到处抢掠粮食，将民间粮食抢夺一空。抢完之后，就大肆杀人，放火烧庄。亲自参加抢粮食、杀人、放火的日本兵野口要藏在寄回国内的信中写到：四日，因征集米谷，我小队被派往西南方向的村落，杀“土匪”（指台民）、烧村庄。征集归来时，又奉命将前方的村庄烧毁。

日军并在他里雾纵火烧房，整个他里雾街被烧成一片火海。

从1895年6月22日至8月30日两个余月时间内，日军先后攻占新竹、头份、苗栗、大甲直至彰化，陷云林，抵大莆林，薄嘉义。日本侵略军兽性大发，大肆屠杀台湾人民；到处搜寻妇女，大肆进行强奸；疯狂纵火烧毁民房无数，使整座整座城市变成焦土；并大肆抢掠民间财物、粮食等物资无数。睦仁日鬼帝国罪恶滔天，这群野兽在台北、台中制造的一个又一个血债深仇，中国人民的世代子孙绝对不能忘记！

第四节　日军入侵台南、台南大屠杀、台南亡

日本侵略者在侵陷台北、台中后，于1895年10月上旬至10月21日，入侵台南。

◆ 日军入侵台南的主要凶手及部队：

日本侵台总司令官、“台湾总督”、大将桦山资纪。

日本侵台近卫师团长、亲王、中将北白川能久及近卫师团。

近卫师团第一旅团长、少将川村景明及第一旅团。

近卫师团第二旅团长、少将山根信成及第二旅团。

日本侵台联合舰队司令官、中将伊东祐亨及联合舰队。

日本侵台第二师团长、中将乃木希典及第二师团。

日本侵台第二师团第四旅团长、亲王、少将伏见贞爱及第四旅团即伏见混成旅团。

日本侵台第二师团第三旅团长、少将山口素臣及第三旅团即山口混成旅团。

日本侵台南进军司令部司令官、“台湾副总督”、中将高岛丙之助及南进军部队。

日本侵台南进军司令部参谋长、少将大岛久直。

日本侵台南进军司令部副参谋长、炮兵中佐伊地知乃清及海军少佐武富邦鼎。

日本侵台南进军司令部副官部长、炮兵少佐平岩亲德。

日本侵台南进军司令部管理部长、步兵少佐小野重勤。

日本侵台南进军司令部炮兵部长、少佐村井长宽。

日本侵台南进军司令部工兵部长、少佐三村工艺。

入侵台南日军共达四万人。

◆ 日军入侵台南的作战计划：

入侵台南日军分两部侵进：一部由陆路直扑台南的正面；大部队则由海路在台南的侧背面登陆。

1895年10月8日，日军分三路包围嘉义，黑旗军都司肖三发和义首黄荣邦被打死。

10月9日，日军向嘉义发起总攻。打死营官陈开穗、同知冯练芳、武举刘步升、生员杨文豹等。义军死伤无数。嘉义陷。

10月10日，日本联合舰队之济远舰、浪速舰、海门舰、护卫运兵船19艘、载混成第四旅团日军，向布袋咀发炮猛烈轰击，沿海岸村庄被炸平起火，“火焰冲天，一直烧到半夜仍未熄灭”。下午，日军从布袋咀登陆，“入市捉台民，诘永福所在”。刘永福即领导义军抗击日鬼、保卫台南的首领。

10月10日，日军进攻旗后炮台，“奸民夜引日兵由僻径登岸，突入大营，陷之。进围炮台，台兵持两日，死伤枕藉”。

10月11日，日军侵陷茄冬脚，纵火烧庄。

10月12日，日军侵陷东港。

10月14日，日军侵陷桥沟溪。

10月15日，日军侵陷奉山。下午，侵陷打狗炮台。

10月16日，日军侵陷凤山县城，“屠戮甚惨”。

10月18日，日军侵陷王爷头村，纵火烧毁村庄，打死义军300余人。

10月19日，日军侵陷上庄台。同日，侵陷二曾行村，打死义军40余人，伤者无数。

10月19日，日军侵陷曾文溪，打死义军204人，伤者无数。打死义军统领徐骧及总兵柏正才等。

10月21日，日军侵陷台南府城。大肆杀戮，死伤者无数。

10月27日，大战犯桦山资纪发布告无耻声称“台湾全岛已全部平定”。

至此，台南沦陷，全台湾沦陷。

但是，在侵略台湾的罪恶行径中，日本侵略者也付出了惨重的代价，日军承认：困于有全台皆兵之势的猛烈的游击活动和疟疾之中。在四个月的战斗中，我军付出了近卫师团中将师团长北白川能久亲王以下四千八百名战死和两万七千名负伤的巨大代价。

台湾人民奋起抵抗的抗日爱国民族精神永垂不朽!

旅顺大屠杀篇

日本侵略军在旅顺屠城，进行灭绝人性的大屠杀。

日本侵略军在旅顺进行惨绝人寰的大屠杀，杀死2万人，仅剩30多人。

1896年，清政府为旅顺大屠杀全城遇害者修建万人墓葬，树立“万忠墓”墓碑。

日本侵略军攻占朝鲜平壤后，进行了惨无人道的屠城大屠杀。这是日军残杀中国军人的暴行。

日本侵略军在攻占中国辽东牛庄后，进行惨绝人寰的大屠杀。杀害中国平民2000余人。

第十四章　大屠杀是在日本天皇睦仁等头目指示、怂恿、奖励下进行的

第一节　发出大屠杀密令

日本睦仁侵略帝国指挥日军侵占旅顺之后，豺狼兽性大发，疯狂地屠杀中国平民百姓，欲把一个旅顺城的人民统统杀光。全城2万多男、女、老、少、幼、婴几乎全部惨死在日军的屠刀之下。一时间，所有大街小巷、房屋角落以及山间地里、湖塘海边……到处是死难者的尸体，街巷被尸体堵塞，大地被血水浸染。

这是一场史无前例的大屠杀！

这是一场极其惨无人道的大屠杀！

这是一场持续了六天五夜昏天黑地的大屠杀！

这是一场人类史上最为凶毒的大屠杀！

这是一场日本帝国主义发动的、一群野兽制造的、对中国人民犯下滔天罪行的大屠杀！

这是一场在日本头号战犯天皇睦仁的嘉奖和鼓励下、在大战犯内阁总理伊藤博文的赞赏和怂恿下、在大战犯大山岩的批准与命令下、在主要战犯山地元治的命令和指挥下，有预谋、有计划、有组织、有路线、有分工的惨绝人寰的大屠杀！

密令是由主要战犯日军第二军第一师团长陆军中将山地元治下达的。

一个亲身参与了大屠杀现场的日本军事间谍向野坚一证实了这一点。他在《从军日记》中对山地元治下达了大屠杀的密令供认不讳：

日军由营成子向旅顺进攻时，军官下达了“见敌军一个不留”的命令。所以当日军步兵第三联队士兵路过民家，见“有两个乡人”，“遂进去击杀之，鲜血四溅，溢于庭院”。师团长见此景……表示今后非不得已，不要对外讲。

向野坚一在1924年9月23日谈及日军侵犯旅顺时的大屠杀，说道：

在旅顺，山地将军说抓住非战斗人员也要杀掉，山地将军下达了除妇女老幼外全部消灭掉的命令，因此旅顺实在是惨而又惨，造成了旅顺城内恰似血流成河之感。

实际上，旅顺大屠杀中，所有妇女老幼统统被屠杀。“除妇女老幼外”也都是骗人欺世的谎言。

向野坚一透露的这个绝密命令，是在旅顺大屠杀多年之后，金州民政署为日本间谍特务山崎羔三郎、钟崎三郎、藤崎秀在甲午侵华战争中，被金州副都统连顺派兵捕获，并在金州西门外被处决而举行的纪念会上讲话时透露出来的。

向野坚一于1893年毕业于实为特务机关的“上海日清贸易研究所”。1894年甲午日本侵华战争发动后，回到日本广岛任日军的特务，被派到侵华日军第二军第一师团兼任翻译官，于10月24日随军登陆花园口。向野坚一与藤崎秀、大熊鹏、猪田正吉、山崎羔三郎、钟崎三郎共五人一起，编为“特别任务班”，秘密潜入辽东半岛南部战地，搜集清军的军事情报，绘制作战地图。他们化装成商人、农民进行特务活动；又化装成中国民工，混入中国驻军防地“修筑工事”，借机在普兰店、金州一带刺探军情，被中国巡逻逮捕。在押解途中，向野怕藏在靴子中的军用地图被发现，故意踩踏泥水行走，使水浸入靴中踏烂地图。向野中途脱逃，是被捕的6名“特别任务班”派遣特务中唯一逃脱的漏网者。

日本第二军就是根据向野坚一刺探到的军事情报和绘制的军事地图，而改变了原定的攻击计划，一举攻占了金州。从而向野深得大战犯大山岩及主要战犯山地元治的器重。

向野坚一透露的关于大屠杀密令的上述信息是真实可靠的。

对于山地元治下达了旅顺大屠杀密令，还有一名日本兵小野次郎可资证实。小野次郎是甲午日军侵华第二军第一师团第二旅团第一大队的士兵，日本鹿心岛人。他在以后回忆旅顺大屠杀的情景时说道：

11月20日晚上，大山岩大将下达了进攻旅顺的命令。我们旅又是主力部队，旅团长为西宽二郎少将，第一大队长为条秋山好古大佐，攻占了楼子山炮台后，师团长山地元治中将下达了命令：“除妇女老幼外，旅顺的男人都格杀勿论。”

实际上，旅顺大屠杀中，妇女老幼统统被杀，无一幸免。

从以上向野坚一和小野次郎两人的证词，充分证明，日本主要战犯第二军第一师团长山地元治确实下达了对旅顺实行大屠杀的秘密命令。

第二节　大屠杀密令是经过日军第二军司令官、陆军大将大山岩的决定实施的

旅顺大屠杀的密令，是经过日本侵华第二军司令官、陆军大将、大战犯、直接杀人元凶大山岩的决定下达的，而且大山岩还对日军大屠杀暴行进行“庆祝”和“奖励”。

主要战犯山地元治的大屠杀命令是在得到大山岩命令之后及时下达的，同时，大山岩对大屠杀暴行还举行了极无人性的野兽“庆祝”和“奖励”。

旅顺于11月21日沦陷于日军的铁蹄之下，当日和当晚就开始了大屠杀。第二天，22日，进入旅顺的日军，就看到尸横满街，堆积如山，街巷为尸体所堵塞，鲜血流溢满地。22日又继续更大规模的屠杀，晚上接着屠杀；到了第三天，23日，仍然继续在更大范围内搜寻屠杀。就在连续屠杀三天二晚之后的23日下午2时，大山岩竟然集中大屠杀的日军各级将校和随军所谓新闻特派员，还有外国记者，踏尸穿行，来到全城堆满尸体、四周鲜血横流的大连船坞，举行“胜利庆功宴会”，庆祝大屠杀的“胜利”，并对大屠杀的兽兵凶手大加奖励，赏赐酒宴和“勋章”。席间乐队高奏乐曲，日本的太阳旗高挂在中国的领土旅顺上空。日军乐得手舞足蹈，趾高气扬。

日本大战犯大山岩，在尸体堆成的尸山上开“庆功会”“奖宴会”，充分证明，他就是旅顺大屠杀的元凶；就是他作出了大屠杀的决定和密令，并将此密令让大屠杀的另一名主要战犯山地元治去直接下达。

第三节　大屠杀是在日本头号战犯天皇睦仁的嘉奖下进行的

旅顺大屠杀是在日本头号战犯——天皇睦仁的嘉奖下实施的。

旅顺大屠杀从11月21日开始至24日进行了四天三晚腥风血雨的大屠杀之后，日本天皇睦仁下达了一个《天皇敕语》，对日军占领旅顺后的连天连晚不停的大屠杀、对旅顺城尸体堆积如山、鲜血横溢成河的日军暴行，进行了“亲切”的“嘉奖”。睦仁在《天皇敕语》中说：

旅顺乃渤海之门户，敌国赖以关键，今汝等一举拔之，朕深嘉奖其功劳。天气逐渐转寒，前途尚远，汝等各宜自爱奋勉。

日本皇后也给日军第二军发来“赞赏”和“问候”：

皇后陛下欣闻我第二军占领旅顺的报告，深为喜悦，特此向将校及士卒的忠勇，深深表示赞赏，专此问候。

旅顺大屠杀中，海上港口也是屠场，日本联合舰队就是海上屠手，许多从旅顺逃出登上船只逃跑的市民和士兵，几乎都被联合舰队的舰艇击杀，鲜血染红大海。可是，日本天皇和皇后对这群海上的野兽恶魔进行嘉奖、庆功、赞赏、问候，发出《天皇敕语》和《皇后贺电》，进行鼓动，以激发大屠杀的“士气”，实乃兽性之大暴露。

就在日本天皇、皇后的嘉奖、表彰、鼓励下，日军更加大发兽性，进行更加残忍的大屠杀，从24日《天皇敕语》发出后，接着在25日、26日又屠杀了两天，以后的零星屠杀还不算。

这个事实充分证明，日本天皇睦仁是旅顺大屠杀的头号战争罪犯，是罪魁祸首，是旅顺大屠杀以至辽东大屠杀、威海大屠杀、整个甲午大屠杀的头号元凶，是毒蛇的毒脑。百姓痛恨地说，日鬼天皇睦仁应该打入第二十层地狱，处以“凌迟”极刑，并使之永远跪拜在旅顺二万亡灵之前，永世不得超度。

第四节　大屠杀是在日本大战犯内阁总理伊藤博文的嘉奖、表彰、怂恿下进行的

伊藤博文是日本的内阁总理，是一名臭名昭著、狂热的侵华军国主义分子，是甲午侵华的发起人和决策人之一，是侵华的日本政府总头目。他在总理任期内，充当了天皇下面的第一号战争罪犯，双手浸透了中国人民和朝鲜人民的鲜血。

旅顺大屠杀就是在伊藤博文的嘉奖和怂恿下疯狂进行的，伊藤博文与天皇一样，都是大屠杀的罪魁祸首和头号杀人元凶。

很显然，旅顺大屠杀是在日本天皇睦仁、总理伊藤博文的“嘉奖”“怂恿”“鼓励”“赞赏”“问候”下，在第二军司令官大山岩的决定和命令下，在第一师团长山地元治的直接命令下，有预谋、有组织、有布置、有要求、有分工、有准备地进行的；是不分白天黑夜连续多天、不间断地进行的；是翻来覆去的地毯式屠杀；是从屠城至屠郊区、至屠村庄、至屠山丘、至屠田野、至屠海边、至屠海上……总之是能屠杀到的地方统统屠杀；屠杀的空间和时间是空前的。

旅顺大屠杀是日本帝国对中国人民犯下的罪大恶极的滔天大罪，这笔尸骨堆山、鲜血染海的血海深仇，中国人民永远不能忘记，永远要记住。

第十五章　旅顺大屠杀

第一节　疯狂屠城

◆ 旅顺大屠杀的人数——全城 2 万人口，仅剩 36 人。

日军在 1894 年 11 月 21 日踏进了旅顺市区。这群野兽在日本头号战争罪犯天皇睦仁及大战犯日本内阁总理伊藤博文的嘉奖、怂恿下，在大战犯大山岩的决定与命令下，在主要战犯山地元治的命令和指挥下，将所有侵入旅顺的侵略军及外围的侵略军、海港的侵略海军和所谓“随军新闻特派员”、装作军夫的武士、浪人，全部变成杀人魔鬼、野兽，变成杀人机器，开足马力，对所有的旅顺及郊区的平民百姓，不分男女老幼、孕妇婴儿、俘虏降兵、宗教人士，疯狂地展开了极其残忍、极其凶暴、极其无人性、极其野蛮的大屠杀。

全旅顺市 2 万余未逃出的人口几乎被屠杀光，其中平民百姓、老少妇婴 18000 余人，被俘士兵 2500 余人，仅仅剩下 36 人，这是因为日军为了毁灭罪证、掩人耳目，需要去清理全城被满满堵塞的尸体，而不得不留下这 36 人为日军“清场”，以图免被暴露于国际社会，从而躲过对野兽们的人道谴责。

但是，世界历史上罕见的空前大规模的残杀人类的野兽们，怎能躲得过世人的眼睛，他们的行径被无数的笔墨、电讯、报刊、谈话……揭露出来，彻底暴露在阳光下。

对于日本帝国这次对旅顺人民的全城大屠杀，当时一位英国的国际公法学者胡兰德博士，在他写的《中日战争之国际公法》一书中，揭露了日本侵略者的魔鬼豺狼形象，并揭露了旅顺大屠杀将全城的人几乎屠杀光、仅仅剩下 36 人的真相。而这 36 人是因为充当了收尸者才幸存下来的。这个揭露非常重要，它使日本帝国对旅顺屠城的真相得以曝光在世界舆论面前。胡兰德写道：

当时日本将卒之行为，实逸出常度之外，彼等假令发见旅顺口之垒外有被割断之日人死尸，谓华军先有如斯之残忍行为，然尚不足为彼暴行之辩解。彼等除战胜之初日，从其翌日起，残杀四日（实为六日），非战斗者之妇女幼童亦不免。从军欧洲军人及特约通讯员目击此残虐之状况，然亦无法制止。此时得免戮杀之华人，全市中仅三十六人耳！然此三十六名华人，为供埋葬其同胞之死尸而被救残留者。其帽子上，有“此人不可杀戮”之标记而保护之也。

英国《泰晤士报》报道：

日本攻取旅顺时，戕戮百姓四日，非理杀伐，甚为惨伤。又有中兵数群被其执缚，先用洋枪击死，然后用刀肢解。

美国《世界报》也痛责日本军队的暴行实同野兽：

日本国为蒙文明皮肤具野蛮筋骨之野兽。日本人今脱掉文明之假面具，显露野蛮之本体矣。

另据周之风著《旅大史话》记载参加过当时抬尸的高廷举老人回忆说：

每天抬尸，冬天没有多大气味，就是零头碎脚的，惨得很。日本鬼子也不给饱饭吃，足足抬了一个多月才完。死尸都抬到花沟张家窑，两万多尸体，堆成尸山，用油来浇，用火来烧，烧了十几天才烧完。烧成骨灰，埋在白玉山东麓的安葬岗，就是今天大家所凭吊的旅顺“万忠墓”。

至1945年“八·一五”日本无条件投降，旅顺重见天日，从日军铁蹄统治下解放出来的旅顺，由旅顺各界人民成立“万忠墓重修委员会”，重行修建《万忠墓》墓道和享殿，于1948年12月14日，举行万忠墓落成典礼，让后人永远纪念。

第二节　大屠杀的范围及屠杀地点

大屠杀的范围：是全城性的。日军从旅顺北门进城，一进城就开始屠杀，从北门杀到东门；再从东门杀到西门；再从西门杀到南门；再从南门杀到郊区；再从郊区杀到海边；再从海上寻踪追杀……大屠杀是席卷地毯式地进行，逐家逐户搜寻屠杀。所到之处，统统杀光。

大屠杀的地点：是城中各条大街和小巷，所有行人就地屠杀，满街堆满了尸首，为之堵塞；日军全城挨家挨户破门而入，在家中、院中、厅堂、卧室、卫生间、厨房、床上、炕上、桌边、坐凳上等处，进行屠杀；在各条小巷中屠杀，屠杀行人，并将房屋中人拖出来在大街、小巷中屠杀；在全城的商店、工厂、作坊、学校、医院、机关、衙门、船上、码头、钱庄、商行、柜台、车站、饭馆、旅店、剧院、庙宇、祠堂、会馆、尼庵等处进行大屠杀；在郊区各乡镇、村庄、农舍、田野、水中进行屠杀；在海边、海上、船上大屠杀；在池塘、水井、湖沟大屠杀；在门槛上、门前、门内、后院、石阶上、石阶下等等地方大屠杀。总之，在全城所有地方，包括各个角落，统统大肆屠杀。

第三节　大屠杀的对象

大屠杀的对象：不论男、女、老、少；妇女、少女；儿童、婴儿、胎儿；工人、农民、商人；人力车夫、帮工；老板、作坊主、经理；教师、校长、学生、工友；演员、编剧、锣鼓琴手；和尚、尼姑、道士、俘虏、降兵、运输夫……所有全城的人民和放下武器的士兵，一律屠杀。

第四节　大屠杀的时间

大屠杀的实际时间：从 1894 年 11 月 21 日下午起，经过 22 日、23 日、24 日、25 日，一直到 26 日，前后大屠杀了六天五夜。有的说屠杀 3 天、屠杀 4 天、屠杀 5 天，都是不确切的，应以历史记载为证。

李鸿章在上奏清皇帝的奏折中写道：

窃臣据登莱青道刘含芳自烟台来电，知旅顺于二十四日（公历 11 月 21 日）失守。

倭自二十四日陷旅后，杀伤兵民甚多，旅顺二十四日早兵败，至午失。二十四日午后，两点多钟，棉库被击燃，三点钟元宝坊械库、水师药库、毅军坐营、后城衙市先后皆烧，凡附近炮台、村庄及营盘、老水师营皆烧，人皆杀，旗人被杀尤甚。

甲秀辅，日军随军新闻特派员，也是大屠杀的杀人凶手。他于 1894 年 12 月 7 日在《东京日日新闻》上发表的一篇杀人自供词中供认：

海中死者无数，11 月 21 日午后，我步兵第二联队攻向黄金山炮台，先欲扫荡旅顺市街，窥其院内，各户落锁，悄然无声，当我兵闯入时，从此乱入家室，蹂躏居室，搜索角落，俘获清兵七八名。随后捣毁每户门窗，搜寻潜藏者，遂俘三十余名逃兵，全部斩杀，暴尸街头，搜查越严，使他们无法藏身，遂三三五五，逼入海中，恣意杀戮。

以上供词证明旅顺大屠杀的时间是从11月21日下午日军进入旅顺市开始的。在22日进入旅顺市的日军，一进城就看见满街、满屋横尸堆积的惨状。下面仅据两名日军记者和随军人员的供词，足可证明21日开始进行的大屠杀。还有许多供词和证词可资证明。

日军随军特派记者相岛勘次郎在《大阪每日新闻》发表的一篇题为《从军记》的报道中写道：

22日一早，寒风袭人，进入旅顺市内而被击毙的敌兵不计其数，尸体堆积如山。

相岛勘次郎讲的"敌兵"实为平民百姓和放下武器的士兵。他的报道说明他22日一早看到的就是头一天即11月21日屠杀的现场。

日军随军法律顾问有贺长雄在他写的《日清战役国际法论》一书中记述：

1894年11月22日上午，先司令部进入旅顺市内，感到震惊……房屋内外无处不是尸体，尤其是马路上，尸横遍地，若不踏尸穿行，实难通过。

这也证明在他进入旅顺的头一天即11月21日，就进行了大屠杀。

大屠杀直进行到11月26日，日军海军随军记者横川勇次，于1894年12月7日在《东京日日新闻》报道中证实了这一日期。他写道：

乘"吉野"舰于11月26日在旅顺登陆，看见日本兵在搜查潜藏的中国平民和士兵，将中国人如串珠似的捆绑成一串押走（杀掉）。

以上日军自己的供词记录说明：旅顺大屠杀从1894年11月21日下午到11月26日，共进行了六天五夜。此后仍有分散零星的屠杀，这是因为全城的人被杀到第六天已经几乎杀光了，然后转到郊区海边去屠杀。

第五节　大屠杀极其残暴的手法

日军完全丧失了人性，他们全部变成了恶魔，变成了豺狼，变成了野兽。所以，在旅顺大屠杀中，他们将旅顺人民当作绵羊猎物，极其残忍、极其狠毒地拚命撕咬啮噬，杀死并肢解手无寸铁、毫无抵抗、屈从帖服、任其摆布的无辜百姓。日本军国主义侵略者完全丧失了做人的资格，玷污了“人”的神圣称号和高尚价值，他们是披着人皮的野兽、是人类的异化。

日军对旅顺大屠杀的手法有如下多种：枪杀、刀刺、斩头、割头、挖心、剖腹、挖肠、火烧、水淹、挖眼、割鼻、割耳、剁脚、穿胸；把一群人的辫子连串起来，反手缚捆，逼着向湖里推，然后用排枪射击，未射死的人在水中挣扎，忽沉忽浮，靠近岸边立即用刺刀刺杀挑死。这样一批又一批地屠杀，以致池塘填满了尸体；将小孩子用刺刀捌在刺刀枪头上，摇晃玩耍；将妇女用刀斩成几段，将孕妇的肚子戳开，把胎儿掏出来，用枪尖挑起玩耍；用枪射杀后复用刺刀肢解，砍成几段，将尸体剁碎；用狗去撕咬活人，将人头砍下来再让狗去撕咬尸体的脖子；将老人的喉咙割开，眼睛和舌头都被挖出来；把人劈成两半，将人从背后捅上十几刀；将人的肚子、胸腔用刺刀划开，把肠子掏出来一堆一堆，鲜血喷得满地和满墙；将三岁的孩子举起来摔在地上，把脑袋摔破而死；将逃上船只的难民用机枪扫射，然后上去用刺刀刺砍捅杀。街上为尸体堆满，小巷也为尸体堵塞，鲜血横流浸遍了街道和巷子。日军在搜索时，都是刺刀上挑着人头，唱歌、嬉笑，到处巡搜平民，一见人就杀、就刺、就砍。日军进行的极其残忍、凶暴、无人性的大屠杀，比起现代的恐怖主义更狠毒百倍。

第十六章　杀人凶手的供词与证词 西方记者和亲历者的证词

第一节　杀人凶手的供词

所有进入旅顺的日本人：统帅、将校、军官、士兵、顾问、浪人、记者等各类人员，全都参与了大屠杀暴行，他们每个人都是直接杀人的凶手。他们中有的人，不打自招地对屠杀的真相作了供词。

有贺长雄，日军中的法律顾问。他供称：1894 年 11 月 22 日上午，先头司令部进入旅顺市内，感到震惊。

他在以后写的一本《日清战役国际法论》中，较详尽地记述了日军旅顺大屠杀的暴行。他写道：

从北城门进去有一条路，一直通向市中心叫作天后宫的寺庙，道路两侧民房栉比，然而房屋内外无不是尸体。尤其是马路上，尸横遍地，若不踏尸穿行实难通过。从市中心的天后宫，向东一拐，是道台衙门和海军衙门，这是两座并排而立的宏伟建筑物，其前面是船坞的入口处。船坞前面有一广场，沿着广场有一条东西走向的长街，与这条长街成直角向南排列着三条街，分别叫西街、中街、南街。所有这些街道上都堆满了尸体。毫无疑问，若市内尸体总数为二千，则其中的五百人为非战斗人员（平民百姓远不止四分之一，实为绝大多数）。欲游渡海湾向西逃走的人，则受到了来自山丘上的射击，故而水中也有很多尸体。

高椰直，日本士兵。供称：联队集合于毅字军操场待命，数小时后，接到命令向旅顺市进发，这天是 1894 年 11 月 22 日。我们一进入旅顺市，就看到全城市街上，所到之处，累累死尸横卧街头，室内也必有二三具尸。其腥风惨状不由让人联想到爱新觉罗之末世，顿起怜悯之念。下午 3 时，进驻宿营地。营房原为当地民宅，共有十余户人家。余等将死尸收集起来虚以埋之，权当作大扫除。死尸达百余具，由此推知死者之众。

伊东连之助，日本上等兵。于22日傍晚进入旅顺市，他写给友人的信中透露了大屠杀惨情：

我认为，旅顺口战斗中，敌军的死亡人数要比报纸报道得多。田野里、山中、河海上，死尸累累，腥风刺鼻。旅顺街头的实际情形是，一时之间，街道上堆满了尸体，行人须在死人中穿行。

这封信是在大屠杀的第二年，1895年1月23日，日本《国民新闻》报上刊登的。1896年，伊东的朋友将他的来信汇总成册，题为《征清奇谈从军见闻录》付印。其中有如下记述：

吾等于22日薄暮时分至旅顺，其时尸积如山。市区内外，尸横遍地，腥风刺鼻。碧血滑靴行路难，不得已踏尸而行。清兵狼狈不堪，投海溺死者不计其数，谓之血流漂杵，实乃言之极妙。

伊东连之助这里讲的“投海溺死”实际上是被日军残杀在海中。

日军第二联队第四中队的一名二等军曹，在写给他父亲的信中，竟把大屠杀看成“痛快之极”的事，真是毫无人性。他在信中说：

一边是造船所等气派非凡的建筑物，而另一边则是堆积在街头巷尾的尸山，真是痛快之极也。

23日进入旅顺市的一名士官，在寄给家中的信件里记述：市内到处都是日本兵，除了死尸之外看不到支那人，这里的支那人几乎灭绝了。

洼田仲藏，日本上等兵。参与了旅顺大屠杀。他在自己写的《从军日记》中供认：

看见中国兵就杀，看到旅顺市内人皆屠杀，因此道路上满是死人，行走很不方便，在家里住的人也都被杀，一般人家也都有三人到五六人被杀，流出的血使人作呕。

第二节　日本随侵华日军新闻特派员的证词和供词

日军入侵旅顺市，有一批日本报纸的随军新闻特派员。他们对旅顺大屠杀进行了及时的报道。这些报道尽管都是站在日本侵略军的反动立场上，进行军国主义的侵略宣传，但旅顺大屠杀的真相还是隐瞒不住而透露出来。这是日本人所作的大屠杀证词。

这批随军记者本人都参与了大屠杀，他们具有新闻记者和杀人凶手两重身份，他们提供的报道，既是大屠杀的证词，又是杀人犯的自供词。

相岛勘次郎，日本随军新闻特派员。他在《大阪每日新闻》发表的《从军记》中写道：

22 日一早，寒风袭人。进入旅顺市内而被击毙的敌兵（实为放下武器、停止抵抗的清军和旅顺市民）不计其数，尸体堆积如山。有的俯伏在沟里还在呻吟，有的则横尸街头，有的被刺刀刺死在藏身的房内，有的则依石阶倒下，有的半个身子悬在石阶上，有的则仰天侧下死不瞑目，有的半倚着箱柜，有的则倒卧在门槛上，有的死在后院，有的被刀劈于门前。多么悲惨的一幅全景立体画！真是腥风袭肌肤，凄怆寒筋骨。

枕戈生（笔名），日军随军记者。他写的《旅顺杂报》中记载：

旅顺市内真正是尸山血河，尸骨累累。

杉山丰吉，日本《万朝报》随军新闻记者。他在 1894 年 11 月 22 日随军进入旅顺后，看见全城人被杀得只见到几十名平民后，发给该报的《旅顺通信》中写道：

如我巡视的所见，市内仅看到六七十名贫民。

这是大屠杀的第二天，以后还在继续屠杀。

崛井卯之助，日鬼随军记者。他发表在 1894 年 12 月 2 日《时事新报》上的报道说：

敌兵往往试图抵抗，以致结局惨不忍睹者众。其尸堆积如山，其血流成河。街头巷尾，所到之处无不是敌之死尸。眼下，此地生存之清人已为数很少。

这说明中国军人的抗日爱国表现，也说明放下了武器的军人，日军也归之为“试图抵抗”而杀之；还说明，全城的平民百姓，日鬼也归之为“试图抵抗”的“敌兵”而杀之。日军随军记者真是极其卑劣而歹毒，将平民百姓之死尸，说成“敌人死尸”，证明这群日本随军新闻特派员本身就是日军的一分子，不过是握有笔杆子的杀手。

甲秀辅，大屠杀凶手，日军随军记者。他于 1894 年 12 月 7 日，在《东京日日新闻》报上，以《第二军从军杂记》为题，写了旅顺大屠杀的惨景。文中写道：

旅顺街头，所到之处尸陈遍地。有的身首异处，有的则被砍去半个脑袋，有的脑浆溢出，有的则肠肚外露，有的眼珠迸出，还有的被砍去胳膊或被炸碎腿骨而倒毙在黏稠的血滩中。见之令人毛骨悚然。

铁严生（笔名），日军随军记者。他在大屠杀现场写的一篇发表在1895年12月8日《日本》上的《征行录》中，记述说：

死尸狼藉满街巷，但见敌（实为平民百姓）或五六人，或十余人，头挨着头，倒毙成一排，若从旁经过则腥气扑鼻……吾未闻阿修罗之城，然则，如此凄惨之情状非想象所及。

第三节　西方随军记者的证词

英国《泰晤士报》随日本军进入旅顺的一名记者，在一篇发回国并刊登在《泰晤士报》上的报道中记述：

日本攻取旅顺时，戕戮百姓四日，非理杀伐，甚为惨伤。又有中兵数群被其执缚，先用洋枪击死，然后用刀肢解。唯日本士卒行径残暴者若此，督兵之员不能临时禁止，恐为终身之玷污。

美国《世界报》也抨击日本军队残酷屠杀平民、毫无人性的暴行。报载：

日本国为蒙文明皮肤具野蛮筋骨之野兽……日本人今脱掉文明之假面具，显露野蛮之本体矣。

英国随军记者阿伦在他写的《旅顺落难记》一书中，揭露和证实了日军兽性杀人的极为残忍的情景：

我走到一块高地，望见前面有个池塘，方知这地方在船坞背后。只见那池塘岸边，立满了日本兵，赶着一群逃难人逼向池塘里去，弄得逃难人挤满了一池。只见在水里攒头扰动，忽沉忽浮。那日本人远的放洋枪打，近的拿洋枪的刀来刺。那水里断头的、腰斩的、穿胸的、破腹的……扰在一团。池塘里的水，扰得通红一片。只见日本兵在岸上欢笑狂喊快活得不得了，似乎把残杀当作乐事。那池塘里活的人，还在死尸上扒来扒去，满身的血污，嘴里还在哀求乞命不迭。内中一个女人，抱着一个孩子，浮出水面，向着日本兵凄惨地哀求。将近岸边，那日本兵就把枪刺来捅，竟当心脏捅了个对穿，第二下就捅这小孩子，只见洋枪刺一捅，小孩子就捅在那枪头上，只见他竖起枪来，摇了几摇，当作玩耍的东西。这孩子约两岁，那女人伏在地上，尚未捅死，用了将断的气力，想要起来看这孩子的意思，刚要起来，翻身便倒。日本兵就照屠戮人的法子，也把这女人斩成几段。那兵后面，又来了一群日本兵赶逃难的人，来这池塘里。我再也不忍看，回头逃走，只得仍从原路回客栈。一路走来，无非是死尸垫地。经过一处，看见十来个日本兵，捉许多逃难人，把那辫子打了一个大结，他便慢慢地作枪靶子打。有时斩了一只手；有时割下一只耳，有时剁下几只脚，有时砍下一个头，好像惨杀一个，他便快活一分。我所见的无论男女老幼，竟没有饶过一个。

随日军进入旅顺的美国《世界报》记者克里曼，亲眼看见日军在旅顺的大屠杀暴行，他于1894年12月20日，以两个整版的篇幅，在美国《世界报》上刊登出他的长篇报道《亚瑟港大屠杀》（旅顺），一时震惊了全世界。在这篇报道中，他详尽地记录了日军旅顺大屠杀的真相，并进行了谴责。克里曼写道：

大屠杀中的幸灾乐祸。大约下午5时（11月22日，大屠杀从21日已经开始了），校兵场传来军乐声，除乃木将军正在追赶那些撤退的敌军外，所有的将军们在陆军元帅（指大山岩）带领下全部集结在这里。啊！多么令人振奋的欢呼，多么令人鼓舞的鼓掌，多么庄严的军乐旋律。而就在这里，我们还可以听到来复枪在街中猛烈射击的声音，知道镇里那些孤立无援的人们被血腥屠杀，家园被抢劫。

这是这年最冷的一个晚上，寒暑表下降到零下20度，妇女和孩子在山上被冻僵了，但追杀男人的行动仍在彻夜进行（事实上，妇女和孩子也一起屠杀，无人幸免）。

早上，我在街上穿行，不论在哪儿看到的尸体，都是被撕碎，就像野兽撕扯过的那样。被杀死的店主的尸体叠卧在路的中间。从眼里流出的眼泪已经结冰，冻僵的血块挂在伤口上。

狗在主人僵硬的尸体旁不断呜咽。饿狗则到处撕咬刚被杀死不久、尚未冻僵的尸体。

哨兵嬉笑。当我在柯文先生陪同下，路过一具被斩首而头滚落在二三码的无头尸体时，一条狗正在撕扯着尸体的脖子，一名日军哨兵一边看，一边大笑。

接着我看到一具白发无牙的商人，倒在自己店铺的门槛上，腹破肠出，而店铺早已被抢劫过了。

另一具尸体胸部被日军用刀剖开，一条宠物犬躺在他胳膊底下，不住地战栗着。

一具女尸被压在一堆男尸下面，那堆男尸露出各种各样令人难以置信的、极其痛苦或苦苦哀求的神情。

在一个角落堆着25具尸体。屠杀他们的士兵在屠杀他们时竟如此之近，以致他们自己的衣服都着了火，一些尸体烧焦了。

20英尺以外，躺着一具满脸皱纹的白胡子老人，喉咙被砍开，眼睛和舌头都被挖了出来。

没有一处没有武器袭击过的痕迹，没有一处没有战争的痕迹。这情景表明，在这世界上日本一个多么值得从头到尾都应诅咒的民族。

这里有个浑身发抖的老年妇女，只有这一个，在这场大屠杀中幸免于难。这个老年妇女，布满皱纹的脸上因恐惧而抖动。两条虚弱而颤抖的腿，在尸体堆中彷徨。她要到哪里去？她要做什么？所有的男人都被杀死了，所有的妇女都逃到冻僵的山里去了，到现在为止，还没有一双同情的眼睛看着她。直到她转向一条充满血迹的小巷，看到只有上帝才能知道的新的恐怖时，竟由于受到惊吓而疯了。

屠杀和掠夺。大屠杀在继续，并延续到了第二天。

我看见四个男人，沿着城镇边缘平静地向前走着，其中一个抱着一个婴儿。一队日本士兵立即向他们进行猛烈射击，但他们的枪法如此之坏，四个男人都跑了。

整整第一天，日军士兵把那些被吓坏了的男人们从自己家里拖出来，或用枪打死他们，或用刀将他们劈成碎块。

我看见日军士兵从将死人抽动的身体上踏过，冲进屋去，掠夺财产。没有任何迹象表明日军想要把这场令人震惊的罪行由公开行动转为隐蔽行动。看见人们在角落里躲躲藏藏，像被追赶的猎物一样，或跪在地上毫无用处地求饶，是令人心碎的。

整整第二天，大屠杀仍在继续着，数以百计的人被杀死，仅仅在一条街上就有 227 具尸体，至少有 40 个人手是被捆绑在后面射杀的。

街道被尸体阻塞了。在旅顺港能够找到的居民几乎全被屠杀了，日军屠杀手无寸铁、没有抵抗能力居民的行动一天天地延续着，直到街道被残缺不全的尸体阻塞为止。到目前为止，当我正在写这篇报道时，还能听到枪声，

同这次屠杀所暴露出来的令人震惊的罪恶和重大影响相比较，不论是向孤立无援的清军进军、抑或中国向他的敌人投降，无疑都是一件小事，特别是在 19 世纪，当日本向世界要求被承认同文明国家大家庭享有同等地位时更是这样。

恰恰不是别的，而仅仅是重大的责任感促使我有责任把我在这里看到的写出来——一场没有必要、毫无意义的大屠杀。

野性失控。在日本人中，文明外衣遮掩着的野性放纵地发泄出来，这就证明这个民族是没有能力经受一次真正考验的。

看到旅顺浸泡在冰冷血水中难以叙说的灾难是由日本军队造成的，日本军队在满洲人的墙上张贴布告，要中国人放下武器，相信入侵者。

日本已在世界面前丢尽了脸。它违反了《日内瓦公约》，玷污亵渎了红十字会，丧失人性和民族怜悯心，胜利和新的支配使他们疯狂了。

日本文明是在一个神志清醒政权下形成的神话，被突然打破的证据是显而易见和无法抵赖的。

中国正处在岛屿帝国的怜悯之中，几天以后，凶猛残忍的（日本）仙台军队将做好离日准备，加入陆军元帅大山岩的军队中，那么第三次也是最后一次针对北京的行动就将开始了。

这里没有中国军队。到目前为止，战争所表现出来的令人震惊的事实，是特别需要强调的，是这里没有中国军队。

这样日本就可以给自己披上一件文明的外衣，并认为现代文明已在日本确立，而用不着进行道德和理智方面的努力。

但日本在内心深处是一个野蛮民族同时还是一个让人无法相信的君主政权，尽管它控制着全国的生灵和已经文明化了的那部分人的财富。

到目前为止，旅顺港已经完全沦陷了，日本人玩弄红十字会就像玩弄一个新玩具，他们的领导人从不知疲倦地用一些奇观引起其他民族的注意力。

不管在场的英、美军事观察和外国新闻记者，目睹这一狂暴的杀人场面感到多么震惊，但日本人的本性在旅顺港陷落后彻底暴露出来。我曾经不止一次地企图用保护和恳求的方式把那些孤立无援的人们从大屠杀下解救出来，但都失败了。

红十字会的标志受到嘲弄，在大规模血洗中，日军的铁蹄在那些手无寸铁、失去家园的人们身上尽情地蹂躏。胖胖的陆军元帅（大山岩）和他的将军们露出笑容。听着来复枪的射击声，民族赞歌的乐曲声和酒杯的碰撞声，他们脸上露出满意的神色。

作为一名目击者，我敢肯定地说，那些可怜的旅顺港人民，没有任何要抵抗入侵者的企图。日本人现在声称子弹从窗户和门向外射出，事实上这个说法是彻头彻尾的谎言。没有任何活捉俘虏的迹象。我看见一个男人跪在日军面前乞讨怜悯，结果被刺刀刺倒在地，头也被刀砍下来。

另外一个中国男人，畏缩地躲在角落里，一小队士兵用枪弹将其打得粉碎。

一个老人跪在街中心，结果几乎被砍成两半。

一个可怜的人在房顶被击中，另一人从房顶跌落到街心，后背被捅了十几刀。

在我下面是一座医院，飘扬着红十字旗，但日军士兵向从门内出来的手无寸铁的人们射击。

一个商人戴着皮帽，跪在地上，举着双手求饶，日军士兵向他射击，他两手捂在脸上。第二天当我再看到他的尸体时，已经被砍得无法辨认了。

第四节　幸存者目击者的控诉

在旅顺大屠杀中，亲身经历险境险些遇害、虎口余生的幸存者，以万分悲痛的回忆及无比愤恨的心情，揭露控诉日本鬼子当年疯狂屠杀自己亲人、同胞的滔天罪行和血海深仇。

鲍绍武，家住旅顺口太阳沟，全家九口人，被日军残杀了八口，只剩下自己一人，因为日军要人抬尸清街，才幸存下来。他在收尸、抬尸中，亲眼看见了日军大屠杀的惨状。他在接受林基永调查时，控诉了日军狂杀旅顺市民的万恶暴行：

光绪二十年十月二十四日（1894 年 11 月 21 日）日落后，日本兵已侵入市内。在上沟一带，到处都可听到哭叫惊呼的声音，惨不忍闻。日本兵往西搜杀，到半夜已到达太阳沟西岔道附近。我家就住在这里，当时我家有九口人，日本兵踢开门就冲进屋里，见人就杀，我在天棚上藏了起来才得幸免。下来一看，全家人都被杀死了。我顾不得掩埋亲人的尸体就往外跑，走到将军石（现解放桥附近），又被鬼子给抓去了。当时被抓到兵营里共有十几个人，日军把我们头上的辫子两个人一对结在一起，头发连着头发，牵着往外走，我想这一下可完了。后来听到一个日本兵咕噜了几句，又把我们押了回来。我们十二个人被留在兵营里干活，挑水、砍柴、洗碗、清扫等。光绪二十一年二月（1895 年 3 月），天气渐渐暖和，许多被害者的尸体还没有掩埋，有的尸体都开始腐烂了。日本鬼子怕引起传染病，就抓了八九十人去抬尸体，我也是被抓进抬尸队的。我们在收尸时，亲眼看到了同胞们被害的惨状。在上沟一家店铺里，被鬼子刺死的账房先生还伏在账桌前。

不论工商士农，男女老幼，沿户搜杀，甚至医院的医生、护士、病人都一一屠杀，破腹穿胸，血流成渠……大屠杀时，正值风雪交加，大街小巷响遍了枪声、炮声、杀声和号哭声，各处挤满了逃难的人群。日军挨门挨户进行搜查，逢人便杀。

苏万君，日军大屠杀时，他八岁，因躲在赵家沟姑姑家中而免于此难。苏万君老人接受周祥令调查时，以亲身经历目睹日军大屠杀，愤怒地控诉了日军的野兽暴行：

日本人打进旅顺那天，我正在旅顺赵家沟姑姑家里。头两天躲在家里没敢出门，不料第三天我姑父也被日本兵用绳子绑起来带走了。我姑姑全家放声大哭，姑姑叫我跟去看看。我就和一个小孩儿一起去了，跑到小南山草地趴着，看见大医院前（令旅顺海军后勤门前），日本兵把抓到的许多人用绳子背手绑着，十几个人连成一串，拉到水塘边上，用刀砍一个往水里推一个。不一会又牵来一群人，只见刀一闪一闪，一群人就没有了。我们俩看了一会，害怕了，就顺着山坡往家里跑。半路上遇见逃离虎口的姑夫，我们俩就赶紧把我姑父搀回家。可是由于受到惊吓，我姑父不久也就去世了。住刀（停止杀人）后，我们俩到西大街（现得胜街），看见大坞北面机器磨房里尸体躺了一地，到处都是血。在一个小铺里，看见人都倒在地上。我走进几处住家，看见老的、小的都被日本兵砍死在炕上、地下。还看见一个小孩在炕上躺着，死了。我当时光脚，回家一看，脚底都沾满了鲜血。当时日本兵见人就杀，死的大都是老百姓。“万忠墓”里埋的骨灰，就是那时被杀者的尸体后来火化的。

李长发，家住旅顺黄金山下，是从日军虎口余生的幸存者，他亲身经历了日军在他家中屠杀几十名旅顺市来的逃难者。在接受孙厚淳调查时，他揭露控诉了日军的暴行：

我家当时住在黄金山下，十月二十四日（1894 年 11 月 21 日）那天，日军打进旅顺口。晚上一群日本兵闯进俺西院一个空房子里，当时正好有二三十个山东人由街里逃到这里避难，不幸被日军发现，劈开门进去乱砍杀半个多钟头，房内传出一片惨叫声。我父亲听人说，把门窗打开可以免遭杀戮。于是赶紧把大门、房门都打开，全家人都躲在炕上，日本兵在西院杀完，就到俺院里站了一会，看到门大开，以为全跑了，就没进屋。当晚我们全家和西院里逃生的两人一起，乘藏在草丛里的一只小船逃出虎口。

胡崇真老人在接受孙厚淳调查时控诉说：

日军大队人马开过来，逢人就杀，将旅顺街内的买卖人全部杀了。大屠杀后，到旅顺口看见大医院南的东菜市，尸体堆满街，人不能行。双岛曲家村被杀 100 多人，一户老李家被杀三口。有一个女人一家九口人被杀。

袁明广老人在接受周祥令调查时控诉说：

我姨奶奶家姓李，住在黄金山。甲午战争那年，日本侵略军闯进旅顺，到处搜杀，我姨妈家十口人被杀了九口，姨奶奶趁混乱时躲在窗外一口空缸里，总算死里逃生。

曲传海老人在接受调查时控诉说：

我十岁那年赶上甲午战争，日本兵打进旅顺口进行大屠杀，杀死二万多人。我姥姥家在北海沙仓村，那天上午，日本兵闯进她家，把我姥爷和两个舅舅杀害了。我姨夫住在水师营，因躲日本兵跑到姥姥家住，也同时被杀害了。当时村里还有很多老百姓遇难。

徐长英老人愤怒地控诉说：

我八岁那年，日本第一次侵占旅顺口。二十五日（22 日）吃过早饭，日本兵大屠杀，从大潮口到石灰窑车岗，一阵工夫日本兵杀死三十来个中国老百姓。当天我父亲等五人跑到北山后去躲藏，不料被日本人发现，当时开枪打死两人，其中就有我父亲徐英利。那时我们全家被撵到北海住了一个星期，我嫂子刚生孩子才九天，被惊吓死去。在北海的七天中没东西吃，我到海边拣被海潮打上岸的豆饼带回来，全家人才充饥活命。七天后日本兵走了，我们才回家。我最先跑到家里一看，两头牛、一头猪都没有了。箱子、柜子都弄得不像样，房子和家产也都被祸害了。我父亲的尸体在山上躺了七天，母亲叫哥哥到邻居家要了几块木板钉了个火匣子，把父亲埋葬了。当时被害得家破人亡的不止我们一家，冯家屯有个冯传声，他家被害得更惨。25日那天，他父亲到西海边被日本兵看见开枪打死，他妈抱着不满两岁的弟弟，领着十八岁的姐姐到西海边去找，被日本兵看见，把他们仨一块打死了。剩下七岁的冯传声和十二岁的姐姐，无法生活，只好被舅舅领回家去。

吴道德老人在接受周祥令调查时，控诉旅顺大屠杀，日军杀掉了他的父亲。他说：

甲午那年日本侵占了旅顺口，他们在城里见人就杀。我父亲吴福来，当时正在旅顺街里积肥，也被日本兵杀害了。事后我母亲到旅顺街里找我父亲，只见满街都是尸体，有的都已变形，好歹在一具尸体上找到了父亲的兜兜，这才认出是我父亲，他身上被捅了好几刀。

王宏照老人控诉日军屠杀暴行，愤怒地说：

阴历十月二十四日（11月21日），我叔伯二哥和本家叔伯爷爷叫王志昌的瓦匠，藏在挖好的洞子里，真是喘气都怕人听见。但是，日本兵像虎狼般地到处搜查，用刺刀到处刺探，正好一下子探到我二哥他们藏的洞子里，就把两人拖到水师营门外，用刺刀活活刺死，然后一脚踢到沟里。有一天，日本兵用刺刀逼着我们抬着四具死尸往旅顺送。我们到旅顺一看，家家户户都敞着门，里面横七竖八的尸体，有的掉了头，有的横在柜台上，有的被大开膛，肠子在外面一大堆，鲜血喷得满墙都是，尸体把街道都铺满了。当时旅顺的老百姓，没有逃走的都死在鬼子的屠刀下。

王世令老人住泥河子，他控诉说：

我家当时有十间草房，被鬼子放火烧掉。两个叔叔也死于敌人的屠刀之下。我祖父的姐姐，是一位独身老人，眼睛瞎了。邻居告诉她："东洋鬼子来杀人，快躲躲吧！"瞎婆不理，以为自己是个瞎婆子，鬼子不会杀。可是，她根本没有想到，鬼子一闯进她家，就把她给刺死了。南山岗鞋匠孙瘫子，是鸦户咀人，日军闯进旅顺口，他的伙伴都逃走了，他无法，只好藏在席子里，被日军拖出来刺死。大榆树下老张家，大人都逃走了，慌乱中把一个3岁的婴儿丢在家中，哑哑哀哭，鬼子闯进屋，举起孩子摔死在地。

金纯泰老人控诉说：

大屠杀时，我刚出生40天，母亲抱在怀里躲在一个磨房中，得以幸免于难。母亲说，在他家中居住的一位靠卖豆芽为生的70岁老人被日本鬼子刺死了。

潘长春老人在接受孙厚淳调查时控诉说：

甲午战争那年，日本兵打到三里桥，我们逃难到太阳沟西山上，清楚地看到日本兵攻上了案子山，清军撤走。日本兵发现我们几个人，就开枪朝我们打来。我哥哥坐在中间中弹死了。清军撤退后，日本兵在赵家村抓到四个人，捆绑起来，然后令四人躺着，摆成“井”字形，中间放上木柴，点火把人烧死。

张万祥老人是从旅顺逃出的市民，他向清政府官员刘含芳口述日军在旅顺大屠杀和大抢掠的情景。刘含芳当即电报报告李鸿章：贼马步实有万余人，商民被杀甚多。二十五六（日）搜山后，炮杀兵民男女更多。

民间牛、羊、鸡、猪搜罗殆尽。李鸿章将此电报于1894年12月5日向清朝廷转奏。

王作春老人，马车夫、大屠杀幸存者，控诉日军大屠杀的暴行：

我被一群从南道上下来的日本兵发现了，就回头奔跑，后面七八个鬼子尾追上来，被追得没有路逃了，急忙逃到傅士声家房后一座草房里躲起来，鬼子随后就朝着傅士声家追来，一进门，就开枪杀死了正在吃饭的傅学文的父亲和大爷，接着又转到前屋枪杀了唐、袁两家七口人。

姜元财老人，大屠杀时的幸存者。他控诉说：

当日本兵杀进村来时，我一家都逃到了外村去了。22日我二哥提议往别处去避难，大哥说，不要紧，听说外边已经不杀了。大家略有些放心。可是，刚说完话还不到五分钟，忽听到外边门响，闯进来四个鬼子，吓得全家抖成一团。鬼子们不分清红皂白，上去就揪住两个哥哥，还有东院的父子三人，一块拉到大街上，只听到几声枪响，五个人就这样被枪杀了。

孙玉金老人，大屠杀时的幸存者。他控诉说：

我们全家老小都逃到艾子口，一天我们走到大王村，看见祖父正站在村头迎着，心中充满了喜悦，可是还没等讲上一句话，后面就一下子围上来了四五个日本兵，恶狠狠地将我的祖父按倒绑缚起来，说他是“勇兵”（清兵），这时就有一些街坊跑过来向日本兵跪下，苦苦哀求，说他是个庄稼人，不是“勇兵”。鬼子不但不理，反而照着我祖父头上一刀砍下去。接着鬼子七手八脚把我祖父连拖带拉，拽到一个沟边，用刺刀戳开他的肚子，把血淋淋的肠子掏了出来。挑着看，并狰狞地狂笑。

日本兵就是这样，在旅顺口连杀了数天，马路、通道，到处都是尸体和鲜血，通天街和四十八间房两条街，几乎完全被尸体塞满了。

于文江老人，旅顺龙塘人，日军大屠杀时的幸存者，他控诉说：

十月二十四日（公历11月21日）凌晨两点多钟，旅顺口周围就开始响起了炮声。根据当时清军在旅顺口的防务来看，百姓们普遍认为，日本人围攻旅顺口没有几年是打不下来的，所以我和其他工友们也不害怕，仍然是照常上班……我们正准备吃饭时，忽听到男女老少的惨叫声由远而近。大家才感到不好了，大难要临头了。出门一看，只见日本兵正向这边杀过来，大家慌忙退回屋内，爬上顶棚藏起来。但门没有关上，日本鬼子闯进屋里来，见地上有几个小板凳东倒西歪，柴草满地，锅里还冒着热气，门又没关，以为这家人已经逃走了。但他们仍然四处搜寻，幸运的是没有上屋搜查，搜完房内就在门上贴上一张条子，可能是表示已经搜查过的标记，然后就向别处搜寻杀戮去了，我才免于大难。

战争结束，大屠杀停止后，我回到大坞，但再也没有看见我的那几位工友同事，看来他们都被日本鬼子惨杀了。

我的妹夫那时正在旅顺城里给人家做生意，没有逃出来。被日本鬼子杀掉了。

日本侵略者在旅顺屠杀了两万来人，事后，鬼子将尸体全部集中到郭家店的湿洼子里，浇上汽油，烧了十几天。随后将骨灰装进数口大棺材里，埋在白玉山东麓，就是现在的“万忠墓”所在地。

中国清军中的弁兵匠十人，于 1894 年 11 月 25 日自双岛、小平岛逃出。他们痛诉了日军旅顺大屠杀战俘和百姓的惨景，李鸿章据此于 1894 年 12 月 3 日上奏了朝廷：倭自二十四日（公历 21 日）赴旅后，杀伤兵民甚多。二十八日（公历 25 日）夜，倭自小平岛西老龙头另股上岸万人，目下大队皆扎水师营，住帐房，二十六日（公历 23 日）又复搜山，后面长墙以内及水师营，大加杀戮。墙外各村庄，如有军衣、军器者皆杀，逃跑者杀。

第五节　一位外国幸存者的控诉和证词

在旅顺大屠杀中，一位外国幸存者、英国海员詹姆斯·艾伦，遭遇日军，险被杀害。他到处逃躲，虎口余生，逃出魔爪，幸免于难。他回到英国后，详尽地记录了这次亲身经历的日军大屠杀，写下了题为《在龙旗下——甲午战争亲历记》的真实惨情和他逃出虎口的经过。这是一份非常珍贵的由外国人亲口控诉的旅顺大屠杀历史资料，是一份十分可贵的外国人的证词。

我朝造船厂的方向往后逃，为的是迂回到城南，离日军正在进军的地方尽可能远些。我从未料到会有大屠杀，只想回旅顺，待到一切恢复平静为止。我欣慰地感到，总算不必在这个被包围的城中长期待下去了，因而起初我没注意人们正在四处乱跑。我想除了在日军得胜、气焰平息之前，应躲过他们，没有任何需逃难的理由。没过多久，我就恍然大悟了，致命的复仇和杀戮，使充满惊慌失色的人们拥向街道。我向前走时，传来越来越大的步枪声、盛怒日军的喊叫声，以及受害者临死前的尖叫声。我清楚，武装抵抗早已停止，而当这些恐怖之声有增无减时，我突然想到即将发生的事。我记得，一个城市被武装占领后，往往会遭到何种命运。我停住脚步，便考虑自己的处境。我已从船坞外的临河一侧绕了过来，拐入街道，沿着一条我极熟悉去东港的路线，直奔旅店。我四周皆是仓皇奔跑的难民。此刻，我第一次看到日军紧紧追赶逃难的人群，凶狠地用步枪和刺刀对付所有的难民,像恶魔一样刺杀和挥砍那些倒下的人们。我被人流挤倒了,反挨了踩。过了一会儿我才站了起来。在我蹒跚站起时，一个日军就在我近旁，用步枪向我瞄准，步枪筒离我不到一英尺，我立即给他一拳，正好闪过飞来的枪子。我除了这天生的本领，身边什么武器都没有。日本兵没来得及捡起步枪，我用右手朝他眉宇间猛击一拳，这英国式的漂亮一拳把他一下子打翻在地。十有八九这是一桩引起他注意的事。显然，他很难适应这种攻击，直挺挺躺在地上，似乎还在细细回味呢，而我趁机溜之大吉。（打得好！这才是抵抗屠杀的最有效的方法。遗憾的是中国善良的人们却做不到，在野兽面前，越是跪乞求怜，野兽就越会吃人。）

又有一次，我自己差点落入日军手中，突然，我毫无觉察地撞见一伙正在屠杀难民的日军，而在尖声喊叫的可怜人群中还有妇女和儿童。而我被发现时，一个日军朝我开枪，我赶紧避走，他却紧追不舍，我逃进一所房子，他跟了进来。我跑在他前头，暂时甩掉了他。我跑进一间像厨房也像洗碗间的屋子。在一些杂物之中，我撞见一把形状古怪的手斧，很重又很锋利。我等了约一刻钟，断定日本鬼子没能找到我，一定早走了。我打算再赶路，因为待在屋里比在街上危险得多，日军挨家挨户进房抢劫，不用说，凡在房子里撞见的人他们都杀掉。我才走到前面，没料到又撞见这个把我追进房来的日军，他是满载而归。一见到我，他马上撂下掠夺来的战利品，挥动刺刀来捅我。我俩在一间角门朝街而又矮小的屋里。他向我猛刺过来，我一下子闪开了。刺刀紧擦过我左侧而过，扎进我身后一垛墙，连同我上身将我紧钉在墙上。当他想拼命抽回刺刀时，我扎扎实实回敬了他一斧头。手斧真锋利，而气愤和绝望使我力气倍增，这一斧从他头顶直劈到他颚骨。当他倒毙在脚下时，脑浆和血污溅了我满身。（这位可敬的英国人在日军的刺刀下，两次得以自救，转危为安，虎口余生，靠的是：勇敢、机智和机巧，使他置之死地而后生。他在凶恶的野兽面前不畏惧、不乞命，而是与野兽搏斗，才保住了性命。这是一条十分宝贵的经验。而我们的旅顺同胞正是少了这种精神而任人宰割。旅顺大屠杀 43 年之后的日军南京大屠杀，仍然没有出现过像这位勇敢的英国人的这种勇敢精神，实在可悲。）

我决计仍回旅店，心想这样就比较安全，因我认为这种狂怒之发泄，大约仅局限在街上。我清楚离旅店也不远，但我行进速度极慢，为了躲避日军，不得不常常离开街道。日军很快向全城各方推进，凡他们撞见的人都给射倒了。几乎在每条街上，人们开始被满地的尸体弄得寸步难行，而闯见一群杀人魔鬼的危险每时每刻都在增加。

成堆的死人和杀戮的惨状不断地出现在眼前，在一个地方，我看到十至十二个日军和好多被他们背贴背绑在一起的可怜人。日军将他们一批一批地用枪打死，并按他们通常可怕的做法，接着就肢解这些尸体。男人、女人和儿童，谁也别想逃过。

一次又一次，我闯入这场屠杀的旋涡之中，而不时要遭来自狭窄街道射来子弹的夹攻。最后我完全迷路了，在乱哄哄的人群之中彷徨，感到自己随时都将被打死。后来，当我从一条黑巷拐到一块陡地时，一汪水出现在眼前，我立即认出这是空船坞后面的一个不深但很大的淡水湖。看来，我几乎信步回到了从“白岩”（现称“白王山”）下山后进城的那个地方来了。

现在，天几乎全黑了。好多日军都随身带着彩纸灯笼，为他们的屠杀和抢劫照明。在中国城市里，这种灯笼有的是。当日军提灯笼晃来晃去时，他们那副鬼样被灯光照得更为可怕。屠杀没有丝毫减弱的迹象，到处都是枪声、喊声、尖叫和呻吟声。街道的景象可怕极了。地被血水浸透了，遍地皆是残缺不全的尸体，而一些狭窄的街道完全被尸体堵住了。死者绝大多数是城里人。

终于我回到了沈先生的旅店，发现刽子手已光临过了。屋里黑洞洞的，我从大门上摘下灯笼，上面用中文写着旅店和店主的名字，我点着灯笼后，就开始巡视。我看到的第一种东西是店主的尸体，直挺挺躺在有天棚的院子里。他的脑袋差点被割下来了，腹也破了。底层屋子的门都朝院子开着，一个女仆的尸体横在门栏上，被剐得无法形容。旅店里共有十至十二人，我发现其中八人被杀死在店里不同的地方。哪儿还有活着的人的踪影？旅店被彻底洗劫一空，凡值点钱的东西都被席卷走了。当我在巡视这凄惨屠杀的现场时，肺都快气炸了。就在这个小店里，不久前我才领略到幸福和令人欢乐的滋味。

我估计，大约在十点钟，我们才从房顶下来溜到街上。约有两小时不开火了。灯笼重又点燃，由最熟悉路径的小钟提着，在前面引路。我还是穿着日军军服，要是碰到日军或是受到挑战，我将尽力装成是我命令这两个中国人引路带我回兵营：要是此计不成，我将用步枪与日军相拼，也不白送自己的性命。

是日军高级指挥官对眼前无辜百姓横遭杀害的罪行不加制止。这种耻辱将世世代代洗刷不清。

日军总数超过两万，我想不到半数的日军，或许不到 1/3 的日军，参与了第一夜晚的屠杀和抢劫，而这晚仅仅是大屠杀之序幕。大批的日军被调遣来占据城堡或是增援才攻陷的地盘。

我们（艾伦为逃命，在途中找到了两个中国伙伴）走的是条横跨全城的路。凡我们路过的地方，几乎所有街上都堆着层层尸体，不同年龄、性别和身份的中国人，不加区别地被成批地杀害了。各处可怜的幸存者——仅仅活到此刻的——低声悲泣和哀叫着寻找失散的亲人，在彩纸灯笼灯光照耀下，他们弯着腰在辨认残缺不全的尸体；在灯光下，这些残尸的样子难以形容地可怕。直到临终那天，我将怀着丝毫不减的恐惧，记得这些残尸骇人的形状。这就是日军发狂似的屠杀和鞭尸、强奸和疯狂地抢劫中国人时，所犯下不堪言状的暴行。这就是战争！远在战败者别致的亭子里，获胜的日本元帅在将军和军官的簇拥下，趾高气扬地就座了，并备受国家的颂扬和天皇的恩宠。而在这里，这些荒无人烟的家园和堆积如山的残尸，是日军光辉战绩的阴暗面和阴影。而这仅是四天暴行的头一天。日军在这里所犯下的暴行，尤其是日军高级指挥官，对眼前无辜百姓横遭杀害的罪行不加制止的这种耻辱，将世世代代洗刷不清。（作者并不了解，旅顺大屠杀正是在日本天皇睦仁和总理大臣伊藤博文的怂恿、嘉奖下，在大山岩的决定下，在山地元治的命令下，有预谋、有计划、有组织、有要求而放纵日军去积极、疯狂执行的，这群野兽元凶们怎么会去所谓“制止”呢。）

我们快速而小心地向前赶路，不论脚往哪儿踩，都会沾上血。我们走到一条大约十英尺宽的街上时，听到了从前方传来像喊叫和唱歌的声音。

在我们前面约十五英尺之处，有个拐角，而在我们犹豫不决、停步不前时，从拐角处转出来一队人，我们立即认出他们是日军。在我们右侧是个低而宽的门洞，我们立即飞快地逃了进去。天漆黑一团，使我们更好藏身。我们不能吹灭灯笼，我把灯笼藏在里墙墙角后面。这样，从街上就看不到闪闪烁烁的灯光了。我们蹲在黑影中，心慌意乱地等待着这些日军的来临。

我们听到他们的声音越来越近了，他们扯着嗓子狂喊乱叫，还伴随着很大很响的一种声音，起初我以为乐器在伴奏。不大一会儿，他们就走到我们面前，有二十至三十个日军。在这骇人的乐队大踏步走过时，我们几乎屏住了呼吸，他们的样子简直太可怕了，满身散发着残忍杀戮的血腥味，军服和武器沾满鲜血并已凝成血块了。一些日军在刺刀上挑着人头，大多数日军手提灯笼，边走边晃动。颤动的灯光照在日军令人厌恶的躯体上，照在他们东方人野蛮的脸上，照亮了他们的白牙、黄脸和歪斜的双眼，这鬼火般的灯光，与他们的狰狞面目很相称，他们看上去更像魔鬼而不像人。

走在最前面的像是徒步的骑兵，他们敲打着马刀为大伙的狂喊乱叫伴奏呢。

他们继续向前，践踏着尸体，这个倒霉海港由于日军野兽般的暴行已经横尸遍地。日军离去后好一会儿，还能听得见他们的尖叫声和马刀钢刀的撞击声。末了，声音也消失了，一切又恢复了寂静，静得我似乎能听到自己心房急速而沉重的跳动声。

我们自此侧越过原为木材商店的很多敞开的砖砌店铺，来到了一块盆地。到处是一片黑暗萧条景象。月亮已在我们前面西港上空高高升起，是下弦月，没什么月光。天空上几乎没有星星。夜晚的寒气逼人，由于我心中极度不安和激动，因此也不感到寒冷的威胁了。借助灯光，我们开始四处寻找船只，起先未找到。不久在稍高于船坞的一汪四方的水面或是海湾里，我们看到另一个可怕的场面。一条平底帆船在浅滩搁浅了，满船几乎都是尸体，还有很多尸体躺在邻近的岸边。很显然，这些受害者是被追逐而逃到船上的。他们未来得及开船就被杀害了。借助灯光，我将尸体检查了一遍，有好几处刺刀捅得很深的窟窿，脸上一条被马刀砍的刀疤骇人得很，左眼被整个挖掉了，腹腔被剐得不成样子。我灵机一动，心想我们要寻找的小船，十有八九能在这条倒霉的帆船上找到。船舷倒向海岸，我涉过浅水地段走到船舷旁，花了点力气才登上甲板，发现自己站在数不清的尸体之中，这些死者是遭步枪枪弹打死的。我只找到两只小船。一只像小海扇壳的小船已是千疮百孔，无法再用了。另一只在后甲板上，由于船上满是尸体，起初我未能认出来。这条船看来还不错，但要把这些骇人的尸体从小船上搬走的差事真太恶心了。所以我重新回到岸上，走到其他地方继续搜寻，结果是白费劲。在附近我们只找到一只旧舢板船，船已破烂不堪，漏水厉害，再说我们三人也搬不动，况且，三人中仅一人懂一点航海知识。没有其他办法，只得再回到遍是死尸的帆船上去。这次，我们三人都上了船，动手就干起来，小船上堆的尸体我们一一给拖走了下来，费了不少劲儿，并借助帆船倾斜之方便角度，总算把小船放到水中。小船原来是缚在舷樯上的，船上满是血污，样子极为可怕，而我们计较不了这些。在帆船的厨房里，我们找到很多吃食和冻水——还不如说以前曾经是淡水。

肯定是在夜半之后，我们才划船上路了。我们两个伙伴都不知道怎么划桨，也像所有中国货一样，这桨和世界其他国家桨很不一样，因而需要一番实践之后才会使用。我们的船就靠近港口入海处，这里因为设防，到处布满水雷和鱼雷，我们不会冒多大风险撞见日军船只。可是，这些水下武器同样也会威胁我们，如果我们在黑暗中漂离开深水航道的话。我们继续向前划，虽没出什么事，但速度极慢，花了两小时，我们才划出入海口。

第十七章　强奸轮奸妇女、幼女、老妇残杀妇孺

在旅顺大屠杀中，日军大肆强奸妇女、轮奸妇女，奸后残杀，并强奸轮奸幼女和老妇，奸后残杀。

第一节　日军强奸犯、杀人犯的犯罪供词

日本人木森著的《旅顺大屠杀》一书中，揭露了一个日军兽兵小野次郎，伙同几名兽兵，对妇女、幼女进行强奸、轮奸并奸后残杀暴行的自供词。

此人因杀人、强奸“勇敢”而被晋升为上士。小野次郎是一个杀人狂，由于杀人太多而使自己患上了精神分裂症，疯了。他被送回日本广岛，进了精神病院，治了五年，虽然神志恢复了，但他再也不能像正常人那样生活。

小野次郎对自己杀人、强奸犯罪暴行的供述如下：

11 月 21 日晚便开始了旅顺大屠杀，很多年过后，那些屈死人的鬼魂还像恶魔一样缠着我，我恐怕一辈子也驱不走他们了。

我第一次杀人是 11 月 21 日晚上。在通天街的一家商店里，那是一个经营果脯的店铺，店主是个 40 多岁的男人，他有三个孩子，两个男孩，一个约 17 岁，另一个约 15 岁，还有一个女孩约 12 岁。

速见带领我和木村闯进了这家商店。此时速见因为作战勇敢杀敌多，已擢升为中士，是我的上司，但我很清楚他不过是杀了一些无辜的百姓而已。

速见踢开那家商店的门，然后就朝院子里放一枪。等我们闯进屋子时，那一家人吓得抖作一团。店主的女人搂着三个孩子站在屋子一角，店主见我们闯进来，便一下子跪下来给速见磕头作揖，一边流着泪说：“我们都是良家百姓，求长官饶了我们性命。”速见凶狠地把那男人踢了一脚，嘴里恶毒地骂了一声“我就饶了你的性命”，话还没说完，一刀早将那男人的头砍下，男人的头颅掉在地上，眼睛还惊恐而愤怒地瞪着速见，那样子真令人毛骨悚然。

速见刚刚转过身，那三个孩子疯似的扑上来，拖住速见的身子一阵厮打。（这

三个勇敢的孩子真了不起！）

木村立即上前朝店主的大儿子砍去，接着又砍死了店主的小儿子，这时店主的老婆扑上来。（好样的）还没有等扑到木村的身子，木村一脚将她踢倒在地，她的脑袋正撞在一边的一个水缸上，晕过去了。

那边店主的小女儿依旧抱着速见的胳膊不放，（好）速见一手抓住她的头发，用力将她拽起来，甩了出去。

速见淫笑着扑倒那个还没发育成熟的小姑娘身上。（畜生！）

我感到血脉偾张，一种无法抑制的愤怒使我扑向速见，抓起他的胳膊将他拉起来，用力给了他一拳。

这一拳打得速见嘴角流出了鲜血，我愤怒地骂了一声："你这个畜生。"

速见用手抹抹嘴角，用恶毒的目光盯着我。我被这种目光看得害怕起来，眼睛不由自主地低下来，正好落在速见那不知羞耻的物事上，我感到一阵恶心。

速见的手已抡起来，"啪啪"打了我两个耳光，我不敢还手，我的鼻子被打得鲜血直流，咸腥的血液流进嘴里。此时我意识到速见是我的上司，倘若我还手，这个畜生会杀死我的。

速见一连打了我十几个耳光才罢手，然后命令木村："将这个畜生给我绑了。"我被木村绑了起来，然后听见速见对木村说："那个老娘们是你的了。"

速见扑向泪流满面的小姑娘，我闭上眼睛，一种羞耻感使我的心在流血，我为速见羞耻，为我的同胞的兽性流下羞耻的泪水。

小姑娘发出一声惨叫，紧接着就听见速见一阵疯狂的笑声，那种笑声让人害怕，那不是人的笑声，那是一头野兽的笑声。那种笑声一天之后也从我的喉咙里发出过，当一个人发出这样的笑声，他的人性已经不存在了。

速见又打了我一个耳光，骂道："如果不看在同学的分儿上，我会送你去军纪处的，你知道辱打上司会有什么结果？"

速见穿好衣服，将我的手松开，然后将刀丢在我的面前，用一种强硬的口气命令道："去，有种就把那个老太婆杀了。"

我的荣誉受到了伤害，速见的侮辱突然激起了我的野性，从那一时刻起，我的人性被一种兽性掩盖了，我听见自己的喉咙里发出一阵狼一样的嗥叫，我大叫着将刀插在那个女人胸膛里。

当一股激射而出的鲜血溅在我的脸上时，我没有感到恐惧，反而有一种莫名的快感，我浑身颤抖着拔出军刀，接连在那个女人尸体上捅了十几刀，后来一阵眩晕瘫倒在地上。

我疯了。从杀死那个女人后，我就再不是那个怀着一种神圣感参加战争的中学生了，我成了一头野兽，我和参加战争的每一个士兵一样丧失了人性。

我见人就杀，和那些疯狂的同胞没什么两样，从白发苍苍的老人，到嗷嗷待哺的婴儿，我都杀。我以杀人来取乐，还恬不知耻地让随军记者拍杀人的照片。

我也像冈田、速见那样抢劫。凡是能随身带到日本的东西都抢。我也强奸女人，四天之内我强奸了十七个女人，最大的六十多岁，最小的十几岁。

我就像一架被人操纵的机器一样，没有人性，没有理智，机械地烧杀抢掠、奸淫女人。

从我们占领旅顺口的那天下午起，旅顺口再没有安宁过，四天三夜的屠杀，几乎将所有的人全杀光了。等到后来，我们这群杀红了眼的野兽，在大街上到处乱走，零星见到一两个中国人，他们身上却标着“此人不杀”的标记。后来听说第一旅团的一个下士，竟然将一个标着“此人不杀”标记的中国人也杀了，我想他是真疯了。

小野次郎因杀人有功，晋升为上士，他能指挥一班的人，杀人就越来越猖狂。小野说：

11 月 25 日晚（兽军进入旅顺第五天），我领着一班人，闯进水师营附近的一个村子，就在那一天，我失去了人性，我真的疯了，成了一个精神分裂病患者。我们闯进那个村子的时候，刚过中午 12 点，士兵们拖着两条疲劳的腿，争先恐后地跑进村庄，挨家挨户地把门踢开，把缸、桌子都弄翻了、砸坏了。我带领士兵，在村两头搜到一个没有逃走的二十七八岁将临产的孕妇，便毫无人性地施暴。我和站在后边看的谷田，一起粗暴地揪住孕妇的脖领往外拖，扣子弄掉了，带补丁的棉衣后背也破了，孕妇怕被拉出去，就死死抱住床的柱子。我用满脚是泥的靴子，对准她咬紧牙关、死死抱住柱子不放的手，猛踢一脚，然后把她拖到屋子中央。谷田一边踢孕妇，一边用皮鞭乱打，还用刺刀扎孕妇乳房，并将孕妇的口撬开，从口和鼻孔里灌水，折磨孕妇。最后，我用刺刀挑开孕妇的胸膛和肚皮，把孕妇肚子里的胎儿拽了出来。看胎儿的手脚还不停地动弹，我狂笑着一脚把胎儿的脑袋踢裂了。

这时我突然失去了理智，再一次爆发出疯狂的笑声，我拖起身边的谷田，一下子扔在那个孕妇的身上，然后又朝另一个士兵扑去，夺过他手中的刺刀，就要朝谷田的胸膛扎去。谷田吓得面如死灰，连忙滚到一边，我手中的刺刀“噗”的一声扎在孕妇的尸体上。我狂叫着拔出刀，又向谷田刺去。这时两名士兵从背后抱住我，我挥舞着刺刀乱杀乱砍，其中一个士兵的脸被我划破了，差一点刺瞎他的眼睛。谷田连忙扑上来，夺下我的刺刀，四个人在地上抱成一团，我力气大得惊人，三名士兵费了好大的力气，才把我摁在地上。就在这时，我突然晕过去了，人事不知。士兵们把我捆起来，送回了驻地。三天之后，当我醒来时，我已被送回广岛，在一家精神病医院待了五年。后来我回到了家乡，虽然我的神志已完全恢复了，但每当看到孕妇，便头痛欲裂，大叫着逃开。我再也不能像正常人那样地生活。有时候看到报纸上天皇的字样，就要发作，大骂天皇是世界上最大的坏蛋，吓得父亲连忙将我捆起来，关在屋子里，直到我的神志清醒过来。但我的神志永远不会清醒了。我已被战争毁了，成了一个精神病患者。

第二节　一位外国幸存者的目击证词

《大连文史资料选辑》第四辑中，揭露了日军在旅顺荷花湾，大批集体屠杀人民包括妇女儿童的滔天罪行：

旅顺荷花湾（今4810厂东面，该湾现已干涸，部分地面已成为4810厂厂区）是日军当年大批集体屠杀旅顺人民的现场之一。当时，大批的旅顺人民被日寇捆绑着赶进水湾内，日寇站在岸上将他们作为活靶子射击，多少手无寸铁的同胞就惨死在日军的枪弹之下。一些尚未死亡的同胞浮到岸边时，又被惨无人道的日本鬼子用刺刀活活挑死。鲜血染红了整个荷花湾。日寇就这样一批批地杀人直到尸体填平荷花湾。其状之惨，令人不忍目睹。

一位英国海员詹姆斯·艾伦，当时正在旅顺，他亲身经历大屠杀，并险遭杀害，他十分幸运地逃离了虎口。在逃躲中，他逃到旅顺船坞后面的一个很大的淡水湖（就是今4810厂所在地的荷花湾）附近，亲眼看到日军成批地捆绑难民接连地推入湖水射击致死，生浮者用刺刀刺挑杀死。其中就有大批妇女和儿童惨遭杀害。詹姆斯·艾伦作了详细揭露、控诉和证实。

詹姆斯·艾伦控诉证词云：

一个可怕的景象出现在我眼前。我已经说过，我走出来的那块湖边的地方是很陡的斜坡，我到达斜坡看见那片水时，水面距我大约有十五英尺，该湖被许多日军包围，日军把大批难民驱入水中，从四面八方向他们开枪杀击，并用刺刀把那些力图挣扎逃出湖面的难民赶回水中去。湖面上漂浮着死尸，湖水被血染红了。因杀戮的快乐而叫喊和欢笑的日军，似乎对受害者所遭受的痛苦感到扬扬得意。那些满身血污的难民在动荡的水中挣扎；那些活着的难民拼命想从大堆死尸中脱身，很快又摔倒下去，然而常常用尽最后的一点力气站了起来，满身淌着血水，发出可怜的叫声和救命声又被刺死，而他们周围的那些魔鬼却加以嘲弄——见到这些情景是令人可怕的。

难民中有许多妇女。我看到一个抱着小孩的妇女，当她拼命挣扎向前的时候，向日军举着那个小孩子，似乎是向他们哀求。她到达湖边时，一个日兵用刺刀把她捅穿，她倒下后，日兵又刺了一下，将这个约两岁孩子刺穿了，并把小尸体高举起来。那个妇女爬起来，拼命想夺回孩子，但她显然已精疲力竭，快要死去又跌倒在湖中。她的尸体，跟距离很近的每个尸体一样，被砍成几截。

新的一批批受害者继续赶入湖中，直到湖水中很快就将无法容纳更多的受害者为止。我再也不忍心看下去了，转过身来从这个恐怖的地方逃走。

詹姆斯·艾伦还在他逃离沿途看到许多妇女儿童甚至婴儿惨死在日军的屠刀之下：

此时，我知道自己所在的地方，于是沿着刚才走的路线，再一次向旅店走去。一路上成堆的尸体和杀戮的景象不断出现。在某个地方，我看到十至十二名日军和许多被他们反缚在一起的不幸的人们，日军对他们发射一排排子弹，并按照通常的那种可怕的方式，着手肢解他们的尸体。不管是男人、妇女或儿童，没有一个能够幸免。中国人似乎没有进行反抗。他们中间有很多人俯首听命地匍匐在刽子手面前，就那样被击毙或刺死了。

我这时侥幸脱险，我突然无意中遇见一伙日军，他们正在屠杀一些尖声叫喊的可怜人，其中有妇女和儿童……

詹姆斯·艾伦逃到一幢低矮、宽敞的像是银行或钱庄的空房子里，他看到：

地板上布满了混杂在一起的男人、妇女和孩子的尸体。他们是到那里来避难的难民，却被残酷地杀害了。尸体的头都被割掉了，血淋淋的头颅挂在柜台隔板上的一长排大钉上。我们透过彩色纸灯笼发出的微弱光线，看到那些变了形的面孔带着暴死者青灰色的眼神向我们狞笑时，钟某和那位官员（他在路上遇到的2名逃难者）吓得叫了一声。当我的眼睛看见死者那可怕的凝视时，我身上的血液似乎都凝固了。那些直立着的头颅看来有点像是仍然活着，或者是对生活加以嘲弄……

一个才几个月的婴儿被钉在下面的柜台上，一根锋利的铁钎刺穿他那小小的尸体。地板上的那些浓血和残缺尸体的内脏有二三英寸厚。一些死者手臂、大腿和头颅被砍了下来，扔得到处都是。总之，绝没有比这个恐怖的房间更可怕和更使人反感的景象会呈现在人们的眼前。这个惨相和令人作呕的血腥味，几乎立即把我们赶出房间。那时，另一伙日军走过我们隐藏的地方。走在前面的一名步兵，手持一个没有罩子的大火炬，明亮的、通红的、不断晃动的火光，把周围所有的东西都照亮了。我立即看见，除了两三人之外，他们都是军官，是些衣着漂亮、装扮得很好、显得彬彬有礼的矮小的人。他们也许是在调走了最后一批杀人不眨眼的部下之后，或是查明所有的抵抗行动皆已停止之后，正走回去。他们笑着，并且高兴地聊天，好像大屠杀是一件愉快的事情，而不是其他。

第三节　美英随军记者的目击证词

当时随日军进入旅顺的美国《世界报》记者克里曼，从目睹亲历中，将旅顺大屠杀的惨景写了一篇长篇报道发回国，其中记载了日军对妇孺杀戮的暴行：

妇女和儿童是随着他们的保护人向山里逃命时同样被追杀。城镇被彻头彻尾地洗劫一空，居民在自己家里被杀。

一群马、驴、骆驼和惊恐的大人、孩子们从旅顺港西面逃出。难民们逃进一条浅水湾。冰冻的湾水冻得他们浑身发抖，脚步不稳。一队日军追到湾头，对着浑身湿淋淋的人群猛烈射击。

最后过河的两个男人，其中一个领着两个小孩。就在他们摇摇晃晃即将登上对岸时，一队日骑兵冲过来，用马刀将其中一个人砍在水中，另一人领着孩子向河内退去，像狗一样被射死。

在所有的街道中，都可以看到：乞饶的店主被子弹打死或刀砍死，房门被打开，窗户被砸碎，日军冲进每一间屋子将其洗劫一空。

第二军先头部队冲进黄金山炮台，炮台早已空无一人。他们发现港内停着一艘中国平底帆船，上面挤满逃难的人。一排士兵在码头上排列开来向船上开枪，直到船上每一个男人、女人、小孩都被打死。一艘鱼雷快艇在港外将十条中国平底帆船击沉，上面挤满因恐惧而发抖的人们。

我们转身从那里走开了。记住这是战后的第三天。

英国著名的法学权威胡兰德博士，是一个支持日本侵华、为日本侵华辩护的英国人，但他不得不承认日军大屠杀是“越出常规”，是“野蛮”。他在撰写《关于中日战争的国际公法》一书中写道：

当时日本官员的行动，确已越出常规，他们除了战胜的当天以外，从第二天起（实际上第一天日军一进旅顺就进行了大屠杀）一连四天，野蛮地屠杀非战斗人员和妇女儿童。

第四节　亲历目击者的控诉

关捷主编《旅顺大屠杀研究》一书中，揭露了日军在旅顺大屠杀暴行中，大肆残酷地屠杀妇女儿童的暴行。书中写道：

有关日军淫暴妇女、残杀儿童的暴行，由于日军采取了奸淫后又残杀的残暴手段，又加上施暴者对此丑行极力隐瞒等诸多原因，使很多暴行难以彻底大白于天下。但是，仅从我们研究者目前所发现的有关日军奸淫妇女、残杀儿童暴行的史料中，足以看出日军在侵占旅顺后，与大屠杀同时进行的还有肆虐淫暴、残杀儿童的罪行。

日军占领旅顺后，在疯狂大屠杀的同时，对妇女进行了灭绝人性的淫暴，不管是白发老妪，还是孕妇，或者是十几岁的少女，日军都不放过，许多妇女被施暴后又遭杀害。有的被蹂躏致死，有的在奸杀后还要恣意侮辱。日军还对妇女儿童施尽各种各样残酷的屠杀手段。有的将妇女及小孩剥去衣服，绑在树上冻死，或放在河沟的冰上，上面压着大石头。有的将妇女及儿童的四肢钉在墙上钉死，或把她们的头碰在石头上碰死。还有的日军将被抓的人围在一间屋子里，用棉花煤油辣椒焚烧。其残暴狂虐程度，前所未闻。许多耳闻目睹日军暴行的中外人士，无不切齿痛恨，称其为“兽类集团”。

戴玉堂在《旅顺大屠杀》一书中，揭露控诉：

日军不仅奸淫一般妇女，还竟然在神圣的宗教寺院中宣淫。距天后宫很近的静乐庵，住持素真与四个尼徒妙修、妙空、慧音、慧灵，也被扒光衣服奸淫后，割乳房、挖眼睛，最后还被烧死、捅死，实在令人发指。

大屠杀中的幸存者王宏照老人，因日军逼他抬尸而未杀。他于 1951 年揭露控诉说：

隔我们村不远的火石岭村赵永发家，有个 18 岁的姑娘，被日本兵撵得跑到陈明义家里。陈家也有个 18 岁的姑娘，为了不被鬼子糟蹋，两人哭着用绳子搭在梁上，一头一个吊死了……家家户户都敞着门，里面横七竖八地倒着尸体，有的掉了头，有的被大开膛，肠子流在外面一大堆，鲜血喷得满墙都是。日本兵烧杀抢掠之外，还奸淫妇女，有的妇女被奸后杀害。在一家钱庄，柜台上的木栅栏上面插着好几个人头，一个小孩子被钉在墙上，那情景真是惨不忍睹。

周祥令在《血溅三涧堡》一书中，揭露控诉：

日军疯狂屠杀难民和残杀妇女儿童，不但在旅顺街内居住的妇女儿童被全部杀掉，就连逃到山上去的、正在涉水过河的，或是已经在港内外乘船逃难的难民和妇女儿童，也对其进行追杀。在傅家门西北靠海边，有个村庄叫大潮口，当时一些日军埋伏在一个庙里，专门枪杀来往难民，使这条路变成了一条血渠。侵略军杀死中国人后，还放出狼狗将尸体撕得七零八碎，惨不忍睹。

在日军的追赶搜捕下，一大批妇女儿童被迫到山上放枪杀死。对在港内待乘船的难民和妇女儿童，日军排列成行，放枪弹将他们杀死。对在港外满载小船逃走的难民和妇女儿童，则派鱼雷艇追击，放鱼雷击沉小船。

鲍绍武，大屠杀时被日军抓去收尸、抬尸，未被杀害，幸存下来。他在收尸中，亲眼看见了许多同胞被日军屠杀的惨状，其中包括妇女、儿童、婴儿。他揭露控诉：

看到更惨的是有一家炕上躺着一位母亲和四五个孩子的尸体，大的八九岁，小的才几个月，还在母亲怀里吃奶就被鬼子捅死在炕上。许多人死在自己家门口，他们都是在开门时被鬼子杀死的。死者大多是老年人和妇女儿童。

第五节　殉难同胞的遗骨遗物的物证

日本甲午侵华、旅顺大屠杀 100 年后的 1994 年，在旅顺人民政府的领导和决定下，重修旅顺“万忠墓”，以永远纪念日军大屠杀遇难的 2 万余旅顺同胞。在对“万忠墓”进行清理和发掘中，发现死难同胞的大量遗骨和遗物，特别是妇女儿童的遗骨遗物。在旅顺“万忠墓”发掘清理的报告中指出：

这次发掘出土的铜扣数量最多，达 251 枚。扁平圆形铜扣中，有的是喜字、寿字，也有五福捧寿图案等，这些象征着吉祥的衣扣正是当年平民百姓的衣扣。球状镂空铜扣是当时妇女所用的衣扣。

玉石手镯都是残段，已被火烧成灰白色。有两件表面还雕有花纹。这些手镯都是妇女所佩带的。

葫芦形玉石坠仅 2.7 厘米，无疑是儿童佩戴的饰物。

玻璃料手镯、玻璃料串珠，都是妇女和儿童的饰物。

血写的事实是掩盖不住的，这次出土的我死难同胞遗骨和遗物，就是当年日本侵略军野蛮屠杀旅顺人民的历史见证。

出土的遗骨经有关专家鉴定，既有成年人，也有婴儿、幼儿。那厚仅一毫米的头骨片就是婴儿的。

出土的玉石手镯、玻璃料手镯、玻璃料串珠、葫芦形玉石坠等，都是妇女和儿童佩带的饰物。

这些都以铁的事实证明，在一百年前日本帝国主义制造的这场大屠杀中，就连妇女、儿童也未能幸免于难。

第十八章　残杀俘虏

日军在旅顺的大屠杀，充分说明日本这个国家、这个民族，在天皇睦仁兽性集团控制下，已经把自己放到了非人类的野兽地位。因此，他们违反国际公法而残杀战俘，也就不会有什么奇怪的了。

在旅顺，日军残酷地屠杀了全城内外的旅顺人民，同时，也屠杀完了已经放下武器、停止抵抗的全部中国清政府的军队士兵。

第一节　残杀中国战俘的日本士兵的自供词

伊东连之助，日军第一师团上等兵。他毫不讳言地承认，曾把中国五六十名停止抵抗、放下武器的清军士兵追至双台沟，他与日军其他十人一起，用枪"毙其过半"。他在给友人的信中，扬扬得意详细地描写了当时大屠杀杀人的"滋味"，并总结出杀人的"经验"。他在信中无耻地描绘如何残杀放下武器、停止抵抗的战俘的：

我有生以来首次尝试了杀人的滋味，第一次杀人时感到非常恐怖，两三次之后，就非常熟练了。比如第二次，一刀下去敌人身首异处，头向前飞出三尺余远，鲜血顿时向天空喷涌而出……我这才首次尝试到真正的击剑，从我的经验来看，杀人并无其他方法，只取决于胆力如何。因此，随着杀人次数的增加，手法越来越巧妙，以致无须胆力相助。

日军步兵第一联队一名中尉，供认不讳，残杀了战俘 20 余人。他在一封信中供称：

23 日，在联队赶回旅顺市内宿营的途中，小队接到了参加战场扫除的命令，对敌人残兵败将潜伏的村落进行了彻底的搜索。结果搜出了 20 余人，并将他们集中到一处惨加杀害。

第二节　日本随军记者的杀人供词和证词

残杀平民百姓和战俘的，不仅是大量进入旅顺的日军官兵，而且日本的随军新闻记者也参与了大屠杀。

甲秀辅，日军随军特派新闻记者，在他发回日本的一封私人信函中，透露了他亲身参与了大屠杀行动，对他屠杀中国战俘供认不讳。这个残杀战俘的凶手自供：

我于11月23日，在旅顺市街用日本刀斩杀了中国军队的败残兵。可是，屠杀中国人的不止我一个人，别的随军记者还有很多。

甲秀辅于1894年12月7日刊登在《东京日日新闻》的一篇报道中，供认：

海中死者无数，十一月二十一日午后，我步兵第二联队攻向黄金山炮台，先欲扫荡旅顺市街，窥其院内，各户落锁悄然无声，当我兵闯入时，从此乱入家屋，蹂躏居室，搜索角落，俘获清兵七八名，随后捣毁每户门窗，搜寻潜藏者，遂俘三十余名敌逃兵，全部斩杀，暴尸街头。搜查越严，使他们无法隐藏，遂三三五五跳入海中（实为被逼赶入海），受我兵阻击（实为赶入海中再用枪击扫射），恣意杀戮。

甲秀辅的供词说明，日军中的日本随军特派记者，是披着记者外衣的杀人凶手。他们与日军一样，屠杀中国人，屠杀平民，屠杀战俘，并且还大肆抢劫。也可以肯定，他们也和日军一样，大肆强奸、轮奸妇女，残杀妇女、儿童和婴儿。可是，他们极其无耻地掩盖屠杀战俘的真相。

日军随军记者具有杀人和报道新闻两重身份。他们虽然站在日本军国主义侵略的反动立场，报道中有许多颠倒黑白、混淆是非、美化日本侵略、丑化中国人民的无耻不实之词，但他们也不得不承认了许多大屠杀时的实情。这些透露出来的实情，就是日军在旅顺大屠杀的证人证词。

同时，也是这些新闻记者参与大屠杀的自供词。

龟井兹明，日军随军摄影记者，他在所写的《从日本出发到日军退出辽东半岛》的日记中，透露了日军屠杀战俘的事实，他写道：

二团刚一受命，立刻猛进冲锋，15岁以上的男子悉被杀戮，无一遗留。二团八连的人员共计230人中，斩杀敌兵15人以上者有18名，斩杀30人以上者有两名。同时，在三团的宿营地也斩杀700余人。由此可知其杀戮之多。

这就是残杀战俘的铁证。

佐伯安，日本海军随军记者，记述他攻占旅顺第三天，乘“高千穗”舰在旅顺港登陆，到市街巡逻会同监察，看到街市里尸体散乱，住屋尽遭抢掠。还遇到三十左右人数的中国人（指战俘）被穿珠似的捆绑一串拽来击杀。其后仍然搜查败兵或住民。

横川勇次，日本海军随军记者，他记述他乘“吉野”舰于旅顺大屠杀的第六天，即11月26日在旅顺登陆，也就在这一天，他还亲眼看见日本兵在搜查潜藏的中国平民和士兵，将搜索出来的俘虏串珠似的捆绑成一串去进行屠杀。

日军的随军记者，还记述和报道了在海上对平民和士兵大屠杀的惨景：

在海上，也可见到像市区里那样堆积如山的尸体。欲从海上逃离旅顺的士兵和居民乘坐的船，恐怕无一例外地受到了鱼雷艇追击和来自岸上枪击，有的沉没，有的触礁，有的溺水而亡，有的则是船被击中后在海浪中挣扎的时候，被用枪弹击毙。所以，尸体残破情状与市区没有差别。海里的尸体有一部分是乘船逃跑时被屠杀的；另一部分是日军在21日向旅顺进攻和扫荡中，许多中国士兵和平民百姓被日军逼赶到海边推入海中，成了日本兵的狙击靶子，而悉遭屠杀，其数不知几何。

1894年12月9日，在《日本》报刊上刊载了一篇题为《俘囚入水》的报道。这篇报道尽管在关键问题上说谎骗世，但也暴露了日军逼推战俘下海杀害的事实。报道说：

有卫兵押解十名俘囚（逼）进海里，由于水太浅，不能淹没身体，因此他们像马在水中游行一样，以手扶地匍匐爬行，只有脑袋露出海面，卫兵以枪杀射之。

有贺长雄，日军随军新闻记者，此人既是所谓新闻记者，也是旅顺大屠杀的参与者。一天晚上，他在旅顺大屠杀现场，与美国记者克里曼及柯文、维里阿斯等外国记者谈话，直言不讳地承认了残杀战俘，并且还说出残杀战俘的所谓“理由”。他毫无人性天良地说道：

我们曾在平壤捉了几百个俘虏，我们发现，我们要供养他们吃饭，又要看管他们，这给我们增加了高额的费用和麻烦。事实上，在这里（指旅顺）我们几乎不留俘虏。

这段话充分暴露了日军在旅顺大屠杀中屠杀俘虏的真相和供词。

崛井卯之助，日军随军新闻特派员，在他写的《征清从军记》中供认：

敌兵结局惨不忍睹者众。其尸堆积成山，其血流淌成河。街头巷尾，所到之处无不是敌之死尸。眼下，此地生存之清人已为数极少。

第三节　日本军夫屠杀战俘

参与旅顺大屠杀的凶手，不仅仅是全体日本兵，不仅仅是所谓新闻特派员，就连“军夫”也参加在这个大屠杀的凶手行列中，进行了大屠杀。

军夫是日本的武士派阀，实为社会浪人，流氓打手，他们是群更加凶残的野兽，日本帝国尽量暗中吸收武士、浪人到军队中来，以充作杀人凶手中更加凶狠的屠夫。下面就是一名军夫的屠杀供词。

山中重太郎，日军中的军夫。他在杀戮旅顺平民和战俘后，对日本新闻报道中的隐藏真相、讲假话，不得不有感叹，他在一篇通讯报道中写道：

我不得不叹息，只能向祖国传回极其粗浅庸俗的哗众取宠的战争通讯。这一天，我目睹了许多凄惨无比的敌尸。11 月 23 日夜。

龟井兹明在报道中供称：

三三五五的兵逃来，每次都被击（杀）。午后 4 点，从旅顺来了一个营，此时跟在这些人后边，来了清兵 2000 多人，整整齐齐排着队，其中有 200 多人假装成俘虏（是向日军投降的战俘），倒背着双手，戴着白帽子，站在最前边。两个脚夫（军夫）与一个兵洗米往大道来，与清兵遭遇，清兵看着我兵，面带微笑……兵士在离清兵 10 来米的地方骤然开了一枪，听见枪声，兵站部的卫兵及从旅顺来的援兵，一齐向清兵射击。这时清兵已到了离兵站部仅 10 米的地方，忽然遇到我军射击，狼狈不知所措，进退维谷，有的请降。可是我军夫等人用以前曾与敌人战斗过的经验鼓起了勇气，呐喊着冲入敌群（是来投降的俘虏），开枪射击。此刻俘获白马数头，清兵多达 300 人。此日，俘虏大半被枪杀，剩下的把辫子吊在柿子树上，其中 4 人断了辫发，第二天早上发现，都被割颈而死。军夫争着每人要了一个俘虏，借来战刀全都杀死了他们，这时军夫的勇敢不亚于军人。

龟井兹明的上述供词，充分证明了日军利用社会上亡命之徒的“军夫”来残杀手无寸铁、并向日军投降的俘虏。这是铁的证词。

第四节　外国记者的证词

日军屠杀战俘，许多外国记者作了报道，他们也是日军屠杀战俘的见证人。

维利阿斯，英国《黑白画报》记者兼画师。他对日军随军的“军夫”屠杀旅顺平民和放下武器的士兵，作了详细报道：

不只是士兵，就连武装的军夫也参加了屠杀，这些人都属于有名的武士派阀，事实上他们是军队里的非正式士兵。对于士兵和军夫来说，他们在街上看到的任何一个清国人都是很好的猎物。

克里曼，美国新闻记者。他于1894年12月20日在美国《世界报》上刊出的《旅顺的大屠杀》一文中，揭露了日军在大屠杀中，对平民和俘虏剖腹挖心的极其残忍的暴行，这是他亲眼看见的：

第二天，我在维利阿斯先生陪伴下，去看堆在院子里残缺不全的尸体。

就在我们走进院子时，惊奇地发现两个日本士兵弯腰俯身在一具尸体前，其中一个手里拿着刀子。他们已经将尸体剖开，正在将心脏挖出来。当他们看见我们时，畏缩地把身子缩成一团，并试图将脸藏起来。

我确信，在旅顺港至少有2000名手无寸铁的人被日军杀死，但我在旅顺港看到的如此残忍的行为绝不是一个文明民族所能做出的。

上述我描述的都是我亲眼看到的。就在我亲眼看到时，要么是在英美军事观察家在场情况下看到的，要么是在柯文先生或维里阿斯先生陪同下看到的。

这也许是战争，却是一场野蛮的战争。要使一个民族成为文明民族，需要远不止一代人的努力。陆军元帅与他的将军们似乎已决心要把屠杀一天天继续下去。

克里曼的上述揭露、谴责，是日本帝国及其元凶、大小战犯、杀人犯等，在旅顺大屠杀滔天罪行的有力人证，日本帝国如何能抵赖！

克里曼还亲眼看到“仅一条马路上就有227具尸体”。其中“至少有40名是被反绑着双手（俘虏）击毙的”。日本兵“继续把被恐怖驱使的人们从家里拖出来，枪毙、碎尸”。

柯文，英国随军记者，他揭露日军残杀战俘的惨景，他于1895年1月8日在英国《泰晤士报》刊出的报道中记述：

我看到一群俘虏被反绑着双手连成一串，五分钟之内被枪打得遍体弹孔，随后又被用刀砍得七零八落……然而，即使把清国人视为敌人，但杀人是不符合人道的。我看到，有数百人被抓住捆绑起来之后遭到杀害。无论为何，这就是真实情况。

1895年1月13日，李鸿章电总理衙门云：

伦敦电，英国《泰晤士报》有报章云：日本政府攻取旅顺时，有中兵数群被其执缚，先用洋枪击死，然后用刀肢解。惟日本士卒行径残暴若此。

第五节　外国政府官员的揭露、谴责和证词

日军在旅顺大肆屠杀战俘的暴行，引起了世界各国政府的注意，一些主要的西方国家的驻外官员都将旅顺大屠杀向本国政府写了报告，并进行了谴责。尽管他们由于立场不同，甚至袒护日本，但是，他们仍然不得不将大屠杀的真相告知自己的政府。

欧柏利恩（另译为欧柏），美国驻日本武官，海军上尉。他在旅顺亲眼看见日军大屠杀，他把这次大屠杀的惨象用私人函件寄给了美国驻日本公使谭恩，该信函于 1894 年 12 月 28 日从金州发出。他在信中写道：

亲爱的谭恩先生：关于旅顺不幸的情况，自然，我仅能说我所看到的。但是，我遗憾地说，这一点点就足以使（日本）军队受到最严厉的指责，尤其是它与大山元帅向人们所说的完全不同（指大山岩玩弄两面阴谋，表面上搞了一个所谓不杀百姓和俘虏的公告。这是最恶毒的屠杀毒手）。我曾亲眼看到一些人被屠杀的情形，这些人本来是可以做俘虏的，他们不但没有抵抗，显然也没有武装，还是最恭顺地投降了的。我又曾看见一些尸体双手绑在背后的，一些被大加屠割的尸体上有伤，从创伤可以知道他们是被刺刀杀死的。从尸体的所在地去看，可以确定地知道这些死的人未曾抵抗过。我看见了这些事情，并不是我专为到各处看可怖的情况才发现的，而是在我观察战事的普通过程中和到炮台及所关心的主要地点去的途中所看到的。在这里，我听到此间记者在谈论 11 月 22 日、23 日（日军）所犯的暴行……环城的山上，我听到些枪声。22 日大半天及 23 日下午，除了抢房屋及店铺而外，这些抢掠一直进行到完全抢光实在没有什么可以再抢的时候才停止。

谭恩在接到欧柏利恩的报告后，立即转给美国国务卿格莱星姆。谭恩虽然站在袒护日本的立场上，但他在给格莱星姆的电报中，也不得不承认是“不幸的情形”。电报云：

关于 1894 年 12 月 20 日我的公函所述的旅顺事件，兹奉上本使馆武官欧柏上尉 1894 年 12 月 28 日从中国金州给我的私函的摘录一份，其中叙述对日军攻占旅顺的不幸情形。

与此同时，帝俄驻中国及驻日本的武官卧假克上校也写了报告，内容与欧柏上尉的报告相符合。

日本运输舰上的美籍指挥官康纳也写了报告，内容与欧柏上尉的报告相符合。

这充分说明，日军残杀中国战俘的事实俱在。

这些外国武官的报告，是日军残杀战俘的又一铁证，是日军在旅顺大屠杀中国人民和中国战俘又一无法抵赖的证词。

第十九章　毁灭罪证　制造谎言
法网恢恢　罪责难逃

第一节　毁灭罪证　匆匆埋尸

日本帝国在旅顺极其惨无人道的大屠杀，杀掉了2万多中国人民，若将头脚连起来排列，其长度有约40千米。面对横尸遍野、尸堆堵巷、红血浸地的惨景，大山岩、山地元治尽管“庆祝”“狂欢”，兽蹄舞蹈，但也做贼心虚。为了掩盖犯罪真相，为了不让世人知道他们的杀人本性，大山岩与山地元治等杀人元凶，下令赶紧“埋尸清场”。日军在一座人已杀绝的空城死城中，去到处寻找剩余逃匿的中国人，好不容易抓到了36个人，之后又到郊边抓到几十人，于是给他们在头上绑一块白布，写上“勿杀此人”字样，并驱使他们去收尸、抬尸、埋尸。

从1894年11月下旬开始至1895年1月中旬止，近两个月时间，将全城2万余具尸体草草收集掩埋。

幸存者鲍绍武被日本人抓去，他控诉：我们12个人，后来又与八九十人一起，被抓进抬尸队，参加收尸抬尸，亲眼看到同胞们被屠杀的惨状。

幸存者王宏照也被抓到抬尸队，他控诉：日本兵用刺刀逼着我们抬着四具尸体往旅顺送。

日本大战犯大山岩和主要战犯山地元治，既是杀人魔鬼和凶恶的豺狼野兽，同时，又是最为卑鄙、最流氓无赖的“说谎者”。他们无耻地扯谎：把屠杀平民说成是杀清军，把屠杀战俘说成是杀“清军战犯”……他们把屠杀的2万多尸体清理到一起，用土掩埋之后，制了一块木牌，上面写着“清军战死者木碑”，妄图用这块木牌掩盖其屠杀2万中国平民和放下武器的战俘的违反国际公法和反人类的滔天罪行。用一块木牌来掩饰其野兽罪行，岂不是欲盖弥彰、瞒天过海之拙劣伎俩！实在是可恨可恶又可鄙。

更为可恶的是，大山岩和山地元治还搞了一个“猫哭老鼠”的卑鄙丑剧。他们从金州抓到6名中国僧侣，再加上来旅顺“慰问”的8名日本僧侣，举行了所谓对亡灵的“超度”。用梵字在木牌上，刻写“为清人亡魂离苦得乐也”的字样。日军杀了人，还要装成“人”样去搞什么“超度”亡灵，超度被杀者的灵魂“离苦得乐”。

第二节　焚尸灭迹　掩盖真相

由于尸体太多，掩埋尸体匆忙草草，只是虚掩薄土，随着雨水冲刷、冰雪融化、风吹土散，许多尸体暴露土面，腐烂发臭。还有一些未被清出的尸体，元凶大山岩和山地元治不得不作出了将被杀尸体全部焚烧的决定。日军把从旅顺抢来的煤炭和木船板、木块，并用铁条、铁管架起来，进行焚烧，焚烧地点在今“万忠墓”的沟下、顺山街沟里及黄金山东麓共三处，然后将三处骨灰集中葬在今“万忠墓”所在地。

为了掩盖真相，杀人元凶大山岩和山地元治仍然如法炮制，在葬坟前竖一块木桩，上面写着“清军将士战亡之所”字样，把对平民和战俘的屠杀伪装成是中国清军将士，而且是在战斗中阵亡的。实在太卑鄙无耻！

第三节　拒绝来访　畏见阳光

日军屠杀旅顺全城人民，自知犯了滔天大罪，做贼心虚，很怕被世人知道，决定坚决拒绝所有外国人进入旅顺。

1894年11月28日，即大屠杀的第八天，由天津红十字会会员组成，美、英、丹麦等国人员参加的救助伤病员小组，乘中国政府“图南号”汽船，挂着中国清政府国旗和红十字会旗，驶抵旅顺。日本海军“金刚”号舰将其俘获，派兵上船检查。红十字会会员出示了本国领事的证明信，提出要求允许红十字会上岸医治和接运这次战争中受伤的中国军民。

这时，大山岩怎能交得出受伤的人员呢？所有旅顺的人都被他杀光了，所有的俘虏也杀光了。

可是，大山岩撒了一个弥天大谎，他说：如今清国伤员都在我野战医院接受治疗，故于此尽可放心，并请理解这个道理。大山岩并要汽船“图南号”必须于11月30日午后6时以前离开旅顺半岛近海。

红十字会会员无可奈何，只好将带来的四箱药品、食品等物资请日军转给伤员，乘船返回了天津。他们哪里知道，还有什么伤员呢？留下的四箱药品和物资送给日军了。

第四节　戳穿谎言　揭露原形

日本天皇睦仁、日本总理伊藤博文、日本侵华第二军司令官大山岩、日本第二军第一师团长山地元治，以他们为首的日本侵略军，在旅顺进行的全城屠杀，犯下了极其严重的滔天罪行。这群野兽头目深知，这样的屠杀罪行一旦暴露，所谓大日本帝国就会在世人面前变成一个充满了兽性和野兽的国家，日本这个民族也就变成了一个野兽民族。

因此，他们指示下边一定不能把旅顺大屠杀的真相暴露出来，一定要制造谎言，欺骗过去，这就出现了以下许多无耻的自欺欺人、掩耳盗铃的野兽强盗式的语言；出现了种种荒唐的谬论，否认屠杀、歪曲屠杀、抵赖罪行。中国人从日本侵华的70多年间，深深地领略了这种无耻的伎俩，这也是日本野兽的两面性：一面是其残忍凶毒地杀人；另一面是其阴谋、欺诈、说谎、赖账、歪曲等的无赖性。

且看日本魔鬼帝国的战犯狂人，对旅顺大屠杀是怎样瞒天过海、制造谎言、进行诡辩、欺骗世人的。

1894年12月14日12时30分，日本驻美国公使栗野慎一郎，就美国舆论揭露和抨击日本对旅顺大屠杀，急电日本外务大臣日本大战犯陆奥宗光。陆奥接电后，非常慌张，深恐这个滔天罪行暴露在世界人民面前而遭到谴责，立即由日本帝国头号战犯天皇睦仁、大战犯总理伊藤博文、大山岩等，精心炮制了一个所谓《辩解书》，分别寄给日本驻英、美、俄、法、德、意各国的公使，命令他们去诡辩说谎。《辩解书》写道：

毫无疑问，在旅顺口流血多于其他地方，也许超于绝对的需要。但是来自外国记者，尤其《世界报》的记者的报道，却予以极大的夸张和渲染，以便达到耸人听闻的效果。旅顺口陷落后之时，中国士兵看到公开的抵抗已经无用，于是就丢掉军服，穿上老百姓的衣服来把自己伪装成当地和平居民，并钻到旅顺口镇上的空房子里。那里在日军进攻旅顺口的前几天里曾住过真正的和平居民，他们在和平与秩序恢复后，又重返那里。这些藏起来的中国士兵随身秘密地携带武器。由于他们从未宽恕他们的敌人，因而担心万一投降后会被杀死。他们用各种方法伪装起来。到最后，当他们被日军发现，就奋起抵抗，战斗到死。一些在战斗之前未离开的和平居民据说受命开火和抵抗，他们的确那样做了，但在旅顺口被杀死的人中的大部分已证明是伪装的士兵，几乎所有尸体都发现在外衣里面穿有中国军服这个事实表明了这一点，一位外国记者说，旅顺口被杀的大部分人都有刀伤，因而他们显现出比枪伤更可怖的情景，这也许是导致一些外国人夸大事件的一个原因，日军看到他们的同伴被残酷肢解的尸体的景象而受到极大刺激，他们被中国军队俘虏的一些人被活活烧死，其他人被钉死在架子上，但日军还是遵守纪律。所有和平投降的那些人，既未被杀，也未遭虐待，在旅顺陷落时，俘获了约三百五十五名中国俘虏，他们受到了仁慈的对待，并正被带往东京，在几天内就会到达。

这篇所谓《辩解书》实在卑鄙无耻，漏洞百出，欲盖弥彰。

但《辩解书》承认了大屠杀是真实的。

1. 承认了在旅顺杀了许多人，以致“流血多于其他地方，也许超于绝对的需要”。

2. 承认了屠杀都是“穿上老百姓衣服”的人，都是老百姓。

3. 承认了在“房子里”屠杀“真正的和平居民”。

4. 承认了中国士兵“投降后会被杀死”，也就承认了日本兽兵是屠杀俘虏的。

5. 承认了“旅顺口被杀的大部分人都有刀伤，因而他们呈现出比枪伤更可怖的情景”。

6. 承认了在“旅顺市街上将混在一起的士兵和百姓杀死”，即屠杀俘虏和百姓同时进行。

7. 承认了“许多无益之杀戮”，即大批大批人遭到屠杀。

8. 承认了旅顺市居住着“在战斗之前未离开的和平居民”，而这和平居民都被一一屠杀殆尽。

在这篇臭名昭著的所谓《辩解书》中，充满了极端卑劣的诡辩和无耻谎言。正是这篇“杰作”本身，揭穿了他们自己的野兽暴行。

1. 日本伪造了一个自认为“绝好”的天大谎言，谎称屠杀的都是中国的士兵。这是什么士兵呢？是穿上了老百姓衣服的士兵。

《辩解书》说：旅顺口陷落后之时，中国士兵看到公开的抵抗已经无用，于是就丢掉军服，穿上老百姓的衣服来把自己伪装成当地和平居民。

请注意，这里明确地写着中国士兵是“丢掉军服”，可是，就在同一篇《辩解书》中，又写道：在旅顺口被杀死的人中的大部分已证明是伪装的士兵，几乎所有尸体都发现在外衣里面穿有中国军服。

既然，中国士兵已经“丢掉军服”，怎么又“在外衣里面穿有中国军服”？

这不是大山岩、山地元治自欺欺人、自己揭穿自己的大骗局吗？事实是日军在旅顺屠杀的绝大部分人是平民百姓、妇孺儿童，而不是什么“穿着百姓衣服的士兵”。

揭穿这个大谎言的，莫过于在大屠杀中亲历现场而有良知的外国新闻记者。美国《世界报》记者克里曼，亲眼看见日军在旅顺的大屠杀，用长篇报道在《世界报》上曝光了日鬼大屠杀时旅顺市的惨象。他特别针对日军有关“屠杀的是穿着百姓衣服的军人”的谎言，彻底予以揭穿，他在报道中写道：

这里没有中国的军队。到目前为止，战争所表现出来的令人震惊的事实是：特别需要强调的是这里没有中国军队。

2.《辩解书》中，造谣制谎，卑鄙地欺骗说：这些藏起来的中国士兵，随身秘密地携带武器，由于他们从未宽恕他们的敌人，因而当他们被日军发现，就奋起抵抗，战斗到死。

《辩解书》中，因为实在隐瞒不了屠杀的平民太多太惨了，只好又制造一个大谎言：一些在战斗之前未离开的和平居民，据说受命开火和抵抗，他们的确那样做了。

这两大谎言也被克里曼记者戳穿。克里曼在他的长篇报道中勇敢地做证，说：

作为一名目击者，我敢肯定地说，那些可怜的旅顺港人民，没有任何要抵抗入侵者的企图，日本人现在声称，子弹从窗户和门外向外射出，事实上，这个说法是彻头彻尾的谎言。没有任何活捉俘虏的迹象。

在目击证实旅顺并无中国军队之后，克里曼用大篇幅揭露日军屠杀的是平民百姓。克里曼揭露：

我看见一个男人跪在日军面前乞讨怜悯，结果被用刺刀刺倒在地，头也被用刀砍下来。另外一个中国男人，畏缩地躲在角落里，一小队士兵用枪弹将其打得粉碎。一个老人跪在街中心，结果几乎被砍成两半。一个可怜的人在房顶被击中，另一人从房顶跌落到街心，后背被捅了十几刀。一个商人，戴着皮帽，跪在地上，举着双手求饶，日军士兵向他射击。他两手捂在脸上。第二天当我再看到他的尸体时，已经被砍得无法辨认了。

克里曼对日军在旅顺一桩桩令人毛骨悚然的大屠杀血腥场面的极为详尽报道（见本文“西方记者的证词”），彻底揭穿了日本头号战犯天皇睦仁、大战犯总理伊藤博文及大战犯大山岩和主要战犯山地元治这群野兽的无耻谎言。

3.《辩解书》中编了一个特大谎言，说：所有和平投降的那些人，既未被杀，也未遭虐待。在旅顺陷落时，俘获了约 350 名中国战俘，他们受到了仁慈的对待，并正被带往东京，在几天内就会到达。

这真是弥天大谎，卑鄙无耻之尤。

日本头号战犯大山岩和山地元治究竟怎样对待战俘的？且看以下事实。

日军随军摄影记者亀井兹明《从日本出发至日军退出辽东半岛》中记录：

二团刚一受命，立刻猛进冲锋，先屠杀潜伏在旅顺市街的敌兵，悉被杀戮，无一遗留，二团八连的人员总计230人中，斩杀敌兵15人以上者18名，斩杀30人以上者两名，同时在三团的宿营地也斩杀700余人。

一名日军中尉的信中写道：

23日，在联队赶回旅顺市内宿营的途中，对敌人残兵败将潜伏的村落进行了彻底的搜索。结果搜出了20余人并将他们集中到一处残酷杀害。

英国记者柯文报道：

我看到一群俘虏被反绑着双手连成一串，五分钟之内被枪打得遍体弹孔，随后又被砍得七零八落。我看到，有数百人被抓住捆绑起来之后遭到杀害。

日本特派记者甲秀辅报道：

我步兵第二联队扫荡旅顺市街，闯入家室，蹂躏居室，搜索角落，俘获清兵七八名，随后捣毁每户门窗，搜寻潜藏者，遂俘三十余名敌逃兵，全部斩杀，暴尸街头。搜查越严，使他们无法隐藏，遂三三五五由海岸跳入海中，企图潜水逃遁（实为日军押到海边，逼俘虏下海溺死），受我兵阻击杀戮。

既然俘虏由海岸跳入海中，怎么去“阻击”？分明是从后面用枪射杀。

1894年12月9日刊登在《日本》报刊上题为《俘囚入水》的报道，也招认了日军驱赶俘虏下海溺死、开枪射杀的罪恶事实：

有卫兵押解10名俘囚到海边，将他们逼入海中（不打自招），由于水太浅不能淹没身体，他们像马在水中游行一样，以手扶地匍匐爬行，只有脑袋露出海面，卫兵以枪射杀之。

尤其在另一篇报道中，日鬼自己承认屠杀了三百多向他们来投降的俘虏和2000多平民百姓。日军随军记者亀井兹明在他的一篇《甲午战争亲历记》报道中作了如下自供词：

三三五五的败兵逃来，每次都被击退(实为杀戮)，到午后4点，来了2000多人，其中有200多人俘虏，倒背着双手戴着白帽子站在最前边，清兵看着我兵，面带微笑，兵士在离清兵十来米的地方一齐向清兵射击。

清兵狼狈不知所措，进退维谷，有的请降，可是我军夫（日本的流氓浪人）等人，用以前曾与敌人战斗过的经验鼓起勇气，呐喊冲入敌群，此刻俘获清兵多达300人，此日俘虏大半被枪杀，剩下的把辫子吊在树上，其中4人咬断了辫发，藏在高粱地里。都割颈而死。其余的俘虏准备割颈。军夫争着每人要了一个俘虏，借来战刀都杀死了他们，这时的军夫不亚于军人，敌兵2000人一个不剩全部被击毙。

这篇屠杀俘虏的自供词，再明白不过地向世人暴露了日军，在旅顺是如何残酷狠毒地屠杀已经放下武器并集体向日军投降的俘虏的，其屠杀的野兽手法是何等地惨不忍闻，不仅日本鬼子士兵杀俘虏，而且让军夫一人分一个俘虏去屠杀。

本书第十八章“残杀战俘”各节中已经从各方面揭露了日军残酷屠杀俘虏的野兽罪行。铁的事实，有力地戳穿了日鬼大战犯、鬼子豺狼大山岩和山地元治的无耻谎言。

龟井兹明的供词在屠杀数字上，与大山岩和山地元治的《辩解书》中的数字是吻合的，即龟井兹明讲的俘获战俘300余人，而《辩解书》中讲的是350人。不过龟井兹明和有贺长雄讲了实话，即所获俘虏统统杀光了，从而彻底揭穿了大山岩和山地元治的谎言：战俘受到了仁慈的对待，并正被带往东京，在几天内就会到达。

还有一个事实可以证明大山岩和山地元治的谎言，这就是前文所揭露的，天津国际红十字会派团来旅顺救助战俘，一上岸就被日鬼战犯大山岩赶跑了。如果真的俘虏有300多名，为什么不敢让红十字会的人员见面并给予救助呢！谎言如薄纸，一戳即穿。

如果战俘真被带去东京，又受到“仁慈对待”，那为什么以后却杳无音讯？不见任何报刊的报道？日本的媒体一向是紧跟宣传的。这300名俘虏日本究竟是如何处置的，却泥牛入海无消息。谎话就是谎话，伪装必须剥去，使之暴露于阳光之下。

这300名俘虏的下落如何？还是让事实来回答吧。日本的御用记者龟井兹明毫不掩饰地承认：“俘获清兵300人，大半被枪杀，剩下的把辫子吊在树上，都被割颈而死，军夫争着每人要了一个俘虏，借来战刀全都杀了他们。”

这就是大山岩残杀战俘的明确无误的证词。

这就是大山岩无耻谎言的彻底破产。

日本人为什么要残杀战俘？

日本记者有贺长雄毫无讳言地道出了真相。有一天晚间，有贺长雄与克里曼及维里阿斯、柯文等外国记者谈话中，坦白说明了杀害战俘的“理由”。有贺长雄说：

我们曾在平壤捉了几百个俘虏，我们发现，我们要供养他们吃饭，又要看管他们，这给我们增加了高额的费用和麻烦。事实上，在这里（指旅顺）我们几乎不留俘虏。

杀光俘虏，变成了整个日军的一致残暴行动。日军步兵洼田仲藏在他所写的

《从军日记》中，非常清楚地写了七个大字：看见中国兵就杀。这就是行动，就是杀尽中国战俘的杀戮行动。

日军残杀俘虏，仅从本文的有关章节中就举出了大量事实。还有许多未搜集到的资料未曾记录在案。日本侵略者必须明白，日军残杀俘虏的滔天罪行，是一万年也是赖不掉的。

第五节 驳“报复论”

日军在旅顺的大屠杀，据说是出于“报复”。

当时，有一位名叫胡兰德的英国国际公法学者博士，为旅顺大屠杀写了一本著作《中日战争之国际公法》。书中写道：

当时日本将卒之行为，实逸出常度之外。彼等假令发现旅顺口之垒外有被割断之日人死尸，谓华军先有如斯之残忍行为。然尚不足为彼暴行之辩解。

事情的经过是，1894 年 10 月 24 日，日军第二军在花园口登陆，入侵中国。“日兵饵居民四人登船，购乡民衣服，使日人能华语者服之以入内地，探我军虚实”。日军派遣特务钟崎三郎、山崎羔三郎、藤崎秀假扮中国农民模样，刺探清军大量重要情报，绘制作战地图，为日军进犯金州和旅顺提供了侵略决策依据。10 月 26 日，这几名特务被金州守军抓捕。人证物证俱在，罪行十分严重。金州副都统连顺立即将此三人处决。

日军攻击土城子，遭到中国清军徐邦道和卫汝贵部的抗击，日军战败，日本步兵小队长万德次中尉及以下 12 人被击毙，浅川敏靖大尉以下 43 人被打伤，其中有的日兵割颈自杀。清军将已经死亡的几名日军士兵的头颅割下作为“战功”，“斩首或归悬旅顺市”。

就是这两次日军的侵略遭到抗击而使其恼羞成怒，大战犯大山岩和山地元治极力煽动日军进行所谓报复。日军记者三田龙之介在他写的《日清战争记金州旅顺之大战》中写道：敌兵（指清军）的残忍激怒了我军，师团长（指第一师团长山地元治）令各将校进行报复，各部队在视察了战斗状况后进攻旅顺并进行屠杀，21 日一战，街道上横尸千余具，在此后，每天都屠杀数百人，真是伏尸成山，血流漂杵。

所谓“报复”，是彻头彻尾的强盗行凶的借口和野兽逻辑，真是荒唐之至。

第一，日本侵略中国，日本是侵略者，中国是被侵略者，日本侵略者跑到中国土地来杀人、放火、抢掠、强奸、毁灭、奴役……是彻头彻尾的侵略强盗行为，是灭绝天良的滔天罪行。而中国人民反抗侵略者，是天经地义的自卫行为。日本侵略者杀中国人是犯罪，中国人杀日本侵略者则是完完全全的自卫、完完全全的正义对邪恶的惩罚。日本侵略者被杀是罪有应得，是完全由日方自己制造的可耻下场；而中国人被杀则必须追究日本杀人凶手的罪责。显然，这全然是性质不同的两回事。

第二，世界上任何一个独立的国家，都有着对外来侵略者、对危害国家安全者进行惩处的严肃国法。日本侵略者跑到中国来，屠杀中国的人民、火烧中国的房子、强奸中国的妇女、抢夺中国的土地和财富、奴役中国的人民等等，罪大恶极，按照当时中国清朝政府的法律，对于日本侵略者应该处以最严厉的刑罪——"凌迟"并"诛九族"。可是，中国清军队并没有实施"凌迟"，只是把已经击毙了的日军的头颅割下来示众，去上报军功，这应该被认为是降低了刑罚的级别，对日本侵略者还是讲"宽大"的。

第三，被中国清政府斩头的日本侵略者，只有几名，而且是已经死亡者。可是，日本侵略者在旅顺的大屠杀，杀掉了 2 万余名中国的平民百姓，包括男、女、老、幼、婴、孕，全城杀光；并且，将 2 万多人头活活地从人身上斩割下来，剐心、挑肠、斩臂、断手……这能胡说是"报复"吗？这是十足的兽性大屠杀。

第四，日本侵略者杀中国人，侵略中国，已经犯下了滔天大罪，如果再讲"报复"，那就是罪上加罪。

第五，俗语云："善有善报，恶有恶报，不是不报，时候未到，时候一到，全部要报。"日本侵略者在 1894 年甲午侵略中国，当时没有得到报应，以致在以后的 50 年间，对中国越来越疯狂地进行蹂躏，仅 1931 年发动的 14 年侵华战争，中国人民被屠杀达 3500 万余人，抢夺、毁灭中国的财产直接、间接达 6000 亿余美元。不可一世的日本鬼子终于被打败了，得到了应得的报应。这就是日本侵略者所谓"报复"的"报应"。

第六节　威胁、利诱、封杀媒体

日本在旅顺的极其残忍的大屠杀，这个滔天大罪一旦向世界暴露，日本将不能以"文明国家"立足，大战犯大山岩及其天皇睦仁、伊藤等统治集团深知这一点。因此，如何封杀新闻不使之外传，就成为当时日本面临的头疼问题。他们立即对外国媒体施放了两个卑劣的手法：一是威胁；二是利诱，妄图将外国媒体封杀。

在大屠杀正在疯狂进行的时候，大山岩要他的所谓随军法律顾问实为军事参谋有贺长雄，去到外国记者的住所，公然撕下了伪装，赤裸裸地向外国记者进行威胁。

这次的卑鄙行动被美国记者克里曼如实地记录了下来。克里曼记录了当时日军有贺长雄威胁外国记者的对话内容。克里曼记载：

那天晚间晚些时候，大山先生的军事参谋——有贺先生来到外国记者居住的地方，坐了一会儿，他是一个温文尔雅、警觉、慎重的人，眼睛在金丝眼镜片后放出光来。他突然把身子转向我，问道：

“你对发生的事情（指大屠杀）怎么看？”

“是一场很好的战略行动。”我回答道。

“不对”，他说道，“你知道我的意思。我的意思是有关杀死旅顺港人民的事，你们将把它称作什么呢？屠杀？我希望你能对我坦诚相见。”

其他的新闻记者紧张地看着我，担心我暴露自己的感情，使日本人不让我们离开中国，并且进行新闻检查，禁止发表我们亲眼看见的一些令人震惊的事实，我力图逃避这样的问题，但有贺紧缠着不放。

“你把它称为屠杀呢？”他问道，“还是文明战争？我们急切地想知道有关这个问题你们将说些什么？举个例子说，你们能把它称为对旅顺港和平居民的屠杀吗？”（做贼心虚，岂不是此地无银三百两吗？）

我再一次回避了这个问题。有贺先生对我失望了，把脸转向弗里德里克·维里阿斯——伦敦《黑与白》摄影杂志艺术家——他也巧妙地回避了这个问题。

接着有贺先生向伦敦《泰晤士报》记者柯文先生提出同样的问题。柯文平静地回答说：“有什么需要说明的，就是据说在战斗那天出现的军队骚动和次日士兵对那些手无寸铁人们的杀戮，都是不折不扣的屠杀。”

“你也这样认为吗？”有贺先生沉思一下，转过脸来询问我。

“我当然这样认为，”我回答道，“捉拿俘虏是一个文明国家应尽的义务。”

有贺先生十分明显地企图利用亚洲人回避正面答复问题的方式，努力说服我们保证在新闻报道中不使用“屠杀”一词。

“这是另外一回事，”他说道，“如果我们选择杀戮俘虏的方法处理俘虏的话，那就是另外一个问题了。”

“但是你们杀掉的不是俘虏，而是不加区别地屠杀那些孤立无援的居民，也并没有迹象要把他们变成俘虏。”我回答说。

“啊！”有贺先生一边说道，一边彬彬有礼地竖起他的两个大拇指，并将其并在一起以加强他的观点，“总起来说这是一回事。我们在平壤捉了几百个俘虏，我们发现，我们要供养他们，还要看管他们，这给我们增加了高昂的费用和麻烦，在这里我们几乎不留俘虏……”

有贺长雄的威胁并没有达到目的，日本的残暴行径在外国记者面前被彻底揭穿，战犯豺狼大山岩等日本统治集团一再妄图遮盖的“大屠杀”暴行，在外国有良知的新闻工作者面前暴露原形无遗。

日本在旅顺的大屠杀暴行，很快就传遍了世界，日本帝国着慌了，天皇睦仁及总理伊藤博文通过外务大臣陆奥宗光，赶紧“收买新闻”，进行利诱。

日本利诱收买新闻的手法有：

1. 日本答应负担驻日本的外国记者发往本国新闻的电报费；

2. 答应外国记者发稿在《纽约时报》《瓦尔多》等报上的刊载费；

3. 给驻外使馆收买新闻的活动经费。

1894 年 12 月 15 日，日本外相陆奥宗光应允以上三项负担，争取使日本的《辩解书》赶快向世界各国传播出去。日本战犯陆奥宗光在给日本驻美、驻法公使的电报中说：日本要尽快收集有利于日方的且可利用的新闻，要准备必要的资金。

1894 年 11 月 30 日，日本驻英国临时代理公使内田致陆奥宗光的电报称每当出现失实报道，《中央报》总是予以反驳。《泰晤士报》记者证实一个报道说：“旅顺口战役后，日本人不加区别地残杀了二百名中国人。”

《中央报》予以否认，并报道说，除了战斗而外，并无中国人被杀。我已经压下了路透社向上海发来的关于我们的士兵在旅顺口犯下最野蛮暴行的电稿。你能否批准我要求的款子，以开始从事报界行动，我已没有钱可用了。

第七节　国际舆论强烈谴责

日军在旅顺惨无人道、极端野兽罪行的大屠杀，引起了国际舆论的强烈谴责。

美国《世界报》记者克里曼说：

野兽失控。在日本人中，文明外衣遮掩着的野性放纵地发泄出来，这就证明这个民族是没有能力经受一次真正考验的。日本已在世界面前丢尽了脸。它违反了《日内瓦公约》，玷污、亵渎了红十字会，丧失人性和民族怜悯心，胜利和新的支配使他们疯狂了……日本文明是在一个神志清醒政权下形成的神话，被突然打破的证据是显而易见和无法抵赖的。

日本在内心深处却是一个野蛮民族，同时还是一个让人无法相信的君主政权，尽管它控制着全国的生灵和已经文明化了的那部分人的财富。日本人玩弄红十字会就像玩弄一个新玩具。红十字会的标志受到嘲弄，在大规模血洗中，日军的铁蹄在那些手无寸铁、失去家园的人们身上尽情地蹂躏。胖胖的陆军元帅（大山）和他的将军们露出笑容。听着来复枪的射击声、民族赞歌的乐曲声和酒杯的碰撞声，他们脸上露出满意的神色。

日本忽然变为野人之性，日本现已失去笑面壳，现出原形。且前四日已将得胜军之足践踏教化矣。旅顺这故事将必为史记中最冤惨之篇。顷刻间，又复变为野蛮之劣性矣。

英国《泰晤士报》抨击日本在旅顺大屠杀的暴行，指出：

日本攻取旅顺时，戕戮百姓四日，非理杀伐，甚为惨伤。又有中兵数群被其执缚，先用洋枪击死，然后用刀肢解。惟日本士卒行径残暴若此，督兵之员不能临时禁止，恐为终身之玷污。

美国《世界报》抨击日军暴行：

日本国为蒙文明皮肤具野蛮筋骨之野兽。日本人今脱掉文明之假面具，显露野蛮之本体矣。

英国国际公法学者胡兰德博士，著有《中日战争之国际公法》一书，写道：

当时日本将卒之行为，实逸出常度之外。彼等假令发见旅顺口之垒外有被割断之日人死尸，谓华军先有如斯之残忍行为，然尚不足为彼暴行辩解。彼等残杀四日，非战斗者之妇女幼童亦不免。从军欧洲人及特约通讯员目击此残虐之状况，然亦无法制止。此时得免戮杀之华人，全市中仅三十六人耳！然此三十六名华人，为供埋葬其同胞之死尸而被救残留者。其帽子上有“此人不可杀戮”之标记而保护之也。

英国海员詹姆斯·艾伦，当时他正在旅顺，亲历日本进行的大屠杀，自己险些被日军杀害，他用很大篇幅揭露日军大屠杀惨景，并强烈谴责说：

在灯光下，这些残尸的样子难以形容可怕。直到临终那天，我将怀着丝毫不减的恐惧，记得这些残尸骇人的形状。这就是日军发狂似的屠杀和鞭尸、强奸和疯狂地抢劫中国人时，所犯下不堪言状的暴行。这就是战争！这在战败者别致的亭子里，获胜的日本元帅在将军和军官的簇拥下，趾高气扬地就座了，并备受国家的颂扬和天皇的恩宠。而在这里，这些荒无人烟的家园和堆积如山的残尸，是日军光辉成绩的阴暗面和阴影。而这仅是四天暴行的头一天。日军在这里所犯下的暴行，尤其是日军高级指挥官，对眼前无辜百姓横遭杀害的罪行不加制止的这种耻辱，将世世代代洗刷不清！

美国驻日本武官海军上尉欧柏利恩把他在旅顺亲眼看见日军大屠杀的惨景写成报告并以私函方式发给美国驻日本公使谭恩。信函相关内容见前文呈列。

第八节　法网恢恢　疏而不漏　罪责难逃

日本帝国在中国旅顺的大屠杀，触犯了“天条”，因而犯下了滔天大罪。

国际公法明文规定，杀战俘是违法的，属于犯法的行为；杀平民百姓更是违法的，更是犯法的行为。这里仅就国际公法对战俘的法律规定来看，就可以看出日本帝国是如何犯法的。

什么是战俘？

战俘就是战争或武装冲突中落于敌方权力之下的合法交战者。

对战俘实行什么政策？

国际公法对待战俘，都是规定要将战俘予以“释放”，或“遣返”。根本就不能加以杀害，甚至不能侮辱。

甲午日本侵华前38年，即1856年3月30日，法国、奥地利等七个国家在法国巴黎，签订了一个条约——《法国、奥地利、英国、普鲁士、俄国、撒丁、土耳其和平友好总条约》第六条规定：双方都应立即遣返战俘。

往上追溯，1828年2月10日，在土库曼查伊签订的《俄国和波斯和平友好条约》第十三条规定：所有本次战争中或以前双方的战俘，以及各时期双方各自俘获的对方臣民，将在四个月之内互相予以自由遣返。并指定了具体的遣返地点：他们在获得食品和其他必需品之后，将被遣到阿巴斯、可里德堡，以便交予双方各自负责接收并安排回乡的专员。这个条约并规定了要给战俘以食品和其他必需品。

又上溯到1812年5月16日，在布加勒斯特签订的《俄国和奥斯曼帝国和平条约》第九条规定：现今在两帝国中的所有战俘，不论男女，不分民族和身份，均应于本和约批准互换后立即予以遣返。不得索取赎金或钱财。

再追溯到18世纪，1774年7月10~21日，在库楚克—开纳吉签订的《库楚克—开纳吉条约——俄罗斯女皇陛下和奥斯曼皇帝之间的和约》第二十五条明确规定：现在在两个帝国境内的战俘和奴隶，不分性别、地位和等级，应一律在本条约得到批准后立即释放，不得索取赎金或偿金。

再上溯100年，17世纪，法兰西与西班牙两国在1659年11月7日，于雉岛签订的《比利牛斯条约——法兰西国王和西班牙国王之间的和平条约》，第四条规定：在这场战争发生时或进行中所做的或发生的一切均应予以赦免。

1648年10月24日罗马帝国与法兰西在蒙斯特签订了《威斯特伐利亚条约——神圣罗马皇帝和法兰西国王以及他们各自的同盟者之间的和平条约》，第一百一十条规定：双方的所有犯人，不论穿长袍的或是佩剑的都应按照条约规定的方式予以释放，或根据各军队的将军之间协议，并得皇帝陛下认可的方式予以释放。

以上可以充分看出，在日本帝国1894年发动侵华战争前将近250年间，国际上对于战俘的处理就有着十分明确的规定，就是要将全部战俘予以释放、遣返，还要保障他们的食品和其他必需品的需要。许多交战国都把这种战俘政策写进了庄严的和平条约，作为国际公法予以肯定和实施。

可是万恶的日本帝国野性膨胀，完全漠视国际公法，亵渎国际公法，玩弄国际公法，置国际公法全然于不顾，明火执仗地对战俘大肆杀戮，而且其杀人手段又极其残忍。

日本帝国发动其侵略兽军不仅大杀战俘，而且公然大杀平民百姓，连老人、妇女、儿童、婴儿、孕妇都不能幸免，而全部杀绝。尤其残忍的是枪杀后又用刺刀斩首、剖腹、断肢、挖心、剐肠、割鼻、抠眼……手段极其凶残，连续六天五夜的大屠杀，旅顺全城2万余人口，几近杀绝。

日本军国主义分子这种杀人不眨眼的兽性血统，在他们的子孙后代身上得到了继承，甲午旅顺大屠杀43年之后对南京的大屠杀及其他各地的大屠杀，更是变本加厉，更加疯狂。1937年12月的南京大屠杀杀死35万中国人民，1937~1945年全国屠杀3500万中国人民的残忍凶狠手法，与其野兽父祖辈在旅顺的大屠杀，如出一辙，而且大有过之而无不及。其原因就是旅顺大屠杀的战犯们没有得到应有的严惩，让他们逍遥法外，以致在长达43年之后，旅顺大屠杀的卑劣凶残的野兽行为不仅没有被惩处终止，反而使日本军国主义者越发疯狂和无法无天。

第九节　遗臭万年的旅顺大屠杀战犯

旅顺大屠杀的真正主犯、元凶是以下战犯：

头号战犯：日本明治天皇睦仁

大战犯：日本内阁总理伊藤博文

大战犯：日本外务大臣陆奥宗光

大战犯：日本大本营参谋总长小松宫彰

大战犯：日本侵华陆军第二军司令官大山岩

主要战犯：日本侵华陆军第二军第一师团长山地元治

旅顺大屠杀的共犯、具体执行屠杀的元凶是以下战犯：

主要战犯：日本侵华混成旅第十二师团长长谷川好道

主要战犯：日本侵华陆军第一旅团长乃木希典

主要战犯：日本侵华陆军第十一旅团长大寺安纯

主要战犯：日本侵华陆军第二旅团长西宽二郎

以上各战犯是旅顺大屠杀的大杀手，是杀人元凶，是大屠杀的策划者、发动者；是大屠杀的领导者、指挥者；是大屠杀的组织者、鼓励者；又是大屠杀的谎言欺骗者。总之，正是这一小撮野兽畜生，指挥其野兽官兵，极无人性、极其残酷、极端野蛮地屠杀了旅顺2万余中国人民的生命、毁灭了旅顺全城。这一小撮战争罪犯犯下的滔天罪行必须受到历史的审判和严惩。必须对他们判处极刑。尽管他们死得早而逃脱了对他们的处置，但是，他们的丑恶灵魂将遗臭万年。中国人永远不会饶恕他们，他们已被钉在人类历史的罪恶柱上，让后人永远鞭挞、谴责、唾骂。

殉国篇

邓世昌（1849—1894）

抗日民族英雄，“致远”舰管带。在黄海海战中，指挥“致远”舰，猛轰敌舰，最后率舰开足马力，直冲日旗舰“吉野”号，要与敌舰同归于尽，而壮烈牺牲。

刘步蟾（1852—1895）

抗日民族英雄，“定远”舰管带。誓与战舰共存亡，与封锁海面的日本联合舰队拼搏到底，“定远”舰中敌鱼雷搁浅，不能再战，其奉丁汝昌海军提督令，炸沉“定远”舰，然后自杀殉国。

左宝贵（1837—1894）

抗日民族英雄，总兵。在朝鲜平壤抵抗日寇、身先士卒，率军杀敌而壮烈牺牲。

林永升（1853—1894）

抗日民族英雄，“经远”舰管带。在黄海海战中，指挥“经远”舰与敌舰进行殊死搏斗，奋勇杀敌，与舰同亡，壮烈牺牲。

丁汝昌（1836—1895）

抗日民族英雄，海军提督。率领北洋舰队，在黄海海战中，英勇顽强与敌联合舰队战斗。后又在威海保卫战中，在敌封锁海面、陆海夹击，毫无外援的严峻形势下，与敌舰拼搏到最后，舰损弹尽而自杀，壮烈殉国。

“致远”舰在烟台合影的部分官兵。中立双手交叉者为管带邓世昌。在黄海与日本强盗的海战中，他们中的大部分人壮烈牺牲，为国捐躯，成为人们永远纪念的抗日民族英雄。

在黄海海战中，管带邓世昌指挥北洋舰队“致远”舰，开足马力，全速向敌旗舰“吉野”舰猛冲过去，决意与敌舰同归于尽。图为冲击时的画面。

图为表彰邓世昌的功绩，清光绪皇帝御赐立碑，并御题碑文。

图为纪念在甲午战争中英勇牺牲为国捐躯的抗日将士，清军统帅宋庆于1898年，在锦州毅军昭忠祠建树“敕建昭忠祠碑”。上面记载了历次战役的抗日事迹与将士伤亡数字。

图为保卫龙庙嘴炮台，奋勇抵敌而壮烈牺牲的清军士兵尸体。

图为宁死不屈，自杀壮烈殉国的抗日民族英雄北洋海军提督丁汝昌。

第二十章　丰岛、牙山抗日殉国的民族英雄

第一节　英勇不屈的抗日殉国民族英雄高善继及“高升号”船上英勇牺牲的抗日官兵

时间：1894 年 7 月 23 日。

地点：朝鲜丰岛海面。（丰岛，朝鲜西南牙山湾外群岛之一）

抗日殉国英雄：高善继及英勇牺牲的全船官兵。

抗日殉国事迹：

（一）张荫麟《甲午中国海军战迹考》记载较详，摘录如下：

秋津洲先值高升，即传旗令下碇。继反轮向前进之吉野、浪速，三舰似以旗语互商者。秋津洲复趋高升，炮管咸露，直指向之。至相距四分之一浬许，乃止不进。一小舟自舰下，向高升而来。船中军官言于同行之洋员汉纳根请告船主，彼等宁死不降。众复鼓噪应之，秩序大乱，汉纳根力为劝抚，众乃少安。日艇载二军官至，其一径造船主室，验其一切凭证，并问高升能否随秋津洲行，船主抗议之后，表示唯有遵命。日艇去后，汉纳根译布交涉结果，一时怒声沸腾。将士挥剑拟枪，言若敢起锚，则尽杀船中西人。又派数兵监视船主。秋津洲“立即起行”之令复至，汉纳根乃言于船主，请以旗语约日艇再来。至则汉纳根亲至船腰道口与日官议，惧其上船遭害也。日官立于梯口，手握剑柄以言。汉纳根告以船中景状，求许其驶回天津，以出发时两国尚未开战也。日官允反告而退。顷之日舰旗信出曰“立即离船”，为船中西人而发也。时船中各口已为华兵截守。复信曰“未被容许”，继以“请派一艇来”，日舰答曰“救生艇不能来”，而令即离船之号旗尚飘扬也。瞬间秋津洲浪速鼓轮转徙，直对船腰，同时汽笛长号，惊人心魄，俄而红旗上升于前桅，继之鱼雷射出，未得命中。而日舰六炮齐发，其桅顶之机关枪复应之。高升煤舱立中炮。一时黑氛煤屑，弥漫海天。船之末部先沉，逾半时始全没，时一点三十分钟也。桅顶尚露，其上攀缘呼救者累累然。船没前，华兵一部分投海中，一部分据船还枪。其凫水逃者，为日人放艇搜射。高升载兵

一千二百人，炮十二尊，得还者，通船员实仅百七十余人耳。

（二）戚其章在《甲午战争史》一书中，也详细记述了高升号所载官兵及其统领高善继等抗日先烈不屈不挠、以死报国的抗日精神。摘录如下：

当人见善五郎等日本海军军官登船检查时，船上的中国官兵始终怀着高度的警惕。仁字军营务处帮办高善继感到事情危急，对大家说：我辈同舟共命，不可为日兵辱！这时，忽见日舰挂出第四次信号：立刻斩断绳缆，或者起锚，随我前进！英人船长高惠悌准备服从浪速的命令。顿时，许多将士攘臂而起，全船骚动。高善继冲向船长，拔刀瞋目曰：敢有降日本者，当污我刀！大家齐声响应，一船鼎沸。因言语不通，由汉纳根翻译，将全体官兵的决心通知船长：宁愿死，绝不服从日本人的命令！高惠悌试图说服清军将士对敌降服，于是同高继善展开了一场辩论：

船长：抵抗是无用的，因为一颗炮弹能在短时间内使船沉没。

帮办：我们临死不当俘虏。

船长：请再考虑，投降实为上策。

帮办：除非日本人同意退回大沽口，否则拼死一战，绝不投降。

船长：倘使你们决计要打，外国船员必须离船。

清军官兵见高惠悌不肯合作，便把他看管起来，并看守了船上的所有吊艇，不准任何人离船。高惠悌要求发信号请浪速再派小艇来，以便传知船上所发生的情况。人见善五郎等日本军官又靠近高升轮。汉纳根到跳板上对日军军官说：船长已失去自由，不能服从你们的命令，船上的兵士不许他这样做。军官与士兵坚持让他们回原出发的海口去。高惠悌说：带信给舰长，说华人拒绝高升船当作俘虏，坚持退回大沽口。还指出：高升是一艘英国船，并且离开中国港时尚未宣战，考虑到我们出发尚在和平时期，即使已宣战，这也是个公平合理的要求。人见善五郎答以模棱之词，驾艇回舰。

这时已是中午 12 点半钟，交涉历时 3 个小时。在这场交涉中，中国官兵不怕威胁，宁死不屈，挫败了日本侵略者的迫降企图。浪速舰长东乡平八郎决定要下毒手。于是，浪速又挂出第五次信号：欧洲人立刻离船！将士们看出了敌人的毒计，慷慨悲愤，死志益坚，不许西人放舵尾之船。于是，高惠悌用信号回答：不准我们离船，请再派一个小船来。浪速答复：不能再派小船。并在樯头挂出红旗。这显然是一个表示危险的警告。而高惠悌竟俯首听命，坐等高升被击。

与此同时，浪速向前开动，并绕巡“高升号”一周，然后停在距高升 150 公尺处。下午 1 时，浪速突然发射一枚鱼雷，但没有命中。又用 6 门右舷炮瞄准高升，猛放排炮。浪速舰长东乡平八郎在日记中记载此事道：清兵有意与我为敌，决定进行炮击破坏该船。经发射两次右舷炮后，该船后部即开始倾斜，旋告沉没。历时共 30 分钟。当“高升号”将沉之际，高善继等意气自若，同士兵一起誓死抵抗。在浪速炮火的猛烈轰击下，用步枪“勇敢地还击”。浪速虽不停地“向垂沉的船上开炮”，但清军官兵视死如归，仍然英勇战斗，直至船身全部沉没。日舰对落水的中国士兵进行了野蛮的屠杀，竟“用快炮向水里游的人射击”。为时达“1 时之久”。下午 1 时半，“高升号”船体全部沉入海中，其位置在丰岛以南约 2 海里处。

船上的中国官兵共 1116 人，其中 245 人遇救，共有 871 名官兵壮烈牺牲殉国。“高升号”的爱国官兵，宁死不屈，几乎是手无寸铁地同敌人搏斗，用鲜血谱写出一曲英雄壮歌。

高善继，字次浦，江西彭泽县人。曾署弋阳县训导。中戊子科本省举人，保举五品衔知县。1894 年春，高善继看到国家处在多事之秋，正男儿挺身卫国之时，便去天津见李鸿章，自请投笔从戎，为国效命。因话不投机，愤然辞去，转投直隶通永镇总兵吴育仁幕下，留为仁字军营处帮办。及至李鸿章决定增援牙山，吴育仁特遣翼长记名提督江自康带队前往。高善继认为，为国报效之时已到，便慷慨陈词，请赴前敌。吴育仁为之感动，命他与江自康带队同往。江自康乘爱仁号于 20 日下午先行出口，高善继乘高升号于 23 日早晨始起碇离港。高升号装载北塘防军官兵 1116 人，行营炮 12 门及枪支弹药等。通永练军左营营官骆佩德、义胜前营营官吴炳文随船而行。统带官则为仁字军营处帮办高善继。

高善继在日军舰队的淫威逼迫下，坚决不投降，发扬不屈不挠、精忠报国、视死如归、不怕牺牲的大无畏精神，与凶狠恶毒的野兽进行坚决斗争，使无耻透顶的日本帝国空手而回。在高善继的英勇抵抗下，全船一千多名官兵团结一致，与日军进行了殊死搏斗，随船同归于尽，壮烈牺牲，体现了我中华民族英雄儿女首次抗击日寇而为国牺牲的伟大爱国精神。高善继及所有牺牲的官兵，其英灵永垂不朽，永远活在中国人民心中。

第二节　济远舰上的抗日殉国民族英雄

时间：1894 年 7 月 25 日。

地点：朝鲜丰岛海面。

抗日殉国英雄：济远舰帮带大副都司沈寿昌、济远舰枪炮二副柯建章、天津水师学堂见习学生黄承勋、水勇正头目王锡山、管旗头目刘鹍及英勇牺牲的济远舰弁兵。

抗日殉国事迹：

（一）张荫麟《甲午中国海军战迹考》记述：

济远、广乙延至7月25日黎明时始起碇。将出汉江，与日舰吉野、浪速、秋津洲等相遇，相近万码许，吉野旗舰忽响一号炮，于是日方三舰炮火齐发。济远拒战甚力。其望台中炮，大副沈寿昌裂脑死，方管带初与并肩立，脑浆与血沾其衣。前炮台继中炮，二副柯建章为之洞胸，学生黄承勋之断臂。

吉野续济远，迫近时，济远后炮猝发，中其望台后，吉野旋退还。

（二）李鸿章于7月26日电总理衙门，云：

突有兵船多只，在牙口外拦截我兵船，彼先开炮聚攻，济远等竭力拒敌，激战四点钟之久。济远中弹三四百个，多打在望台烟筒舵机铁桅等处，致弁兵阵亡十三，受伤二十七，午时我船整理炮台损处，日船紧追，我连开后炮，中伤其望台船头船腰，彼即转舵逃去。

（三）北洋舰队提督丁汝昌于7月30日电报李鸿章，云：

追敌以一船横截广乙，济远只剩十五生一炮，猛击命中，致二船始折回，而吉野督船尾后连追不止。济远停炮诈敌，彼驶近，拟擒我船，济远即猝发后炮，一弹飞其将台，二弹毁其船头，三弹中其船中，黑烟冒起，吉野乃移逃，四弹炮力已不及矣。查却敌保船，水手李仕茂、王国成为功魁，余帮放送药送弹之人，亦称奋勇，昌已传令为首李王，赏一千两，余众共一千两。告谕全军，以为鼓励。

（四）戚其章《甲午战争史》记述了有关济远抗击日舰经过，摘录如下：

丰岛海上的战火，是由日本海军的突然袭击燃起的，济远和广乙在处于绝对劣势的情况下，能以弱对强，奋力抵抗，却是客观的事实。当日上午7点45分，中日双方五艘军舰位于长安堆以西海面时，日舰吉野突然发炮，向济远轰击。济远冒着敌舰的炮火，由西转舵向南，于7点52分发炮回击吉野。7点55分，秋津洲开始向济远发炮。7点56分，浪速也向济远炮击。日方拥有22门速射炮，而济远和广乙则只有后膛炮，并无速射炮。

敌舰的炮火太猛，“聚攻济远，密如雨点”，济远仍然苦战不已。8点10分，济远发出一炮，击中吉野舰首附近，炮弹击断敌舰前樯桁索。8点20分，济远发出的15公分炮弹，击中吉野右舷之侧，击毁舢板数只，贯穿钢甲，坏其发电机，坠入机器间之防御钢板上，然后又转入机器间。由于炮弹里面未装炸药，故击中而不爆炸，致使吉野免于沉没。（炮弹内没有炸药，证明生产厂家的汉奸所为。）

在敌强我弱力量极为悬殊的情况下，济远将士依然临危不惧，拼死搏战，给敌舰以相当的打击，其中，表现最为突出的是，帮带大副都司沈寿昌、枪炮二副柯建章、天津水师学堂见习生黄承勋等人的卫国牺牲精神。

在这场炮火的激烈交锋中，沈寿昌一直在舰前屹立司舵，指挥炮手还击。由于沈寿昌沉着应战，指挥果决，士气大为振奋，多次发炮命中日本旗舰吉野，并击中了浪速舰的左舷船尾。结果“浪速舰尾被击落，海图室被破坏”。

正在激战之际，日舰飞来一颗炮弹，命中济远望台，爆炸后一块弹片击中沈寿昌的头部，沈寿昌当即扑地不起。二副柯建章见帮带大副牺牲，义愤填膺，继续督炮击敌。敌弹继至，柯建章洞胸阵亡。见习学生黄承勋见大副、二副均亡，自告奋勇，登台指挥，“召集炮手装弹窥准”，“正指划间，敌弹飞至中臂，臂断遂扑”。有两名水手立即把他抬进舱内急救，他摇头说：尔等自有事，勿我顾也！遂闭目而死。

军功王锡山、管旗头目刘鹍亦均中弹阵亡。真是前仆后继，视死如归，表现了中华民族气壮山河的爱国主义精神。

丰岛战之后，以“济远能战，日人犹图绘于报纸以为警备”。

沈寿昌（1865—1894），字清和，上海川沙人。曾考入上海出洋总局，肄业。

以成绩优异被选派出洋，进挪威大学专攻物理、化学。1881 年，清政府初创海军，急需海军人才，下令召回出洋学生。沈寿昌奉调回国后，即上威远舰见习，不久升为该舰二副，后又积功升署北洋海军中军左营都司，充济远帮带大副。沈寿昌在海军任职凡十三年，恒“以国事为重”，很少顾及家事，颇为时人所传诵。

柯建章（？—1894），福州人，船生出身。以刻苦学习，技艺日进，由船生拔为战官。积功升署北洋海军中军左营守备，充济远枪炮二副。

黄承勋（1874—1894）字栋臣，湖北京山县人。1886 年，考入天津水师学堂驾驶班，为该班第三届学生。1890 年毕业后，被派上济远舰实习。黄承勋奉命赴援牙山，慷慨就道，抱必死的决心。行前，其友医官关某在刘公岛为他饯行，酒酣时他嘱医官说：此行必死！他日骸骨得归，惟君是赖。莫逆之交，爰以敦托。

日旗舰吉野追击济远。12 时 38 分，吉野逼近济远 2000 公尺处，以右舷炮猛击，共发 6 弹。济远航速才 15 节，而吉野舰速则近 23 节，势将追及。在此紧要关头，水手王国成挺身而出，反击敌寇。他激于爱国热情，奔向舰尾炮位，另一水手李仕茂从旁协助，用 15 公分口径尾炮对准吉野连发 4 炮，第一炮中其舵楼；第二炮中其船头；第三炮走线未中；第四炮中其船身要害处。12 点 43 分，吉野受伤，舰头立时低俯，不敢停留，转头向来路驶逃。

吉野东逃后，济远遂定向威海卫，于 26 日早晨六时半抵港下锚。

第三节　广乙舰上的抗日殉国民族英雄

时间：1894年7月25日。

地点：朝鲜丰岛海面。

抗日殉国事迹：

戚其章《甲午战争史》记述：

当敌人三舰聚攻济远之际，广乙后至，立即投入战斗。广乙伺机向敌舰冲去，准备施放鱼雷。吉野为避开广乙冲撞和鱼雷，便向左转舵，在海面上划出一个大的圆弧。广乙则改变舰针，向秋津洲和浪速之间疾驶。7点58分，广乙从斜侧驶至距秋津洲600公尺处，向其舰尾逼近，准备施放水雷，这时秋津洲猛烈回击，一弹击中广乙桅楼，致使一炮手坠落牺牲。又一弹"击毁水雷炮洞，幸未触炸"。广乙始得保全，激战中，秋津洲忽发一榴霰弹"炸于广乙舱面，以致死伤二十人"。舵手亦中弹牺牲。广乙伤亡虽重，仍与敌舰继续拼战。敌舰秋津洲与浪速，两舰合击广乙，广乙受伤甚重，船舵"均已毁坏，不堪行驶"。广乙舰上官兵牺牲已有30多人，伤者40多人，难以支撑，便向右转舵走避。浪速尾追，被广乙回击一炮，弹穿浪速左舷之侧，由内部穿透后部钢甲板，断其备用锚，并将锚机击碎。敌舰不追，广乙驶撞朝鲜西海岸十八家岛搁浅，"凿锅炉，渡残卒登岸，遗火火药仓自焚"。

第四节　牙山抗日殉国的民族英雄

时间：1894年7月23日。

地点：朝鲜安城渡南岸驿道东侧之佳龙里。

抗日殉国英雄：周宪章等英勇牺牲的数十名士兵。

抗日殉国事迹：

（一）姚锡光撰《东方兵事纪略》记述，略云：

二十六日，武备学生于光炘、周宪章、李国华、辛得林等，夜冒雨出探，倭已分道来犯。归促士成速备战，并纠健士先伏桥侧，守要隘，且请士成速接应，遂行；而诸将莫能前进，观望不及行。光炘等伏桥畔村落，夜午，倭前锋至，光炘等狙击之，颇有杀伤，并毙倭官数名，倭兵骇却，过桥多挤溺，而见我军无继，其后队且至，复猛进，光炘等扼桥守四刻许，接应终不至，光炘等四学生皆死焉。（按戚其章注，此役仅周宪章牺牲。）

（二）戚其章《甲午战争史》中记述，略云：

安城渡伏击战是成欢驿之战的一次前哨战……前军由武备学生于光炘、周宪章、李国华、辛得林等率士兵数十人，埋伏在安城渡南岸驿道东侧佳龙里民房附近，准备伏击过桥的敌人……

当日军第一梯队先锋在山田四郎少尉带领下，到达佳龙里后，因迷路进入村内，无法继续前进。松崎直臣率领的前卫全队随后赶到，也因迷路而困集于此。日军拟派译员寻人问路，忽见黑暗中有一人影闪过，正欲抓住盘问，不料此人高喊一声，便倏忽不见。突然，枪声四起，清军发起攻击，子弹雨点般地从各家窗边门缝向日兵群里猛射。此时，敌我双方相距仅数丈，清军从暗击明，比较得力。而日军猝然被击，事出不意，况且夜色黝暗，村路狭窄，进退皆失所据。日军前卫“皆为一列”，更加“不利战斗”。于是松崎下达紧急命令，要求前卫全队退入水田之中，并伏于田埂下躲避枪弹。松崎发现地势仍然不利，又下令退至沼泽地散开伏卧。双方展开了一场对射……清军藏于隐蔽之处，占据有利地形，频频狙击日兵，使日军寸步难进。时山龚造中尉急欲前去救援前卫部队，误陷沼泽之中，“水深没肩，水底泥深，两脚深陷不能拔，竟与部下兵卒二十九人共溺死”。于光忻、周宪章等伏击得力，“发射益烈”。

此时，两军相距仅五十公尺，在清军猛烈射击下，日兵只能伏在塘下躲避枪弹，还击又看不见目标。松崎直臣试图摆脱困境，命令前卫全队冲锋。而帮带冯义和率领的骑兵队举枪猛射。山田四郎少尉带领先锋在前，中弹伤足，瘫地不起。松崎腿部先中一弹，倒地，又一流弹击穿头部毙命。

日军士气大挫，纷纷后退，先退者拥向安城渡桥，“时夜色茫茫，敌猝遇伏，遂引退，桥小人众，挤拥坠水溺死甚众”。

在日军前卫趋于瓦解的情况下，武田秀山率支队主力赶到，发起第二次冲锋。帮带冯义和的骑兵队前临水田和沼泽地，无法驰骋杀敌，又以目标大而陷入被动，被迫后撤。周宪章、于光忻等坚持抵抗，战斗异常激烈。但因敌我力量过于悬殊，又无后队支援，武备学生周宪章及士兵20余人，在激烈的战斗中大都壮烈牺牲。凌晨四时，日军才进占佳龙里村。

安城渡之战，是清军打得比较好的一次伏击战。在这次伏击战中，清军利用地形地物相当成功，周宪章等武备学生和士兵也勇敢善战，充分发扬誓死抗敌的爱国精神，歼灭了较多的敌人。

如果清军部署得当，并有坚强的统一指挥，这次伏击战是可能取得成功的。但是，由于清军人数过少，成欢西南山顶上的炮兵也未能及时支援，冯义和部因不知利用地形展开迂回战术，而失利先退，又事先未布置后继部队，致使这次伏击战终于功败垂成。

第二十一章　平壤抗日殉国的民族英雄

第一节　以死相搏的抗日殉国民族英雄左宝贵及英勇牺牲的抗日将士

左宝贵是清廷为抗日报国而壮烈牺牲的第一位高级将领，也是日本侵华50年战争的首位抗日牺牲的中国将领。左宝贵在平壤守卫战中，表现了不畏强暴、浴血牺牲的伟大中华民族精神。他的抗日殉国事迹可歌可泣、忠魂永存。

（一）姚锡光《东方兵事纪略》记述了左宝贵英勇抗日、壮烈牺牲的事迹：

左宝贵驻城北山顶守元武门。方十二日警报迭至，左宝贵亦遣军探敌，出元武门迤而东北，行八十里，至大同江上游。日兵自朔宁来者，已趋至，将渡江。宝贵所部三营（其营官为金姓、徐姓、杨姓，失其名，后皆死于平壤）列阵以拒，枪炮互击。日兵之在隔江山上者，复以炮猛击我军。十五日，北面倭兵分两支：一自朔宁来，一自元山登岸来，复进踞城北山顶数垒，宝贵自出争之，不能胜，乃入城，以炮仰攻。倭仍坚伏，诸将始虑后路将绝。是夕，志超将冒围北归，宝贵不从，宝贵虑志超遁去，以亲兵守之，而自扼元武门山顶，备决战。十六日迟明，城北倭兵分两道来扑。时元武门外营垒分两重：内重两垒相属，外以三垒环之。敌来攻也，宝贵白至城上指挥，我军力御之，倭人死伤无算，仍猛进。辰刻，竟破我外重之东垒，而外重之西一垒，及内重之西之垒，皆相继溃。城北倭兵乃萃于牡丹台。牡丹台据全城形胜，我军以全力持之。而倭人炮队继至，专注我牡丹台垒排轰，其步队遂乘势蚁附上，遂陷。宝贵知事已瓦解，志必死，乃服黄马褂顶戴，登城指挥，遂连中炮受伤堕地，犹能言，下城始殒。部将死者数人。

（二）李鸿章于1894年9月22日，即旧历八月二十三日奏报朝廷平壤失守有关左宝贵阵亡经过：

至十六日早，仍四面来攻愈急。平壤城北原有奉军三营，炮台连日被其打毁，倭换班三四次，意在直扑北城。左宝贵力疾亲督三营并诸将，迎头血战，倭抵敌不住，始退。左宝贵奋勇前追，忽胸前中枪阵亡。甫收队回城，而倭渐又逼近。

各军苦战五昼夜，子尽粮绝，战死壕沟者，不忍目睹。

记名提督高州总兵左宝贵，久历戎行，卓著劳绩，裹创力疾，血战捐躯，忠勇性成，深堪悯恻。应请旨照提督阵亡例，从优议恤，并于各省立功地方筑立专祠。可否予谥，出自恩施。其余阵亡文武员弁，应俟查明汇案请恤。

（三）清廷上谕优恤左宝贵。曰：

李鸿章奏：总兵大员力战阵亡请旨优恤一折，记名提督广东高州镇总兵左宝贵，久历戎行，卓著劳绩。此次进援朝鲜，在平壤接仗，力疾血战，奋不顾身，已受重伤，仍在炮台督队，旋因胸前中枪阵亡。实属忠勇性成，深堪悯恻。左宝贵著照提督阵亡例，从优赐恤，任内一切处分，悉予开复，加恩入祀昭忠祠。所有战绩及死事情形，宜付国史馆立传，并准予立功省份建立专祠。该总兵子嗣几人，著李鸿章查明具奏，候旨施恩，以示表扬忠烈至意。钦此。

戚其章在其著作《甲午战争史》中，对左宝贵平壤抗日的英勇事迹记载较详，摘录如下：

平壤北战场是平壤的主战场，此处，日军集中了它进攻平壤的总兵力的将近一半，包括朔宁、元山两个支队，共达 7800 余人。按预定计划，两支队于 9 月 15 日拂晓时分东西两路向玄武门外的清军堡垒展开了钳形攻势。

防守玄武门外的清军也有两支：一是左宝贵的奉军 3 营，其营官分别是副将杨建春、都司徐玉生和金得风，守卫平壤玄武门、牡丹台及城外堡垒，计 1500 人；一是江自康仁字 2 营 4 哨，由江自康本人、记名提督谭清远及游击潘金山分别带领，防守箕子陵一带，计 1400 人。两军人数共为 2900 人。若将双方兵力作一对比，可知日军进攻部队的兵力是清军的 2.7 倍，相差极为悬殊。

左宝贵见大敌当前，情况危急，便激励将士说：吾辈安食厚禄重饷数十年，今敌失约背盟，恃强侵犯，正好愤忠义，扫尽边氛，上纾九重东顾之忧，下救万民西奔之苦，社稷安危，兆在斯时！进则定有异常之赏，退则加以不测之罚。我身当前，尔等继至，富贵功名，彼此共之。将士们无不感奋，应声争进。

日军以其兵力占绝对优势，向清军外重三垒猛扑不已。左军奋勇抗击，日军久攻而未下一垒。日军自江东桥店前之高地连放榴霰弹，“弹无空发，皆裂于营中……清兵苦日兵榴霰弹破裂，将避”。向外重堡垒之西垒突击，遂夺之。日军又向清军外重堡垒之东垒和中垒发起猛攻……清军小队被围，仍奋勇搏战，终因众寡不敌，全部壮烈牺牲，垒内清军坚决抵抗，枪炮齐鸣，“弹丸雨注，勇不可当”。清军将士誓死以战，跳出堡垒，与敌人展开肉搏。50 余人决心与堡垒共存亡，宁死不退，全部战死在阵地。日军也伤亡很大，桂、小仓两大尉亦皆被伤。7 时 30 分，日军终于冲进了清军外重堡垒之东垒、西垒及中垒，并攻占了牡丹台。

时左宝贵正在玄武门上督战，见牡丹台陷敌，知势不可挽，志在必死。往日，他“每临敌，辄衣士卒衣，身先犯阵。至是，乃衣御赐衣冠，登陴督战”。部下劝他换掉翎顶和黄马褂，以免敌人注目，左宝贵回答说：“吾服朝服，欲士卒知我先，庶竞为之死也。敌人注目，吾何惧乎？”

当时有一门大炮，原“由出洋肄业之某学生管理，未几中炮而殒”，于是他“亲自燃点”，先后发榴弹 36 颗。守备杨建胜“劝其暂下，宝贵斥之”。激战中，左宝贵已受枪伤，犹裹创指挥，誓死抵御。部下将士见状感奋，无不英勇搏敌。日军富田大队在炮火掩护下，向玄武门冲击，清军则以泥土坚塞城门口，拼死防战。“日兵三突之，清兵三退之。”“敌军披靡，相顾失色。”

日军炮队在牡丹台“瞰视此状，故连发炮，霰弹聚中玄武门城楼，城墙崩碎”。“城门碎坏，唯见四柱耸于半空。”日军遂“乘势越玄武门胸壁跳入壁中，直夺其门以开之”。

在激烈的战斗中，左宝贵本“先中两枪，仍在炮台指挥。复被炮中胸前，登时阵亡”。他将鲜血洒在玄武门城头，为中朝两国人民共同抗击侵略者而献出自己的生命。

黄遵宪在《悲平壤》一文中纪念左宝贵诗云：黑云萆山山突兀，俯瞰一城炮齐发，火光所到雷砧瞻，肉雨腾飞飞血红。翠翎鹤顶城头堕，一将仓皇马革裹。

左宝贵牺牲后，光绪皇帝亲作《御制祭文》：方当转战无前，大军云集。何意出师未捷，上将星沉？喑呜之壮气不消，仓促而雄躯遽殉。表示极度的痛悼。

人民既无限崇敬他的爱国精神，又为他的抱恨牺牲而惋惜不已。时人有数语以评之：见危授命，血战捐躯，生气懔然，临大节而不可夺。

继左宝贵之牺牲，奉军营官副将杨建春和都司徐玉生先后中弹阵亡。尽管如此，奉军依然不屈。有数百士兵仍“据高壁，飞铳如骤雨降，不可向迩”。还有部分奉军士兵骤聚于乙密台，“自楼橹左右壁眼频放铳”，顽强地进行抗击。日军步兵第十八联队第二大队冲进玄武门外门，聚集一起，处境甚是不利，“忽有一弹丸飞中神田中尉，再有一弹中上等兵译村宽次，二人皆死”。此时，日兵仅余 27 人陷于苦战之中，赖牡丹台炮兵助之，勉强支持，仍无法突进内门。立见尚文见一时难以攻进内城，便派飞骑传令，命进入玄武门的部队悉撤至城北高地，以观清军动静，这样，玄武门的战斗也随即停了下来。

左宝贵（1837—1894），字冠廷，出生于贫苦的回族农民家庭。原籍山东省齐河县，其先祖于乾隆年间迁居费县地方集（今属平邑县）。他继承了回族人民的尚武精神，“性勇敢，多大略”。后投身行伍，积功至总兵。“治军严肃，重文士，爱材勇，有奇技异能者辄罗致之麾下。功不各赏，罪不私刑，士乐为用”。

他还十分关怀部属，“在军中与兵勇同甘苦，部下有受伤残殁者，皆以私财豢养其家属”。故深为部属所爱戴，此次统兵援朝后，以昼夜操劳，突患“右偏中风”之症。他以为“奉旨御寇，力即不及，义不可挠”，仍力疾视事，筹备战守。8月下旬，叶志超至平壤，曾有退兵之议，亦有随声附和者。左宝贵怒斥道：尔辈惜死，可自去，此城为吾冢矣！日军以朔宁、元山两支队合攻平壤城北，因“素惮其威名，知宝贵不死，平壤不可得”。遂暂不与江自康军相接，而集中兵力专攻左宝贵军。

第二节　平壤抗日殉国民族英雄杨建春、徐玉生及英勇牺牲的抗日官兵

在平壤抗击日寇的战争中，中国清军英勇抵抗，奋勇杀敌，浴血奋战，作出了很大牺牲。奉军营官副将杨建春、都司徐玉生相继阵亡。李鸿章在向朝廷奏报平壤抗日战斗的经过时，对将士的牺牲作了如下报告：窃查倭人起兵三四万。分道来扑平壤，四面环攻……兹据叶志超电称：倭寇自十四日午刻绕窜顺安后路，于平壤附近山头设炮百余尊，四面来攻，枪炮并发，各将领分道奋力迎剿。兵勇合力血战，将江东之贼击退七八里，我军共伤亡三百余人。

姚锡光《东方兵事纪略》记载平壤撤退时遭日军伏击，清军二千余人惨遭牺牲之情景：

是夜，志超率诸将弁兵，弃平壤北走。倭人要于山隘，枪炮排轰，我溃兵回旋不得出，以避弹故，围聚愈密，死亡愈众。其受伤未殒之卒，纵横僵卧，求死不得，哀号之声，惨不忍闻。加以人马腾藉，相蹂死者至二千余人，掳于倭者亦数百人。

第二十二章　黄海海战中的抗日殉国民族英雄

第一节　黄海海战中的伟大抗日民族精神

日本睦仁天皇侵略集团，在朝鲜丰岛、牙山、平壤偷袭和攻击中国军队得手之后，妖焰十分嚣张。日本大本营命令联合舰队，加紧在黄海搜寻中国舰只，提出要实现其一举“聚歼清国舰队于黄海”夺取制海权的毒蛇计划。

日本海军出动吉野、高千穗、秋津洲、浪速、松岛、千代田、严岛、桥立、比睿、扶桑、西京丸、赤城共12艘战舰，扑向正在返国航行途中的中国北洋舰队。中国舰队8艘战舰迎战，它们是：定远、镇远、经远、来远、致远、超勇、扬威、靖远。济远、广甲两艘临阵脱逃不计在内。

中国北洋舰队将士表现了中国人民反抗日本侵略的坚定决心，他们面对强敌，发扬英勇奋战、不怕牺牲、誓死报国的大无畏的伟大中华民族精神，给日本侵略者以沉重的打击，写下了可歌可泣的光辉历史篇章。

1894年9月17日下午，是中国海军英勇抗击日本侵略海军的光荣悲壮的日子，同时，也是严惩日本侵略者的日子。中国人民要永远记住日本在黄海制造的血债；要永远记住这段国耻；要永远记住中国海军在黄海抗击日军的英勇牺牲、拼死保国的爱国精神。先烈们永垂不朽！

第二节　中国北洋舰队高昂的抗日爱国士气

面对日本侵略者联合舰队的扑来，中国正在返航舰队的官兵斗志高扬，誓要“以雪广乙、高升之耻，士气旺盛，莫可名状”。炮手们“以种种方式装饰其炮座，若不胜其爱护者，其向往之情盎然可觉”。各舰皆将舢板解除，仅留六桨小艇一只，意在决心不存“有侥幸偷生之念，或借舢板遁逃，或忍败降之辱”。“表示军舰命运即乘员命运，舰存与存，舰亡与亡。”

北洋舰队总结了丰岛日舰偷袭、我军失败的教训，为避免舰上引起火患，将舰上木具、索具等易燃物都予移除。并将十二英寸口径的克虏伯长炮炮楣一律拆除，仅留舰首、舰尾的六英寸炮楣，以备安全。

同时，将各舰都涂上暗灰保护色，以使敌人难以识别。

并沿舰面要害位四周，堆积三至四尺高的沙袋和煤袋。沙袋内侧放置百发以上的炮弹及榴弹，以备快速供应发射需要。

又在“舱面敷以细沙，以坚步履，救火机与引水管预为接妥，以防不测”。

当发现日本联合舰队出现时，“船应机声而搏跃，旗帜飘舞。黑烟蜿蜒”。北洋舰队各舰上，“头盘发辫，两臂裸露呈浅黑色之壮汉勇士，按职守，一队队伫立于甲板大炮侧，准备着你死我活的大决斗”。“同仇敌忾，凝视敌队，自负决心，勇气百倍。”

第三节　北洋舰队将士浴血奋战拼死杀敌

在这次黄海抗击日寇的海战中，中国北洋舰队全体将士，发扬了英勇战斗、浴血拼杀的抗日爱国精神，给日本侵略舰队以重大杀伤。日本记者等人，有以下记述。

日本随军记者川崎三郎记述超勇、扬威发炮击中日舰吉野时的情景：超勇、扬威发出的炮弹恰恰击中吉野，穿透铁板在甲板上爆炸。

日本海军军令部承认吉野被炮击和死伤情况，记述：吉野受炮击……打死海军少尉浅尾重行及水兵一名，伤九名，并引起火灾。

日本联合舰队高千穗舰某尉官记述高千穗舰中炮时的情景：在火药库附近的军官室被击穿，八寸多厚的钢板穿透三个大洞，床上器具已经粉碎，弹丸四处飞扬。一名管理火药库通风的人员腹部被击中，肠子流出，倒于血泊之中。破碎的木板、衣物等都已着火。火药库就在眼前，而且敞着门，眼看士兵将有全部炸死的危险。

日本人平田骨仙记述日舰比睿中弹时情景：右舷仰角计，炮弹炸裂，弹片四飞。一等兵曹团野兼藏、二等兵曹西谷源九郎、一等水兵金井仓助及九号炮手西原久松皆被击毙。

《日清战争实记》记述靖远舰靠近日舰比睿欲将其俘获之情景：靖远舰停止炮击，甲板上排列着携带步枪的突击队，欲靠近比睿，将其俘虏。

在危急中，比睿舰上的速射炮不间断地连射，在五分钟内发射了一千五百余发，使靖远难以靠近。

镇远舰帮办美籍洋人马吉芬记述日舰比睿中弹起火时情景：俄顷之间，该舰后部舱面已起火灾，喷出浓烟，甚高甚烈，舰内喧嚣不息，并挂出本舰火灾退出战列的信号。

第四节　以人、以舰与敌舰相拼的抗日殉国民族英雄邓世昌及致远舰全体英勇搏敌壮烈牺牲的抗日将士

在黄海抗日海战中，致远舰管带邓世昌指挥下的致远全舰官兵，表现出了十分英勇的抗敌牺牲精神，全舰官兵上下一致，同仇敌忾，视死如归，敢打敢拼，最后战斗到用自己的身体、军舰、大炮，勇猛地直冲敌人的旗舰吉野和浪速舰，誓死与敌舰同归于尽，其光荣抗日事迹惊天动地而泣鬼神。中国人民世世代代永远记住他们，纪念他们！

亲身在旗舰定远号参加战斗的英国人副管驾泰莱记述邓世昌的英雄抗日事迹云：为敌炮所沉者三舰，其中有一为忠勇之邓君所统之致远舰，彼欲撞吉野、浪速，与同尽，而不克；可怜普菲士亦与之同沉。

李鸿章于1894年10月5日即旧历九月初七日，向朝廷奏报黄海战事经过，写道：敌忽以鱼雷快船直攻定远，尚未驶到，致远开足机轮，驶出定远之前，即将来船攻沉。倭船以鱼雷轰击，致远旋亦沉没。管带邓世昌、大副陈金揆同时落水。

戚其章记述邓世昌为保护旗舰，挺舰而出，为争取海战胜利而毅然用舰直冲敌舰、欲使之同归于尽的抗日壮烈事迹。记载：

战至下午3点零4分，定远忽中一炮，“击穿舰腹起火。火焰从炮弹炸开的洞口喷出，洞口宛如一个喷火口，火势极为猛烈”。定远舰上正集中人力扑灭火灾，攻势顿弱，而火势益猛，暂时没有扑灭的迹象。这时，日舰第一游击队乘机向定远扑来，炮击愈频，使定远处于危急之中。在此千钧一发之际，镇远管带林泰曾命帮带大副杨用霖驾舰急驶，上前掩护，致远管带邓世昌见此情景，为了保护旗舰，也命帮带大副陈金揆“开足机轮，驶出定远之前”，迎战来敌。并激励将士说：吾辈从军卫国，早置生死于度外，今日之事，有死而已！又说：然虽死，而海军声威弗替，是即所以报国也。于是，致远舰于“阵云缭乱中，气象猛鸷”，冲上截住敌舰。在激烈的战斗中，致远中弹累累。而定远的火灾得以扑灭，转危为安，但邓世昌指挥的致远舰因此而受重伤。

此时，日舰吉野适在致远前方，邓世昌见吉野横行无忌，早已义愤填膺，准备与之同归于尽，以取得全军胜利。他对大副陈金揆说：倭舰专恃吉野，苟沉是船，则我军可以集事！陈金揆深为感动，开足马力，“鼓轮怒驶，且沿途鸣炮，不绝于耳，直冲日队而来”。日舰第一游击队见致远奋然挺进，向前冲锋，便以

群炮萃于致远，连连轰击。有数颗榴弹同时命中致远水线，致使其舷旁鱼雷发射管内一枚鱼雷爆炸，右舷随即倾斜。时为下午3时20分，据目睹致远沉没的洋员马吉芬记其事道：转瞬间，该舰即向一方倾斜。最以勇敢著称之邓舰长世昌，早经觉悟已迫于最期，能破敌一舰，斯可以洁此生，故毅然决然出于杀身成仁之举。敌舰所发巨弹有如雨霰，加之自舰倾斜已甚，致功业垂成之际遽尔颠覆，舰首先行下沉，推进器直现于空中，犹在旋转不已。惜哉，壮哉！邓世昌与大副陈金揆、二副周居阶同时沉海。“该舰乘员大抵葬身海中，遇救者仅水兵七名耳。”据载，邓世昌落海后，其仆刘忠同时坠水，以救生圈付之，拒不受。左一鱼雷艇也赶来相救，亦不应，“以阖船俱没，义不独生，仍复奋掷自沉”。此刻，他所蓄爱犬浮到身边，“衔其臂不令溺，公斥之不去，复衔其发”，邓世昌誓与舰共存亡，毅然用力按爱犬（头部）入水，自己也随之没入波涛之中。舰上管理机务的英人余锡尔先受重伤，与舰同沉。

邓世昌（1849—1894），原名永昌，字正卿，广东番禺人。青年时随父寓居上海，目睹中国积弱的现实，蓄志投入海军，以保卫祖国海疆为己任。后终于实现夙愿，考入沈葆桢创办的福州船政学堂驾驶班。毕业后，留福建水师任运船大副，又调充炮舰管带。1880年，清政府大办海军，李鸿章留意海军人才，闻其“熟悉管驾事宜，为水师中不易得之才”。遂调至北洋差遣。同年，随丁汝昌赴英国接超勇、扬威二舰，并考察西方海军发展情况，潜心研究海战之术。平时精于训练，治事精勤，时人称他“使船如使马，鸣炮如鸣镝，无不洞合机宜”。他经常“在军激扬风义，甄拔士卒，有古烈士风。遇忠孝节烈事，极口表扬，凄怆激楚，使人零涕”。曾对人说：人谁不死，但愿死得其所耳！丰岛日本偷袭中国运兵船事件后，邓世昌“愤欲进兵”，在战略上争取主动，并对部下将士说：设有不测，誓与日舰同沉！以表露其誓与敌人决一死战的决心。

邓世昌为甲午反抗日本侵略者而首次以身拼死、冲击敌舰与舰共沉、为国捐躯、壮烈牺牲的中国海军高级将领，是中国人民首次反抗日本侵略强盗的海军杰出的卫国英雄。他青年时就有强烈的报国卫国之志。投身北洋海军，为人刚直不阿，纪律严格，赏罚分明，深为官兵所尊重。甲午日寇挑起战争，邓世昌力主抗战，曾在属下面前，多次表露“誓与日舰共沉”的牺牲决心。黄海之战，他忠实地履行了自己以死报国、与敌舰共沉的庄严誓言。

邓世昌壮烈牺牲后，李鸿章于1894年10月5日上奏清廷，报请恩恤。奏云：

其力战阵亡之管带大副等，自应先行奏请恩恤，以慰忠魂，致远管带提督衔记名总兵借补中军中营副将噶尔萨巴图鲁邓世昌，经远管带升用总兵左翼左营副将穆钦巴图鲁林永升，致远大副升用游击中军中营都司陈金揆，争先猛进，死事最烈，拟请旨将邓世昌、林永升照提督例，陈金揆照总兵例，交部从优议恤。邓世昌首先冲阵，攻毁敌船，被溺后遇救出水，自以阖船俱没，义不独生，仍复奋掷自沉，忠勇性成，一时称叹，殊功奇烈，尤与寻常死事不同，且官阶较崇，可否特旨予谥，以示大优异，而劝将来，出自逾格恩施，非臣所敢擅拟。

甲午抗日海战后，山东人民群众为了纪念邓世昌与日本舰队浴血奋战、与敌舰共沉而壮烈牺牲的大无畏爱国精神，特在山东成山秀巅峰，为他矗立塑像，建造忠烈祠，让后人永远纪念他的爱国主义精神。我们中华民族的子孙后代，要永远记住这位抗日民族英雄，要永远记住“甲午国耻”，要永远记住日本侵略者在甲午侵华战争中制造的一起起的海深血债，要发扬邓世昌不畏强暴、舍身抗敌的伟大民族精神。

第五节　英勇拼敌抗日殉国的民族英雄林永升及经远舰全体英勇搏敌壮烈牺牲的抗日将士

在甲午海战中，另一位值得纪念的抗日英雄，就是“经远”号军舰管带林永升。

李鸿章于1894年10月5日奏报黄海战争经过时，陈述了经远舰在林永升指挥下，浴血奋战，以一敌四、壮烈牺牲的抗日英勇事迹，奏曰：

经远先随致远驶出，管带林永升奋勇督战，突中敌弹，脑裂阵亡……经远因管带既亡，船又失火，亦同退驶。倭始以四船尾追济远、广甲，因相距过远，折回，乃聚围经远。先以鱼雷，继以丛弹，拒战良久，遂被击沉。

犹幸致远、经远冲锋于先，定远、镇远苦战于后，故能以寡击众，转败为功。

经远管带升用总兵左翼左营副将穆钦巴图鲁林永升……争先猛进，死事最烈，拟请将……林永升照提督例，交部从优议恤。

经远舰在林永升指挥下，全体官兵发扬了英勇抗日、浴血奋战的民族精神，一直战斗到船沉人亡，可歌可泣。日本侵略舰队，以吉野、高千穗、秋津洲、浪速四舰的绝对优势，围攻经远。经远管带林永升临危沉着，奋勇督战，与敌拼搏，“发炮以攻敌，激水以救火，依然井井有条”。

经远冒着猛烈炮火，英勇还击。林永升不幸头部中弹，脑裂牺牲。帮带大副陈荣及二副陈京莹也中弹殉国，在主要将领都已阵亡的危急情况下，全舰士兵仍然坚守战斗岗位，继续发炮击敌，与敌死搏。“经远”连中炮弹，“火势愈烈，烟焰焦天，俄尔舰体逐渐向左舷倾斜”。“左舷舰首向水中沉下。”在船体已经下沉的危急时刻，全舰士兵仍然毫不畏惧，沉着对敌，一直坚持到最后舰首向东，左舷倾覆而全舰沉没。官兵200余人，除16人遇救外，全部壮烈殉国。

林永升（1853—1894），字钟卿，福建侯官人。福州船政学堂驾驶班毕业，曾与刘步蟾、林泰曾、严宗光（严复）等留学英国，学习海军。归国后，在北洋任炮舰管带。1887年，李鸿章在英、德船厂订造的致远、靖远、经远、来远四艘舰船竣工，林永升与邓世昌等奉命出洋接带。林永升任经远舰管驾。他在军中反对肉刑，认为当长官者应以身作则，循循善诱，以其“待士卒有恩，未尝于众前斥辱人，故其部曲感之深，咸乐为之死”。日本挑起战争后，他知海军决战必不可免，“先期督励士卒，朝夕操练，讲求战守之术；以大义晓谕部下员弁士兵，闻者咸为感动”。临战前，林永升下令尽去舰上舢板及舰舱木梯，并将龙旗悬于桅顶，以示誓死奋战。

经远以林永升为首的全舰官兵浴血奋战、壮烈牺牲的抗日爱国英雄主义精神值得我们永远学习、纪念和发扬。

第六节　奋勇拼敌抗日殉国的民族英雄黄建勋、林履中及超勇舰、扬威舰全体英勇搏敌壮烈牺牲的抗日将士

在甲午黄海抗日海战中，管带黄建勋指挥其超勇舰、管带林履中指挥其扬威舰，在超过两倍的日本四艘强舰的围攻下与敌奋勇拼搏，立定誓死杀敌、捐躯报国的抗日决心，最后与舰同沉，壮烈殉国。

日本联合舰队第一游击队的吉野、秋津洲、浪速、高千穗，将超勇、扬威包围猛轰。超勇、扬威在管带黄建勋、林履中的分别指挥下，发炮猛烈还击，奋勇抵抗，炮弹在敌舰上不断爆炸，毙敌并起火。

超勇舰体中弹起火，舰中将士一面扑火，一面继续发炮抗击，“超勇舰体虽已左右倾侧，然犹以前部炮火发射不停”，表现了同敌人血战到底的英雄气概和爱国精神。终因超勇寡不敌众，在敌舰的密集炮火下“舱内中弹起火，旋即焚没”。超勇从海面沉没，管带黄建勋落水，“左一鱼雷艇驶近相救，抛长绳以援之，不就而沉于海”。舰上130余人全部壮烈牺牲。

扬威舰也被敌舰击中起火，全舰官兵在管带林履中坚强指挥下，奋勇杀敌，一面救火，一面发炮还击。舰体“次第下沉，舰面进水。首尾两炮交通已绝而弹药供给又无途径，陷于进退维谷之境”。扬威不得已向大鹿岛方向退却，中途搁

浅。“林履中登台一望，愤然蹈海，随波而没。”1894 年 9 月 18 日，搁浅的扬威号被日舰千代田用鱼雷炸毁。

李鸿章在向清廷的奏报中，要求朝廷对黄建勋和林履中与敌拼搏为国捐躯升衔恤赏，奏曰：

超勇管带副将衔左翼左营参将黄建勋，扬威管带副将衔右翼右营参将林履中，力战捐躯，同堪悯恻，拟请旨各照原官升衔，交部从优议恤。其余阵亡伤亡受伤员弁，应俟查明，奏请分别照章恤赏。

第七节　来远舰靖远舰英勇搏敌壮烈牺牲的抗日殉国将士

甲午黄海抗日海战到后阶段，中国 10 艘应战军舰中，致远、经远、超勇、扬威共 4 艘先后被日寇舰艇击沉，济远、广甲 2 艘逃遁，剩下来远、靖远、镇远、定远 4 艘抵抗 9 艘日舰的攻击。北洋舰队以 4 ∶ 9 的绝对弱势，抗击超过自己 1 倍多的敌舰强势进攻，处境十分困难和危急。

可是，中国 4 艘军舰在强敌面前，不屈不挠，坚持战斗，誓死拼杀，与敌人搏斗到底，决心与敌同归于尽。

来远、靖远与定远、镇远紧密配合，连连发炮轰击敌舰，浴血奋战，拼死抵敌，“苦战多时”，给敌舰以多处创伤起火和人员伤亡。

来远管带与靖远中军左营副将管带叶祖珪，冒着敌舰的猛烈炮火，坚守指挥台沉着指挥，临危不乱，在本舰连连遭到炮击、引起大火、机轮设备被毁的危急中，坚强果断地指挥将士一面扑灭大火；一面向敌开炮还击。坚持到最后舰只被毁严重、实在不能继续战斗的情况下，才撤出战斗，保存了负伤累累的残舰，驶回旅顺驻港，深得中外人士的赞叹。

有关来远、靖远负伤抗敌的事迹，有如下记述。

1894 年 10 月 5 日，李鸿章向清廷奏报黄海之战经过中，记载了来远与靖远的战斗情形，奏曰：

来远、靖远苦战多时，来远舱内中弹过多，延烧房舱数十间，靖远水线为弹所伤，进水甚多，均即暂驶离队，扑救修补。

亲身参加黄海海战的镇远帮办、美籍洋人马吉芬回忆说：

来远后部因敌弹起火灾，火焰熊熊，尾炮已毁，但有首炮应战，舱面人员悉忙于消防，因通气管有引火之虑，亦为解除。机舱热度增至200度，而舱内人员犹工作不息。及火灾消弭之后，机舱人员莫不焦头烂额。

机舱被浓烟充塞，轮机兵均被烟熏迷，三管轮张斌元俯身舱底避烟，得免昏厥，闻战斗钟响，挣扎爬起，双手紧握机关，转轮进退。全舰将士冒着高温炙热，坚守战斗岗位，奋战扑火。机舱人员莫不焦头烂额，双目失明，士兵牺牲10余人，船尾分裂，内舱俱废，铁梁亦被烧弯曲。

来远舰遭到严重破坏，遂与靖远西驶至大鹿岛浅滩附近，灭火抢修。并用舰首主炮轰击追赶之敌。日第一游击队吉野等4艘紧紧尾追，害怕搁浅，不敢驶近，只用炮火遥击，不果而退。来远、靖远灭火抢修后，立即驶回战场，与定远镇远并肩抵敌，坚持续战。

此前，"靖远帮带大副刘冠雄向管带叶祖珪建议，'悬旗董率余舰变阵，绕击日舰；并号召港内诸船艇，出口助战'，叶祖珪从之，代替旗舰升起收队旗，于是，来远、平远、广丙诸舰及福龙、左一两鱼雷艇随之；尚在港内的镇南、镇中两炮舰及右二、右三两鱼雷艇也出港会合，直到海战的最后阶段，定远、镇远两舰'仍有稳固不摇之气概'，又有诸舰复来助战，北洋舰队的声势益振，'竟若能恢复军威，而仍有自主之意'"。

来远、靖远遭到炮弹轰击，损坏严重，特别是来远更甚。在经受如此重创的危亡情况下，来远靖远竟然避开了敌群舰的追击而灭火抢修成功，以遍体鳞伤之舰躯，复返战场；并非常果断灵活地"悬旗董号召港内诸船艇出口助战"，顿时增强了孤单作战的定远、镇远的声势和力量，坚持到最后敌舰不敢再打而先行败退，此来远、靖远之大功也。

战后返回旅顺口，中外人士目见来远伤势如此严重，竟能安然驶回，感到十分惊讶！大奇行船之妙，惊叹不已。

来远管带及靖远管带叶祖珪及舰上全体将士的英勇抗日精神和殉国将士值得永远颂扬和纪念。

第八节　定远舰镇远舰英勇搏敌壮烈牺牲的抗日殉国将士

在甲午黄海抗日海战中，定远和镇远两艘主力舰，起了至关重要的作用，重创日本侵略舰的多发炮弹就是发自这两舰，取得了很大的杀伤效果和对敌舰的威慑力量，日本舰队"畏定、镇二船甚于虎豹"。在黄海海战中，定远舰和镇远舰上的官兵浴血奋战，英勇殉国。他们的抗日牺牲精神永垂不朽。

定远管带右翼总兵刘步蟾、镇远管带左翼总兵林泰曾，是北洋舰队杰出的海军军舰统领。在黄海抗日海战中，虽然海军提督丁汝昌负伤，但刘步蟾代之指挥整个舰队作战。定远、镇远两舰表现了坚定沉着、忠贞不屈、身先士卒、浴血奋战、拼死杀敌的抗日民族精神。

战至最后，北洋舰队仅剩定远和镇远两舰，与日舰本队的松岛、千代田、严岛、桥立、扶桑五舰决战，以 2 ： 5 的绝对弱势，抗击敌寇。

尽管定远、镇远处在敌 5 艘军舰的包围之中，形势十分不利。但定远、镇远的全体将士在刘步蟾、林泰曾的坚定率领下，沉着应战，视死如归，坚决还击。在冒着猛扑过来的炮弹和舰伤人亡的紧急情况下，更加发挥了全舰将士的勇敢牺牲精神，与敌拼杀，决死战斗。

李鸿章在向清廷奏报黄海海战经过的报告中，记述了定远和镇远的英勇奋战事迹。奏曰：

此时仅余定镇两舰，与倭各舰相搏，历一时许，巨炮均经受伤，定远只有三炮，镇远只有两炮，尚能施放，丁汝昌背同各将弁，誓死抵御，不稍退避，敌弹霰集，每船致伤千余处，火焚数次，一面救火，一面抵敌。丁汝昌旋受重伤，总兵刘步蟾代为督战，指挥进退，时刻变换，敌炮不能取准。又发炮伤其松岛督船，并合击其左侧一船，白烟冒起数丈。

犹幸致远、经远冲锋于先，定远、镇远苦战于后，故能以寡击众，转败为功……而邓世昌、刘步蟾等之功亦不可没者也。

8 月 29 日钦定电旨：东沟之战，倭船伤重，镇远、定远各将士苦战出力，著李鸿章酌保数员，以作士气，等因钦此。

日本人川崎三郎记述日舰 5 艘围攻定远、镇远未果时的情景：定远、镇远二舰顽强不屈，奋力与我抗争，一步亦不稍退。我本队舍其他各舰不顾，举全部五舰之力量合围两舰，在榴霰弹的倾注下，再三引起火灾，定远甲板部位起火，烈焰汹腾，几乎延烧全舰。镇远前甲板几乎形成绝命大火。将领集合士兵救火，虽弹丸如雨，仍欣然从事，在九死一生中毅然将火扑灭，终于避免了一场危难。

定远对配备大口径炮之最新式诸巡洋舰毫无畏惧，陷于厄境犹能与合围之敌舰抵抗。定远起火后，甲板上各处设施全部毁坏，但无一人畏战避逃。镇远与定远的配置及间隔，始终不变位置，用巧妙的航行和射击，时时掩护定远，奋勇当先我诸舰，援助定远且战且进。

日舰用望远镜观察到，镇远舰上有一名军官正在"泰然自若地拍摄战斗照片"，表明镇远、定远舰在受到多艘敌舰的包围、炮弹如雨、舰伤人亡的危急形势下，全体官兵仍保持高昂战斗士气和决死决胜的战斗意志。

日本记者桥本海关记述定远炮击吉野时的情景：距离渐近，俄而迅雷轰空，白烟蔽海，忽有炮弹飞落日舰吉野侧，即旗舰定远右舷露炮塔所放也。是为黄海海战第一炮声，盖此炮声唤起三军士气也。

日舰高千穗某尉官记述定远发炮轰击吉野的猛烈场面：定远舰之炮座吐出一团白云，轰然一阵巨响，其30公分半巨弹冲开烟雾，从游击队头上高高飞过，于左舷附近落入海中，海水顿时腾高数丈。

《大东沟海战》记载中国北洋舰队迎战时的猛烈发射炮弹杀敌的情景：但闻大声发于水上，噌吰如钟不绝，而火弹怒发，则海被为沸矣。

亲身在旗舰定远号上参加战斗的英国人副管驾泰莱，在其所著《甲午中日海战见闻记》中，记录了当时定远舰上官兵奋勇抵敌的经过：予晤旗尉伍君，彼乃勇者之一，虽可避入瞭望塔，却舍之而出现于甲板上者也。正当是时，其旁一人中弹倒毙，血染其四周甲板，伍君曰："此之谓文明！此乃尔外国人巧于教导吾人者也！然吾语汝，倘予得免于今日，将力倡国际仲裁之说。"

俄而予觉一红热之铁块触予首，仅擦予肤，未至流血，此为予所历之最濒于危者。然在外之人，死其半也。

我方十寸炮之三巨弹，其一射入日舰松岛之腹内，轰之，唯未沉之。称此弹之功者，镇远舰之赫克曼氏也。

炮台上巨炮继续喷出烟焰及练习用之小弹。众士兵均狞厉振奋，毫无恐惧之态，当予巡视时，一兵负重伤，同侣嘱其入内休养，及予重至此炮座，见彼虽已残废，仍裹创工作如常。

在中部之甲板上子弹屯聚，以供小炮座之用，予过此时，一飞弹贯其中，子弹四散，在此间工作诸人，仓皇奔逃，惧其爆发。时有司炮弹之童子，运一六寸炮弹过此，其一逃避，余一童怒目而立。彼急尽其力之所能，使予知船尾之六寸炮正缺乏子弹，予乃代其同伴执役。彼如膺宠锡，巧笑以报。其后，使予惊讶者，此童之故事，竟采入诗歌。

可怜尼古尔士负伤偃卧。"苦痛欤？"答："否，无所苦痛、唯予知予命毕矣；为上帝之故，勿将予至可怖之铁甲层。听予留此可得观战之处，平安以死。现在君可去尽职，勿以予为念。"彼英国水兵之言如是，予依之，惟先为施止血之手术，予每返视一次，见彼体状愈劣，其后痛不可忍，索吗啡，予之；彼语及其女，及对伊之愿望乃卒。

提督丁汝昌彼折其骨，衰惫甚，或欲抬入舱内，提督拒之；坐于船面之罩架内以观士兵作战，并使士兵得见之。提督坐一道旁，彼伤于足，不能步立；惟坐处可见人往来，见辄望之微笑，并作鼓振之语。予过之，用半通之华语及英语，互相勉励。终乃与作表示同情、崇敬，且钦佩之握手，凄然前行，心中犹念及不幸之丁提督所处地位之可哀。

日人川崎三郎记述定远发炮轰击日舰比睿时的情景：

定远放出之30公分半巨弹击中下甲板后部全部毁坏，三宅贞造大军医、村越千代吉少军医、石塚铸太大主计以下19人被击得粉碎而死。据《比睿舰战斗日志》记载，此炮击毙20人，伤30人。

戚其章记述定远、镇远、福龙轰击日舰西京丸时的情景：

海战开始不久，日舰西京丸即多次中炮。西京丸随日舰本队向右转变时，其右舷正暴露在北洋舰队的前方。定远、镇远趁机开炮，一颗炮弹穿过西京丸的客厅，在客厅和机械室之间爆炸，将气压计、航海表、测量仪器等全部击毁；炮弹还穿过上部甲板，将通往舵轮机的蒸汽管打断，蒸汽舵轮因之不能使用，西京丸被迫发出“我舰故障”的信号。由于舰机损坏，西京丸只得使用人力舵，勉强航行。不久，又飞来一弹，击中西京丸右舷后部水线，立即出现裂缝，渗进海水。

下午2点55分，赶来参战的北洋舰队福龙鱼雷艇见西京丸受伤，便驶近攻击，当驶至400公尺的距离时，福龙先发一鱼雷未中，又对西京丸的左舷发一鱼雷，此时，西京丸已躲避不及，桦山资纪中将见之，惊呼：我事毕矣！其他将校也都相对愕然，目视鱼雷袭击。可惜因相距过近，鱼雷从西京丸舰下深水处通过而未能触及舰体爆发，而向南驶逃。

日人平田骨仙等记述赤城舰遭到定远大炮轰击时的情景：

旗舰定远后部十五公分克虏伯炮弹击中赤城舰桥右侧之四十七公里速射炮之炮楣，打死一号炮手、一等水兵宫本丈太郎及二号炮手、三等水兵椋木繁治；弹片并打穿正在观看海图之坂元舰长头部，鲜血及脑浆溅在海图台上，染红了罗盘针，舰上军官非死即伤。

中国舰队以800米的近距离，开炮猛轰赤城舰，击毙少尉候补生桥口户次郎，打伤海军大尉佐佐木广胜，打死炮手二名，舰身前部下甲板被击坏。“火药库防火队员、唧筒炮员、搜索员等死伤甚多，蒸汽管亦破裂。”大樯被轰击打倒。总共打死十一人，打伤二十人，船上军官几乎都被击毙。

定远发炮重创日本旗舰松岛时之情形有以下记载：李鸿章向清廷奏报黄海海战情况的奏折称：又发炮伤其松岛督船，并合击伤其左侧一船，白烟冒起数丈。

日本人川崎三郎记述：

定远发出之30公分半大炮炮弹，命中松岛右舷下甲板第4号炮位，轰然爆炸，击毁第4号速射炮，其左舷炮架全部破坏，并引起堆积在甲板上的弹药爆炸……霎时如百电千雷崩裂，发出凄惨绝寰之巨响，俄而剧烈震荡，船体倾斜。烈火百道，焰焰烛天，白烟茫茫，笼蔽沧海。死伤达84人，队长志摩清直大尉、分队长伊东少尉死之。死尸纷纷，或飞坠海底，或散乱甲板，骨碎血溢，异臭扑鼻，其惨瞻殆不可言状。俄而大火蔓延舰体，火灾大作，烟焰蔽云，宛然一大火海。舰体水线以下部分被击中数弹，炮手及其他人员蒙受重大损害。

据戚其章考证：松岛在黄海战中共伤亡100余人，其中死者51人，住院后死者2人。指挥发此炮弹之人是定远枪炮大副沈寿堃。

日本人平田胜马记述：

松岛遭击极其凄惨。头、手足、肠等到处散乱着，脸和脊背被砸烂得难以分辨。负伤者或俯或仰或侧卧期间，从他们身上渗出鲜血，黏糊糊地向船体倾斜方向流去，滴着鲜血而微微颤动的肉片，固着在炮身上和门上，尚未冷却，散发着体温的热气。此情此景，已经使人惨不忍睹。但更为凄惨的是那些断骨……这不是普通的小炮弹，而是30公分半巨弹的爆炸。因此，被击中的人自然要粉身碎骨，肌肉烧毁，形迹无存，仅余断骨而已。这些断骨已无皮肉，好像火葬场火化后拾到的白骨。

日本人藤春道生记述松岛被击死亡人数：松岛遭此巨弹，官兵死伤达113人，占全舰定员人数的32%。

松岛舰舰长尾本知道大佐记述：

伊东祐亨舰队司令官见情况危急，一面亲自指挥灭火，一面下令以幸存者、军乐队等马上补充炮手。

日本旗舰松岛遭到沉重的反击，舰毁人亡，炮手死伤殆尽，迫使伊东祐亨山穷水尽，竟将军乐队员等勤杂人员用来补充做炮手使用，实在狼狈之至、处境维谷。松岛完全丧失了继续作战的能力，更无法作为旗舰来继续指挥。伊东祐亨不得不挂起“不管旗”，命令各舰自由行动，并弃松岛转“桥立”为旗舰，“薄暮冥冥，苍烟锁海，云涛杳渺，满目凄然。司令官伊东中将以松岛不堪任战，率幕僚将旗舰移到桥立”。日本人记述了日本侵略者的可耻可悲的下场。

《大东沟海战》记述镇远官兵英勇战斗、炮轰敌舰的情形，写到：镇远开炮极为灵捷，标下各弁兵亦皆各遵号令，虽日弹所至，火势东奔而窜，而施救得力，一一熄灭。

镇远帮办、美籍洋员马吉芬记述镇远官兵浴血奋战情形，写道：

十二时巨炮炮手某，正于瞄准之际，忽来敌弹一发，炮手头颅遽为掠夺爆碎；头骨片片飞扬，波及附近炮员，而（其他）炮手等毫无惊惧，即将炮手尸体移开，另发一人递补照准连续射击。

镇远炮术长幼弟某，来舰访兄，因战机迫切，未即离舰。遂应兄劝，配备于露炮塔上服务，热心勇猛，毫无惧色。战斗中，炮术长身负重伤，扶入舱中，弟向乃兄略事安慰，仍归原处服务。是役，该炮塔人员除乃弟外，无不伤亡。我目睹之两铁甲舰，虽常为敌弹所掠，但两舰水兵迄未屈挠，奋斗到底。

第九节　北洋舰队英勇抗日壮烈牺牲的洋员

在黄海抗日海战中，北洋舰队各舰上的洋员表现了英勇的抗日精神，他们紧密与中国船员一道，同仇敌忾，英勇抗敌，浴血奋战，其中有些人在战斗中英勇牺牲，为反抗日本侵略者、支持中国的正义战争作出了杰出的贡献，包括献出了自己的宝贵生命，中国人民会永远纪念他们，感谢他们、尊敬他们。

阿壁成，德国人，定远舰总管轮。海战中两耳被炮弹震聋，毫不畏避，仍奋力救火。

尼格路士，英国人，定远舰管理炮务。见舰首管理炮火的洋员受伤，急至舰首代司其事。

尼古尔士，英国人，定远舰水兵。泰莱记述其抗日英勇牺牲事迹见前文。

汉纳根，德国人，北洋海军总教习，参加黄海抗日海战，在定远旗舰上参与指挥作战。泰莱记述：汉纳根步甲板上，面带忧思之色。彼预中国要事已久，以智勇著；弥觉责任负担之重。（战斗打响）提督及汉纳根立于飞桥之前……汉纳根在炮台上观察，彼亦是留在甲板上之一洋人，唯彼除示一榜样外，彼当战争开始时即受重伤。

普菲士·余锡尔，英国人，致远舰上洋员。致远舰沉没时他“与之同沉”壮烈牺牲。

马吉芬（1860—？），美国人，北洋海军镇远帮办。参与了黄海抗日海战作战指挥，战后著有《马吉芬黄海海战评述》，记述了北洋舰队英勇战斗，为黄海抗日海战作出了贡献。

泰莱，英国人，定远舰副管驾。参加了黄海抗日作战，亲眼目睹了定远舰上官兵浴血奋战的情景，特别目视致远邓世昌管带驾舰向敌舰冲去欲与敌舰同沉的英勇场景。战后是他首次向外界披露了邓世昌的英勇牺牲事迹。

此外，北洋舰队还有不少参加了黄海抗日海战的外国洋员，他们与中国水兵一起，英勇作战，不怕牺牲，作出了很大贡献。还有在黄海大战前，遭到日军舰只轰沉的运兵船高升号上的许多洋员。由于姓名很难查考，不能留名青史，但他们的抗日援华的国际主义精神，是永垂不朽的。我们中华民族的世代子孙永远不会忘记他们。

第二十三章　辽东保卫战中抗日殉国的民族英雄及英勇牺牲的抗日将士

第一节　据守虎山阻击日军英勇牺牲的抗日官兵

1894 年 10 月 24 日，日本侵略军偷渡安平河口。25 日，大队渡过鸭绿江。日军四面围攻位于鸭绿江与叆河交汇处的虎山。清军总兵马金叙自告奋勇，请命精选奋勇五六百人，前往虎山，登山筑垒，抵御敌军。

日军向虎山发动全面攻击，重炮猛轰，清军拼力抵抗，浴血奋战。日军数次冲锋被击退。日军加强进攻，炮火愈烈。清军奋力反击，不怕牺牲，誓死拼搏。由于清军大队主力已经撤退，虎山守军成了孤军，寡不敌众，牺牲甚为惨重。本次战斗，有 495 名官兵阵亡，英勇殉国。

虎山抗日官兵的拼敌卫国不怕牺牲、浴血奋战的伟大民族精神永垂不朽。

第二节　与敌搏斗壮烈殉国的抗日民族英雄及英勇牺牲的抗日官兵

1894 年 12 月 10 日，清军反攻凤凰城。14 日，日军渡叆河，包围清军宿营的小至村，从三面纵火围烧清军，火势迅猛。清军马队统领永山沉着应战，指挥部队有序撤退疏散。永山亲率部属“据高丘”，“奋斗勇战，坚守阵地”，日军半田隆时大队不能拔之，从而吸引住敌军火力，使清军得以从容有序地撤出包围。

15 日晨，清军退至葱岭，遭到日军三原重雄大队的埋伏袭击。永山率部奋勇抵敌，与兽军力搏，中弹身亡。他“左臂受伤一处，额颅受伤一处，犹复亲持枪械，击毙悍贼数名，督队前进。至洞胸一伤，倒地晕倒，忽大呼而起，弋什扶之，坚不肯退，口喃喃嘱兵勇好辅寿山杀贼而逝”。时年 27 岁。统帅依克唐阿称赞他“死难情形较左宝贵尤为惨烈，其战功亦不相下”。“一时江淮诸将，感叹服不置。”

戚其章《甲午战争史》记述：永山（1868—1894），汉军正白旗人，世居瑷珲。原姓袁，乃明末名将袁崇焕之七世孙。袁崇焕冤死后，其子孙被编入宁古塔汉军正白旗。永山父名富明阿，曾任吉林将军。富明阿死后，永山以荫授侍卫。永山“幼而学文，心识忠义；长而伟武，胸有甲兵”。日本挑起甲午战争后，永山“踊跃请行，誓灭狂寇”，因从依克唐阿军，任马队统领。“大小十余战，阵阵军锋，无不怒马当先，摧坚执锐。有时山路崎岖，马队不得手，该侍卫即下马步战，奋不顾身”。由于永山临敌辄深入，为士卒先，其部下亦皆奋勇敢战，故日人有“深畏马队”之语。这次依军分队进攻凤凰山城时，永山“慷慨流涕，自请独当一面，坚称不取凤凰城，誓不复还”。

在这次反攻凤凰城战斗中，清军官兵浴血奋战，壮烈牺牲者 150 人。

身为马队统领的永山及所有牺牲的官兵，其抗日爱国、为国捐躯的伟大民族精神永垂不朽。

第三节　与敌拼死的抗日民族英雄及英勇牺牲的抗日兵勇

1895 年 1 月 10 日，日本侵略军进攻盖平，盖平陷。清军章高元率部反攻。命令分统广武军统带记名提督杨寿山、分统福字军统带副将李仁党各率兵勇 200 余名“回队顾城”，夺回盖平。福字军帮统游击李世鸿、游击贾君廉、都司张世宝等人从之。

广武军统领杨寿山等部在盖平南门上与日军展开激烈的争夺战。

杨寿山率部猛扑南门，枪炮齐发，轰射敌军。杨寿山指挥所部英勇奋战，与敌拼搏。杨寿山深入敌阵，短距离冲杀敌人，“透过贼队，毙贼数十人”。这时他已被敌隔断与大部队的联系。杨寿山“步行闯出，血渍襟袖皆赤”。最后壮烈殉国。

杨寿山，字人杰，湖南人。1866 年投嵩武军。中法战争后升任广武军统带。1894 年冬奉命援辽，“拔队启行，过其寓而不入”。杨寿山不允其养子要其稍驻以安置家事的要求，并斥之曰：此何时！尚暇顾家？言毕“即扬鞭径去，部曲为之感泣”。军至盖平，即与日军接战，“设伏迎剿，屡有斩获”。

福字军统带李仁党，在此次争夺盖平南门的战斗中，“奋勇争先，高呼杀贼”，“中子殒命”英勇牺牲，壮烈殉国。他在防守盖平期间，率军登上盖平城东 30 里的牵马岭，不顾“冰雪盖地，不避严寒，与士卒露宿山顶十余夜”，“屡次击退敌人骑队”。

福字军帮统李世鸿，在盖平争夺战中，率队奋勇杀敌，浴血搏斗。统带李仁党阵亡后，李世鸿愤恨填膺，继续指挥战斗，全队兵勇牺牲殆尽。而李世鸿越发奋起与敌搏战，他拔出靴中短刀，勇猛冲入敌阵，砍杀数敌，终于寡不敌众，壮烈牺牲。时人赞颂他“不以无阶位故，缩纽偷息玷主者名。死事之烈可壮士气”。

李世鸿（1842—1895），字海珊，安徽合肥人。1874 年，随章高元渡台，以功保都司，加游击衔。中法战争起，刘铭传檄章高元援台，李世鸿以偏将从。“基隆之捷，世鸿在行中，殊憨战。他曾于夜半率队‘攻敌后营，踏破之，夺还炮垒，获法国军旗与其他器械甚伙’以功升游击。1887 年，章高元赴山东，令管带广武营。甲午战争爆发后，李世鸿任新募福字军帮带，奉命援辽。行前，驰书诫其子‘善事祖母’。并称：今当前敌，生死置之度外！移驻盖平后，多次出队击敌。及乃木混成旅团来攻，东路敌军陷城，李世鸿随李仁党带队奋击。”

游击贾君廉、都司张世宝，也都在此次盖平争夺战中，奋勇抵敌，浴血拼搏，不怕牺牲，身先士卒。最后不幸阵亡殉国。

在此次盖平争夺战中，清军兵勇死伤 700 余人，其中营官以上阵亡 5 人，哨官以下员弁牺牲 19 人。他们卫国抗日、壮烈殉国的伟大爱国民族精神，永世不朽。

第四节　反攻海城英勇牺牲的抗日民族英雄及英勇牺牲的抗日士兵

盖平失陷后，清军决定反攻海城，夺回海城。从 1895 年 1 月 17 日开始，至 2 月 27 日止，在一个多月时间内，清军先后组织了五次反攻海城战役，皆不克而失败，但每次战斗都非常激烈，给敌予较大杀伤。清军英勇进攻，不怕牺牲，浴血奋战。五次反攻战役清军阵亡及负伤人数共 2400 余人。

第一次反攻海城，时间在 1895 年 1 月 17 日。清军反攻部队共 2 万余人。经过激烈战斗，打死打伤日侵略军 45 人。清军牺牲近 100 人。反攻失败。

第二次反攻海城，时间在同年 1 月 22 日，清军参战部队与第一次相同。分两路向海城进击。至战斗停止，清军伤亡 600 余人。其中“哨官周绪科炸去头颅，立时阵亡；营官左世荣被铅子透出；哨官穆泰和、万金彪、葛永仁各受重伤”。反攻失败。

第三次反攻海城，时间在同年 2 月 16 日。清军参战部队共有 63 个步兵营，24 营 6 哨马队及 4 哨炮兵。清军向日军发起攻击，日寇顽抗，清军被阻。经激战，清军伤亡 200 余人，反攻失败。

第四次反攻海城，时间在同年 2 月 21 日，参战清军在原有基础上，再增加 8 个营兵力，分三路反攻，猛放枪弹和炮轰，向敌阵地冲锋，日寇重炮反击，清军伤亡200余名，此次反攻最终又告失败。

为了策应第四次对海城的反攻，清军于攻击海城的同日进逼太平山，以切断日军盖平与海城之间的通路和盖平通营口大道。同年2月24日，日军发起对太平山的总攻，清军顽强还击，奋勇血战。战斗从早晨一直持续到晚上，清军前仆后继，与敌搏战，杀敌270余人，雪地作战，冻伤敌约3000人，而清军伤亡也达500余人，其中阵亡400余人，是四次反攻海城中伤亡较惨重的一次。管带后军左营守备赵云奇奋勇抗敌"中炮阵亡"。

第五次反攻海城，时间在同年2月27日。清军分三路合攻海城。在反攻中，湘军副将衔参将营官刘桂云，率队奋勇当先，"欲乘势争山（唐王山），麾兵自沟中入"，不幸身中敌炮，壮烈牺牲。刘桂云"平日治军严整"，"临阵争先，奋不顾身"，有"良将"之称，对其牺牲，时人深表惋惜，此次反攻行动，不克而止。

清军五次反攻海城未得手，日寇转守为攻。1895年2月28日，日军由海城出发，目标取牛庄。先后攻占大富屯和沙河沿、长虎台、东西烟台，清军"力与相持，枪炮互轰，声震天地"。双方激战，清军浴血拼敌，毙敌95人，自身伤亡六七百人。

在多次反攻海城战役中，卫国抗日、壮烈殉国的清军官兵，其英勇抗日、不怕牺牲、前仆后继、战斗到死的伟大抗日爱国民族精神永垂不朽。

第五节　牛庄保卫战中拼死抵敌的抗日民族英雄及英勇牺牲的抗日弁勇

王芸生《六十年来中国与日本》中的记述摘录：1895年3月4日，日军分三路钳攻侵入牛庄，魏光涛部威武军进行了英勇顽强抵抗，伤死十分惨重。姚锡光《东方兵事纪略·辽东篇》记述：倭已入市。威武左营营官提督余筹武，坚扼市口，死之，弁勇殉者三百余人。于是弁勇驻近西市者，得乘间出，其驻东南北三面者，为倭兵所围，不得出，据民舍搏斗。

戚其章《甲午战争史》的记述摘录：日军攻入牛庄市区，清军依土墙及房屋墙壁射击抵挡。"伏河沟间，恃土墙为障，诱贼及近"，即"穿铳于屋壁，装填无烟火药以击，或备速射炮于凸角部，以急射炮邀击，如骤雨一时来注"。予敌以重大伤亡。双方激战，枪炮声如百雷齐鸣，震耳欲聋。

清军英勇抵敌，"环击毙贼甚伙"。打死日军中以"勇敢著称"的少佐今田唯一。日军疯狂反扑，清军"马步肉搏鏖战"。"前营龙总兵恩思顶头及足重伤，扶送附近民房躺卧，所部仍抵死拒战。后营罗副将吉亮，伤及足，帮带魏游击极富阵亡。罗副将督战不休，裹入贼围，仍于枪林弹雨中冲出阵地。”清军奋勇战斗、浴血拼搏，毙敌甚众。敌18联队长佐藤正大两次负伤被抬下战场。

牛庄守卫战非常惨烈，清守军将领魏光涛在奏折中报告云：

左、右营接战，中营继之。贼以排枪炸炮抵死抗拒，弹如雨点，我军以劈山炮洋枪对击。士卒中弹者如墙而倒，前虚后进，贼之为我击毙者尤众。故伤亡虽多，士气仍壮，纵横荡决，力不稍疲。左营余总兵福章中伤坐地，犹持刀督战，随复炮中要害阵亡。右营沈提督宝堂两臂中弹皆折，帮带陈参将胜友战死。中营总哨弁亦伤。士卒伤亡犹众。忽贼另支围我驻扎之所，前后受敌。本前司（魏光涛自称）亲督死拒，无奈贼党愈积愈厚，伏首钻进，炮雨横飞。大营肖总兵有元中炮伤重，左哨、右哨、正（哨）、副哨弁登时阵亡，卫队哨弁重伤，亲兵伤亡过半，万难力遏，突围且战且退。

日军四路冲入牛庄市区，清军据街房进行巷战。“据民家矢死坚守，不能辄拔，日兵死伤颇多。”清军据屋死守，肉搏敌人。在东北区，清军隐入一家烧酒店，射击敌人。“最顽强，无屈色。”日兵将烧酒店团团围住，多次冲锋均被击退。日军用炸药将墙体炸裂冲入，店内清军全部壮烈牺牲。在西北区，部分清军据一所民房坚守，日军“欲破其门，清兵以铳狙击，且门壁坚牢不能破。适有放火西面者，内藤新一郎大队亦烧其旁近家屋，猛烈火焰起于二方，清兵尚无屈色。日军即欲穿外围墙壁以入其内，清兵从射益力，不能进。因又穿一大孔于家屋外壁，开路而入，清兵已退居内壁：内壁亦坚固，不可辄破。日军山炮用之乱击，壁内西面火延及火药局，爆发数声”，火焰将这座民房吞没，屋内清军全部壮烈牺牲。

李光久率湘军5营2哨回援牛庄，被日军围困，犹奋力击敌。清军“一进街口，即与该贼巷战，毙贼无数，败出街外，前贼败退，后贼纷来，枪炮雨密。贼又从两旁拥出，纷纷击犯，勇与贼几莫能辨。血战竟日，各街口被贼纵火，断我出路”。后营管带谭桂林冲至海神庙前，忽遇大股日军自教堂蹿出，“头中炮子，登时阵亡”。左营管带提督贺长发伤腹甚重。前营帮带提督邓敬财“督队力争，胸膛中炮阵亡”。中营游击王得志“右手重伤，犹往复力战，旋即阵亡”。知县黄光楚、云骑尉谢克松等，各率亲兵往来策应，俱力战阵亡。此外，受伤阵亡者无数。魏光涛和李光久率残部突围，又遭日军追击，续有伤亡。李设埋伏于村庄胡墙内，毙（伤）敌数十人。

入夜，日军逐家搜索，令“夜间攻击，只准使用刺刀”。“因停止炮击，执剑挨户搜索，杀人无数。尸积如山，尸山之间流出几条浑浊的血河。路旁伏尸相枕。”日军对牛庄实施豺狼野兽的大屠杀，据日方事后调查，这次屠城，共残杀中国军民 2100 人，其中 1/3 是市民百姓。

在牛庄保卫战中壮烈牺牲的清军官兵及市民，其抗日爱国精神永垂不朽。

第六节　田庄台战役中英勇抗日壮烈殉国的民族英雄及英勇牺牲的抗日官兵

1895 年 3 月 9 日，日军第一军两个师团和第二军一个师团的主力部队，约 2 万人马和 109 门大炮的兵力，向田庄台仅及日军 1/4 兵力劣势的清军，发起猛烈进攻。清军严阵以待，进行阻击。双方激战，炮声震天。清军殊死奋战，抵抗比自己强大 4 倍兵力的敌人。统帅宋庆“见事急，躬亲驰回督战。所乘之马亦中炮毙，易马督战，军皆思奋”。但寡不敌众，“贼已据险，抵敌不住”。新毅后军前营营官副将唐宗远、后营营官兰翎、千总何占魁“奋勇督战，中炮阵亡”。清军难支，不得不令撤退。

日军从三面突入田庄台市区，许多清兵来不及撤退，而退入民房防守。日军第一军司令官野津道贯，兽性大发，命令纵火烧城，到处放火，一时全市区火光冲天，黑烟笼罩全城。火越烧越大，火舌迅速向四面席卷，火乘风势，烧了整个晚上，一直烧到第二天早上。“这座数千居民的繁华市镇最终成了一片焦土。”“田庄台的居民和未撤退的清军，大都葬身火海之中。”

在田庄台保卫战中，清军牺牲 2000 余人，还有无数市民百姓也被打死烧死。可是，清军的英勇奋战，使处于非常劣势的清军，仍然给了野兽以重创，击毙日兽军 160 余人。

田庄台战役壮烈殉国的清军官兵的抗日爱国民族精神永垂不朽。

第七节　金州保卫战中不屈不挠壮烈殉国的抗日民族英雄及英勇牺牲的抗日官兵

日本侵略军第二军，于 1895 年 10 月 24 日开始至 11 月 6 日，在位于今天中国辽宁省大连市庄河县明阳镇的花园口村偷偷登陆，入侵中国领土辽东半岛。金州守将副都统连顺数书盛京将军裕禄求援，书信写道：

倭军逼近，局势日紧，金州恐难固守……故驰书沥陈，恳请速派将领前来主持，以保金州。

连顺特派都统府幕下王某前往送信，王某化装从间道而去，不幸中途被日军拘捕。日军“始以柔语诱之，继以酷刑拷问，王君坚不吐实。后搜出文件，知事败，义不苟生，大骂敌人，头触石墙”，壮烈牺牲。

1894年11月4日，日军侵陷刘家店，直犯金州。清军在台山、炮子山阻击敌人，英勇杀敌，奋不顾身。经过激战，打死日军大尉大野尚义和两名士兵。日军增加兵力猛烈射击，清军拼死抵战。老炮手牟道良“右腿受伤，血流如注，却不顾性命，夺枪杀敌。终因右腿流血过多，昏迷于血泊中”而壮烈牺牲。

同年11月6日，日军进攻金州城，清军“殊死防战”，“同知谈广庆被炮坠落城下，两腿受伤甚重”。“连顺率领旗民、地方官竭力堵守，连顺衣被枪洞穿，守城兵丁均被轰死，并于巳刻将城墙东西轰塌。”日军冲进城内，清军进行巷战，与日军展开肉搏，一哨清军除“14名残伤被俘外，余皆壮烈牺牲”。

金州保卫战打死日军13人，打伤1人。清军阵亡数十人，“伤者不下百余名”。

金州保卫战中，英勇抗日壮烈殉国先烈们的抗日爱国民族精神永垂不朽。

第八节　宁死不屈的抗日爱国塾师阎世开

戚其章《甲午战争史》记述：日军于七日向大连湾进攻时，一路上没有遇到任何抵抗，行进极为迅速。日军行至三十里堡迷路，令塾师阎世开为之引路，被拒绝。日本军官以死相威胁。阎世开痛骂敌人，奋笔书曰：

“宁做中华断头鬼，勿为倭奴屈膝人！”书毕慷慨就死。时人作歌吊之：“刀边骂敌怒裂眦，掷笔甘就刀头死。心肝攫出泣鬼神，淋漓血染山河紫。”

阎世开，字梅一，金州城南三道沟人。家境贫寒，世代教书。本人在金州城南三十里堡为塾师。壮烈牺牲时年38岁。

第九节　殊死抗日壮烈牺牲的民族英雄及辽东的抗日英雄人民

日军侵入辽东之后，广大的人民群众纷纷起来，保家卫国，英勇杀敌。他们与日军斗争的英雄事迹到处都有。仅举几例。

青年壮志陈宝财，出生在金州城东曲家村。甲午日本侵华，“他组织45人，号‘红枪帮’，均练武功。日军到皮子窝，正值11月3日日本的所谓‘天长节’，大过其节。接着派遣日军支队斋藤德明少佐率步兵第十五联队、骑兵第一中队和工兵第一大队杀到亮甲店、陈家店，转刘家店北方高地。这时，陈宝财率领红枪帮，埋伏在凤凰山下落凤沟内，乘敌不备，把日军杀得落花流水。杀敌之后，退藏落凤沟内。日军无奈，用大军围困，以陈宝财为首的45名烈士，因绝粮而牺牲”。

高武，金州人，以他为首组织了一个“锄头队”。“当日军占据皮子窝时，农民高武组织碧流河一带800多户农民，扛起锄头铁锹，袭击日本兵营，杀死许多日兵，高武和一队农民在战斗中牺牲。”

金州城沦陷的第二天，日军大肆烧杀抢掠，强奸轮奸妇女。城中西街一曲姓人家，男的都随清军走了，剩下姑嫂姐妹五人和一个小孩儿。日军对五姐妹欲行强奸，“姑嫂五人拿起菜刀剪刀杀敌，然后连同孩子一起投入宅院井中而死”。后人作诗悼念，曰：曲氏井，清且深，波光湛湛塞潭心；一家十人死一井，千秋身殒名不沉。

王芸生《六十年来中国与日本》第二卷记载：小平岛娘娘宫住持圆明老和尚，是个爱国的有学问的高僧。当敌军攻到皮子窝时，他就向乡民讲说明代倭寇犯金州望海埚和刘江杀敌的故事，劝大家不要跑，准备齐心杀敌。当日军杀过青泥洼、沙河口，进入小平岛时，他端正衣冠，坐在禅堂，日军来到，大骂倭贼。日军将圆明老和尚绑起，燃木柴烧死。他在熊熊烈火中，还痛骂敌人。

住在旅顺南山陈家屯的陈永发，以织布为生，人称二机匠。日兵杀抢到他家，他隐身暗处，待日兵探头而入，他便手起斧落，杀掉许多凶神恶鬼，自己最后被杀。

在旅顺南山岗火神庙前，开设打铁炉的苑铁匠，身高力大，手持大铁锤，打死几个日本兵，力战而死。

这些人，对敌人都是敢恨敢杀，最后敢于一死。

殊死抗日、壮烈牺牲的辽东英雄人民的抗日爱国民族精神永垂不朽。

第十节　旅顺保卫战中英勇牺牲的抗日官兵

1894年11月17日，日军向旅顺进犯，清军在通往旅顺必经之路的土城子设防，严阵待敌。日军逼近土城子，清军在距日军约有1000米距离的山顶上，向日军发起进攻，将日军中队长浅川敏清从马上击落扑地。双方激战，日军抵挡不住而突围逃跑，清军紧迫不舍，敌军被困。打死打伤日本兵46人，其中死亡者有小队长中万德次及以下官兵11人，伤者有中尉三谷仲之助、骑兵尉浅川敏靖及以下35人。土城子之战，是甲午日军侵华战争以来，清军取得的第一个胜仗。清军有一定伤亡。

日本侵略军集中兵力，于同年11月19日逼近旅顺，清军沿大道迎击日军。战斗惨烈，清军英勇奋战，前仆后继，在石咀子“部卒死者百余人”。

在椅子山、案子山战斗中，双方激战，“百雷齐下，大有天崩地裂之势”。“日军逼近炮台，双方枪剑相交，清军投下大石头，并掉转枪口上下射击，敌我双方混战在一起。混战中7名清军战死。7时35分，椅子山炮台失守。案子山、望台两炮台，以及其他山麓小丘上的前军左营，几乎同时被攻陷。”

松树山、二龙山、东鸡冠山等炮台，在经过激战后，相继失守。

旅顺保卫战中，清军伤亡约2500人。又称战死和“途中被击杀的合计总数达8000多人，或者也许不止此数”。

旅顺保卫战中，英勇抗日壮烈牺牲的清军官兵的抗日爱国民族精神永垂不朽。

第二十四章　威海保卫战中抗日殉国的统帅将领及英勇牺牲的抗日官兵

日本侵略军进犯山东半岛威海卫，以百倍的疯狂和野兽般的贪婪，陆海夹攻消灭北洋舰队。英勇的威海海陆军进行了坚决抵抗，他们在强敌面前不屈不挠，不怕牺牲，英勇战斗，奋勇杀敌。在面对十恶不赦、万分凶毒的日本野兽面前，涌现了无数舍身抗敌、英勇牺牲的抗日英雄，表现了伟大的中华民族抵抗外侮的坚强的民族精神，在中国人民抗击日本帝国主义的抗战史上，留下了非常光辉的篇章。拼死抗日、壮烈牺牲的英烈们永垂不朽。中国人民世世代代都要永远纪念他们，永远不要忘记这段极为悲壮的抗战历史，永远不能忘记甲午日本侵华的这段国耻史，永远记住日本侵略者制造的这深海血债。

第一节　艰苦卓绝誓死拼敌与舰队同归于尽壮烈殉国的抗日民族英雄海军统帅丁汝昌

丁汝昌（1836—1895），中国清军北洋舰队提督。安徽省庐江县人。

自幼家境贫寒，少年时参加太平军。1861 年头领降清，丁被编入清军。历任参将、马队营官，积功升任总兵。1879 年进入北洋海军，任炮监操练。1888 年升任北洋舰队提督。

威海卫是中国海防大门，是中国北洋海军基地，建有非常坚固之炮台。但是，炮台后门脆弱，陆路防守单薄，这是威海卫海防的最致命的弱点。日本侵略者深知，如用舰艇由海上进攻，很难攻得破。因此，日军仍然按取旅顺海防之故技，选择从荣成湾登陆，从陆路攻破威海卫各炮台后门；再用军舰封锁海面，陆海夹攻。此计毒狠，果然得逞。最终威海卫全部炮台被日军占据，北洋海军彻底覆灭。

在保卫威海卫的战斗中，身为北洋海军统帅的丁汝昌，在日军陆海围困、腹背夹击的十分严峻的军事态势下，以极大的坚定性和顽强的毅力，沉着迎敌，指挥战斗，鼓舞士气，战胜困难，团结全舰队官兵和海防各炮台的守军，发扬了伟大的抗日爱国精神，奋勇抵敌，浴血拼搏，坚持抗击日本陆海侵略军的围攻。

丁汝昌早就下定了“以死报国”的决心。“于未被困之前，已派员将水师文卷送烟（台），誓以必死。”并向李鸿章表示“惟有船没人尽而已”。并对人表示“自顾衰朽，岂惜此躯”。

丁汝昌坚决拒绝了日本的“劝降”阴谋。“腊尽之日，伊东托英舰持劝降书至威付丁提督（汝昌），丁置不报。”

日军由荣成湾登陆、即将侵犯威海卫时，丁汝昌分析了形势，认为北洋舰队“若远出接战，我力太单，彼船艇快而多，顾此失彼，即伤敌数船，倘彼以大队急驶，封阻威口，则我船在外，进退无路，不免全失，威口亦危；若在口内株守，如两岸炮台有失，我船亦束手待毙，均未妥慎”。针对如此严峻形势，丁汝昌提出“依辅炮台，以收夹击之效”的防御方针，并提出具体作战方案：如倭只令数船犯威，我军舰艇可出口迎击；如彼船大队全来，则我军舰艇均令起锚出港，分布东西两口，在炮台炮浅水雷之界，与炮台合力抵御，相继雕剿，免敌船驶进口内；即使陆路包抄，南北两岸师船尚可支撑攻击彼船。

这个方案的核心是：依辅炮台，海军灵活出击，水陆夹击敌舰。

丁汝昌清醒地看到，要实现此方案，必须坚固后路防御，从陆路堵住敌人，则港内海军可保。丁汝昌提出了一个“游击有兵”的陆路防守的积极方案。他认识到：威海陆路“地阔兵单，全恃后路游击有兵，以防抄袭，方能巩固”。

可是，掌握北洋海军和威海海防决定大权的李鸿章和山东巡抚李秉衡，对威海海防后路并无重兵，又少兵分散把口，到威海危急时，干脆就不派兵救援，这就注定了威海海防必遭全毁、北洋舰队必遭覆没的灭顶命运。后路“游击无兵”是威海失败的关键。

丁汝昌还提出要“主动出击”的积极防卫主张。日军登陆荣成湾时，丁汝昌立即向李鸿章要求出海主动出击。他说：于其安坐而待困攻，曷若偕师而起，迎头痛击。丁汝昌主动出击的主张，与清廷的主张不谋而合。在荣成湾登陆的第三天（1月22日），清廷电令李鸿章：刻下贼已登岸，必将猛扑威海。闻敌人载兵皆系商船，而以兵船护之，若将定远等船齐出冲击，必可毁其多船，断其后路，此亦急救之一策。著李鸿章速筹调度为要。第二天，又电李秉衡：现在贼踪逼近南岸，其兵船多只，难保不闯入口内，冀逞水陆夹攻之诡谋，我海舰号少，而铁甲坚利，则为彼所无，与其坐待敌，莫若乘间出击，断贼归路。可是，李鸿章腐朽昏庸，畏战龟缩，他仍然顽固地坚持所谓的“避战保船”、困死待毙的错误对策，顶上压下，电令丁汝昌“不许出战，不得轻离威海一步”“如有违令出战，虽胜亦罪”。正是李鸿章的这个罪恶命令，使日军在毫无抵抗的条件下，轻易地由荣成湾登上陆地。事后，日本联合舰队司令官伊东祐亨，从反面印证了丁汝昌意见的正确性。伊东祐亨说：当时如能实行丁汝昌之意见，我军登陆甚属危险。如丁亲率舰队前来，遣数只鱼雷艇对我进行袭击，我军焉能安全上陆耶！

当背后陆路被包抄，南帮炮台即将沦为敌手的危急时刻，丁汝昌果断地决定，立即炸毁南帮各炮台，以免落入敌手为敌所用，贻害无尽。丁汝昌将此意见告诉了总统绥巩各军、督办威海海防“无将略”的道员戴宗骞。丁说：倭若由后路抄来，此台即为前敌……此台万难守。与此同时，上报李鸿章，电云：南岸龙庙咀炮台守兵单薄，敌若由后路抄入，此台难守，则刘公岛水师受敌。丁汝昌的炸台主张遭到了戴宗骞和李鸿章的坚决反对，并受到李鸿章的严厉申斥。丁汝昌没有想到，戴宗骞竟然将此举诬陷丁汝昌“畏敌”，向李鸿章诬告丁汝昌，说：威并未见敌，而情如此。李鸿章既不认真分析，又不作实战调查，竟听信戴的一面之词，立即发电申斥丁汝昌“系戴罪图功之员，乃胆小张皇如是，无能已极”，命令：如不战，轻弃台，即军法从事。在上下如此严厉的反对声中，丁汝昌不得不将已经卸下来了的炮台大炮机件，重新又安装了起来，只好“待守兵撤退时，遣敢死队往毁”。这一等待，却贻误了时间，使炮台未能及时全部毁掉，汉奸得以从中破坏，以致炮台大炮落入敌手而以我炮击我，给我军造成很大伤亡。“至时，敢死队往，几为守兵所杀。及彼等退尽，则台中原备毁炮用之电池已破碎，其电线亦被割断，盖汉奸之所为也。因日兵进迫，拆毁之工作未得完全。”使得“日人据龙庙咀台，以二炮击我舰”。接着鹿角咀炮台失守。丁汝昌派出来远、定远两舰，发炮将被敌占据的龙庙咀、鹿角咀二炮台击毁。

南帮炮台三失其二即龙庙咀和鹿角咀，只剩下皂埠炮台，也即将失陷。丁汝昌派敢死队去炸毁，遭到总兵刘超佩的抵制，不准敢死队进入炮台。敌将占台，刘超佩弃台逃走，守军仍奋勇抵抗，全部牺牲。丁汝昌再次派敢死队前往炸毁炮台，点燃地雷引线，地雷轰然爆破，“炮台突时坍塌”，使攻入炮台正在悬挂日本旗的日兵“飞入空中”。“舰急退，而巨石盘空下，当泊艇处。坠水激波，入空际，退稍缓，人艇并碎矣！”前往爆破的25名敢死队员仅8名回到鱼雷艇上，“余尚未知下落”。对此猛烈爆炸之壮烈场面，使在威海口外“观战”的英国海军官兵，莫不感到“其举动实足惊心动魄”。

日军攻陷南帮炮台后，紧接着进攻北帮炮台，丁汝昌亲往北帮炮台，下令立即毁台。“及药炸，声震山谷。复率弁勇偕往西岸毁炮，并将屯药库燃炸，火延数昼夜始熄。”“丁提督又尽毁港内民舟”免资敌用。

在日军切断陆路后路、炮台即陷敌手的危急形势下，丁汝昌炸毁炮台的主张是非常正确的。由于此举遭到阻挠而耽误了时间，以致炮台没有彻底破坏就落入敌手，被敌利用来轰击北洋舰队及刘公岛和日岛，造成清海军的巨大伤亡。北洋舰队的主力舰“靖远”，就是日军由已占炮台发炮击沉的，还造成其他舰艇和人员的大量伤亡。日岛之被轰毁不守，也是日占炮台发射的火炮所致。对这种情况，丁汝昌给刘含英信中说得很清楚。信云：

倭连日以水陆夹攻……水师二十余艘，加以南岸三台之炮，内外夹攻我船及岛。敌施炮弹如雨，极其凶猛。我军各舰及刘公岛各炮台，受敌弹击伤者尚少，被南岸各台击伤者甚重，官弁兵勇且多伤亡。是日（公历2月7日，夏历正月十三日），日岛之炮台及药库均被南岸各台炮火击毁，兵勇伤亡亦多，无法再守，只得饬余勇撤回。当南岸未失之前，昌与张文宣等曾挑奋勇，备事急时即往毁炮。讵料守台官既不能守，又不许奋勇入台。又竟以资敌、反击船岛，贻害不浅。此船、岛所以不能久撑也。南北各岸，极其寥落，现均为敌据，且沿岸添设快炮，故敌舰得以偷入，我军有所举动，敌及对岸均能见及，实防不胜防。

从丁汝昌的信中可以看出，未能提前彻底炸毁南帮炮台及大炮，是北洋舰队遭到覆灭的非常重要原因之一。

南帮炮台与北帮炮台失陷后，只剩下刘公岛及日岛两座孤立的炮台，形势特别严重，日军加倍陆海夹击，弹如雨下。丁汝昌并未气馁，他越发奋起抵敌，坚持战斗，指挥北洋舰队官兵，继续英勇拼搏。丁汝昌坚定了与敌拼死的决心，他身先士卒，站立在舰头上指挥战斗。“彼非畏死者，日来我舰攻敌炮台时，彼恒挺身外立，冀阵亡也。”他指挥舰船，猛发炮弹反击日军，“其炮火之激烈，殊不下于黄海海战时也”。在丁汝昌的指挥下，北洋舰队和刘公岛的广大抗日爱国官兵，同仇敌忾，浴血奋战，给敌人以很大杀伤：

击毙日酋大寺安纯少将。日军进攻摩天岭，守军奋勇抵抗，全部壮烈牺牲。丁汝昌指挥北洋舰队，向摩天岭炮台发炮猛烈轰击，打死刚登上摩天岭的日军第六师团第一旅团长大寺安纯少将。这是在甲午抗日战争中第一名被击毙的将军级别的日本侵略军高级将领。与此同时，打死一名日本随军记者远藤云飞。

击伤日军联合舰队的旗舰“松岛”。“由左舷舰首200米之海中跳越而来，经前舰桥，贯穿烟囱。因之航海长高木英次以次士官三人受重伤。”

击伤日本“吉野”舰。“击碎速射炮盾及第2号舢板，破坏舰上甲板舱室并传命管数条，死士兵2名，伤士兵5名。”

击伤日本“秋津洲”舰。秋津洲“中野炮弹数发，碎片纷飞，士兵即死数名，伤数名”。

击伤日本“桥立”舰。

击伤日本“扶桑”舰，打死日本士兵2名，打伤5名。

击伤日本“筑巢”舰，打死日本官兵3名，打伤5名。

日军在北洋舰队及刘公岛、日岛炮台的勇猛抵抗下，阴谋采取了“偷袭”战术。用鱼雷艇在深夜断开横档，偷进港内，暗中袭击北洋舰艇，2月4日深夜，北洋舰队旗舰“定远”被击中；2月6日，来远、威远、宝筏（小艇）又被击沉。“来远中雷后，五分钟即沉没，兵员大部殉难，得救者仅二三十人。威远死者亦多。”

2月7日晨，北洋舰队所有鱼雷艇集体冲出逃遁，被日本舰队追歼。

当天，丁汝昌立即写信给刘含英。信中写道：十三日（公历1895年2月7日）晨，敌全力攻扑东口，炮声一响，我小艇十只畏葸，擅由西口逃出西去，倭分队尾追，被其获去九只，全被击沉。以我舰资敌用，其害与南台同。自雷艇逃后，水陆兵心皆形散乱。各艇既不得力，且复擅逃。其官弁等人必由浅沙登岸，务请各帅严拿正法。

鱼雷艇集体逃遁，对丁汝昌是一次严重的打击，给原来已经非常糟糕的形势，雪上加霜。在此千钧一发之时，丁汝昌还是没有放弃希望。他朝夕急盼援兵到来解围。就在鱼雷艇逃遁的这一天，丁汝昌以他自己和牛昶昞、张文宣三人的名义，联名致密函烟台刘含英，谓：昌等现唯力筹死守，粮食虽可敷衍一月，唯子药不允，断难持久，求速将以上情形飞电各帅，切恳速饬各路援兵，星夜前来解此危困，以救水陆百姓十万人生命，昌等感大德矣！

2月8日，日军水陆夹击，北洋舰队“靖远”舰伤亡40余人；2月9日，在炮战中靖远中弹，“左舷破了，炮弹穿过了铁甲板，又穿过了右舷船首，于是船头先沉了下去”。“弁勇中弹者血肉横飞入海。”丁汝昌极愤慨，与靖远管带叶祖珪，指挥伤舰去与敌拼死。“特起锚，愈益接近鹿角咀台，欲肉搏该台，取得牺牲之代价。”而舰身已在下沉。船沉时，丁汝昌与叶祖珪“意与船俱沉，乃被在船水手拥上小轮船”，被抢救上岸后，丁汝昌叹日：天使我不获阵殁也。

2月9日凌晨，丁汝昌、刘步蟾下令，将已受重创的“定远”旗舰爆炸全毁，以免资敌。定远舰于1895年2月5日凌晨被敌鱼雷艇偷袭击中，驶移浅滩上。“朝潮退，舰深陷泥中，水渐入，至下午，炉火灭。”定远中弹，管带刘步蟾极其悲愤，准备与舰同亡，他沉痛自责：身为管带，而如此失着，实有渎职之罪。今唯一死谢之！丁汝昌劝慰：此乃余之罪也，切莫存此念。定远炸毁的当晚，刘步蟾自尽身亡，以身殉国。丁汝昌深为悲痛。

此时，一个投降阴谋正在暗地里紧张地酝酿中。一小撮洋员勾结一些无耻将领，暗中决定威逼丁汝昌投降。2月9日深夜2时，洋员泰勒同瑞乃尔谒丁劝降，

“说明现在之境地，并劝其可战则战，若士兵不愿战，则纳降实为适当之步骤”。当即遭到丁汝昌的严词斥责，他坚决表示：我知事必出此，然我必先死，断不能坐睹此事。他以“援兵将至”来安抚军心，“出示抚众，略谓援兵将至，固守待援”。

当时（9日）丁汝昌又派员偷渡威海，从陆路潜往烟台，送信给刘含英，紧急呼救：十六七日（公历2月11—12日）援军不到，则船、岛万难保全。并请刘含英转陈凤楼一信，云：此间被困，望贵军急切，如能赶于十七日到威，则船、岛尚可保全。日来水陆军心大乱，迟到，恐难相见，乞速救援。

翌日（10日），投降派鼓动怂恿一些弁勇、水手擅自离开舰船，齐到镇远旗舰上来围逼丁汝昌投降。丁汝昌再次严词拒绝，并以死表白。他愤慨地对投降派说：汝等欲杀汝昌即速杀之，吾岂吝惜一身！座中感极，掩面嘘唏者有之。丁汝昌随即召集各舰管带及洋员开会，并令洋员瑞乃尔（懂华语）出旗舰去安抚士兵，稳定军心。瑞乃尔回舱密告汝昌曰：兵心已变，势不可为，不若沉船毁台，徒手降敌较得计。“丁汝昌沉思良久，乃令诸将候令，同时沉船”。但是，投降派“不肯沉船，恐取怒日人也”。

2月11日，日军仍从陆海夹击，炮轰不止。丁汝昌接到刘含英派人送来李鸿章给刘含英的电报，云：水师苦战无援，昼夜焦系，前拟觅人往探，有回报否？如能通密信，令丁同马格禄等带船乘黑夜冲出，向南往吴淞，但可保铁舰，余船或损或坏，不致赍盗，正合上意，必不至于咎。望速图之！

这时，丁汝昌才得知援兵无望，山东巡抚李秉衡已由烟台逃往莱州。他并不知道正在赶路来救援的陈凤楼马队三营，却被李鸿章奏调回天津去了。李秉衡当即电告刘含英：陈凤楼到潍（房），傅相（李鸿章）电止，奏调回直，奈何。岛舰无兵救，其堪伤痛！其他各援军“催两日无东来耗”，“迟迟不前”。

丁汝昌按照李鸿章突围的指示，欲作最后挣扎，率舰突围。可是已经办不到了。“是夜，提督召诸将议，欲率余舰突围出，诸将不允，散去。”“丁汝昌几次派人将镇远用雷轰沉……无人动手。”投降派最后竟鼓动一些弁勇、水手，对丁汝昌“露刃威胁”，丁汝昌耐心劝退。

丁汝昌已经陷入山穷水尽、无路可走的地步了。

丁汝昌决心自尽殉国，道台牛昶昞来见，丁表示要自尽殉国，说：与舰偕亡，臣之职也。吾誓以身殉，救此岛民尔！可速将提督印截角作废。

牛佯允之。丁汝昌将早就准备好了的鸦片，吞服自尽，终年59岁。气绝时为1895年2月12日清晨。

丁汝昌履行了自己的誓言：舰存与存，舰亡亦亡。

丁汝昌为保卫威海卫和北洋舰队献出了自己最后一滴血，做到了抗击日军到死，与北洋舰队同归于尽。

丁汝昌是一位宁死不屈、有高尚气节的爱国海军统帅。

第二节　誓死拼敌与舰同存亡壮烈殉国的抗日民族英雄海军总兵刘步蟾

刘步蟾（1852—1895），北洋海军旗舰定远号管带，北洋海军右翼总兵。字子季，福建省侯官县人。毕业于福州船政学堂，成绩出众，“毕业试第一”。送英国深造，学习海军。回国后入北洋海军，“海军规则多出其手”。刘步蟾“忧国之深，忠愤激昂，流露言辞之间而不自觉”。他“治军严肃凛然不可犯，慷慨好义有烈士气”。他在战前就誓言“苟舰亡必与亡”。堪称中国最早的海军优秀人才之一。

在黄海海战中，刘步蟾指挥定远舰与日舰进行了英勇搏战。丁汝昌负伤，刘步蟾代行提督职，指挥北洋舰队与日本联合舰队展开了激烈的战斗。重创敌舰数艘，与敌舰对抗周旋五小时，最后迫使敌舰先行遁退。

黄海海战后，丁汝昌因伤病治疗，刘步蟾奉命代理提督职务，在旅顺督办受伤舰艇的整修。他日以继夜地亲临现场，督工指挥，恪尽职守，在较短期内完成了全部伤舰的修复。

在威海卫保卫战中，刘步蟾日日夜夜积极协助丁汝昌，出谋划策，应对敌犯，指挥定远舰向日本舰艇及敌占炮台，进行了顽强的反击，造成敌舰和日军的大量伤亡。1895 年 2 月 5 日凌晨，日军鱼雷艇向定远偷袭，当即被刘步蟾指挥发炮将鱼艇击沉。而此时定远也被敌鱼雷击中，刘步蟾极其悲愤，准备与舰同亡。他沉痛地自责说：身为管带，而如此失着，实在渎职之罪，今唯一死谢之！

刘步蟾在殉国前犹下令“用水雷将船身轰散”“免为敌捞获”。2 月 9 日，定远炸毁沉没，当晚深夜，刘步蟾自尽身亡，壮烈殉国，时年 43 岁。他履行了自己早已立下的“舰亡人亡”的悲壮誓言，“志节凛然，无愧舍生取义”。

第三节　誓死拼敌与舰同存亡壮烈殉国的抗日民族英雄海军总兵林泰曾

林泰曾（1851—1894），镇远舰管带。北洋舰队左翼总兵。1894 年“12 月 18 日，舰队巡弋登州，返航威海卫，正值中午落潮，镇远驶入口时，为避水雷浮标，误触礁石，‘自船后伤及机器舱，裂口三丈余，宽五尺’。管带林泰曾羞愧自杀”，终年43岁。在黄海海战前，林泰曾下令将舰上舢板卸掉，以示“破釜沉舟、舰亡人亡”的与敌舰拼死搏斗的决心。他主张北洋舰队夺取朝鲜仁川港，与日本联合舰队决一胜负。

林泰曾，字凯仕，福建省侯官县人。毕业于福州船政学堂驾驶班第一期。送去英国学习海军，回国进入北洋海军，历任炮舰、快船管带，提升为主力舰镇远号管带，并被任命为北洋舰队左翼总兵。

第四节　誓死拼敌拒不投降壮烈殉国的抗日民族英雄海军总兵杨用霖

杨用霖（1854—1895），镇远舰管带，北洋舰队左翼总兵，原管带林泰曾自尽后递补。投降派于丁汝昌自尽之后，立即齐集牛昶昞处开会议降。公推杨用霖出面主持投降事宜，遭到杨用霖的严词拒绝。他口诵文天祥诗名句：人生自古谁无死，留取丹心照汗青。回到舱中，“引枪衔口，发弹自击”身亡殉国，时年41岁。

杨用霖原是镇远大副，管带林泰曾自尽殉国后，由他代理管带职。在黄海海战中，“力任战事，受弹伤犹坚立不退”。他是继丁汝昌、刘步蟾之后自尽的北洋舰队中职位最高的海军将领之一。

戚其章《甲午战争史》记述：杨用霖，字雨臣，福建省闽县人。船生出身，未进过水师学堂。然在工作中，“日夕勤勉，寒暑不辍，而颖悟锐进，于航海诸艺日益精熟”，成长为一位优秀的海军将领。北洋海军总教习英人琅威理称赞他“有文武才，进而不止者，则亚洲之纳尔逊也”。杨用霖平时即常以“马革裹尸为壮”，并以此激励属下。海战中，他愤然顾左右说：时至矣！吾将以死报国，愿从者从，不愿从者吾弗强也。众皆感动得流泪说：公死，吾辈何以生为？赴汤蹈火，唯公所命！他协助林泰曾指挥全舰将士奋力鏖战，弹火飞腾，血肉狼藉，而神色不动。

第五节　英勇抗日殉国的护军统领总兵张文宣

张文宣，北洋护军统领总兵，刘公岛守将。在丁汝昌自尽之后，接着也自尽殉国。在威海卫保卫战中，张文宣决心以死抵敌。他曾电报山东巡抚李秉衡，表示：刘公岛孤悬海中，文宣誓同队勇先用力，后用命。张文宣自尽后李秉衡称赞他：其致死之心蓄之有素，卒能舍命不渝，亦属忠烈可嘉。张文宣在刘公岛，率领守军，奋勇抵敌，向日本舰队及敌占炮台，发炮猛击。命中敌舰“吉野”，“击毁速射炮楣及第2号舢板，破坏上甲板舱室并传命管数条，死士兵2名，伤士兵4名”。当陆上南北帮炮台都沦敌手、刘公岛已成孤岛、日军发起对刘公岛总攻之危急时刻，张文宣率守军坚决抵抗，发炮还击，浴血奋战，拼死搏斗。在与北洋舰队的紧密配合下，猛炮“击毁鹿角咀大炮一尊”，“击伤倭两舰”。刘公岛官兵牺牲甚多，仍然坚持战斗。最后，在投降派的投降阴谋中，在丁汝昌自尽殉国之后，张文宣继之自尽，以身殉国。

第六节　英勇拼敌卫国捐躯的抗日民族英雄海军大副黄祖莲

黄祖莲（1863—1895），广丙舰帮带大副都司。在威海卫对敌炮战中，不幸中弹身亡，为国捐躯。牺牲时年32岁。黄祖莲，安徽省怀远县人。“1875年，入上海方言馆学习，选为官费出洋生。考进美国海军学校学习航海驾驶。1881年回国后，积劳叙千总。1889年，充济远舰驾驶二副。1892年调充广丙舰帮带大副。黄祖莲熟读战史，颇具谋略，并以敢言见称。甲午战争爆发之初，曾献‘攻其不备’之策，未被采纳。黄海海战中，他指挥广丙舰炮手配合友舰，重创日舰西京丸。在保卫威海的战斗中，他连连开炮击敌，后竟被龙庙咀炮台（日军）发炮击中阵亡。”

第七节　誓死搏敌卫国捐躯的抗日民族英雄周家恩及英勇牺牲的抗日新兵

周家恩，摩天岭炮台守军营官。1895年1月30日，日军大批人马向摩天岭猛烈攻击，营官周家恩指挥一营新兵，向数倍于己的敌军进行坚强阻击。日本人记述：清军以巨炮从山上炮台齐射，炮弹如同雷电落地，在山顶和脚下一起爆炸。（丁汝昌指挥舰队从海上）频开炮轰发；清兵守杨峰（枫）岭者自侧亦射炮丸。两军战正酣，山动谷鸣，地轴为倾。敌兵在垒下预设地雷，我兵误逾其上，突然爆炸，黑烟冲天，我兵势稍沮。敌人冲锋，守军受到重大伤亡。

周家恩指挥全营士兵坚守阵地，坚强反击，向几次冲过来的日军展开肉搏战，日人的记述不得不承认：清军大旗倒了三回，硬是树了三回。周家恩连中数弹，身负重伤，但毫不退缩，带领仅存的少数官兵，同冲上炮台的敌人拼战。在激烈的搏斗中，周家恩与守台士兵全部英勇阵亡。垒内已无一兵一卒。

周家恩表现了中国军人的不屈不挠、誓死抗敌的英勇精神。他大腿打残仆地，肚皮被打穿，肠子流出腹外，忍痛爬行抵敌，因大失血而壮烈殉国。

这场搏斗表明，在抗日爱国将领的坚决带领下，新兵也是可以以少抵多制敌于死的。

第八节　誓死搏敌与阵地共存亡的抗日民族英雄炮台抗日守军

日军进攻威海虎山，守卫北虎口的清军 700 人，与敌人拼死战斗 7 个小时，打退敌人的多次进攻，守军牺牲无数。撤退时遭包围，突围中清军牺牲 130 余人。数十名留下掩护撤退的士兵，奋勇抵敌，掩护大部队撤退，终因弹药打完，士兵们宁死不屈，决不做俘虏，毅然把枪支砸碎，全体战士蹈海身亡，壮烈殉国。

日军进攻南帮炮台的龙庙咀炮台，清守军统领刘超佩腿部中弹受伤，弃台独自逃往刘公岛。南岸水雷营管带李荣光等人也都逃跑了。然而，龙庙咀炮台几十名守军，仍然坚守阵地，奋勇阻击敌人的冲锋，浴血与敌拼搏。目击村民口述了这一壮烈抗日场面：炮台上死了好几十官兵，尸首横七竖八，许多尸首上既有枪伤，又有刀伤。这几十名守台士兵全部壮烈牺牲，以身殉国。

第九节　誓死搏敌卫国捐躯的抗日民族英雄何大勋、张友志及英勇牺牲的抗日新兵

何大勋，巩军后营帮带。张友志，巩军右营帮带。各带一个营的新兵防守百尺崖所炮台。“守军是不久前招募的新兵。营官何大勋见日军来攻，亲自登城指挥，士气极为旺盛，利用抬杆亦称抬枪，射击敌人。东西城墙角上的两门旧炮也用来配合，打退了日军的多次冲锋。敌人在冲锋失利后，转用大炮轰击，南城门终被轰塌，城上的大旗杆也被击毁。何大勋率部边战边退，在所城西北与巩军右营会合，共同抵御进攻的敌人。在与敌激烈的战斗中，何大勋和右营帮带张友志皆中弹阵亡。两营清军只剩 80 余人，向西突围而去。”

第十节　誓死搏敌卫国捐躯的抗日民族英雄徐帮带及英勇牺牲的抗日兵勇

所前岭炮台守兵仅一哨约 100 人，“由徐帮带指挥……在徐帮带的率领下，这一哨人打得十分顽强，杀伤多名敌人。最后守军一哨人也伤亡殆尽。徐帮带被日兵围住，死在敌人刺刀之下。日军杀了这位爱国英雄，又搜捕其家属。当时徐

帮带的妻子怀抱刚满周岁的儿子芸生，准备跳海自尽，被日兵追及。残酷的敌人夺过芸生，在岩石上将他摔死，又用刺刀挑死了孩子的母亲”。

第十一节　誓死搏敌壮烈牺牲的皂埠咀炮台抗日守军及爆破敌占炮台的抗日敢死队

日军进攻南帮炮台的最后一座炮台皂埠咀炮台，清军守军奋勇抵敌，与敌拼搏，全部壮烈牺牲。

在南帮炮台保卫战中，清军壮烈牺牲800余人，为国捐躯，十分惨烈。

第十二节　誓死搏敌的北洋舰队抗日官兵

在威海保卫战中，处于前后围困、水陆夹击的危急时刻，北洋舰队全体爱国官兵同仇敌忾，团结一致，视死如归，英勇地与日本的陆海军进行了殊死搏斗，予敌以大量杀伤，舰队无数官兵卫国捐躯，壮烈牺牲。

1895年1月30日，在摩天岭炮台争夺战中，北洋舰队在丁汝昌和各舰管带的指挥下，齐发炮弹，猛轰摩天岭炮台。此时日军第六师团第一旅团长、少将大寺安纯率敌刚登上摩天岭，正好遭到北洋舰队大炮的轰击，顿即中弹身亡。大寺安纯这个日军的头领，是日本帝国甲午侵华战争中，第一名被清军击毙的将军级别的高级将领，他是罪该万死。此外，还有一名日本《二六新报》的随军记者远藤云飞也中弹毙命。

日军进攻皂埠咀炮台，丁汝昌派出鱼雷艇和敢死队，冒着敌人的猛烈炮火，点燃埋好的地雷引线，地雷轰然大爆炸，炮台炸毁，将正占领炮台的日军及正在悬挂日本国旗的日兵炸飞上了天。“炮台突时坍塌，台上日兵飞入空中。”引发爆炸之顷刻，“艇急退，而巨石盘空下，当泊艇处坠水，激波入空际，退稍缓，人艇并碎矣”。“仅有8名奋勇撤回到鱼艇上。”“余尚未知下落。”爆炸时，在附近“观战”的外国海军官兵莫不感到“其举动实足惊心动魄”。

鹿角咀炮台失守，日军利用炮台用三门大炮轰击海港中的北洋舰队，北洋舰队进行了英勇反击，“清兵亦应之，定远、济远、来远之舰与刘公岛东方二炮台猛烈应射，声震山动，硝烟蔽空。定远泊日岛西方，济远自日岛北方航行东西，来远在日岛正西海中。定远渐次航向西。来远以巨炮纵射”。北洋舰队发出的大炮击毁了鹿角咀炮台中的日方大炮。“战愈剧，清兵炮丸雨下，猛火轰然，弹皆坠地，爆裂四散，摧石壁树木，势颇惨烈。左翼墙破坏，墙下交叉小铳皆尽损伤。

日兵仅有大炮两门，众寡不敌，遂停止。清兵亦休战。”

1895年2月4日深夜，日海军派出鱼雷艇队向北洋舰队进行偷袭，定远等舰发炮击沉敌鱼雷艇三艘，舰上日军被打死打伤者众。同时，定远中弹，翌日下沉。

2月7日，日军集中军舰和炮台的火力，向刘公岛、日岛发起总攻。在南、北帮炮台全沦敌手、威海卫城已为敌据的最危急时刻，北洋舰队和刘公岛、日岛爱国官兵，发扬了不屈不挠、不怕牺牲、坚决与敌死拼的决心，从腹背两面向敌猛烈开炮。其“炮火之激烈，殊不下黄海海战也”。日人记载：清军发炮“命中极为精确，无数炮弹飞来，在我诸舰前后左右坠落。敌更不屈，异常善战，炮声轰鸣，硝烟蔽海，战斗至为激烈”。连日发炮，击中敌舰多艘，命中日本旗舰松岛，“由左舷舰首200米之海中跳越而来，经前舰桥，贯穿烟囱，因之航海长高木英次郎以次士官三人身受重伤”。接着命中吉野，“击碎速射炮盾及第2号舢板，破坏上甲板舱室并传命管数条，死士兵2名，伤士兵4名”。桥立也被击伤。秋津洲也中炮弹数发，碎片纷飞，士兵即死数名，伤数名。又击中天龙舰，打死副舰长中野大尉等官兵4人，伤4人。击中葛城舰，死伤7人，又击伤赤城舰。

在威海卫保卫战中，清北洋海军伤亡惨重：

被击沉旗舰定远；被击沉军舰靖远、威远、来远；靖远舰伤亡40余人；来远舰上30余人全部壮烈牺牲。

舰上官兵被打死打伤者无数。他们卫国捐躯，抗日拼死，以身殉国的抗日爱国精神，可歌可泣，值得中华民族的世代子孙永远纪念。

第十三节　誓死拼敌英勇牺牲的刘公岛和日岛抗日守军

1895年2月7日，日军从海上和陆上已占的炮台，向刘公岛和日岛发起总攻。刘公岛守军与日岛守军，同仇敌忾，坚决抵抗，浴血奋战，拼死搏斗。两岛炮台与北洋海军一齐，连发大炮，猛烈反击日本舰艇及敌占炮台，炮声震空。炮弹“击毁鹿角咀大炮一尊”，“击伤倭两舰”。刘公岛炮台发炮，命中日舰吉野，“击碎速射炮楣及第2号舢板，破坏上甲板轮室，并传命管数条，死士兵2名，伤士兵4名”。秋津洲也“中炮弹数发，碎片纷飞，士兵即死数名，伤数名”。桥立也中弹受伤。

守卫在日岛的30名水兵，在康济舰管带萨镇冰率领下，奋勇抗敌，不怕牺牲，拼搏激战，十分顽强。曾亲历此战的外国人肯宁咸记述：从战争开始到停止，日岛当着南岸敌三炮台的炮火，地阱炮升起来后，更成了那三炮台的标的。这些炮没有附着镜子，升炮的人一定要上到炮台上去，这人立受对方炮击，这是很危险的职任。可是，那些年轻的水兵们仍旧坚守这些炮，奋勇发炮。一次，三个水兵守着一门炮，冒着凶猛的轰击……其中有一个因炮弹爆发，颈上、腿上和臂上三处受伤。可是，一等伤处裹好，他仍旧坚决地回到他的职守，只手助战。日岛守军虽遭到伤亡，仍然拼死与敌搏斗，连续发炮反击敌人，炮弹击中日舰“扶桑”，打死日军士兵 2 名，打伤 5 名。又击中“筑紫”甲板，打死日军官兵 3 名，打伤 5 名。

在这次保卫战中，刘公岛与日岛守军伤亡 100 余人，为国殉身。

第二十五章 台湾保卫战中抗日殉国的民族英雄及英勇牺牲的抗日官兵和台民义军

在保卫台湾、反对日本侵略者侵吞台湾的战斗中，台湾人民同仇敌忾、不怕牺牲、与敌拼搏的抗日精神凝聚了全台湾人民的斗争意志，与日军进行了艰苦卓绝的战斗。他们以少对多、以弱对强、以军需绝援对有强大后盾之敌进行顽强的拼搏，浴血奋战，前仆后继，一批批的抗日英雄倒于血泊之中而壮烈殉国。抗日烈士们的伟大抗日民族精神永垂不朽!

有关在反割卫台斗争中英勇牺牲的抗日英雄事迹，本书“台湾篇”中已有记载。这里仅列殉国抗日民族英雄的姓名如下。

卫台殉国的抗日民族英雄吴彭年及英勇牺牲的抗日官兵；

卫台殉国的抗日民族英雄徐骧及英勇牺牲的抗日台民义军；

卫台殉国的抗日民族英雄吴汤兴及英勇牺牲的抗日台民义军；

卫台殉国的抗日民族英雄杨泗洪及英勇牺牲的抗日台民义军；

卫台殉国的抗日民族英雄朱乃昌及英勇牺牲的抗日官兵；

卫台殉国的抗日民族英雄杨紫云及英勇牺牲的抗日官兵；

卫台殉国的抗日民族英雄陈得胜及英勇牺牲的抗日官兵；

卫台殉国的抗日民族英雄林碧玉偕子及英勇牺牲的抗日台民义军；

卫台殉国的抗日民族英雄袁锦清及英勇牺牲的抗日官兵；

卫台殉国的抗日民族英雄柏正才、陈开穗、冯练芳、刘步升、杨文豹及英勇牺牲的抗日官兵；

卫台殉国的抗日民族英雄江国辉及英勇牺牲的江排合、林万德等抗日台民义军；

卫台殉国的抗日民族英雄黄荣邦及英勇牺牲的台民义军；

卫台殉国的抗日民族英雄林鸿贵、李仕高、沈仲安、杨春发及英勇牺牲的抗日台民义军；

卫台殉国的无名抗日民族英雄。

第二十六章　台湾沦亡后抗日殉国的民族英雄及英勇牺牲的抗日义民

台湾沦陷后，开始了日本的殖民统治。日本对台湾人民实行了极残酷、极凶毒、极无丝毫人性的反动高压政策，台湾人民过着亡国奴的生活，处在水深火热的万分悲痛之中。然而，英雄的台湾人民从来就没有屈服过，他们在敌人的狼牙下，进行着一次又一次的反抗日本强盗统治的坚强斗争。他们不怕牺牲，前仆后继，为恢复台湾、重见天日而英勇战斗，涌现出一批又一批反日爱国卫台的抗日民族英雄。日本侵略者加紧镇压抗日行动，大肆屠杀台湾人民，台湾亡日50年间，日本侵略者残杀台胞人数高达65万人。台湾人民仍然坚持斗争，此起彼伏。

这里记载了一批在日本黑暗反动殖民统治下，日本侵略者杀害的抗日民族英雄，他们的抗日爱国精神永垂不朽！

关于他们的英雄事迹详见本书“台湾篇”有关章节，此处只记其姓名如下。

首揭反抗义旗的抗日殉国民族英雄林大北、胡阿锦、詹扼、曾玉及英勇牺牲的抗日义民；

抗日殉国的民族英雄简大狮、陈秋菊及英勇牺牲的抗日义民；

英勇抗日的民族英雄将领刘德杓、郑吉生、简义、柯铁、林火旺、卢阿爷、黄国镇、阮扼及英勇牺牲的抗日义民；

抗日殉国的民族英雄詹阿瑞、抗日义军首领陈发、黄茂松及英勇牺牲的抗日义民；

抗日殉国的社会领袖林少猫及抗日牺牲的台民志士；

抗日殉国的民族英雄蔡清琳及英勇牺牲的抗日义民；

抗日殉国的民族英雄刘乾、林启桢、林朝、黄老钳及英勇牺牲的抗日义民；

抗日殉国的民族英雄罗福星及英勇牺牲的革命党人；

抗日殉国的民族英雄余清芳、江定、罗俊、苏有志及英勇牺牲的台湾人民。

败 类 篇

在甲午抗日战争中，涌现了一大批英勇抗日的将士，他们在武装到牙齿而兽性疯狂的日本侵略畜生面前，不畏强暴、敢于战斗、舍身拼命、浴血奋战、誓死卫国，发扬了中华民族不屈不挠、前仆后继、与敌人血战到死的伟大民族精神。人民将永远纪念他们。

在这民族生死关头的危急时刻，也出现了极少数的软骨头，他们畏敌如虎，贪生怕死，临阵脱逃，为了保自己的性命而不惜无耻地向敌人举起白旗、屈膝乞降。有些人认贼作父，为虎作伥，做日本人的鹰犬，引狼入室，残害同胞，为敌人提供情报，破坏国防，完全丧失了中国人民一分子的人格，亵渎了中华民族的民族尊严。他们是中华民族的败类，人民永远要唾弃他们。

威海卫清军中之败类向日本侵略军投降图。

第二十七章　丰岛海面上的投降者

第一节　操江舰上的投降者管带王永发

王芸生在《六十年来中国与日本》一书中对王永发投降经过记述如下。

丰岛之战：日本对朝鲜实行劫王政变，中日战争随即开始……1894年7月23日晨七八时，日本兵舰多艘集于牙山口外，拦截中国兵船……九时顷，高升号续到，辅助舰操江随到……张荫麟参考中外记载18种，写《甲午中国海军战迹考》。兹录其《丰岛之战》部分如次：

操江得闻战讯，立即返轮，终为日舰追及。管带王某不知所为，时有丹麦电信技师穆伦斯德，受雇赴朝，适乘是船，因劝王降，而将重要文件付诸炉火，王氏从之。又劝投所携银20万于海，未及行而日兵至。降众为日人押归日本，颇受凌虐，或云，日兵未至时，有队长某坚欲开炮，为王氏捆投海中，溺焉。

戚其章在《甲午战争史》中记述较详，摘录如下。

操江是北洋舰队的运输舰，装载武器饷银由塘沽出发，经烟台、威海卫开往牙山。23日晨，操江由烟台驶往威海。操江离开威海港起航前，丁汝昌曾将文书等件交王永发带至牙山。将驶近丰岛时，正好与由塘沽起航的高升号不期而逢，二船遂同行。高升突被日舰拦住，强迫停驶。操江管带参将王永发见状，知情况有异，立即转航西驶……日舰以全速疾驰，与操江相距2500公尺处成相并位置。此时，操江急将龙旗降下，以表示无战意。

日舰逼近操江，挂出“停驶”信号，并放空炮一响。操江不应，继续西驶。

日舰追至距操江4000公尺时，发出12公分口径炮弹一发以示警告。王永发见情况紧急慌乱间六神无主，准备自尽，被弥伦斯劝住。王永发便在樯头悬挂白旗，又在大樯上加挂日本国旗，表示投降。又采纳了弥伦斯的建议，将所带重要文书及密电本当即投炉中焚毁，以免泄露军情。还准备将船上所装20万两饷银投到海中，以免为敌所得，但仓促间未及施行。

约在下午2时，日舰放下一只舢板，装有日本海军官兵及管轮等共28人，俱持枪械，登上操江。到船后，即将操江船上所有人员拘禁于后舱，由日兵持枪看守。日本遍船搜求文书，无所得。于是将王永发拘上秋津洲，其他人员仍关在操江后舱。随后，日舰起锚南驶，操江随行。途中与旗舰吉野相遇，立即以信号报告：敌舰降服，其舰长在我舰。又报告说：据操江舰长称，清舰在大同江，扬威在仁川，镇海在牙山。坪井航三下令将操江带至群山湾与本队相会合。

7 月 24 日早晨，所有操江船上 83 人，都由日舰八重山押送到佐世保港。是日，“午后二点钟上岸，上岸之时，极备凌辱”。“船近码头即放气钟摇铃，吹号筒，使该处居民尽来观看。其监即在码头相近地方，将所拘之人分作二排并行，使之游行各街，游毕方收入监，以示凌辱。”在这被拘禁的 83 人当中，除弥伦斯在 8 月 5 日被释放外，其余的 82 名清军官兵，包括管带王永发、大副孙茂盛、二副徐起凤、三副王生才、大车石德行、二车包振瑞、三车鲍忠林、管事方长寿、师爷 3 人及士兵 71 人，皆关押到 1895 年 8 月始遣返回国。《日本送还各营人数清折》中记载：1895 年遣返士兵 70 名，另 1 名死在佐世保监狱中。

操江被掳，船内 20 万两饷银以及大炮 20 门、步枪 3000 支和大量弹药，全部为敌人所得。

操江被掳和高升被截，是发生在同样情况下，而且是同一时间里的事。操江管带王永发等甘愿放下武器，束手就擒，忍受敌人的凌辱，而高升号上的爱国官兵却宁死不屈，几乎是手无寸铁地同敌人搏战，用鲜血谱写出一曲英雄壮歌。

王永发这个无耻的投敌行径，充分暴露了此人卑劣的软骨头嘴脸，他为了个人偷生而不惜将操江舰上的全部人员 83 人投降日本侵略者；更有甚者，王永发还将中国北洋海军舰队的行动告诉了日寇。王永发是一个十足的无耻叛徒，是中华民族的败类，其投降叛变罪行，将永远钉在叛徒罪行柱上，而遭到世世代代祖国人民的谴责和唾弃。

第二节　挂白旗逃跑的软骨头管带方伯谦

方伯谦是北洋舰队济远舰的管带，在丰岛海面遭到日舰的袭击，在逃跑中挂白旗向敌投降。

王芸生在《六十年来中国与日本》“丰岛之战”一节中对方伯谦投敌记述：

7 月 25 日晨七八时间，日本兵船多艘集于牙山口外，拦截中国兵船。这时华舰济远、广乙，驶近牙山口外的丰岛。日舰吉野、浪速、秋津洲等袭来，首先开炮，华舰还炮……济远也中很多炮，惟机器无损，舵被毁，遂逃，吉野尾追甚急。济远管带方伯谦，藏身于厚铁甲处，仅大副二副在天桥上照料，乃树白旗，吉野仍追。水手王国成、李仕茂甚愤怒，二人主动将十五生地尾炮连发四弹，三弹命中，将日舰打退。济远逃到旅顺，竟发电报捷……丰岛之战，济远管带方伯谦怯战脱逃，以败报胜，冒功受赏，后于黄海之战又首先逃走，受阵前正法处决。

第三节　向敌人具结的屈膝者管带林国祥

张荫麟《甲午中国海军战迹考》记述：

济远、广乙延至 7 月 25 日黎明时始起碇。将出汉江，与日舰吉野、浪速、秋津洲等相遇。相近万码许，吉野旗舰忽响一号炮，于是日方三舰炮火齐发……广乙受殊伤而放鱼雷不出，遂先逃，至朝鲜十八岛附近搁浅，日舰未之追。管带林国祥率船员下舢板登陆，而遗火广乙之火药库焚之。林等登英舰亚细亚号回国，将发，日兵追之，胁署降服状，乃纵之归。

戚其章在其所著《甲午战争史》中作了如下记述：

广乙脱险，驶撞朝鲜西海岸十八家岛（简称“十八岛”）搁浅，“凿锅炉，渡残卒登岸，遗火火药仓自焚”。广乙管带林国祥登岸后，率残部直奔牙山清营。及至牙山，听说叶志超已率军退平壤，便上英国舰亚细亚号返国。在仁川“复截于倭舰，听命立不与闻兵事服状，国祥以下连署与倭，乃得纵归”。服状乃由日人起草，林国祥等 18 人联署。誓词内容如下：

舰长林国祥以下广乙号船员 18 名，蒙英国舰答（搭）救。值此日清战争期间，今后决不再参与战事，兹作出誓言，保证履行誓言之义务。

广乙管带林国祥，在被日军俘虏后，低头屈膝，听从和签署日本侵略者起草的所谓“誓言”，即“服状”，实为军人之可耻行为，是降敌的卑鄙之举。为了贪生，竟然屈服日寇的淫威，签署“今后决不再参与战事”，即不再保卫祖国、抗击日本侵略者的“誓言”，完全丧失了一个中国兵舰管带的军人立场，成为可耻的软骨头。

第二十八章　举白旗逃跑的投降统帅叶志超

第一节　牙山临阵脱逃的叶志超

直隶提督叶志超，是中国清廷首次派军入朝的部队统领，兵驻牙山，共2000余人。当日本侵略军攻击牙山成欢驿、总兵聂士成部经过抵抗支持不住撤退公州时，驻防公州的叶志超却在此之前就率军逃跑了。又不敢走大路，而是绕弯山道小路，经过15个县镇，行程近一个月，才撤到平壤。途中部队既饥饿、炎热，又染疫病，死者百人。

牙山一战，叶志超并未与敌战斗，成欢驿第一线聂士成部尚在战斗时，叶志超就吓破了胆，立即拔腿逃跑，而弃聂部不顾。

更有甚者，叶志超竟在逃跑后，厚颜无耻地谎报军情，谎说打了胜仗，“杀敌过当”，“沿途迭败倭兵”，谎报“有功”员弁数百人请赏。骗到朝廷“奖银”二万两，尤其骗到了统领朝鲜全部清军的总统大权，以致造成平壤大溃败，日军进逼鸭绿江门户。

《大公报》记者王芸生在所著《六十年来中国与日本》一书中记述了这段情况，摘录如下。

叶志超移军牙山时，聂士成部即拔赴全罗道的全州，以为犄角之势。其后久待援军不至，日军相逼日急，士成请于志超，以距牙东北50里的成欢驿……牙山之战，即以成欢驿为中心。

姚锡光撰《东方兵事纪略》记牙山之战，略云：

是日，倭兵已迫素沙场，去成欢十余里，于是志超自率叶玉标一营往公州，而士成率五营驻成欢……23日黎明，倭兵已踞成欢西北面山坡，士成自督队与相持，甚猛。而我军左侧之东北面山坡，又突为倭人抢据，以炮直击我东西诸垒，时我炮队还击，竟莫能中敌，势不支，遂败……士成既败，东南趋公州，就志超。志超已弃公州，乃合军北走。仍恐与倭遇，绕王京之东，循清州、镇州、忠州、槐山、兴塘，涉汉江，经堤川、原州、横川、狼川、金化、平康、伊川、遂安、祥原，渡大同江至平壤，与大军合，时值夏秋之交，溽暑甚，途行匝月始达。志超于七月二十一日（公历 8 月 21 日）至，士成率队于二十八日至。残军饥疫，死者相属。而志超方以成欢之战，杀敌过当，并沿途迭败倭兵，铺张电鸿章入告，且论功奏保员弁数百人，获嘉奖，并赏军士银二万两，未几复拜总统诸军之命。

叶志超的伪捷报到达津京，朝野为之喜慰，以为失之丰岛，收之牙山，清廷迭颁谕旨奖赏。

七月初二日上谕云：奉旨：李鸿章电奏已悉，叶志超两日又连获胜仗，毙倭贼二千余人。该提督偏师深入，以少击众，克挫凶锋，深堪嘉悦。惟倭调汉城之兵，悉往迎敌，叶军势孤可虑。卫汝贵、马玉昆、左宝贵各军，日内行抵何处，著李鸿章迅速电催，星夜前进，直抵汉城，与叶志超合力夹击，以期迅奏肤功，勿得稍涉迁延，致滋贻误，是为至要，钦此。

七月初三日上谕云：据李鸿章电称，直隶提督叶志超一军，在朝鲜牙山一带地方，与倭人接仗，击毙倭兵二千余人，实属奋勇可嘉。加恩著赏给该军将士银二万两，以示鼓励戎行至意，钦此。

七月二十五日上谕云：奉旨：现在驻扎平壤各军，为数较多，亟须派员总统，以一事权。直隶提督叶志超，战功夙著，坚忍耐劳，即著派为总统，督率各军，相机进剿。所有一切事宜，仍随时电商李鸿章妥筹办理，钦此。

七月二十六日上谕云：前因叶志超一军，与倭人接仗获胜，仰荷慈恩，颁赏银二万两，以示鼓励。嗣据电奏，该军钦移公州，而倭兵二万余人突来围袭，我军奋勇对敌，鏖战六时之久，倭兵死者七百余人，我军伤亡三百余人。该提督等以众寡悬殊，设计退敌，遂率兵东渡汉江，暂驻平壤，自请严议，并请将出力及阵亡将弁勇丁分别奖恤等语。叶志超一军，本为朝鲜定乱，兵数不多，此次途遇倭军，数倍于我，围合攻扑，率能以少击众，全师而出，虽百伤亡，功过是以相抵，所请严议之处，著加恩宽免。该军将弁，冒暑苦战，奋勇出力，深堪嘉尚，均著准其择优奏保。阵亡弁勇，即著查明请恤。现在该提督已抵平壤，与大军相合，即着统率诸将，协力进剿，迅奏肤功，以慰殷盼。钦此。

七月二十八日，有长文上谕，给许多军官加官和奖赏。战败夸胜，清廷的昏聩腐败可知。

第二节　悬白旗投降二次临阵逃跑的统帅叶志超

叶志超在牙山不坚持抗敌，临阵脱逃，与日军首次接触就吓破了胆，2000 余人的部队随他绕道小路向平壤撤退，途中受酷热中暑、疫染病倒而死亡者上百人。清廷昏庸腐败，听信其以败报胜的谎言，反而加官赏银，特别提拔他担任平壤大军的统帅，以致造成平壤大溃败。

清廷向朝鲜增派了四支大军到平壤，驻扎平壤及平壤后路的兵力总共有1.7万人，全部交给了这个贪生怕死、临阵脱逃的软骨头叶志超统领，这是清军惨败于朝鲜的主要原因之一。

在平壤保卫战中，马玉昆、卫汝贵指挥的军队，与日军作战，打得很英勇，很出色，取得了很大胜利，日军已经抵挡不住，陷于败境。如果作为总指挥的叶志超，此时坚定战斗，沉着应战，善于调度，英勇指挥，平壤之战将可扩大战果，胜利可望。可是，贪生怕死的叶志超，在这关键时刻，听说北门战斗吃紧，就吓得连忙命令全军收缩，撤出战斗；更有甚者，竟然在全城墙头上遍插白旗投降，深夜又毫无计划地慌乱溃退，以致遭到日军早就埋伏好了的伏击，清军被打死2000余人，惨不可睹。此皆叶志超贪生怕死、插白旗投降、临阵脱逃之大罪也。此亦清廷昏聩腐朽，将统帅重任委之于一个软骨头之大过也。

有关叶志超举白旗投降、临阵脱逃的经过，姚锡光著《东方兵事纪略》有如下记述：

是时，马玉昆方与东路倭兵相持于大同江东，竟击退倭人，获大捷。其西路倭兵于十六日晨至城外西南隅，与卫汝贵遇，汝贵邀之，相持至午刻，倭不得逞，亦退去。而闻北路大挫，元武门已失守，未几，志超撤兵速退令亦至，于是玉昆汝贵乃撤队。

志超之插白旗也，有倭官来议，志超乞归路，倭人不允，而兵亦未入城。其城北之兵仍屯牡丹山上，扼我之吭。是夜，志超率诸将弁兵，弃平壤北走。倭人要于山隘，枪炮排轰，我溃兵回旋不得出，以避弹故，围聚愈密，死亡愈众。其受伤未殒之卒，纵横偃卧外，求死不得，哀号之声，惨不忍闻。加以人马腾藉，相蹂死者至2000余人，掳于倭者亦数百人，而将领死者盖鲜。平壤军储甚厚，凡有大小炮40尊，快炮并毛瑟枪万余杆，将弁私财，军士粮饷（凡有金币12箱，内共金砖67块，金锭61锭，金沙14箱，大小30包，皆将私财，而军士粮饷，除粮食以外，尚存饷银约及10万两）、军资、器具、公文、密电，尽委之而去……我诸将一蹶不振。自是朝藩遂绝，倭焰益张，骎骎有内犯之志已。

山东社会科学院历史研究所研究员戚其章在《甲午战争史》中记述：

日军虽然攻占了牡丹台和玄武门，但仍被阻于内城之外，特别是平壤西南两个战场的形势很好，日军之进攻连连遭挫。此日之战，“日兵共死189人，伤516人”，合计705人。而清军在战斗中伤亡的人数远少于日本。日军所携带的口粮及弹药已将告尽，而且皆在平壤外城冒雨露宿，处境极为困难，如果身为总统的叶志超下决心坚守，并能够坚持数天的话，不但战事当有转机，而且日军将无力再次发动进攻，只能不战而退。

但是，叶志超此时完全丧失信心，他召集各统领商酌：北门咽喉既失，弹药不济，转运不通，军心惊惧，若敌兵连夜攻击，何以御之？不若暂弃平壤，令彼骄心，养我锐志，再图大举，一气成功也。诸将皆无异议，唯马玉昆仍主抵御，抗言曰：余带兵30余年，经数百战，常以不得死所为恨，岂临敌退缩，自贻罪戾哉？叶默然，卒不听。又商之平安道监司闵丙爽，亦只好听任之。下午4时许，遂以闵丙爽的名义，派一朝鲜人冒雨送书于日军元山支队阵中。佐藤正大佐接书读之。其文曰：平安道监司闵丙爽致书于大日本国领兵官麾下：现华兵已愿退仗休让，照诸万国公法止战。伏俟回教，即揭白旗回，望勿开枪，立俟回书。佐藤正又付之传令骑兵，送达于朔宁支队立见尚文少将，立见阅之未毕，已见玄武门、七星门、静海门、大同门等处皆已悬白旗。

于是，立见少将一面命元山支队至七星门外，一面亲与旅团副官桂大尉，共率一个小队下牡丹台，入玄武门而至窦门外，要求门内清兵打开城门，以言语不通，桂大尉即用铅笔在纸片上写道：若降服，可允，应速开城门，集中兵器缴于我军；否则，即攻取之。自门隙递于门内。清兵亦书于纸上答以：降雨甚，刻下兵多，难以速散，当期明朝，开放此门。立见尚文知清军今夜必逃，因发布命令：今夜须严警戒，以要击逃兵。

是夜8时，清军开始撤退……而日军元山支队埋伏于义州大道，第五师团主力部队则埋伏于甑山大道，以截击撤逃的清军，自15日晚间8时至翌日拂晓，清兵络绎不绝，急奔直冲，欲开遁亡之路。日军枪炮排击……溃兵“回旋不得出，以避弹故，团集愈紧，死亡愈众”。“死尸遍地，血水成渠，惨目伤心，不堪言状！”据统计，仅仅在此一夜之间，清军在逃跑路上被击毙者达1500余人之多，并有683人被俘，其中119人系因伤被俘，25人重伤而死，3人病死，47人因企图逃跑而被敌人枪杀。

第三节　叶志超罪责难逃

叶志超临阵逃跑，弃守平壤，罪行严重，罪责难逃。

第一，弃守平壤，使中国军队全部被赶出了朝鲜。朝鲜乃中国抵御侵略者的屏障，屏障既失，居室何安？唇亡而齿寒。日本侵略者的魔爪由此可以直伸到鸭绿江边的中国的国门前了！

第二，弃守平壤，是在中日双方势均力敌的形势下行动的。而且，在平壤东南和西南战线上，双方的态势是我挺敌萎，马玉昆和卫汝贵率军英勇抵敌，使敌节节败退；而此时，正是日本侵略军饥雨交迫、疲惫不堪、难以坚持之时；城北战线虽被突破，但内城仍在。如此战斗形势对我对敌，都是千钧一发，关键在于坚持，坚持就是胜利。日本侵略者的弱点，就是不能坚持。他们的粮食、弹药、装备的供应不上，成为致命的劣势，因此，日本侵略者迫切希望的就是速战速决。平壤只需坚守几天，日本侵略军就将陷入泥潭而无法自拔。可是，叶志超在不到一天的战斗中，就怯阵动摇，急于逃跑，造成了清军的重大伤亡和大溃逃。

第三，弃守平壤，是在城墙上遍悬白旗、派员到日军中去投降乞饶的可耻情况下行动的。这时，作为清军统帅的叶志超，竟然骨头软到如此程度，以致向敌人悬白旗乞降。这种十足可耻的投降行为，使叶志超由一位万军的统帅一下子变成了可耻的叛徒和怕死鬼，从而大灭了清军的志气，大长了敌人的威风。这个可耻的行动，深远地影响了清军在以后的抗战士气及畏敌情绪的滋长。

第四，近万人大军在深夜逃跑，既无突围的整个战略撤退，又无对敌战斗的战术部署，而是一哄而出，混成一团，形成大逃跑、大溃散、大混乱的拼命逃奔，如大山倾倒的一败涂地的糟糕局面。完全钻进了敌人预先设下的埋伏圈，不到几个小时，敌人的排枪火力，将清军打死打伤、俘虏多达 2000 余人。这是叶志超贪生怕死、乞降逃跑造成的一次士兵的重大伤亡，这次白白送死的人数，几乎与守城与敌激战时牺牲的人数相当。

第五，谎报军情，欺骗上级和朝廷，骗取荣誉和奖赏，是叶志超卑鄙品质的大暴露。叶志超首次面临日本侵略者的枪炮，就吓得不战而先行逃跑，置在前线抵敌的部队于不顾。事后，竟然厚颜无耻地编造谎言，以败报胜，骗取朝廷的嘉奖和赏银，尤其竟然骗到统领朝鲜全部清军的总统大权。叶志超从平壤逃跑到达安州后，故技重演，又谎报军情，又编造出一套以败报胜的天大谎言。说他如何如何苦战抵敌，退出平壤。叶志超在向李鸿章的报告中谎说：各军苦战五昼夜，弹尽粮绝……只得且战且退。经过顺安、肃川一带倭卡数十处，层层打出。若由安州堵击，无险可扼，且子弹业已打完。至于他插白旗、向日寇乞降、深夜大溃逃被伏击惨死 2000 官兵的情况，则只字不提。他弃城逃跑时抛弃的仅子弹一项，就有 56 万发，却谎说：子弹业已打完。实在无耻之至。清廷昏庸，又一次被骗，竟下指示：日兵三四万，分扑平壤，我军力战五昼夜，力尽粮绝……我兵退至安州一带，昼夜固守……叶志超著加恩免议。并认为叶志超“尚无畏葸情事”。

叶志超贪生怕死、畏敌如虎、怯阵脱逃的思想不是偶然的，由来已久。叶志超很早就对驻防牙山和平壤失去信心，曾提出从平壤撤退到鸭绿江边，遭到左宝贵与马玉昆的抵制。他又以有病为借口，几次要求离队回国“就医”，提出“倏得头眩心跳之病”为由，请求“开缺回津就医调养”。后被派为清军总统，仍“奏请开缺就医”。而朝廷多方慰勉留任，谕其“无庸开缺，在营安心调理，一俟痊愈，即统率全军合力进剿”。

叶志超的罪行是严重的，他是一个失败主义者，也是一个贪生怕死、怯阵畏缩的逃跑主义者，更是一个向敌人举白旗乞降的投降主义者，是清廷将领中的败类。叶志超的罪行后来被言官揭发，清政府下令查办，“械送京师，下刑部鞫实，定斩监候”。据戚其章考证：叶志超于1900年出狱，次年病死。叶志超应该受到国家的严惩，按他的罪过应该处斩。但审定“斩监候”不仅没有执行死刑还被释放出狱，可见清廷之腐败。

第二十九章　黄海海战中的临阵脱逃者方伯谦和吴敬荣

第一节　二次临阵脱逃的管带方伯谦

在黄海抗击日本侵略军舰的激烈战斗中，出现了两个“软骨头”，他们是济远舰管带方伯谦和广甲舰管带吴敬荣。

方伯谦为人一向阴险狡诈，有“黄鼠狼”绰号之称。他在丰岛海面，碰到日本侵略舰的突然袭击，就曾贪生怕死，吓得躲进船舱内铁甲最厚处，久久不敢出舱，并无耻地挂起白旗，以示投降。正是他的这个投降举动，日寇侵略舰更加紧追不舍，致使代其指挥的大副都司沈寿昌中弹牺牲，二副守备柯建章又在接替指挥中牺牲。而身为管带负责济远舰总指挥的方伯谦，却吓得躲在舱中，保全了他肮脏的性命。

在激烈的海战中，正在战斗进入白热化的关键时刻，致远舰管带邓世昌舍身驾舰冲敌，决心拼死与敌舰同沉亡，不幸遭敌舰击沉。此时，经远冲上前，与敌浴血拼搏，又不幸中弹，舰人沉没。而在此紧要时刻的方伯谦，不仅不去救援，反而吓得转舵逃跑，实在可耻。这是他第二次临阵逃跑。

在海战一开始，方伯谦就怕死不敢迎战，做好了逃跑准备，他竟然将舰上的大炮用“巨锤击坏，以作临阵先逃之借口”。

方伯谦在慌乱逃跑中，又将在浴血奋战中受伤的“扬威”舰“当腰触裂，驶出至浅水而沉”。

李鸿章在奏报这次海战经过的奏折中，提到“若非济远、广甲相继遁逃，牵乱船队，必可大获全胜……该两船管带，方伯谦、吴敬荣，业经电请分别从严参办”。

之后，李鸿章上奏，提出严办处置意见：致远沉后，该管驾方伯谦即先逃走，实属临阵退缩，应请旨将该副将即行正法，以肃军纪。

清廷准奏，方伯谦军前正法。1894 年 9 月 23 日，即海战后 6 天，方伯谦被绑赴旅顺黄金山下大坞西刑场处斩。这是方伯谦罪有应得，为抗敌贪生怕死、临阵脱逃者戒。

第二节　随之逃跑的管带吴敬荣

吴敬荣，广甲舰管带。广甲舰为辅助舰。

在海战中，吴敬荣见济远舰逃逸，也吓得随之而逃，慌不择航，逃驶到大连湾三山岛外，触礁搁浅。吴敬荣慌忙率众纵火焚舰，登岸逃命。第二天，“广甲被日舰发炮击碎”。

李鸿章在黄海战役的奏折中，写到：济远首先驶逃，广甲继退……广甲一船，在三山岛搁礁，拖救不起。又在奏报处置的奏折中提出：广甲管带澄海营守备吴敬荣亦随济远逃，至中途搁礁，咎有应得，惟人尚明白可造，可否撤职留营，以观后效。就这样，吴敬荣的临阵逃跑罪行，却没有受到严厉处置，只是撤职了事。

李鸿章在处置方伯谦和吴敬荣两人的逃跑犯纪事件上，却如此厚薄分明，无怪乎当即引起海军将领们的议论与不平。

李鸿章如此“优待”吴敬荣，内中隐情令人怀疑。

尽管吴敬荣没有受到军纪的严惩，但他的贪生怕死、临阵脱逃的可耻行为，历史不可抹去，也要为后人戒。

第三十章 辽东保卫战中的畏敌逃跑者

第一节 畏敌逃跑的分统赵怀益

赵怀益，铭军分统，贪生怕死，畏敌怯阵，闻风而作逃计。

日军第二军从花园口登陆，欲犯金州、旅顺，前锋抵貔子窝，旅顺吃紧。徐邦道提出：金州失，则旅顺不可守，请速分兵往逆之，顾旅顺后路。

没有人理睬，畏敌不前。“时驻旅顺凡六统领，新旧三十余营，莫之应，邦道自率所部行。”

日军陷貔子窝，赵怀益部将数人请往御，怀益不许。他推辞说：我奉中堂令，守炮台，不与后路战事，汝辈欲往貔子窝拒敌，须请令方可。实即畏敌不敢前去抵敌。

1894 年 11 月 6 日，日军进攻金州，“越岭来犯，猛攻我垒右海岸歧路，兵单不能支。垒兵愕顾，倭人乘势扑垒，蚁附而上，遂夺山隘，我兵大溃，军士丧亡者众。帮道乞援于怀益，不可得”。这时，赵怀益“于大连湾码头自督勇丁，运行李杂物，渡海作逃计”。早在“倭人未抵金州时，怀益已令人至烟台售其所存军米”。赵怀益早有逃跑打算，他根本就不敢与日本侵略军接触。自己既不积极抵抗日军的进攻，又不允许派兵去救援友军，以致日军很快攻下金州，我军“死伤枕藉”。

11 月 7 日，日军“分三路攻大连湾，我守台诸营先一日多逃亡。是日，余兵遥放数排枪，怀益遽奔旅顺”。大连湾失守。“于是，黄仕林、赵怀益、卫汝成三统领，陆续潜逃内渡，其部下游兵分掠王成官银号。船坞工程局大小员司各挟库储贵重材料，争雇民船逃内渡，仓皇扰乱，即非倭兵之来，而旅顺固已不可守矣。”

第二节　闻风而逃的前敌营务处道员龚照玙

王芸生《六十年来中国与日本》记述：营务处龚照玙，以金州陷，旅顺陆道绝，大惧，逃渡烟台，赴天津。鸿章斥之，复旋旅顺。自照玛之逃，旅顺军民滋惶惑。船坞工匠群抢库银分党道掠，旅顺大扰。

是日，驻旅之鱼雷艇8艘，渡威海；而照玙已先一日乘鱼雷艇逃烟台。

戚其章《甲午战争史》记述：龚照玙以道员任旅顺前敌营务处兼船坞工程总办，代北洋大臣节度，“尽护诸将，实即隐帅旅顺”。本来，龚照玙确实应该负起激励诸将“合力战守”的责任，但他“贪鄙庸劣”不足当方面，颇失人望。不仅如此，在11月6日，即金州失守的当晚，他既不请示上司，又不与诸将共商，便以“商运粮米”为名，乘海军鱼雷艇赴烟台。时山东巡抚李秉衡正驻烟台，他却避而不见，致被奏参。又以“请援”为名乘商轮赴天津，李鸿章饬其“即日回防，激励诸将同志固守”。龚照玙此番寓旅，显系托词逃避，致使人心浮动，造成混乱。“船坞局逃匿殆尽，市无买卖，水旱雷学生亦均逃走。军械局委员自委员以下，迄无下落。”西岸旱雷队长张启林竟“将电箱损坏，畏罪带水勇四名逃去”。11日，龚照玙回旅后，仍然“不能联络诸军，同心固守”。于是，在旅顺重新出现了像平壤那样“有将无帅”的情况。

第三节　畏敌避战的总兵姜桂题、蒋希夷

日军侵陷盖平，“嵩武军分统杨寿山、李仁党皆死之，陷盖平……会姜桂题率铭军来援。邦道请桂题出敌不意，乘锐夜捣盖平，桂题辞以翌日并进，而乘夜拔队遁去，于是诸军皆退营口”。

王芸生《六十年来中国与日本》第二卷记述：时旅顺六统领不相系属，共推姜桂题为主，桂题庸材，无能为，诸将互观望，莫敢前击敌。

金州之陷也，徐邦道率残卒奔回旅顺，至是愤甚，以部众新创寡弱不足用，固请于桂题，欲增兵与倭争后路，不许。

唯蒋希夷一军及奉锦道标兵二营驻营口炮台。希夷贪怯不任战，倭兵步入营口，十一日入炮台，希夷先逃。我营口守口大炮45尊，及封冻口内之湄云兵船一艘，小火轮船两艘，并军械弹药，皆委诸倭。

第三十一章　威海保卫战中的叛逃者和投降派

第一节　鱼雷艇的集体临阵脱逃

在日本侵略者扼杀威海要塞的生死关头，北洋舰队“左队一号”鱼雷艇管带王平畏死动摇，暗中与“福龙号”鱼雷艇管带蔡廷干、前济远舰鱼雷大副穆晋书，密谋逃跑，决定“一有机会就跑”。

1895 年 2 月 6 日夜间，北洋舰队提督丁汝昌命令王平率领鱼雷舰队，驶出海口袭击敌舰，叮嘱“尽可能击沉敌舰”。王平认定此为逃跑的大好机会，即于翌日凌晨带领串通好了的全体鱼雷艇 10 艘、汽船 2 艘，开足马力，冲出西口，向烟台方向疾驶逃窜。

日本舰艇发现后，立即派舰尾追，逃跑的鱼雷艇都被击毁搁浅或触礁，舰上官兵弃船逃亡或被俘。12 艘鱼雷艇全部覆灭，其中 7 艘被毁，5 艘被日海军掠去改装为日海军鱼雷艇队。此为叛逃者的极大罪恶。

丁汝昌当即写信给山东登来青道刘含芳，要他将逃跑的鱼雷艇官兵缉拿正法。信中写道：

十三日晨，敌全力攻扑东口，炮声一响，我小雷艇十（二）只畏葸，擅由西口逃出西去，倭分队尾追，被其俘去九只，全被击沉。以我艇资敌用，其害与南台同。自雷艇逃后，水陆兵心皆形散乱……各艇既不得力，且复擅逃，其官弁人等必由浅沙登岸，务请各帅严拿正法。

阴谋逃跑的发动者和组织者头领之一的“福龙”鱼雷艇管带蔡廷干，被日舰俘虏押回日本关押于大阪某寺院中。《马关条约》签订后，日本要遣返俘虏的中国官兵，蔡廷干害怕回中国受到处决，通过关系没有被遣返。他做了可耻的叛国罪犯。

鱼雷艇队的叛逃，严重地动摇了军心。“水陆兵心皆形散乱”，使 2 月 7 日的保卫战受到很大伤亡。“弁兵伤亡三百余员名，伤心惨目，莫可言状。”士兵斗志大伤，不听从命令战斗，水兵违令离舰上岸，陆兵登舰避战。“七号那天……在旗舰上下了一个‘净炮’的命令，士兵都违抗不从。刘公岛炮台的兵士也离开了他们的炮座。”“陆军里的混乱情况最为严重。他们……扬言不再作战。或齐集防浪堤下，或占据小船，或登上镇远舰，要求载他们离岛。”

鱼雷艇的叛逃，使处于十分危急态势下的北洋舰队雪上加霜。

第二节　擅自撤兵逃跑的道员戴宗骞

在威海保卫战中，发生过多起临阵逃跑事件，使战斗遭到严重的失败，而且逃跑都是在将领中发生的。

1895 年 1 月 30 日晨，日军发动对南虎口、北虎口和虎山的攻击。清军道员戴宗骞率军驻南虎口，在敌人的猛烈炮火下，戴宗骞不敢坚持战斗，擅自下令撤出阵地。士兵纷纷溃散，戴宗骞竟下令将整个部队解散，让各自逃生。他自己跑回了北帮炮台。由于戴宗骞的撤逃，南虎口顿成空虚，使北虎口的守军成了孤军。这支孤军仍然坚持战斗，700 守军被打死 130 来人，最后坚持不住，不得不撤去。于是，南虎口和北虎口阵地均被敌占领，与攻击虎山之敌形成包围态势，虎山终沦敌蹄。

虎山被占，戴宗骞撤逃于南虎口是关键原因之一。

第三节　弃军而逃的三营统领刘澍德

刘澍德，统领三个营的兵力，防守虎山，有大炮八门。与敌战斗，士兵勇敢，打死日军 2 名，打伤 4 名，而清军只阵亡 2 名。日方记载：敌兵据住便利的阵地，猛烈向我军瞰射，我兵甚是苦战。这说明这场战斗清军打得勇猛。可是，将领刘澍德贪生怕死，当敌军增强火力，冲击过来时，竟然吓得不敢坚持战斗，而弃军逃跑，部队顿时溃散，一场可以取得战果的拼搏战斗，以失败告终，虎山阵地被敌抢占。

第四节　借伤逃命的总兵刘超佩

总兵刘超佩，率领清军防守南帮海岸炮台。当日军进攻南帮炮台的龙庙咀炮台时，刘超佩左腿中弹，吓得急忙钻进小汽艇中，逃往刘公岛，丢下守台部队不管。南岸水雷营管带李荣光，见刘超佩逃走，也与学生一起，随之逃跑。事后，清廷追究，将刘超佩押解回天津查办，饬王文韶进行调查，王查后复奏：其受伤虽非谎，饰而逃避亦属实情。刘超佩乘受伤而弃军逃跑，使守军无首，是龙庙咀炮台失守的重要原因之一。

第五节　贪生怕死的副将阎得胜

阎得胜率五个营的兵力，任务是配合孙万林，伏击入侵白马河东岸的日军，从旁截击敌人，包抄敌后路。可是，正在孙万林军伏击敌人成功、日军失利撤退时，阎得胜不按照军令部署给他的包抄敌后路，截击敌人，反而不战而退，致使孙万林军成为孤军，不得不撤出战斗，失去了一次全歼敌人的大好战机。阎得胜犯了不可饶恕的军纪。

紧接着，日军进犯孙家滩，孙万林亲自率军正面堵击，令阎得胜军为左翼，接应孙部，并防止敌犯威海卫城。当敌军进入孙军的埋伏地区时，孙万林指挥部队发炮猛轰，日军死伤不少。如果阎得胜能按计划坚持左翼出击，必将予敌更大杀伤。可是阎得胜又一次畏敌先退，致使左翼空虚，孙万林不得不撤出阵地，孙家滩战斗未能扩大战果，丧失了防地。阎得胜罪不可赦，终被处决正法。

第六节　闻风而逃的参将赵得发、知县杨承泽

将领贪生怕死，不敢抵敌，一触即逃，致使全军败溃，是威海保卫战失败的重要原因之一。这类逃跑者不在少数。山东巡抚李秉衡致电各营，指出退缩逃跑的不是个别人，严训对退缩者要处斩戒众。他在电报中说：与倭接仗，虽互有胜负，而各营将领不齐，接仗未能得力，致倭人渐向西进，非斩其退缩之尤者，不足以警示。查各军退缩者不止一人，而以阎得胜为最怯。

清军将领逃跑在威海卫保卫战尚未打响就开始了。日军登陆后，立即进犯荣成县城，防守城东的参将赵得发率一营士卒，闻风而逃，知县杨承泽逃藏一民家，化装出城逃去济南。日军未遇任何抵抗，安步由东城门进入城中。山东巡抚李秉衡紧急电令阎得胜、叶云飞、戴宗骞三个营，赶去荣成“并力堵击”敌军，严令警告：何营不前，即惟何营是问！可是，阎得胜等行至中途，闻荣成已陷敌，却不敢举步行进，折道退回，根本置上级军令于不顾。荣成县城就是如此轻易地落入敌手。

第七节　无耻的投降派

首先要投降的是在北洋舰队服务的洋员。为首的是瑞乃尔、泰乐儿、克尔克。他们散布失败情绪，鼓动投降。1895 年 2 月 7 日晚，“除马格禄、浩威外，尽到刘公岛”的俱乐部秘密会集，决定投降。“是日，洋员瑞乃尔（德国炮师）、泰乐儿、克尔克（海军医院长）等，同谒营务处牛昶昞商办法。结果瑞乃尔与泰乐儿在深夜二时往见丁提督，劝其投降。丁初言‘此事不可行’。后言‘当自杀以成之，以全众人生命’。”丁汝昌对投降派劝降严词拒绝。

一月十六日（公历 2 月 10 日），刘公岛守将张文宣至镇远，合水手围丁汝昌所，请降。牛昶昞并各舰管带踵至，相对泣。乃召诸洋员计事。瑞乃尔能作华语，言兵心已变，计不如沉船毁台，徒手降敌。汝昌降之，而诸将不肯沉船，恐取怒日人也。

十七日，敌复从水陆夹攻。丁提督得烟台密信，知山东巡抚李秉衡已走莱州，援兵绝望，而岛上药弹亦将尽。是夜提督召诸将议，欲率余舰突围出，诸将不允，散去。提督入舱仰药，张文宣继之，四更许先后卒。于是麦克禄、浩威假丁提督名，用英文作降书，而嘱闽管带某译为华文。

翌日黎明，广丙管带程璧光乘镇边炮舰，悬白旗，赍降书至日舰乞降。

伊东急会诸将商议，并遣四舰扼西港口，防我舰逸出。旋接见程氏，以英语相问答。其问答之词曾摘译发表于当时报纸如下：伊问：丁提督安否？答：有病。问：刘总兵安否？答：安。问：食足否？答：米与萝卜青菜俱有。

问：牙山之役，方伯谦甚谙海战，何故杀之？答：上命也，丁公殊不愿。

问：威海卫何易失也？答：陆军与水师不相顾也，又无战律，再战徒伤生命，无济于事。问：刘公岛近况如何？答：官眷及有财者皆去，穷民不能去，受贵军轰炸，其苦实深。话毕，伊东畀程以复书及香槟等物，程许以再送书来而别。伊东复书用英文，大意谓：接纳降议，将于次日点收战舰及其他军用物，而英人担保为不需。

翌晨，程璧光乘镇远，下半旗，赍伪托丁汝昌之复书赴日舰，且报丁氏之丧。其书大旨请将点收战利品之期展至正月二十二日。伊东以丁既死，请我方另派一本国军官来议降约，我军以牛昶昞应。

降约于一月二十日签订。二十五日，伊东遣康济舰送丁汝昌、刘步蟾之灵柩赴烟台，日舰下半旗，鸣哀炮送之。

日本此举，乃猫哭老鼠之滑稽作，实阴险虚诈，以欺世人。

投降派的卑劣无耻，竟然将投降之罪，栽在抗日殉国的爱国将领丁汝昌的头上，使之死后蒙受降敌罪名之冤辱。可见，这班投降派的良心沦丧到何等地步。这个阴谋，当时确实起到了鬼变人、而人变鬼的效果。真正的投降派变成了清白无辜、只不过是“执行者”而已；而真正的抗日殉国者，则变成了“主降人”，而成了罪人。清政府本来就是昏庸无道、腐败透顶，对丁汝昌之殉国，不仅不予褒扬称颂，反而听信了投降派的阴谋谎言，将丁汝昌按叛国罪处置，并抄没家产。“既降而死，朝旨褫职，籍没家产。”

其儿孙辈投亲奔友，流离多年。直至光绪末，有威海等地士绅商民300余人及广东水师提督萨镇冰、甘肃提督姜桂题等，联名致书北洋大臣袁世凯，提出为丁汝昌申雪。袁世凯据以入奏，称：其始终艰难委屈之情，亦为天下中外所共谅。宣统二年（1910年），筹办海军大臣贝勒载洵亦为奏请，始开始复官原衔，此冤得到昭雪。

第八节　清军将领的腐化

清军将领的腐化，是威海保卫战失败的重要因素之一。

◆ 临危离舰嫖娼的管带邱宝仁、林颖启

1895年2月5日，“夜半月落后，日雷艇五艘复入袭。来远、威远及小炮艇宝筏覆焉。日人无一死伤……是夜，来远管带邱宝仁、威远管带林颖启登岸逐声妓未归，得免于难”。“来远中雷后，五分钟即沉没，兵员大部殉难，得救者仅二三十人。威远死者亦多。”日人桥本海关所著《清日战争实记》中记述来远中雷翻转，露出红色舰底，舰中30余人遇难……威远……宝筏亦中雷沉没。在如此紧急严峻的防卫战中，邱宝仁、林颖启身为战舰指挥的将领，竟然擅离战舰，登岸去嫖娼一夜不归，充分显示清军将领中的腐败堕落到何等程度。

◆ 贪污军饷、军纪败坏的道员戴宗骞

孙克复、关捷《甲午中日海战史》记述：南帮炮台失陷后，2月2日，日军又向北帮炮台进攻。北帮炮台由戴宗骞率绥军六营驻守。戴宗骞是一个靠镇压捻军起家的刽子手，为人贪婪诡诈，是一个剥削士兵、贪污军饷的能手，士兵们对他恨之入骨。他统率的绥军，是“十额五兵缺”。为了掩人耳目，戴宗骞竟给营

中工匠们穿上军衣弥补缺额。甚至用拉夫办法滥竽充数，以致绥军的缺额现象十分严重，纪律败坏，毫无战斗力。戴宗骞虽然身负威海卫南北两帮海陆炮台的全面守卫之责，但在军事上漫无布置，并不认真布防。开战前，将北帮炮台存银8000余两运往烟台，令其子携往安徽寿州老家。自己也想寻机逃走。北帮炮台原来的六营绥军，在南帮炮台作战时溃散两营，在虎山又被戴宗骞解散两营，只剩下两个营。南帮炮台失陷的当晚又溃散一营。2月1日，最后一营也哗变溃散。戴宗骞身边只剩下十几名亲随，成了光杆司令。丁汝昌为了不使北帮炮台再为敌所利用，重蹈南岸炮台的覆辙，于日军到来前，派敢死队到北岸炸炮毁台，并将戴宗骞载往刘公岛。戴宗骞自知罪不可恕，到刘公岛后服毒自杀。丁汝昌要炸南帮炮台时，曾遭到戴宗骞的坚决反对，戴宗骞并将丁汝昌告了一状，为此，李鸿章严词责备丁汝昌，以致南帮炮台未能及时炸毁，而为敌利用。

第九节　一盘散沙的清廷军队

清廷军队的腐败，突出地表现在军派林立，各自为政，官僚、军阀各握兵权于一方，相互矛盾和斗争，置国家安全于不顾，只知保守自己的实力，而不肯一致对外，宁愿丧失国土，坐视别军危急而不救。以致清廷无力实行对军队的统一指挥，各军处在一盘散沙状态，最后被敌各个击破，使战争失败。这种分散孤立主义，是威海以至甲午战争失败的主要原因之一，是清军最严重的腐败现象。

威海危急时，丁汝昌非常焦虑地请求调派援军解围，甚至翘盼到跪求的程度，最后连一兵一卒也不见派来，只有北洋海军的彻底灭亡为结局。这时，驻守在威海附近的清军有30多营的兵力，坐视威海的覆灭。

黄海海战失利后，李鸿章曾向清廷请求南洋海军暂调4艘主力舰来威海、旅顺，帮助协防。清廷批准了这个请求，电谕：暂调南瑞、开济、寰泰迅速北来助剿。遭到两江总督刘坤一的拒绝，借口“东南各省为财赋重地，倭人刻刻注意”，“前敌饷源均关大局，不敢不统筹并顾”，要求免派。清廷无奈，只好不调。清廷复于大连湾失陷时，再电谕南洋海军，商调战舰4艘北上支援，遭到南洋大臣张之洞的拒绝。

当威海陷于绝境，急待援兵的关键时刻，清廷批准调派贵州古州镇总兵丁槐所部5个营兵力，及徐州总兵陈凤楼5个营马队及皖南镇总兵李占椿等步队15个营，共同开进山东烟台。可是，本来应该快马增援的陈凤楼五营马队，迟迟不见起程。李秉衡不得不急电恳求乞援：威待援甚急，盼公来如望云霓，恳公迅赐起行。丁汝昌已经是心急如焚地时时翘盼援兵到来，他与牛昶昞、张文宣联名致函刘含芳说：昌等现惟力筹死守，粮食虽可敷衍一月，惟子药不允，断难持久。求速将以上情形飞电各帅，切恳速饬各路援兵，星夜前来解此危围，以救水陆百姓十万人生命，昌等感大德矣。两日后，又致函刘含芳告急：十六七日援军不到，则船岛万难保全。丁汝昌同时请刘转函陈凤楼：此间被困，望贵军急切，如能赶于十七日到威，则船、岛尚可保全。日来水陆军心大乱，迟到，弟恐难相见，乞速救援。可是，如此十万火急的求援，都如石沉大海。援兵未见踪影，原来陈凤楼军调往天津去了。李秉衡将此消息电告刘含芳，说：陈凤楼到淮，傅相（指李鸿章）电止，奏调回直（京津）。奈何！岛舰无兵救，真堪伤痛！另外，丁槐的五营援兵也迟迟不前。“仅丁（槐）2营到省，催两日无东来耗。又3营到诸城，即滋事戕营官。李、万、张三军入东境，迟迟不前。”所有援军均不愿救援而滞留不前。最后，到威海覆灭，无一援兵来救。可见，此系清军腐败的最突出的败露。

第三十二章　可耻可恶的汉奸走狗

在甲午日军侵华战争中，出现了一小撮汉奸走狗，他们在凶恶的敌人面前，贪生怕死，卖国求荣，甘愿充当日军的鹰犬，残害自己的同胞。他们或者为敌人提供情报，或给敌人带路，或潜伏破坏，或通风报信，或出卖亲人朋友战友，或为敌献策……做尽了伤天害理之勾当。人们对汉奸是深恶痛绝，发指唾骂。这里记述的只是几个汉奸卖国投敌的无耻事例。

第一节　为日寇通风报信的汉奸走狗

王芸生《六十年来中国与日本》第二卷记述：日本既对朝鲜实行劫王政变，中日战争随即开始。在此以前，李鸿章知道形势紧迫，而且军事布置很不利，又连奉谕旨，要他速筹战备。乃派总兵卫汝贵统盛军马步六营进平壤，提督马玉昆统毅军2000进义州，分别由海道至大东沟登岸。其中有部队2000余人，租英国商轮三只，名爱仁、飞鲸、高升，定远牙山接应。天津电报局的电报生受日本间谍收买，将发兵日期泄露。日本兵舰多艘集于牙山口外，拦劫中国兵船。这时，高升号由华舰济远、广乙护卫，驶近牙山口外的丰岛。日舰吉野、浪速、秋津洲等袭来，首先开炮，华舰还炮。广乙被重创，逃而触礁。济远也中很多炮，舱被毁，遂逃。吉野尾追甚急。济远管带方伯谦，藏身于铁甲厚处，乃树白旗，吉野仍追。水手王国成、李仕茂甚愤怒，二人主动将十五生地尾炮连发四弹，三弹命中，将日舰打退。

九时顷，高升号续到，辅助舰操江随到。高升号虽悬英旗，也遭日舰炮击沉没。船内载华兵950人，只有少数获救。操江为浪速追及。降众为日人押归日本，颇受凌辱。操江携带军饷20万两银全部被日寇掳去。

这次日本侵略者不宣而战，突然袭击，阴谋得逞，其重要原因之一是事先获得了清军运兵船的行踪，这完全是天津电报局汉奸之滔天罪过，通风报信所造成的。

关于高升号运兵船的出海行动，日本侵略舰队事前就获得了详细的情报。在天津，有个日本间谍石川五一，“冒充广东人，剃发，穿中国衣服，以紫竹林松昌洋行职员的身份为掩护，收买天津军械局的书办刘树芬，私抄中国海军炮兵数清单”，获得大量第一手军事情报。石川五一供称，“自光绪九年（1883年）即在北京、天津等处往来”，“将各军营枪炮刀矛火药弹子数目清单”悉数各抄一份。特别是“所有高升轮船载兵若干、带兵官姓名并所带物件以及青菜若干斤，均详信内”。所以，日本舰队对高升号是了如指掌，在海上等待高升号的出现，一举将其击沉。但是，这名特务石川五一和汉奸刘树芬也没有好下场。1894年9月20日，清政府将他俩在天津绑赴刑场，执行枪决，观者如潮，拍手叫好。

第二节　通敌卖国的兵工厂汉奸总办

日本侵略者挑起黄海海战，以海军军舰数量上的优势和速度上的优势及速射炮的优势，击沉了4艘中国军舰，死伤中国海军官兵600余人。中国北洋海军遭到重大损失。究其原因，其中很重要的一条，就是兵工厂的总办被日本侵略者收买，故意制造了大量质量极差的炮弹，以致在黄海海战中，射而不准，炸而不爆，爆而力小，最终失败。此乃汉奸走狗通敌卖国所致，罪恶滔天。

亲身参加海战的定远副管驾英人泰莱所著《甲午中日海战见闻记》中，有如此记载：两方舰队，实力非不相当。中国有大小共十舰，内有坚固之铁甲战斗舰二。日本有十二舰，视中国诸舰为较新式，较轻捷，惟无战斗舰，六英寸以上之炮中国方面射弹较大，六英寸以下之炮则日本占优势。是故中国舰队，就枪炮及铁甲而论，至少与日本相埒。炮术甚佳，训练虽有遗憾，唯水兵可称善战。极严重之事因，厥为子弹之缺乏。此缺乏也，吾人有理由可信其咎非仅在疏忽，而在兵工厂总办之通敌卖国。子弹之短绌，日人盖知之无疑，且为其挑战之原因。

定远舰枪炮大副沈寿垫总结黄海海战的经验教训时说：中国所制之弹，有大小不合炮膛者；有铁质不佳，弹面皆孔，难保其未出口先炸者；即拉火引信，亦多有不过引者。临阵之时，一遇此等军火，则为害实非浅鲜。来远帮带大副张哲荣指出：所领子药，多不合式，亦不切备。东沟之役（指黄海海战），因弹子将尽而炮故缓施者，有因子不合膛而临时减药者。

山东省社会科学院历史研究员戚其章认为：北洋舰队将领的条陈，进一步证实这些揭发是真实的。炮弹“不合式”，如其铜箍直径过大，使用时须锉小才能填进炮膛，就会使本来已经很低的发射速度变得更低。引信拉火“不过引”，就会使炮弹击中敌舰而不爆炸。在丰岛海战中，日舰吉野中炮，炮弹穿透舷侧而进入机器间；在黄海海战中，日舰浪速被击破水线进水；比睿、赤城、西京丸及其旗舰松岛等都中弹甚多。为什么这些日舰却一舰也未被炸沉？了解了这一情况，对此问题便不难理解了。若非如此，则黄海海战的结局很可能会全然改观。

第三节　破坏炮台爆破的汉奸走狗

日军从山东半岛荣成湾登陆，包抄威海卫后路，从陆路进攻炮台。同时，用海军屯海面港口，围堵北洋舰队，实行水陆夹攻。

海军统帅丁汝昌，为了不使炮台落入敌手，资敌反炮击我。下令轰毁威海卫炮台，遭到了汉奸的暗算，影响了炸台计划。

张荫麟《甲午中国海军战迹考》中“威海卫之守卫”一节，作了如此记述：日陆军从后路大举攻南帮炮台，海军二十一舰复在东口夹击。其海军扼于刘公岛炮台，不得逞。惟陆军以下午一时安步入占南帮炮台，先是我守兵已安步退出。初丁（汝昌）提督等虑南台不守，炮将资敌，以为海军患，议毁之，格于守将戴宗骞，不果。乃预筹待守兵撤退时，遣敢死队往毁。至时敢死队往，几为守兵所杀，及彼等退尽，则台中原备毁炮用之电池已破碎，其电线已被割断，盖汉奸之所为也。因日兵进迫，拆毁之工作未得完全，日人据龙庙咀台，以二炮击我舰。

由于汉奸的破坏，使炮台没有破坏“完全”，以致炮台被敌人利用来轰击北洋军舰。汉奸之罪恶令人发指。

第四节　田庄台通敌情报的汉奸走狗

1895 年 3 月 9 日，日军集中兵力，向田庄台仅及日军 1/4 绝对劣势的清军，发动强攻。清军伤亡惨重，许多清兵来不及撤退就遭到日军围攻，而逼入田庄台市。日军兽性大发，在战犯第一军司令官野津道贯的命令下，日军纵火焚城，全城房屋均被烧尽，成了一片焦土。清军被打死烧死者多达 2000 余人。日军对田庄台的攻击非常迅速，对清军的布防摸得非常清楚，主要就是汉奸给日寇发出情报所致。在《马关条约》实行后，老帅宋庆在上陈给清廷的《请整军再战》的电文中，对田庄台战役失败原因写道：田庄台之役，日寇重用汉奸，探诱我前后军东剿，乃以枪炮全力攻我新军，前后军赶援不及，新军虽战斗亦力，而伤亡实多。

汉奸走狗罪恶滔天，为天下人共诛之。

第三十三章　台湾反割保台抗日保卫战中的汉奸走狗

当割台之势已定，清廷弃台已决，外援完全绝望，台湾人民反割保台之愤情犹如火山爆发，怒吼仇日，喋血拼敌，愿以九死之决心与日本侵略野兽拼搏到底，誓死保台卫家。在台湾保卫战中涌现出许多英勇抗日的民族英雄。

在台湾保卫战中，也出现了一小撮无耻的汉奸走狗，他们忘祖卖国，甘愿做仇人的走狗，认贼作父，为敌人做内奸，引狼入室，将自己的家乡送于敌手，引兽进台杀害自己的同胞。这一小撮民族败类罪恶不亚于日鬼，汉奸特务是人民的公敌。在战斗中，还出现了极少数清军将领畏葸不前，临阵逃跑，或俯首投降，实民族之羞耻。

第一节　引敌登岸的汉奸走狗

日本侵略军入侵台湾，欲选登陆地点，举棋不定，后收买汉奸，经汉奸指点，才决定从基隆口外的澳底登岸。汉奸使日军掌握了澳底的虚实，知道“福建水师提督杨岐珍亦撤兵内渡，兵备益单。基隆防兵仅少数部众及士勇四营，其东路三貂岭、澳底诸处无兵驻守”。于是决定澳底为最佳登陆地点，日军舰“并力击金包里，张声势，作欲登状，以缀我师，而潜结教匪从澳底登岸，澳底本驻有杨岐珍防营，至是撤兵去，易以曾喜照。喜照新募士勇两营，成军甫三日，遇敌不战而溃”。

第二节　伪称日兵、袭击楚军营、陷大甲溪的汉奸走狗

王芸生《六十年来中国与日本》第三卷记述：初四日寅刻，敌大队猛攻大甲溪，汤人贵率福军先锋营当其冲，与相持，袁锦清、徐骧由溪湾左右绕出，攻其两腋。敌已稍却，忽闻后路之营陷，各军骇震，遂哗退。盖……日兵阻于人贵、锦清，不得进，以重金购土匪，伪称日兵，往袭淮义营，淮义遽遁，前敌乃大挫……

锦清死亡，健卒50余人无一生还者，敌遂据大甲溪。

第三节　引敌攻破八卦山的汉奸走狗

王芸生《六十年来中国与日本》第三卷记述：大甲溪既败，永福令各军择彰化境内大溪扼守……初七日前敌战，日军败，窜入后山。吴彭年自率队穷追，将截其回大甲溪归路。告捷，永福谓必扫荡此虏，不遗丑类。乃未几八卦山告警矣。盖日人入我腹地，以重金购奸民，刺官兵虚实，并山川道路，结为内应，以掩我不备，斯时敌人窜后山者，以有土匪为导知后山有小路数支，可达八卦山，八卦山俯临台中府城，若为敌据，则彰化不守……敌猛发大炮，土星队伤亡几尽……八卦山遂陷。

第四节　引日军登岸、袭击旗后炮台的汉奸走狗

王芸生《六十年来中国与日本》第三卷记述：二十五日日舰攻旗后炮台，永福之子成良登台扼守。奸民夜引日兵由僻径登岸，突入大营，陷之。进围炮台，台兵持两日，死伤枕藉。

第五节　率部投降的叛徒余清胜、恭迎日军的汉奸辜显荣、李秉钧、吴联元、陈舜臣、邓峦子、林苗生

1895年6月6日，台北艋舺绅士李秉钧、吴联元、陈舜臣等人商议迎接日军进兵台北府城。由大汉奸杂货商人辜显荣赴基隆日军总部，呈送迎接书。辜显荣后任日本殖民统治时期的台湾保良总局局长，卖台求荣。

日军进驻台北。驻守台北后路的总兵余清胜，竟主动地致书日军头目，称：体我皇上媾信和睦至意，何敢违抗，亦不敢有观望。表示要“听命行之”。并率所部5个营投降敌人。

七月一日，敌由枋寮登岸，匪首邓峦子、林苗生等迎降敌，故日兵登陆，无稍顾忌。

第六节　内奸高慧

楚军总兵李淮义贪生怕死，“素畏葸”。“率军为大甲溪后继。时日兵阻于

人贵、锦清，不得进，以重金购土匪，伪称日兵，往袭淮义营，淮义遽遁，前敌乃大挫。”李淮义营中文案高慧是一内奸，将刘永福军中的情报密告日人，说：刘永福缺乏军饷，是其败之一端；兵力不足，是其败之二端。致使日军加紧攻击永福军。

第七节　圆顶半岛投降的叛将郭润馨、郭俊山、欧阳连

1895 年 3 月 24 日，日本海军陆战队在攻占澎湖的拱北炮台和马公城后，向圆顶半岛进犯。下午 4 时 30 分占领圆顶半岛细颈处的猪母水社，从而切断了圆顶半岛与澎湖全岛的联系，清军陷于绝境。高千穗舰海军少佐丹治宽雄致书圆顶半岛守将、定海军分统兼卫队营管带郭润馨，限其于次日上午八时率部来降。郭润馨畏敌贪生，遂偕定海前营帮带郭俊山和五营正总查欧阳连投降日军。此时守岛清军尚有 560 余人，而日海军陆战队只有 410 余人，兵力清军占优势，可是营官无耻投降，560 余清军也随之成为俘虏。

国耻篇

李鸿章（1823—1901）

清廷北洋大臣、赴日谈判全权代表。

伊藤博文（1840—1909）

日本内阁首相、日本谈判全权代表、日本帝国主义侵华最高决策集团的大战犯。

日本和中国谈判代表正在日本广岛春帆楼会议室谈判。

1895年4月17日，李鸿章和伊藤博文签订《马关条约》。

日本侵略者胁迫中国签订丧权辱国的《马关条约》之后，帝国主义列强掀起了第二次瓜分中国的恶潮。

第三十四章　清廷乞和

第一节　强盗的傲慢

1894年11月6日，美国驻日本公使谭恩，奉命向日本外务大臣陆奥宗光转达美国政府给他的训令，表示愿意充当中日和解的调解人，征求日本政府的意见。日本政府在11天之后，于11月17日，以备忘录答复美使谭恩，提出先要中国向日本乞和，然后才能考虑由美方出面调解。谭恩将日方意见报告了美国政府，并致电驻北京公使田贝。田贝在取得清廷调解和议委托之后，于11月22日致电谭恩，云：中国已将直接开始媾和谈判之事委托本公使，媾和条件为承认朝鲜独立及赔偿军费两项。希将此意转达日本外务大臣。

同年11月19日，清廷派遣天津海关税务司德璀琳为中方代表，携李鸿章致日本总理大臣伊藤博文的照会，东渡日本，抵神户，向日本乞和，立即遭到日本的拒绝。返回，日要求清政府"任命具备正当资格之全权委员"前来谈判。清廷乃改定任命尚书衔总理衙门大臣左侍郎张荫桓，及头品顶戴兵部右侍郎署湖南巡抚邵友濂为全权委员。

1895年1月26日即光绪二十一年正月初一，张荫桓、邵友濂从上海出发，于29日抵达日本长崎，31日抵达日本指定的谈判地点广岛。可是，日本又以中方代表"缺乏全权委任所必备之条件"为借口，而拒之门外，并不让在广岛停留，而被驱至长崎。真是强盗面前何礼之有。张荫桓、邵友濂一行2月12日离开长崎，于2月15日返回到上海。

广岛拒使，是对中国的当头侮辱。

伊藤博文公然指定，要李鸿章或恭亲王奕䜣为全权代表前来日本，方可谈判。

日本这个豺狼帝国，此时的尾巴翘上了天。它之所以在谈判代表问题一而再、再而三地刁难、拒绝，就是要以战胜国的架势来侮辱中国；同时更重要的是，像野狗咬住猎物，一口就想吞下去那样地兽胃大张，急不可耐。因而谈判是假，按照日本侵略者提出的条件签字定案，才是真。于是，就提出要李鸿章这样的高官前来，以易于拍板，尽快地吞下这块夺到口的大肥肉。

第二节　苛刻狠毒的停战条件

1895 年 2 月 11 日，清廷决定按日本的要求，派遣李鸿章为谈判全权大臣。19 日，日本致电北京，要挟一定要派遣在割让土地上有权拍板的全权大臣来，方能谈判，要求“中国应在赔偿军费、确认朝鲜独立外，并由于战争的结果，须割让土地”，清廷不敢不答应。

1895 年 3 月 13 日晚，李鸿章自天津登轮。14 日晨，船驶向日本。所带随员有：参赞、李鸿章的儿子李经方，翰林院编修张孝谦，兵部候补主事于式枚，二品顶戴江苏候补道徐寿朋，二品顶戴记名海关道罗丰禄，二品顶戴候补道马建忠，二品顶戴候补道伍廷芳，四品衔直隶候补同知林联辉，直隶知州罗庚龄，分散补用知县卢永铭，同知衔候补盐大使陶大均、科士达，美国国务卿前律师、美国前副领事毕德格。此外，还有学生、供事、差弁、跟役、厨丁等人员。

李鸿章一行于 1895 年 3 月 19 日辰刻抵达日本的马关。翌日，中日两国全权代表会聚于马关的春帆楼。

日方的全权大臣为：内阁总理伊藤博文、外务大臣陆奥宗光。随员有：内阁书记长官伊东己代治、外务大臣秘书官中田敬义、外务书记官井上胜之助、外务省翻译官陆奥广吉、外务省雇员槽原陈政、美员端迪臣。

1895 年 3 月 20 日，为第一次谈判。中国代表将要求停战的英文文书面交伊藤博文。英文节略云：……特重申前议，以为所请停战一事乃议成和款第一要义。理合声明，并请见复。伊藤“意似游移”，约以明日回答。

翌日，第二次谈判，伊藤提出复文：

> 日本国军队应占守大沽、天津、山海关，并所有城池堡垒，清国军队之驻上开各处者，应将一切军器军需交与日本国军队暂管；
>
> 天津山海关间铁路当由日本国军务官管理；
>
> 停战限期之内，军需军费应由清国支补。

伊藤提出如此停战条件，说明日本这个豺狼成性的侵略帝国，其贪婪胃口膨胀到了何等猖狂的地步，也说明日本侵略者是没有和谈诚意的。

李鸿章立即表态：停战之款，万难应允，姑且搁起，即请会议和款。并向伊藤提出：议和条款不应如停战条款之太甚。伊藤佯答：我想并不太甚。伊藤限李鸿章三日内正式答复“停战条款”。

3月24日，第三次谈判，李鸿章备文正式答复日方，停战条件“万难照办”，不能接受。要求伊藤提出议和条款，伊藤允第二天答复，会散。

第三节　李鸿章被刺

1895年3月24日，第三次谈判会散，突然发生了一起震惊中、日和世界的事情，从而改变了日本对停战提出的苛刻条件。

李鸿章在散会回行馆途中，突然遭到刺客行刺，一发子弹射进了李鸿章的左颧，深入左目下，李鸿章立即晕厥过去，血流不止，染红衣袍。护轿快步送回行馆。日警方当即抓获凶犯，是一个名叫小山丰太郎又名六之介的无业浪民所为。凶犯家住日本郡马县邑乐郡大岛村大字北大岛第四十二番。本人供称他之所以要刺杀李鸿章，是中日交战是李鸿章之所为，此人不除，“则不能保持东洋（指日本）之平和”。所以决心要除掉他。山口县地方裁判所以小山丰太郎犯谋杀未遂罪，判处无期徒刑。此案颇为蹊跷，凶手自供动机如此简单，又不追究其幕后指使人，就这样定一个终身监禁草草了事，实在令世人费解。疑云重重，欲盖弥彰。明眼人一眼就可看穿其有更深层次的阴谋。日本军国主义分子，此时胜利冲昏了头脑，在辽东半岛和山东半岛的节节胜利，使他们飘飘然起来，巴不得一下子拿下北京，覆灭中国于翻手之间。这种极端贪婪的蛇吞象一口吞下的侵略思想，已经弥漫于许多军国主义战犯们的头脑之中。这可以从他们对停战和谈的态度说明。日本内阁的多数阁员和大本营的重臣及侵华日军首领，一致反对停战和谈，他们是：大藏大臣松方正义，海军大臣西乡从道，农商大臣夏本武扬，海军军令部长桦山资纪，参谋本部次长、特务头子川上操六，还有侵华第一军司令官后任陆军大臣的山县有朋。

山县有朋是极力主张进攻北京、消灭中国的代表人物。当他的这一主张未被天皇睦仁采纳，并被调离侵略第一军回国，他非常不满，更加反对停战和谈。于是一个破坏和谈的阴谋，就在暗地里紧锣密鼓地进行。特务头子川上操六与一个非常反动的右翼团体“玄洋社”的创始人头山满勾结起来，密谋杀掉中国的首席谈判代表李鸿章，从而达到破坏和谈的目的。他还选定了另一个右翼组织“神刀馆”的成员小山丰太郎为刺杀凶手，进行刺杀。这才出现了刺杀李鸿章的那一幕。这就是刺杀李鸿章的真相。

行刺事发，充分暴露日本豺狼帝国居心险恶，法西斯军国主义和国家恐怖主义猖狂。其背后之阴谋根本没有予以追究，也不可能贼去捉贼。李鸿章被刺消息传出，日本包括天皇睦仁在内的这一小撮侵略头目，十分紧张，世界舆论哗然。谴责日本、同情中国的声浪不断。睦仁、伊藤、陆奥感到不妙。他们此时所怕的并不是李鸿章受刺，中国会提出什么条件，而是害怕列强的干涉，使得日本咬到口的这块肥肉，会因此而大打折扣甚至丢失。因此，侵略者此时不得不赶紧收起了原先提出的极其苛刻又无法办到的停战条件，而改为可以无条件停战。这就是日本侵略者在停战条件上180度大转弯的真正原因。陆奥宗光非常坦白地承认了这一点。他说：

我观察内外人心所向，认为如不乘此时机采取善后措施，即有发生不测之危机，亦难预料。内外形势，已至不许继续交战的时机。若李鸿章以负伤作借口，中途归国，对日本国民的行为痛加非难；巧诱欧美各国，要求他们再度居中周旋，至少不难博得欧洲二三强国的同情。而在此时，如一度引出欧洲列强的干涉，我国对中国的要求亦将陷于不得不大为让步的地步……现在在交战中的两国，特别是在战胜者的我国国内，对待敌国使臣，自应给予相当的保护和礼遇，此为国际公法的通例；而此种事变一旦激起社会之感情，当然不是以座上一片理论所能消除，何况位高望重之李鸿章，以古稀高龄初次出使异国而遭此凶变，显然容易引起世界的同情。故若某一强国乘机进行干涉，固可以李氏之负伤为最好借口。因此，我当夜访问伊藤全权，仔细商议此事，我提出意见说：“我皇室对于中国使臣之优渥待遇，及一般国民之亲切父子意，虽皆可非议，但在目前情况下，如果使在礼遇上或社交的情谊上作表示，不另采取有现实意义之措施，恐终不能使对方衷心感到满意。”故此时由我无条件允许他所一再恳请的休战，较为得计。如此，不仅对中国，即对其他各国亦在事实上表现我国之诚意，同时由于我国警察之疏虞，以致使其负伤，结果自当影响媾和之早日完成，此时我军再任意进攻中国，即在道义上亦不能无所缺憾！

陆奥宗光的供词，再明白不过地道出了侵略者此时提出“无条件停战”，其主要原因是：侵略者深恐欧洲列强干涉，会将豺狼口中咬到的这块肥肉搞掉。陆奥宗光的意见实际是贯彻天皇睦仁的旨意。睦仁生怕“猎物被夺”。

这就是为什么侵略者在昨天提出“天价”停战条件，而今天180度大转弯，答应“无条件”停战的阴险实质。

陆奥的建议立即得到了伊藤博文的赞同，并呈报天皇睦仁，得到批准认可。公布后果真见效，收到了“一石三鸟”之效。李鸿章很满意，稳定了情绪；列强、舆论均有所缓和；日本自身不仅没有损失一根毫毛，而且获得某些舆论的赞誉。

第四节　不包括台澎在内的停战条约

1895年3月28日，陆奥宗光向李鸿章提出停战条约草案。承诺暂时停战，并提出停战条件共六款：

第一款，大日本国政府除在台湾澎湖列岛及其附近从事交战之远征军外，承诺在其他战地停战。

第二款，日清两国政府约定在本条约之存在期间，不问攻守，各不得于其对阵之方面，加进击之备，或派援兵，增加其他一切战斗力；虽然，若非以增加现在从事战斗之军队为目的，则两国政府不妨配置或运送兵员。

第三款，本约定存在期间，驻屯盛京者之大日本国军队，不得进出于亘于田庄台、鞍山站、连山关、赛马集、宽甸县及长甸县之折线以外。又在驻该省之大清国军队，须距前记之折线；逾日本军数十里，以免与大日本国军队接近。

第四款，海上运送兵员军需及其他一切战时禁制品，得依战时常规予以捕获。

第五款，日清两国政府自本条约盖印后第 × 日起，实行停战，两国政府以敏速方法，各发停战命令于其军队司令长官。

第六款，本条约不必另行互相通知，于明治二十八年 ×× 月 ×× 日，即光绪年 ×× 月 ×× 日夜半期满，在右期限内媾和谈判决裂时，本条约即同时无效。

日清两全权大臣记名盖印，作为证据。

明治二十八年即光绪年 ×× 月 ×× 日在下之关。

次日，李鸿章就日方草案提出修正案摘录如下：

第一款，大清帝国、大日本帝国现允中日两国所有水陆各军均确照以下所定条款一律办理。

第三款，日本现在奉天省内之兵，在停战期内，应留于田庄台、鞍山站、连山关、赛马集、宽甸县划一界限之内，两国军队各扎原处，务各严令不得越境侵扰。

第五款，两国政府于此约签订之后，限21日内，确照此项停战条约办理。唯军队所至，各有电线不通之处，如奉天至辽阳、沈阳及澎湖台湾各处，均准再展期五日起限。

1895年3月30日，伊藤博文头天由广岛经睦仁批准带来的停战条约，提出文本如下：

第一款，大清帝国、大日本帝国政府，现允中日两国所在奉天、直隶、山东地方水陆各军，均确照以下所定停战条款一律办理。

第二款，两国军队应遵守该约暂行停战者，各自须驻守现在屯扎地方，停战期内，不得互为前进。

第三款，中日两国现约在停战期内，所有两国前敌兵队，无论或攻或守，各不加增前进，并不添派援兵及加一切战斗之力，唯两国如有分派布置新兵，非遣往前敌助战者，不在此款之内。

第四款，海上转运兵勇军需，所有战时禁物，仍按战时公例，随时由敌船查捕。

第五款，两国政府于此约签订之后，限21日内，确照此项停战条约办理，唯两国军队驻扎处所有电线不通之处，各自设法从速知照，两国前敌各将领于得信后，亦可彼此互相知照，立即停战。

第六款，此项停战条款，约明于光绪二十一年三月二十六日，即明治二十八年四月二十日，中午十二点钟届满，彼此无须知照，如期内和议决裂，此项停战之约亦即中止。

为此中日两国钦差全权大臣，今欲有凭，即行签押盖印，以昭信守。

光绪二十一年四月初五日，明治二十八年三月三十日在日本之下关订。

此停战条约一个关键问题，日本不肯让步，仍然坚持。这就是停战地区，不包括“台湾澎湖列岛及其附近从事交战之远征军”。即日本在停战草案中提出的第一款，显然，日本豺狼帝国攫取台湾、澎湖列岛的狼子野心，此时已经暴露无遗。

日本所谓的停战，实际上是有条件的，而不是无条件的，进军侵略台湾澎湖的军事行动，就不在停战的范围之内。

即使如此，李鸿章对日的停战条件还是喜出望外，幻想不已。他在3月25日致电总理衙门的电文中，显出了他这种侥幸思想：……顷陆奥来寓，晤经方问疾，交到复函……据密称：伊藤今早俟日皇派来御臣诊伤后，已乘轮亲赴广岛禀商，后日可回。中堂身受重伤，幸未致命。中堂不幸，大清举国之大幸，此后和款必易商办。临行复云：请宽心养伤，中日战事将从此止等语。无论是否确实，语尚近情。原拟条款或冀少减。

可是，李鸿章高兴得早了一点，及至伊陆有关和议条款的提出，李鸿章的幻想才猛醒破灭。

第五节　日本攫取台湾的强盗毒心及俄国的教唆

日本提出的停战协定地区，没有包括台湾澎湖，这充分暴露了日本这头野兽已经将台湾澎湖作为这次战争取胜后必须得到的主要猎物。

当日本侵略军在海战和陆战中取得决定性胜利后，所要考虑的唯一问题，就是要割掉中国哪块领土。

日本强盗内部，存在着两种不同的意见。

一种意见，直取北京。侵华日军第一司令官山县有朋大将就是持这种意见的代表。他被胜利冲昏了头脑，以为乘胜一举攻下北京，推翻清政府是俯拾可得的。

另一种意见，与此相反，反对攻取北京，主张南取台湾。总理伊藤博文就是持这种意见的代表，还有外相陆奥宗光附和。老奸巨猾的伊藤认为，如攻下北京，推翻清政府，一时必然产生无政府状态，各国立即会以保护侨民为名，联合起来，对日本进行干涉，同时清政府被推翻，要讲和，连谈判对手都会找不到。因此，攻占北京是不可取的。至于南攻台湾，情况则大为不同，台湾与列强的利益不大，不会引起列强的干涉。特别是日本最忌讳的俄国，不仅不会出面干涉，而且俄国还在暗地里教唆，鼓励日本去占领台湾。1894 年 12 月 22 日，俄国驻日本东京的公使米哈伊·希特罗渥，在给日本的一封密信中声明，俄国政府“并不反对日本占领台湾”，并建议：“日俄交换看法”，以“防止任何大国（显然指英国）的干涉”。他又补充说，“那方面俄国政府并非不愿作出努力”。俄国暗地里极力教唆日本去占领台湾，是有其阴谋打算的。它是企图以日本割占台湾来换取日本退出辽东半岛。

俄国考虑到它在辽东半岛的利益，在教唆日本占领台湾的同时，又明确地向日本提出警告，不能容许日本占领辽东半岛。1895 年 2 月 14 日，希特罗渥向日递交的信件中，更加直言不讳。他在信中重申俄国政府不反对日本占领台湾这一立场，但又提出俄国并不考虑日本“割占中国大陆的任何领土”，显然是指辽东半岛。

俄国与日本的暗地交易，使日本更加坚定了吞噬台湾的决心。因此，在议和签订《停战协定》中，日本不把台湾包括在内；在《马关条约》中，把割占台湾作为一项必得的主要内容，其中奥妙，人们就更加清楚了。

伊藤博文占领台湾、不取北京的意见，获得了天皇睦仁的同意。为了实现这个方针，睦仁、伊藤决定撤掉主张取北京的山县有朋侵华第一军司令官的职务。睦仁下诏，美其名曰要山县回国“养病”。山县有朋被迫乘轮返回日本。

《马关条约》签字后第六天，即发生由俄国牵头、俄德法三国出面对辽东半岛的干涉，迫使日本以索取三千万两白银为“补偿”，而不得不将辽东半岛退还中国，从而满足了俄国的利益。

但是，台湾最终被日本吞占。这不能不说明伊藤博文这个极狡猾的老狐狸，觉察到“列强干涉”的先见，而实实在在地割掉了中国一块大肥肉——台湾澎湖，而未遭到俄国和列强的干预。

在日本割占台湾的强盗行径中，俄国扮演了一个极不光彩的角色，它做了一个真正帮凶，可是，清廷昏聩被瞒在鼓里，还将沙俄当成了归还辽东半岛的“恩人”。1895 年中国与俄国签订了一个《中俄密约》，中国允许俄国建造一条横断吉林、黑龙江两省而达海参崴的铁路，即中东铁路，以作为中国对俄国的谢礼。殊不知，此口一开，众口张齿而来，掀起了第二次割地狂潮。英国割新界，法国割广州湾，德国割胶东半岛，俄国割旅顺、大连，美国割粤汉铁路，福建被划为日本势力范围。

帝国主义列强第二次瓜分中国局面的出现，“追源祸始，沙俄是始作俑者”。

第三十五章　日本强盗的天价“和约”

第一节　日本天皇定下的和约纲要和应变对策

1895 年 1 月 27 日，在日本广岛，天皇睦仁召开御前会议。外相陆奥宗光提出了与中国的媾和纲要，内阁总理伊藤博文提出应变的对策。经过与会重臣们的议论，通过了这两个文件。睦仁认同了媾和纲要中提出的条件，并同意伊藤主要针对第三国干涉的应变对策。决定以此纲要提出“媾和条件”，逼中国签约。和约纲要如下。

本条约方案大体分为三段。第一段，规定使中国承认构成此次战争起因的朝鲜独立。第二段，规定我国因战胜的结果，应让中国割让领土和赔款。第三段，为确定我国在中日两国的外交上的利益和特权，规定今后我国和中国的关系应与欧美各国和中国的关系均等；并进一步设置几处新开港口及扩大内河航行权，使我国永远有在中国通商通行等权利。除上列三大重要项目以外，还规定中日两军交换俘虏事项，使中国对投降我国的将士人民不采取过严的处分；又规定中国政府对于在中日战争中，中国境内人民，不论任何事情，凡是与我军发生某种关系的，日后不加任何责罚，以防止中日两国人民间将来相互仇视，从而向全世界宣扬我国一视同仁的精神。

这个和约纲要，就是绑匪绑架开出的赎票天价——侵占朝鲜，割占中国大片领土，赔偿巨款，攫取空前未有的特权；还要保护那些卖国投日、认贼作父的汉奸、特务、叛徒、内奸等民族败类，使他们逍遥法外，足见陆奥宗光这个日本大战犯的凶毒心计及其卑鄙人格。

伊藤博文接着就媾和条件提出后，可能出现的局面，提出对应之策。

与中国媾和使者之谈判不论成功与否，一旦明言媾和条件，即难保不招致第三国之容喙干涉，事实上恐亦难免。至干涉之性质如何，程度如何，即如何贤明之政治家，恐亦不能预料，尤其想使其保证他国毫不加以干涉，更不可能。此种干涉既然迟早不可避免，自应体察时机，以外交手段尽力周旋，使其缓急得宜。但在此种情况下，对于各强国所取至政略方针，往往不能以外交谈判使之改变。因此，万一发生此种干涉，应否斟酌该第三国之意见稍微变更我对中国之条件，或宁增强敌，始终坚持我方之既定方针，则均属未来之问题，应根据当时状况再行审议。

伊藤博文的媾和对策，可谓考虑周密，用心险恶。对策的要害是：估计谈判十之八九谈不成，而且一定会引起第三国之干涉，即使如此，将和约所开列的天价条件付诸实施。甚至不惜冒国际干涉、“宁增强敌”的危险，也要“始终坚持我方既定方针”。伊藤一再呼吁，要求“帷幄诸臣团结一致”，“一心一德，始终如一，加以贯彻”。

伊藤博文这个大战犯，和其主子头号战犯睦仁，甘冒天下之大不韪，丧尽天良，贪得无厌，他们根本没有想到的是，在五十年以后，他们犯下的滔天大罪得到的报应是：在当时召开御前会议的广岛还有长崎，吃了两颗原子弹，使日本人民遭受到空前浩劫，而不可一世的日本侵略者却俯首无条件投降。

第二节　日本提出的和约底稿

1895 年 4 月 1 日，日方将和约底稿送到中国行馆，并限四天之内答复。和约底稿摘录如下。

第一款，中国认明朝鲜国确为完全无缺之独立自主，故凡亏损独立自主体制，即如该国向对中国所修贡献典礼等嗣后全行废绝。

第二款，中国将下开地方之权，并将该地方所有堡垒军器工厂及一切属公物件，永远让与日本。

第一，下开划界以内之盛京省南部地方，从鸭绿江口起，溯该江流以抵三汊子，从此向迤北划一直线，抵榆树底下，从此向正西划一直线，以抵辽河，从该线与辽河交会之限起，顺该河流而下，以抵北纬四十一度之线，再从辽河上划线起，顺此纬度，以抵东经一百二十二度之线，再从纬四十一度东经一百二十二度两线交会之限，穿越此经度，以至辽东湾北岸；在辽东湾东岸及黄海北岸属盛京省诸岛屿。

第二，台湾全岛及所属诸岛屿。

第三，澎湖列岛，即散在于东经一百一十九度起至一百二十度，北纬二十三度起至二十四度之间诸岛屿。

第三款，中国约将库平银三万万两交日本国，作为赔偿军费，该赔款分为五次交完，第一次交一万万两，嗣后每次交五千万两，第一次应在本约批准交换后六个月之内交清，所余四次，应与前次交付之期相同，或于期前交付，又第一次赔款交清后，未经交完之款，应按年加每百抽五之息。

此外，还提出了许多通商通航特权的条款。

日本提出的这个和约文本是一个天价，酷苛之至，欺人太甚。不仅勒索巨额赔款，割去大片陆水领土，而提出的特权，却大大超过西方列强帝国之所索，大大过之而无不及。野兽贪婪之心可谓极度膨胀，罪恶滔天。

第三节　李鸿章的态度和对日本和约底稿的说帖

李鸿章接到日本提出的和约底稿，他的态度是，一、赔款三亿两库银“万不能让”。二、奉天南边各地“亦不能让”。和局不成，就苦战到底。三、将此和约底稿内容密告英、俄、法三国公使；有关通商行船特权的第六款内容，不能告知外国各使，以防列强“协而谋我”。四、谈判“恐难结局”。

李鸿章于4月1日接到日本和约底稿的当日，即连续两次电告总理衙门，翌日又去一电，表明了上述谈判态度。

日方限4日的期限已满。4月5日，李鸿章送交日方一个说帖，以对日本和约底稿的答复。说帖摘录如下。

一、朝鲜自主。中国已于数月之前声明，欲认保朝鲜为完全无缺之独立自主局外之国，此次立约自应载入；唯日方亦须照认。日本所拟约文，自应酌改。

二、让地。查日本所拟讲和条约文内有：订定和约，俾两国及其居民杜绝将来纷纭之端等语，是第二款内自应照此办理。今查拟请所让之地，如果勒令中国照办，不但不能杜绝争端，且必今日后两国争端纷纷而起，两国子孙永成仇敌，传之无穷矣。我辈既为两国全权大臣，不能不为彼此臣民深谋远虑，自应立一永远和好互相援助之约，以保东方大局。中日系紧邻之国，史册文字，艺事商务，一一相同，何必结此仇衅？国家所有之地，皆历代相传数千年数百年无价之基业，一旦令其割弃，其臣民势必饮恨含冤，日思报复。况奉天为我朝发祥之地，其南边各处，如被日本得去，以为训练水陆各军驻足之地，随时可以直捣京师，凡在中国臣民，览此约文，必曰：日本取我祖宗之地，以养水际之兵，为乘隙蹈瑕之计，是欲为我永远之仇敌也。且彼此边界，必多设炮台，多养水陆各军，以资防守，所费不赀；而两国无赖之徒，皆以彼此交界为逋逃薮，借端生事，无所不为，添出无数交涉案件。日本与中国开战之时，今其公使告各国曰：我与中国打仗，所争者朝鲜自主而已，非贪中国之土地。日本如果不负初心，自可与中国将此初稿第二款并以下所指各款，酌量更改，成为一永远和好彼此援助之约，屹然为亚洲东方筑一长城，不受欧洲各国之狎侮。日本如不此图，徒恃其一时兵力，任情需索，则中国国民必尝胆卧薪，力筹报复，东方两国同室操戈，不相援助，适来外人之掠夺耳。

三、兵费。此次战事，中国并非首先开衅之人，战端已开之后，中国亦未侵占日本土地，论理似不当责令中国赔偿兵费。惟上年十月间，我政府因战争不息，美使愿出调停，有允偿兵费之说，原为息事安民起见。本年正月二十三日，又由日本电致美国驻扎北京公使声明。如所定数目公道，本大臣自当应允载入和约款内。惟据日本声称：此次战争，日本之意在于欲令朝鲜自主。然中国于上年十月二十五日，业经声明愿认朝鲜自主，是纵使勒令中国赔偿兵费，亦只应算至中国声明愿认朝鲜自主之日而止，过此不多索。且估定兵费数目，亦应酌量中国财力能否胜任。如中国财力实在短绌，一时勒令立约画押，后来不能如数赔偿，日本必责中国以负约之罪，兵端必因而复起。现查日本所索兵费数目，必非中国现在财力所能偿。现如将内地赋税加增，百姓必至相率为乱。盖国家屈志求和，百姓已引为深耻，如复横征暴敛，贫民岂能相安？如将洋关之税加增，而现在未届修约之期，各国何能应允？且一时纵可修约，必待各国众谋佥同，方能开办，亦属缓不济急。至商借洋债一节，亦必以新关税款为质。查西历本年三月初一日江海关税务司报称：因借洋债，以为战饷，西历一千八百九十五年新关，应从还洋债关平银三百九十三万七千四百二十两，九十六年应还六百二十万一千六百二十两，九十七年应还五百一十四万二千二百三十八两，九十八年应还三百六十四万四千五百一十六两，九十九年应还三百五十二万七千五百四十六两。二十年之内，应由新关认还洋债七千八百零一万七千一百零三两，此系西历本年三月初一日新关应行认还洋债之数。本年三月以后，中国所借洋债，尚不在此数之内。中国从前借款甚益，利息亦轻，自中日交兵以后，洋商居奇，中国借债声名大为减色，洋债行息周年竟至七八厘关。其六厘之债，为数不多，且须折扣。据殷实银商云：中日和局已定后，中国如拟借洋债，不折不扣，周年之息，非六厘至七厘不可。自西历一千八百九十年至九十三年新关所收正税及子口半税并洋药厘金，拉算每年约得关平银二千二百五十四万八千一百五十两。中国六成应拨付各省督抚，作本省公用。如将此款挪移作赔偿兵费之用，则各省公费必须另筹款项加赋添税，而百姓不愿，如借洋债以偿日本，周年行息六厘半，连本带息，限二十年还清，必须关平银六百九十兆。如此巨款岂中国所能赔偿？且和局已成之后，中国必须为理善后事宜，即如遣散兵勇，皆成游手，抢劫生事，国家势必没法弹压。且百姓不以国家之屈态求和为然，亦必愤而思乱，国家办事必更棘手。不但新添之税难受，且恐原有之税旋失，故必仿用西法，训练陆兵，造船简器，重整海军，方可以自保其权利。夫练兵造船二事，非有巨款可指，何以措手？如中国一面须赔兵费，一面须练陆军海军，何能有此财力？至中国拟办内地一切兴利便民之事，更无论矣。故非请日本将拟索兵费之数大加删减不可。且日本所索赔款，既名为兵费，似即指此次用兵之费而言，其迄今所费详细数目，未睹官中簿籍，虽非外人所能周知，然较之日本所索之数不及其小半。日本新报，班班可考，似可得其兵费大概之数。如稍有错误，应请贵大臣代为更正。查兵端未开之先，日本大藏省计存现洋三十兆元，中间计用多少作为兵费，外人虽未确知，今姑将全数作为兵费而论。适兵端既开，日本复借国债洋一百五十兆元，作为兵费。西历本年二月二十日，日本首相伊藤伯爵于广岛和议不成之后，回至东京，在下议院宣言曰：照战后现在情形而论，不知和议何时能成，从前所筹兵费，恐因日后战事不休，一时无从告尽，是以不得不请诸公预先筹集等语。据此而言，是第一次国债洋一百五十兆元当时尚未用尽，非至战事而休，一时无从告尽。且日本自新报内称：新筹之款，现在并无用处，须待至西历本年六七月间方需此款。首相伊藤乘议院未散之先，令其预筹，并非一时急用也等语。西历本年二月二十三日，东京英字新报云：第一次国债一百五十兆元中，有五十兆元股票尚未销售，其八十兆元股票虽经售出，而银洋究未收齐等语。此外尚有民间报效之款，如大藏省存款所借国债等项，统共合算，日本与中国用兵所费，迄今似必不能超过一百五十兆元之数。且日本此次用兵，既已得胜，所得中国兵船军械军需，折价为数甚巨，自应从拟赔兵费中划出扣除。且限年赔费，复行计息，更属过重不公，亦难照办。本款既复以子母相权，中国财力有限，何克胜此？尚望贵大臣详细思之。

在通商方面，李鸿章也以长篇篇幅，驳辩日方的特权要求。

李鸿章的说帖，在割地和兵费两个大问题上，没有照价应允，对通商交通特权问题，予以了回绝，通篇内容是摆事实，讲道理，据理雄辩，针锋相对，揭露较深，驳斥有力，不卑不亢，尤能用褒英以贬日的对比手法，批判日本在通商问题上的太为过分的要挟。就连陆奥宗光也不能不认为说帖“笔意精到，仔细周详，将其所欲言者尽情地说了出来，不失为一篇好文章”。但是，在台澎问题上，说帖没有涉及明确表态是个大问题。

可是，李鸿章对日本寄予的“极盼约章一切妥善，毫无流弊。两国政府从此永固邦交，民生从此互相亲睦……两国百姓日后永远和睦，彼此相安，福泽绵长”的真诚善良的愿望，找错了对象。李鸿章面临的对手，不是个有恻隐之心、有良知的普通人，而是个极端贪婪、极端凶狠、毫无人性的畜生。日本睦仁、伊藤及其侵略集团的成员，都是披着人皮的豺狼，无一不是嗜血如命、杀人如麻而不眨眼的超级匪徒和恐怖分子。他们怎会在几纸说帖下发善心呢？

伊藤博文耐不住了，对李鸿章的说帖他要彻底反驳。伊藤深恐如不反驳，就“可能使局外第三者发生日本虽胜于力而屈于理的怀疑”。狐谋奸算的陆奥宗光，则不同意反驳，认为“一开论驳之端，彼方亦必有再三反驳的余地”。陆奥深知，日本侵华，原本屈理，如要辩论，必定败北，既然理屈，自然词穷，如何驳辩？因此，他提出：要李鸿章按原条答复，接受还是不接受？不讲道理，只讲条款事实。伊藤同意陆奥这个“屈于理”而“胜于力”的好方法。于4月6日照会李鸿章，“将所开之和约底稿，再请或全案，或按条，可否之处，即请明复”。

奉慈禧太后懿旨的当天，即4月8日，总理衙门电李鸿章云：……所交说帖，但云奉天南边割地太广，而台澎如何置辩，并未叙及。电后又称：让地恐不止台澎。究竟说帖数千言中，及面见伊藤等时曾否辩论及此？电语似觉简略。总之，南北两地，朝廷视为并重，非置万不得已，极尽驳论而不能得，何忍轻言割弃。纵敌愿太奢，不能尽拒，该大臣但须将何处必不能允，何处万难不允，直抒己见，详切敷陈，不得退避不言，以割地一节归之中旨也。

可是，同一电文又说：割地应以一处为断，赔费应以万万为断，与之竭力申说。

这与上文说的“南北两地，何忍轻言割弃”前后矛盾。

4月8日当天，李鸿章回复总理衙门电，其电文略曰：……澎湖已失，昨接（台湾）唐抚电：敌未来犯，军民心固，仍可坚守。鸿断不敢轻允割弃，已于另备节略中驳论及此。但窥日意，仍逐日由广岛运兵出口，恐添兵赴台，将有南北并吞之志。旨饬让地以一处为断，极是正论，自应如此立言，不知将来能否办到。日原图所划，奉天经纬线度，竟连辽阳、田庄台、营口，均包在内。辽阳未失，尚易辩驳。此外日兵已据之地，彼已设官安民，极力争论，未易退让。可俟会议时察酌妥议，似难由我预为决定。总之，敌所已据处，争回一分是一分，其所未据处，丝毫断不放松也。赔费一节，前说帖今节略内，均将力难多措实情告之，而伊等十二函复，竟称中国自家为难之处，并不在此次应议之列，狡强可知。通商一节，前后节略均令将税则照各国一律，添口仅先允重庆一处，余俟会议时再酌。

第四节 清廷的态度

清总理衙门接连收到李鸿章由马关发来的电报，知道日方提出的割地、赔款等条件。此时，在割地问题上出现了几种意见。

主张奉天南边之地不能割，台湾也不能割。如谈不成，主张再战。翁同龢为代表，坚持这个意见。

主张奉天南边之地不能割，台湾澎湖可以割，力主和成，以礼亲王世铎、恭亲王奕䜣、孙毓汶为代表。

两种对立的意见争执激烈，翁同龢在日记中记述：余力言台不可弃，气宇激昂。适封奏中亦如此为言者，余以为是，同官不谓然也，因大龃龉。既而力争于上前，余言恐从此失天下人心。彼则谓陪都重地，密近京师，孰重孰轻，何待再计。

还有一种意见，不置可否，实赞成台湾可割，立即须和。主要是恭亲王奕䜣。翁同龢记：见起三刻，书房一刻，不觉流涕……同诸公散出，径诣恭王府，以稿呈阅，王亦无所可否，似已入两邸（指世铎与奕䜣）之言，嫌余讦直也。奕䜣主交廷议，而已不坚持。孙毓汶力争须和，并言战字不能再提。奕䜣疾甚，惟唯唯，执毓汶之手说："是。"议无结果。

最后，慈禧太后下达懿旨，谓"两地皆不可弃，即撤使再战，亦不怕也"。

第五节 李鸿章第二次说帖及商改约稿

1895年4月8日，李鸿章经日方催逼，将又一份说帖及商改约稿，交与日方。略云：

……内除第二、第四两款关系重大，应俟面商外，其余所有各款业经逐细作复。节略云：

拟商第一款，朝鲜为独立自主之国，须中日两国公共认明。既经认明朝鲜自主，其内政中日两国自不能稍有干预。其内政既不干预，即当公保其为局外之国，于中日两国大局均有裨益。

拟商第二款，按欧洲让地向例，只有将兵力所已到者酌量仍还本国，并无将兵力所未到者让与敌国之理。查日本约稿所拟请让奉天南部地方，内有辽阳州等处与台湾全岛，皆日兵所未到者，未便请让。又欧洲向例，险要之地虽为敌国兵力所据，仍应让还。旅顺口大连湾及北京渤海最要门户，应照法国俾路支之例，让还中国。

第三款可行。

拟商第四款，此次兵端，并非中国先开，亦未侵占日本土地，论理不应赔兵费，即使赔费，亦只应算至光绪二十年十月二十五日中国认明朝鲜自主之日止。其款既以兵费为名，即应查明用兵所费实数。查兵端未开之先，日本大藏省计存现洋三十兆元，后借国债洋一百五十兆元，据日本新报声称：现有之款可支至本年六七月间。又西历本年二月二十三日东京英字新报云：第一次国债一百五十兆元，中有五十兆元之股票尚未售出，其八十兆元股票虽经售出，而银未收齐。以此计之，日本与中国用兵之费大概可知。又索赔兵费，应量我力之所能办，前送说帖内业经详陈在案。日本所得中国船只军需军火等项，估价甚沉，应于兵费内扣除。从前中国赔给英法兵费，均未算息，如道光二十二年允赔英国之款，订期分给，如有逾期，方准计息五厘。日本现拟由第一次赔款交清后，余款即行计息，实欠公允。

在第五款至第十款中，李鸿章也一一进行了辩解。

李鸿章这份说帖及商改约稿，并未送到伊藤手上就被退了回来，可谓煞费苦心之辩解，如废纸般地放入了历史档案袋。

第三十六章 “撕票”威胁下的签约

第一节 伊藤博文恫吓李经方

李鸿章被刺后，清廷立即加任李经方为钦差全权大臣，以续和议之进行。李鸿章将清廷的此项任命于4月6日照会伊藤博文，4月7日伊藤复照承认。

4月8日，伊藤邀李经方到他的行馆谈话，伊藤对李经方发出了严厉的威胁，逼迫李经方要按照日方的要求签约，否则就要增派大军去中国动武；尤其威胁说，如谈判破裂，李鸿章、李经方父子就不能重返北京，人身安全不能保证。日本豺狼的凶相已经毕露，竟然无耻到如此卑鄙的地步。日本豺狼帝国是一个根本无法无天的国家。“两国交战，不斩来使”早已成为古今中外的国际惯例，可是，日本侵略者为了达到其抢地掠财的强盗目的，不惜采取绑匪“撕票”的威胁，连谈判使者都要处死，实在流氓无赖已极。以下是伊藤威胁李经方的对话：

伊藤：关于媾和条件我方一星期前已提出约案。中国使臣何以至今尚未予以明确答复？中国全权大臣于本月五日送来之函件，我方不能视为对我提案之答复。现在休战期限仅限余十一日，如因徒然浪费时日，以致再动干戈，恐非彼此双方所愿。因此，希以明日即九日为期，对我方提案提出可否之明确答复。

李经方：现在我父子之地位极为困难，尚乞谅察。日本全权大臣提案中过半数可以明确答复，现已草就携来。但赔款及割地两项关系重大，在以正式书面作复以前，尚望面议，再经一番磋商说明，以供彼此斟酌。

伊藤：关于媾和谈判之程序问题，应按目前陆奥大臣之约定，中国使臣对我提案只能答复能否全部接受，或逐条表示意见。今对我提案一部分作明确答复，一部分尚须面议之回答，不能接受。中国使臣对我方提案提出如何修正固属自由，然关于赔款问题，如按中国使臣只根据报纸上之臆测，主张削减；又关于割地问题，希望改为在奉天、台湾两者之中保留其一方等等，我方无论如何不能同意。为免他日之误解，于此特别言明：赔款数额虽可略减，但绝不能作大量削减；割地则奉天、台湾皆须割让。同时尚希中国使臣能深切考虑现在两国之间的形势，即日本为战胜者，中国为战败者之事实。前者由于中国请和，日本应允，始有今日之议和，若不幸今日谈判破裂，则我一声令下，将有六七十艘运输船只搭载增派之大军，舳舻相接，陆续开往战地，如此，北京的安危亦有不忍言者。如再进一步言之，谈判一旦破裂，中国全权大臣离开此地，能否再安然出入北京城门，恐亦不能保证。此岂吾人尚可悠悠迁延会商时日之时期乎？因此，在中国使臣不先对我提案大体是否承诺之明确答复以前，即使面议几次，亦属无益。

李经方经伊藤这番恫吓，大为惊恐，带去的辩解说帖和商改约稿也不敢交给伊藤，卑躬屈膝地说：回去与父商议后，再行提出答案。但答案万一不能使日本全权大臣满意时，希望不因此招致日本全权大臣之激怒，以致谈判破裂，使九仞之功，功亏一篑。是以诸事皆请海涵。

李经方回馆向李鸿章汇报了伊藤的讲话和严峻态度。李鸿章只好重拟节略，答复日方。同时，致电总理衙门，呈报伊藤的强硬态度。

4月9日，即李经方会见伊藤博文的第二天，李鸿章向日方提出和约全面修正案第三稿，在割地与赔款两个主要问题上，修正案同意割让辽南的凤凰城、安东县、宽甸县、岫岩州及台湾澎湖列岛，赔款一万万两白银，并增加一仲裁条款。

第二节　第四次谈判

1895年4月10日，即李鸿章提出修正案的第二天，中日双方举行第四次谈判。谈判地点在春帆楼。李鸿章的伤口已愈合，他亲自参加谈判。

日方仍为伊藤博文。陆奥宗光因病缺席。谈判集中在割地和赔款两大问题上。

对赔款，伊藤让步到两万万两；对割地，在划线上稍有让步，但基本盘未变。李鸿章与之进行了两个多小时的争辩，原来打算的赔款止于一万万两、割地止于一处的底线，始终未能达到。双方会谈如下：

伊藤博文（下简称伊）：今日复见中堂重临，伤已平复，不胜幸甚。

李鸿章（下简称鸿）：此皆贵国医生佐藤之力。

伊：佐藤医治中堂，其效甚速，可喜。

鸿：闻佐藤谓，陆奥大臣身热，是否？

伊：陆奥大臣身子本不甚健，现患春瘟，至为惦念。

鸿：服药当可有效。

伊：今日身热稍平，中堂身子今日好否？

鸿：甚好，唯两腿稍软耳。

伊：我父母年皆八十，尚健旺。

鸿：何在？

伊：现在东京，我生长此处。

鸿：是长门否？离山口县多远？

伊：约二十英里。

鸿：长门乃人物荟萃之地。

伊：不比贵国湖南、安徽两省所在人物。

鸿：湖南如贵国萨斯马，最尚武功，长门犹安徽，然不能相比，多逊多矣。

伊：此次败在中国，非安徽也。

鸿：我若居贵大臣之位，恐不能如贵大臣之办事卓有成效。

伊：若使贵大臣易地而处，则政绩当更有可观。

鸿：贵大臣之所为，皆系本大臣所愿为。然使易地而处，即知我国之难为，有不可胜言者。

伊：要使本大臣在贵国，恐不能服官也。凡在高位者，都有难办之事，忌者甚多，敝国亦何独不然。

鸿：贵国上下交孚，易于办事。

伊：间亦有甚难为之事。

鸿：虽有难为，赖贵国皇能听善言。

伊：皇上圣明，当登基之时，即将从前习尚尽行变易，故有今日局面。

鸿：如是则诸臣之志愿得抒矣。

伊：此皆皇上圣明，故有才者得各展所长。现该应办之事，停战多日，期限甚促，和款应从速定夺。我已备有改定条款节略，以免彼此辩论，空过时光。中堂两次节略，将前次所求于中国者力为减少，所减有限，我亦有为难之处。中堂见我此次节略，但有允不允两句话而已。

鸿：既知我国为难情形，则所求者，必量我力之所可为。

伊：时限既促，故将我所能做到者直言无隐，以免多方辩论。否则，照我前开约款所开，必须辩论到十日之久，方能减到如此。

鸿：节略有无华文？

伊：英文东文已齐，但华文未全。

伊交英文，另有要款华文三纸。

伊：只赔款让地与占守地方三节，译有华文。

鸿阅后云：即以此已译三端开议。第一，赔款二万万两，为数甚巨，不能担当。

伊：减到如此，不能再减。再战则款更巨矣。

鸿：赔款如此，固不能给，更巨更不能给，还请少减。

伊：万难再减，此乃战后之事，不能不如此。

鸿：前送节略，核计贵国开销之账，相离不远，此次赔款，必借洋债，洋债为数既多，本息甚巨，中国将以何法以偿之？

伊：前节略云，计二十年还清洋债，何不远至四十年？为期愈远，本息即不见重，此非我事，偶尔言及，切勿见怪。

鸿：四十年拨还本息，尔愿借否？

伊：我借不起。洋人借债，为期愈远愈妙。

鸿：自开战以来，国帑已空，向洋人商借，皆以二十年为限。尔所言者，乃本国商民出借耳。

伊：即非本国之民，借债皆愿远期。

鸿：外国借债，但出利息，有永不还本者。

伊：有此一事也。但看各国信从否？外人借债，皆愿长期，银行皆争愿借。

鸿：中国战后，声名颇减。

伊：中国财源广大，未必如此减色。

鸿：财源虽广，无法可开。

伊：中国之地，十倍于日本。中国之民四百兆，财源甚广，开源尚易。国有急难，人才易出，即可用心开源。

鸿：中国请尔为首相如何？

伊：当奏皇上，甚愿前往。

鸿：奏如不允，尔不能去；尔当设身处地，将我为难光景细为体谅。果照此数写明约内，外国必知将借洋债方能赔偿，势必以重息要我。债不能借，款不能还，失信贵国，又将复战。何必相逼太甚。

伊：借债还款，此乃中国之责。

鸿：不能还则如之何？

伊：已深知贵国情形为难，故减至此数，万难再减。

鸿：总请再减。

伊：无可减矣。

鸿：第一次款交清后，余款认息五厘。德之于法，固然如此。但中国自道咸以来，三次偿给英法军费，皆未加息。不过到期未还，始行认息。贵国岂能以西国之事来比？

伊：如可全还，自不计息。

鸿：但二万万，实偿不起。如出息五厘，可允不还本否？

伊：是犹向日本借款，日本无此巨款。

鸿：不必贵国出本，但取息耳。

伊：此办不到。

鸿：余款加息，唯有出息不还本，如此办法，请为细想。

伊：战后款应全给，所以分期者，亦以舒中国之力也。

鸿：全部偿还，向无此办法。德之于法亦分期，现在中国先出息银，待筹到款再行还本，可否？

伊：亦办不到。

鸿：既办不到，余款当不认息。款巨而又加利，不啻两次赔款。

伊：偿款如不分期，或分期而年限当短，当可免息。

鸿：国库已空，势必借债，待债借到，再酌减年限，何如？

伊：约内不得不定明年限。

鸿：约内可加活语。如能早交，息当从免。

伊：能交清，息可全免。

鸿：先期交清，则应免息，自不论先交若干。

伊：初次应交五千万云云，批准后一年再交五千万；如第二年全交，则可免息。

鸿：如不全交，第二年余款不免息否？

伊：视余款之多少，少则免息。

鸿：息不能认，日本虽胜总不能强于英法。英法之于中国战后，尚未强以认息，今日认息，华人闻之，必大骇异。且为数甚巨，加息不更重乎？

伊：如能全数清偿。

鸿：免息自不烦言而解。

伊：所谓全数清还者，非一时也，乃分两年之期，期内清还，自告免息。

鸿：我未能答应，借债之权，在人不在我，能借到自然早还。日虽得胜，何必逼人太甚，使人不能担当？

伊：不能担当，是否不允之说。

鸿：我诚意修和，但办不到事，不能不直说。

伊：照我节略，已竭力减少矣。

鸿：再讲让地一节。历观泰西各国交兵，未有将已据之地全行请让者。

以德国兵威之盛，直至法国巴黎都城后，将侵地让出，唯留两县之地。今约内所定奉天南部之界，欲将所据之地全得，岂非已甚？恐为泰西各国所訾笑。

伊：如论西国战史，不但德法之战而已。

鸿：英法兵亦曾占据中国城池，但未请割寸土尺地。

伊：彼另有意在，不能以彼例此。

鸿：即如营口者，中国设关收税，乃饷源所在，贵国又要偿款，又要夺关，是何情理？

伊：营口关税，乃地生之货所出。

鸿：既得地税，尚要赔款，将如之何？

伊：无法。

鸿：譬如养子，既欲其长，又不喂乳，其子不死何待？

伊：中国岂可与孩提并论。

鸿：今贫瘠实甚，犹如小孩。且营口贵国得之无益。营口之北，北面甚广，货所从出，汝既据关，将来货从内地运出，中国必加税加捐，既到营口，又纳关税，是货贵必滞销，关税必少，且货在内地，华官或劝商人从他处出口，或重厘税，华商断无不从之理。

伊：是可彼此相商，且中日可与各国商酌，况将来陆路通商章程所当议及者。

鸿：加捐乃中国自主之权，外人岂能相强？所以据有营口无益。贵国不如退出，再商别处。

伊：营口以北业经退出，万难再让。

鸿：台湾全岛，日兵尚未侵犯，何故强让？

伊：此系彼此定约商让之事，不论兵力到否。

鸿：我不肯让，又将如何？

伊：如所让之地，必须兵力所到之地，我军若深入山东省，将如之何？

鸿：此日本新创办法。兵力所已到者，西国从未全据；日本如此，岂不贻笑西国？

伊：中国吉林黑龙江一带，何以让与俄国？

鸿：此非因战而让者。

伊：台湾亦然。此理更说得去。

鸿：中国前让与俄之地，实系瓯脱，荒寒实甚，人烟稀少。台湾则已立行省，人烟稠密，不能比也。

伊：尺土皆王家之地，无分荒凉与繁盛。

鸿：如此岂非轻我年耄，不知分别？

伊：中堂见问，不能不答。

鸿：总之现讲三大端：二万万为数甚巨，必请再减；营口还请退出；台湾不必提及。

伊：如此，我两人意见不合，我将改定约款交阅。所减只能如此，为时太促，不能多办。照办固好；不能照办，即算驳还。

鸿：不许我驳否？

伊：驳只管驳，但我主意不能稍改。贵大臣固愿速定和约，我亦如此。

广岛有六十余只运船停泊，计有二万吨运载，今日已有数船出口，兵粮齐备，所以不即运出者，以有停战之约故耳。

鸿：停战限满，可请展期。

伊：如和约已签押，限期可展。

鸿：德法停战，曾再展十日。

伊：时势各别，其时法国无主，固召民选议员，开议院选总统，派使臣等事，故多需时日。

鸿：尔所欲者皆已大概允许，意见不合者，唯以数端，如不停战，何能畅议？

伊：期限唯有十日，今日条款，即请决定可否，三日后四点二刻，当候回信。

鸿：事有不谐，尚需会议。

伊：三日后如蒙见允，即请复函，尚需预备约章，彼此签押，又需迟延数日。

鸿：不必复函，一经面允，自可定议。三日断来不及。我明说尚需电报请旨，不能限以时日。

伊：接到回旨，即可决断？

鸿：请旨后如何，再与贵大臣面议，俟接到回电再来相请。

伊：不能多待，必有限期方可。

鸿：至多四五天后，尚在停战期内。

伊：三天内当有回旨？

鸿：此事重大，必须妥酌，今日所言各节，皆有训条，我不能专主。

伊：五天过久，急不能待。

鸿：停战之期，尚有十天。

伊：我须早知照前敌。

鸿：停战有期，前敌岂有不知。

伊：前敌诸将随时探知此地会议之事。

鸿：尚有十天，再会一次，即可决定。且节略甚多，译华文者，只有三节，其余今天译齐，方可发电，第四日当有复旨，至迟五天。

伊：北京回电，我想三天足矣。

鸿：一有复音，即请相会。是否在此，抑请贵大臣来寓相应？

伊：随中堂便，来此会议更好。

鸿：赔款还请再减五千万，台湾不能相让。

伊：如此，即当遣兵至台湾。

鸿：我两国比邻，不必如此决裂，总需和好。

伊：赔款让地，犹债也；债还清，两国自然和好。

鸿：索债太狠，虽和不诚。前送节略，实在句句出于至诚。而贵大臣怪我不应如此说法。我说话甚直，台湾不易取，法国前次攻打，尚未得手，海浪涌大，台民强悍。

伊：我水师兵弁，不论何苦，皆愿承受。去岁北地奇冷，人皆以日兵不能吃苦，乃一冬以来我兵未见吃亏，处处得手。

鸿：台地瘴气甚大，从前日兵在台，伤亡甚多，所以台民大概吸食鸦片烟，以避瘴气。

伊：但看我日后据台，必禁鸦片。

鸿：台民吸烟，由来久矣。

伊：鸦片未出，台湾亦有居民。日本鸦片进口，禁令甚严，故无吸烟之人。

鸿：至为佩服。

伊：禁烟一事，前与阎相国言及，甚以为然。

鸿：英人以洋药进口，我国加税，它能再禁？

伊：所加甚少，再加两倍，亦不为多。

鸿：言之屡矣，英人不允。

伊：吸烟者甚懒，兵不能精。

鸿：此事迫于英人，难以禁止。

伊：当先设自禁之律，洋烟自不进口。

中堂起席，与伊藤作别握手时，再请将赔款大减，伊藤笑而摇首云：不能再减，而散。

第三节　日本提出最后通牒

1895年4月10日，中日第四次谈判时，伊藤博文将对中国修正案的复文当面交给了李鸿章，这份“复文”实际成了最后通牒。复文摘录如下：

第一款，日本全权大臣以为此款应照前次送交中国头等全权大臣之约稿内所开之第一款办理。

第二款，中国将管理下开地方之权，并将该地方所有堡垒军器工厂及一切属公物件，永远让与日本：

一、下开画界以内之盛京省南部地方，从鸭绿江口起，溯该江流抵安平河口，从此划线而抵凤凰城，海城及营口。以上所指明之地，皆在所让境内。

二、台湾全岛及其所有附属各岛屿。

三、澎湖列岛，即英国格林尼次东经一百一十九度至一百二十度，及北纬二十三度至二十四度之间诸岛屿。

第三款，日本全权大臣，不能按照中国全权大臣所拟者办理。然愿将原拟之款更改如下：

中国约将库银二万万两，交日本国，作为赔偿军费。该赔偿分作八次交完。第一次五千万两，应在本约批准互换后六个月之内交清；第二次五千万两，应在本约批准互换后十二个月之内交清；余款分六次递年交纳。其法列下：第一次平分递年之款，于两年内交清；第二次于三年内交清；第三次于四年内交清；第四次于五年内交清；第五次于六年内交清；第六次于七年内交清。其年份均以本约批准互换之后起算。又第一次赔款交清后，未经交完之款，应按年每百抽五之息；但不论何时，或将该赔款全数或将几分先期交付，均听中国之便。

李鸿章4月10日与伊藤四次谈判之后，立即于当天电告总理衙门，报告日方的要求与双方谈判情况，并称：似此乘胜贪横，悍然不愿，实非情理能喻。伊请三日回信，倘不准，定即添兵……鸿力竭计穷，恳速请旨定夺。

总理衙门回电李鸿章：……至请预示允添之处，却难即时悬定，仍在李鸿章相继因应，视其情调缓急以为迎拒之方。彼既垂涎金州之矿，台湾此类尤巨……或许倭以矿利，而土地人民仍归我有。此姑备一说，无非为保全境土起见……总应以中东唇齿，大局攸关，毋令西国攘渔人之利。令李经方将此意向其反复开陈，无因无益费词遂中止。

4月11日，李鸿章再电总理衙门，细述伊藤复文让步之处和仍然坚持之处，并言日本坚要台湾，“似非引以矿利所能了事”。

第四节　伊藤关于“尽头条款”的声明

1895年4月11日，即第四次谈判的第二天，伊藤博文致函李鸿章，提出一个“尽头条款”声明，即第四次谈判会上日方给李鸿章和约修正案的复文，就是

“尽头一著”，是最后定案，中国对此只能答以“允”或“否”，并要在4天内（实为3天）答复。

李鸿章接到此函很是突然，他根本没有想到伊藤在昨天第四次谈判会上给他的那份改正和约条款，既是首次提出的条款，却一变而成了“尽头条款”。自伊藤于4月1日提出和约底稿之后，李鸿章于4月5日答复日方一张说帖，伊藤虽然回绝，要全案或按条答复，李鸿章还是再次拟定一说帖及商改约稿，于4月8日准备送达伊藤，伊藤威胁李经方，说谈判一旦破裂，李氏父子恐难安然返回北京。李鸿章只好第三次拟定和约修正案，面交伊藤，得以与伊藤会谈，即第四次谈判。李鸿章认为停战期限还有十天，还可以继续谈判，以争取日方让步。伊藤这次来函突然提出他的那份和约条款就是“尽头条款”，限定三日内答复，显然，日本下达最后通牒，还有十天的停战期限也没有了，日本竟然如此霸道无信。

李鸿章于第二天，即4月12日复函伊藤。

次日，即4月13日，伊藤回复一函，根本就不考虑李鸿章的恳词，首次重申4月10日的条款就是“尽头条款”，不容再辩驳，只能答复允否两个字。

第五节　清廷的最后谕旨

1895年4月11日，李鸿章在接到伊藤博文关于改正和约条款为“尽头条款”的声明函的当天，即电总理衙门。

4月12日，总理衙门复电李鸿章。

4月13日，李鸿章回电总理衙门。

同日，李鸿章派伍廷芳往晤伊藤博文。伊藤又以广岛运兵船三十余艘即将开赴大连湾为恫吓。威胁说：再商改约款，故意迟延，即和议决裂。

李鸿章又于14日，电总理衙门。总理衙门电复李鸿章，圣旨答应可以“与之定约”。电云：

奉旨：李鸿章十九日三电，均悉。十八日所谕各节，原冀争得一分有一分之益，如竟无可商改，即遵前旨与之定约，钦此。

李鸿章接到允许“与之定约”的谕旨后，于翌日与伊藤博文进行第五次谈判，也是最后一次谈判。就在此次会谈中，同意日本最后通牒中提出的条件，并签字画押，签订了丧权辱国的《马关条约》。

第六节　第五次谈判，清廷被迫签约

1895年4月15日即光绪二十一年三月二十一日午后，中日全权第五次谈判在春帆楼举行，双方会谈如下。

鸿（李鸿章）：陆奥大臣今日身子如何？

伊（伊藤博文）：稍好。本愿来自会议，佐藤医生戒其外出。

鸿：佐藤今晨言及，陆奥身子尚未痊愈，不可以风。昨日我派经方至贵大臣处面谈各节，一一回告，贵大臣毫不放松，不肯稍让。

伊：我早已说明，已让到尽头地步，主意已定，万不能改，我亦甚为可惜。

鸿：现已奉旨，令本大臣酌量办理。此事难办已极，还请贵大臣替我酌量，我实在无法酌量。

伊：我处境地，与中堂相似。

鸿：尔在贵国所论各事，无人敢驳。

伊：亦有被驳之时。

鸿：总不如我在中国被人驳斥之甚。

伊：我处境地总不如中堂之易，中堂在中国，位高望重，无人可能动摇。本国议院权重，我做事一有错失，即可被议。

鸿：去年满朝言路屡次参我，谓我与日本伊藤首相交好。所参甚是，今与尔议和立好，岂非交好之明证？

伊：彼等不知时势，故参中堂。现在光景彼已明白，必深悔当日所参之非。

鸿：如此狠凶条款，签押又必受骂，奈何？

伊：任彼胡说，如此重任，彼亦担当不起。中国唯中堂一人能担此重任。

鸿：事后又将群起攻我。

伊：说便宜话的人到处皆有，我之境地亦然。

鸿：此固不论，我来议和，皇上令我酌定，如能将原约酌改数处，方可担此重任，请贵大臣替我细想，何处可以酌让？即如赔款让地两端，总请少让，即可定议。

伊：初时说明，万难少让。昨已告明伯行（经方字）星使，已尽力让到尽头，不然，必须会议四五次，方能让到如此。我将中国情形细想，即减至无可再让地步。盖议和非市井买卖，彼此争行，不成事体。

鸿：目前临别时，请让五千万，当时贵大臣有欲让之意：如能让此，全约可定。

伊：如能少让，不必再提，业已让矣。

鸿：五千万不能让，二千万可乎？现在新报一纸，在此内载明贵国兵营只用八千万；此说或不足为凭，然非无因。

伊取报纸细看，答云：此新闻所说，全是与国家作对，不可听。

鸿：不必深论，但望减去若干，亦好。

伊：我国之费多于此数。

鸿：请让少许，即可定议，当电明国家志感。

伊：如可稍让，尽已让出。

鸿：贵国所得之地甚多，财源甚广，请从宽处着想。不必专顾目前。

伊：所有财源皆未来事，不能划为现在赔款。

鸿：财源甚长，利益甚溥。

伊：将来开源之利，皆用在地面。

鸿：财源不仅如此，必定兴旺。

伊：欲开财源，所费必大。

鸿：即以台湾而论，华人不善经营，有煤矿，有油田，有金矿，如我为巡抚，必一一开办。

伊：矿产一开，必以贱价售诸华人。

鸿：华商不能自得。

伊：未开之地必须经营，所费不赀。

鸿：所费愈大，得利愈深。何妨赔费略减若干，他日利所补多矣。即我中国借债，亦稍容易。我在北京，洋人肯将台湾押借金二千万磅，后我东来，皆知日人强索台湾，此事即搁起不提。所押已如此之多，出卖则其价更巨。

伊：中国财源甚大，借债不难。

鸿：无论如何，总请再让数千万，不必如此口紧。

伊：屡此说明，万万不能再让。

鸿：又要赚钱，又要割地，双管齐下，出手太狠。使我太过不去。

伊：此战后之约，非如平常交涉。

鸿：讲和即当彼此相让，尔办事太狠，才干太大。

伊：此非关办事之才，战后之款，不得不尔，如与中堂比才，万不能及。

鸿：赔款既不肯减，地可稍减乎？到底不能一毛不拔。

伊：两件皆不能稍减，屡次言明，此系尽头地步，不能少改。

鸿：我并非不定约，不过请略减。如能少减，即可定约。此亦贵大臣留别之情，将来回国，我可时常记及。

伊：所减之数，即为留别之情。昨已告伯行星使，初约本不愿改，因念中堂多年交情，故减万万。

鸿：如此口紧手辣，将来必将记及。

伊：我与中堂交情最深，故已多让。国人必将骂我，我可担肩，请于停战期前速即定议，不然索款更多，此乃举国之意。

鸿：赔款既不肯少减，所出之息当可免矣。

伊：日前会议说明，换约后一年内，两期各还五千万，又一年将余款一万万还清，息可全免。

鸿：万一到期借款不到，但出息可乎？

伊：不能。此与目前所说相同，但认息不还本，只算日本借钱，我国无此力量。

鸿：中国更无力量，日本开战以后，未借洋债，中国已借数次，此日本富于中国之明证。

伊：此非日本富于中国，日本稍加理财之法。

鸿：中国将效日本理财，现在甚贫，借债不易。

伊：我看甚易，断不为难。

鸿：现在毫无头绪，俟我回国再议。如三年之内，本尽还清，可免息否？

伊：三年内果能清还，息可全免。

鸿：约内可添明，若三年后清还云云，此乃活语。如此写法，不过少有体面，所有便宜无多。

伊：约内写明第一次交清后，余免息云。如三年不能交清，则以前之息必须一体加添。

鸿：三年内清还免息，如不还，一并加息。

伊：一并加息，甚为纠葛。

鸿：莫若二万万内减去二千万，以抵偿息；如此一万八千万，即照约内所载办法，更简捷。

伊：不能。且三年内交清免息，应于约内载明，以免误会。

鸿：如此巨款岂能预定？

伊：我亦恐两年内交清难以预定，故将还期延至七年之久。

鸿：少去二千万，中国可少借二千万。

伊：万万不能。

鸿：三年内清还免息，不必写入约内，可另立专条。

伊：此事不能另立专条，应于约内写明。

鸿：请将第四款反复观看，可另有主意？

伊：或三年内还清免息或否，应写明一定办法。

鸿：无妨加一活语，倘三年内云云。

伊：必须写出一定办法。

鸿：借钱之权在人，借到方可写明。

伊：只好照原约写。

鸿：中国前赔英法兵费，但写明过期不还，方认利息。今即加息，亦太不情。

伊：英法甚富，故可免息。

鸿：尔想钱太过，索款又巨，利息又大。

伊：其时英法之兵不如日兵之多。

鸿：英国其时调有印度兵。

伊：所调不多。

鸿：三年清还免息，可添入原款乎？

伊细想多时，乃云：如要订息，只有一样办法，三年内照旧认息。若三年内果真清还，可将所认之息抵作本款。

鸿：是否三年将本全还，并认利息，则将已偿之息作本？

伊：譬如换约分六个月交五千万，再六个月又交五千万，其时应交一万万之息，第三、第四等期照算，如三年局满，将余款交清，则前二年所认之息即可划算应交余款，惟三年当自换约之日起算。

鸿：即写如三年之内能将全款清楚云云，请贵大臣看后，即可添入第四款。

伊与属员互商，即云：添入。

鸿：尚有数条相商，并非与原约有所增减，不过将约内之意声明，以免将来误会。如辽河口界线，该线一到营口之辽河后，当顺利至海口止，彼此以河中心为界，此乃公法，凡以河为界者，莫不如是。

伊：将来勘界时可定。

鸿：即可照此添入第二款内之第二条下。

伊：甚是，可照行。

鸿：第五款，二年后让地尚未迁出之华民，可视为日本臣民，但有户业在让地内而人远出者，二年后应请日本保护，视同日本臣民之产业。

伊：此事难允。现在日本与西国所订条约，不准外人在日本内地置买产业。

鸿：我所说者乃原有之产业，与外人所置产业不同。

伊：此与日本法律有异，不易办理。外人必将借口。

鸿：此乃祖先留传之产业，可照章纳税，有何难办。中国人民皆可在别县置产。

伊：华民在中国隔县置产，非外人可比。如日本听华民在内地有户，则外国必将援一体均沾之例以要我。

鸿：台湾华人不肯迁出，又不愿变卖产业，日后官出告示，恐生事变，当与中国政府无涉。

伊：日后之事，乃我国政府责任。

鸿：我接台湾巡抚来电，闻将让台湾，台民鼓噪，誓不肯为日民。

伊：听彼鼓噪，我自有法。

鸿：此话并非相吓，乃好意，直言相告。

伊：我亦闻此事。

鸿：台民戕官聚众，视为常事，他日不可怪我。

伊：中国一将治权让出，即是日本政府之责。

鸿：不得不声明在先。

伊：中国政府只将官调回兵撤回而已。

鸿：绿营士兵不可他往，驻防之兵可撤回。

伊将所译免息一条英文阅过，与华文相对不错，云：即可照此添入。

鸿：台湾官绅交涉事件纷繁，应于换约后六个月方可交割清楚，此节添入约款内。

伊：我意批约后数礼拜，即派兵官赴台收管。

鸿：可派人与台湾巡抚共商，以清经手事件。

伊：换约后，请华官出示台民，我派兵官前往，将一切军器暂行收管。

鸿：所派有文官否？

伊：文官亦派。

鸿：交割是大事，应先立简明章程，日后照办，方免纠葛。

伊：我不能延至六月之久再设交割，换约后立即派人前往。

鸿：约内可改云换约后两国互订交接简明章程。

伊：有一专条在此，专为台湾之事。

伊即将东英文交阅，李接看东文，不懂，令译英文，其略云：一切堡垒枪炮与公家物件皆交日本武官收管，所有华兵行李私物准其自携。日官指定一处，令华兵暂驻，直至调回内地，中国政府限日撤回。一切费用，中国自认。兵撤回后，日官将洋枪送还，然后派文官治理地方，公家产业由彼收管，其余细节皆由两国兵官彼此商定等语。

中堂听毕云：此系换约后之事，我无权先定。

伊：中堂改期有权，此条与和约均重，何谓无权？

鸿：此皆换约后应商之件，与通商水陆章程诸事，皆可同时商酌。

伊：此乃最要最急之事。

鸿：换约后方可定，我无权管台湾巡抚，总理衙门方有此权，应在总理衙门商议，简明章程。

伊：耽误时日。

鸿：约不互换，尚不算准，台湾仍系中国之地。

伊：是也。

鸿：可写明至台湾一省，俟本约批准互换后，两国再行互议交接章程。

伊：我即派兵前往台湾，好在停战约章，台湾不在其内。

鸿：本约内可将台湾删去，候贵国自取。

伊：交接之时，何不限定。

鸿：此事我难专主。

伊：六月为期太久，换约后总理衙门可否即定简明章程，盖约一经互换，台湾即交日本。

鸿：虽交日本，交换之时，应另议简明章程。

伊：无须章程，中国将驻台之兵撤回而已。

鸿：如不要章程，何以有此专条？

伊：专条之内不过数款，单讲撤兵之事，惟延至六个月之后再行交接，未免过迟。

鸿：何不云换约后两国派员议定交接章程？

伊：应否限定日期？

鸿：不必。

伊：换约后即行交接。

鸿：不议章程否？

伊：限一月足否？

鸿：可俟条约批准互换后一月内，两国派员妥议交换章程。

伊：一月内应即交接，不必议章程。

鸿：尔说要派文官，何不令文官与台抚相商？

伊令伊东写出英文，一俟换约后一月内，两国各派大员办理台湾交接。

鸿：一月之限过促，总署与我远隔，台湾不能深知情形，最好中国派台湾巡抚与日本大员即在台湾议明交接章程，其时换约后两国和好，何事不可互商？

伊：一月足矣。

鸿：头绪纷繁，两月方宽，办事较妥，贵国何必急急？台湾已是口中之物。

伊：尚未下咽，饥甚！

鸿：两万万足可疗饥。换约后尚须请旨派员，一月之期甚促。

伊：可写一月内奉旨派员云云。

鸿：不必写明奉旨等语。

伊：一月内可派员否？

鸿：月内即可派员，至交接一节，应听台抚随时酌定。

伊：当写明两月内交割清楚。

鸿：一月内各派大员妥议交割，不必限定何时。

伊：当写明两月交割，免生枝节。

鸿：但写一月内两国各派大员议定交割。

伊：月内派员妥议，两月内交割清楚。

鸿：两月内派员交割。

伊：不如一月内派员，再一月交割。

鸿：各派大员，限两月内交接清楚。

伊：何不允一月内派员，再一月交割？

鸿：不如写两国速派大员，限两月内妥议交割。

伊：可改互换后立即派员云云。

鸿：可写又台湾一省，应于本约批准互换后，两国立即各派大员至台湾，限于本约批准互换后两个月交接清楚。

伊接看云：可照办。

鸿：第六款内第三条，日本国臣民租栈一节，未有官员勿得从中干预字样。此条本意原为华官不能强索日商规费等事，但如此写法太混，假如日商犯案，逃匿所租栈房，本地方官即无权入栈搜查，所以应请将前项字样删去。

伊：可删去。

鸿：第四条，中国海关皆用关平纳税，今此条内改用库平，不能一律。又日本银元在通商各口，皆与鹰银照市价通用，此条何必写明？全条可删。

伊：可全删。

鸿：第五条原文，日本臣民准在中国制造一切货物等语，意未清楚，如此日商亦可前往内地制造。应写明日本臣民准在通商口岸城邑制造一切货物等语，以示限制。

伊与其属员往返细商，方允添入。

鸿：第八款，威海卫留兵，日本究派多少？

伊：一万。

鸿：无处可住。

伊：将添盖兵房。

鸿：刘公岛无余地。

伊：在威海卫口左近。我武官初意想派出二万住盛京，二万住威海。

鸿：款内各费由中国支办等语，可将此节删去，前英法亦曾驻兵我国，皆未偿费。

伊：驻兵偿费乃欧洲通例。

鸿：既已割地，又赔兵费，而且加息，留兵之费应在赔费内划出。

伊：赔费乃战争所用之费，留兵之费又是一事。

鸿：中国认不起。

伊：此照欧洲通例。

鸿：现在亚细亚，何云欧洲？且英法未请支办，中国约章俱在，可查明也。

伊：何时？

鸿：英国留兵在广东、舟山、大沽等处。

伊：彼留兵非为抵押赔款。

鸿：英法于同治初年留兵大沽、上海，皆为赔费之质，中国并未给兵费。本约皆已全允，些许小事何不相让。

伊：一年之费不赀。

鸿：已赔兵费，数年之利又数百万，何必如此算小？此事甚小。

伊：本约何时签订？

鸿：约本抄齐，即可签订。

伊：此次英文不必签押，惟将中东两文签押而已。不过英文句意清楚，万一误会，可用解明，为此有一专条，请看。

中堂将专条华文阅后，云此华文可行。

伊：我处各写本约英东文两份，请贵处写华文两份。

鸿：贵处英东文何时可齐？

伊：明晨即有。至威海口驻兵一节，另有华文专条在此，请看。

中堂接看，云：皆可照办；惟须将支办军费一条删去。

伊：自签约起至换约时，限十五日可否？

鸿：批准换约，皆系大皇帝之事，本大臣不能专主，必须请旨可定。

伊：明日签押时，当定明互换之日。

鸿：本大臣到津，当专员赍约晋京，送与总理衙门，然后进呈皇上，方可择日批准，转折甚多，难以限定日期。

伊：约内必须写明换约之期，我国主现在广岛，即可批准。

鸿：此近我远，不能相比。

伊：换约之地何处？

鸿：当在北京。

伊：北京我无使臣驻扎，如派人往，当派兵护送，不便。

鸿：此次我来，所费实多，签押之后，两国即系友邦，批约后更加和好，可在天津换约。我国换约，向在北京天津两处。

伊：此非成例。

鸿：议约我来贵国，换约贵国当派人往华，有来有往，方称和好。

伊：换约之前，我兵在旅顺大连者有二十万，两处皆无营房可住，故皆在船上，听候换约，方能撤回，故换约之期愈速愈妙。可否即在旅顺换约？

鸿：日兵即可撤回，此约将必批准。

伊：不换约和局尚未定。

鸿：何不派武员来津换约？最好派川上。

伊：派人皆由皇上定夺，川上未必能去。

鸿：川上为人和气，与津郡文武人员相好。

伊：他尚难离营。

鸿：签押后不必开衅，营中无事，川上可来。

伊：万一不能批准，又将如何？

鸿：一经批准，我即电告尔处，电报用何密本？

伊：电报可用英语，无须用密码，但换约之时与换约之地应定。

鸿：此皆我皇上之事，难定。

伊：凡约皆定明换约之期，故请定十五日。

鸿：十五日为时太促，一月稍从容。

伊：我兵太多，住一月太久。

鸿：一月之内可否？

伊：应派兵护卫，不便。

鸿：派一兵船足矣。

伊：兵船不能过拦江沙，何故不在烟台？

鸿：烟台换约，我需请旨。

伊：换约地方定，约方可定。

鸿：天津换约可定。

伊：何故不在烟台？

鸿：签约之后，可到天津，必不生事，所赔兵费可定否？

伊：现已议过，定约之时与定约之地，是否即在烟台，期以二十日为限？

鸿：总须一月之内。

伊：此约谅可批准，万一不准，又将开衅，故愈速愈妙。

鸿：此约谅可不驳，但请放心。

伊：总须定明换约之时。

鸿：敕书内写明，如果详阅各条妥善，再行批准，所以我不能做主。

伊：我国敕书亦是如此写法。

鸿：批准在先，换约在后，一经批准，当即电告。

伊：总须订明，一经批准接电后，方可派员。

鸿：尔已许二十日，我说一月之内，所差十日，无多。

伊：明日签押，后日中堂登程到津即可专差将约本赍主，为时甚速。

鸿：我到津后尚须请假，另派员将约本送至总署进呈。中国做事，转折甚多，期限不能过促。

伊：此降和之事，非寻常可比，故愈速愈妙。

鸿：平常约章，换约皆在一年之外。

伊：去岁我国与英国新主约章，在七月十七日画押，十八日英君主即已批准。

鸿：中国之事，不能如此。譬如批准后，又须派员至津，候船至烟台，皆不能克期，烟台换约从尔，日期当由我定。

伊：二十日足矣，所差十日，所费实多。六十只运船在大连湾，各皆在船守候。

鸿：据我看，签押后可将兵调回。

伊：不能。

鸿：我在下关三十日，定期不为不违，他日约本由津送京，呈进盖用御宝，然后派员来津，守候船只到烟台，此中耽误日期不少，何必匆促，为此不情之请？

伊：十天所差太多。

鸿：此甚小事，岂可用此龃龉？中国办事向来延缓。如我正月十九日奉旨，即速料理，来此已二月二十三矣。换约之期，写明签押后一月之内，我当然催早；限定二十日太促，万一不及，又将失信。

伊：西国议和，皆皇上自定，立即批准互换。

鸿：现在亚细亚。何必常以欧洲之事相比？换约之地从尔，期限当从我。

伊：一月究竟太远。

鸿：留兵贴费，可去否？

伊：不能。

鸿：无法？

伊：中国为难情形，无论如何，兵费总须各认一半。

鸿：二百万兵费太多，一百万各半，不问所费如何，每年我净贴五十万，一应在内。

伊：此费只可养一营。

鸿：何必多派留兵，与贵国邻近，万一有需，即可调来。

伊：留兵为抵押赔款，非为别事。

鸿：英国留兵皆无兵费，贵国应宽大办理。

伊：换约之期，究竟二十天定否？

鸿：已讲明一月。

伊：太远。签约应从速，批准互换亦然。

鸿：转折甚多。

伊：二十日足矣。烟台甚近，如能准二十天，我即准贴费五十万。不然，必要一百万。

鸿：换约之期，总须请旨。每年贴费五十万，自换约之日起。

伊：如能允二十日。

鸿：我不能做主。

伊：能允一月，何不允二十日？

鸿：写明一月，我可催及早互换。会议已久，当派参赞将约本校对清楚，后日签押。

伊：何不明日签押，我处明早即可写齐。

鸿：我处必须明晚方齐，后日签约。

伊：即定后日十点钟。

鸿：仍在此处当面签约否？

伊：然也。但两件事应定明。

鸿：我回去请旨，换约日期可定。

中堂起席，伊又谆谆以二十日为请，方可允贴费五十万。中堂答以言定不必多议。而别。时已七点钟。

这次所谓谈判，为何伊藤博文会如此咄咄逼人，将李鸿章步步推向死胡同，最后竟然如愿以偿？其中有一个很大的奥秘，这就是对李鸿章与清廷的来往密电，全部无遗地都为日本方面所掌握。清廷对谈判的底线，清廷渴望谈判成功不惜牺牲台湾、澎湖及辽东半岛的求和心情，以及李鸿章每次谈判提出的准备退让妥协后对应，全盘都在伊藤博文等日本人的手掌之中。因此，伊藤博文才敢于漫天要价，不达目的誓不罢休，而在谈判中步步紧逼，置李鸿章于死地。

日本是如何掌握清廷电报密码的？说来非常简单。

日本侵略者在挑起甲午侵华战争时，向清廷宣战。将“宣战书”送交中国驻日本使馆。这是一个公开的“宣战书”，本来就只要用公开的电码发回中国就可以了，可是，昏聩愚蠢的使馆，用密码通过国际电信局发回中国。

日本人却从电信局要到了这份电稿。“宣战书”是日本写的，自然就很容易地破解了中国的电报密码。而战争打响后，清廷又不及时更改电报密码，仍然沿用旧的密码，一直到谈判还是这个旧密码。所以李鸿章与清廷的多次电报来往，尽管是密码，实际早已成了为日本人掌握的明码。孙子兵法云：“知彼知己，百战不殆。”日本既然清清楚楚地知道了清廷的求和心切，割地赔款都可答应，贪婪者岂能松卡让步。

清廷和李鸿章被伊藤博文逼得无路可走，不得不答应签约。日本是满载而归。

1895 年 4 月 17 日即旧历三月二十三日，在日本马关春帆楼，中日两国全权代表李鸿章与伊藤博文在《和约》上正式签字，认同所谓的《讲和条约》，即《马关条约》。

中日马关谈判，从1895年3月20日起，至4月15日止，前后谈判五次共27天。在日本的刺刀淫威胁迫下，中国清廷终于按照日本的条件完全屈从了。中国赔偿日本白银二万万两，割去台湾澎湖和辽东半岛，以后在德法俄三国干预下，日本不得不退还辽东半岛，但又索银三千万两。

马关谈判，说穿了根本不是什么谈判，而是日本睦仁天皇侵略集团以战胜者姿态，逼迫中国清廷俯首签字，答应日方的全部强盗条件的“城下之盟”。这个谈判，是一次侵略者与被侵略者之间的谈判；是一次绑匪与人质之间的谈判；是一次饿狼与爪下的绵羊之间的谈判。日本这个世界列强中最为穷凶极恶的恶鬼，其贪婪、凶狠面目在谈判中已彻底暴露无遗。这头豺狼，不仅要大口大口地吞噬被侵略者，而且要立即就吃掉。伊藤博文在谈判中竟然如此恬不知耻、大言不惭、垂涎三尺地说：“尚未下咽，饥甚！”实在卑鄙无耻之极。这次马关谈判，日本一夜之间大发横财，强盗杀人越货、兽欲满足而归。

但是，日本鬼兽们高兴得太早了，他们绝对没有想到，从此五十年后，他们的子孙侵略继承者，却在侵占了大半个中国之后，会放下武器，举手无条件向中国和世界投降。而投降的地点不是在日本，而是在中国。30 年前强迫中国签字的《马关条约》也随之见鬼去了。这就是俗语所讲的“报应”：“善有善报，恶有恶报，不是不报，时间未到，时间一到，统统都报。”日本鬼子根本就不懂得这个放之四海而皆准的历史辩证法则。

第三十七章　空前的割地赔款
丧权辱国的《马关条约》

第一节　签订《马关条约》

1895年4月17日即清光绪二十一年三月二十三日、日明治二十八年四月十七日，在日本马关春帆楼，中国全权大臣李鸿章与日本全权大臣伊藤博文，签订了《讲和条约》，即《马关条约》。讲和条约共11款，议定专条3款，另约3款，停战展期另款2款，全文如下。

讲和条约

大清帝国大皇帝陛下及大日本帝国大皇帝陛下为订定和约，俾两国及其臣民重修平和，共享幸福，且杜绝将来纷纭之端，大清帝国大皇帝陛下特简大清帝国钦差头等全权大臣太子太傅文华殿大学士北洋通商大臣直隶总督一等肃毅伯爵李鸿章，大清帝国钦差全权大臣二品顶戴前出使大臣李经方，大日本帝国大皇帝陛下特简大日本帝国全权办理大臣内阁总理大臣从二位勋一等伯爵伊藤博文，大日本帝国全权办理大臣外务大臣从二位勋一等子爵陆奥宗光为全权大臣，彼此校阅所奉谕旨，认明均属妥善无阙，会同议定各条款，开列于下：

第一款，中国认明朝鲜国确完全无缺之独立自主，故凡有亏损独立自主体制，即如该国向中国所修贡献典礼等，嗣后全行废绝。

第二款，中国将管理下开地方之权，并将该地方所有堡垒军器工厂及一切属公物件，永远让与日本：

一、下开划界以内之奉天省南边地方：从鸭绿江口溯该江以抵安平河口，又从该河口划至凤凰城、海城及营口而止，划成折线以南地方，所有前开各城市邑，皆包括在划界线内，该线抵营口之辽河后，即顺流至海口止，彼此以河中心为界。

辽东湾东岸及黄海北岸，在奉天省所属诸岛屿，亦一并在所让境内。

二、台湾全岛及所有附属各岛屿。

三、澎湖列岛，即英国格林尼次东经一百一十九度起至一百二十度止，及北纬二十三度起至二十四度之间诸岛屿。

第三款，前款所载及黏附本约之地图所划疆界，俟本约批准互换之后，两国应各选派官员二名以上，为公同划定疆界委员，就地踏勘，确定划界。

若遇本约所订疆界，于地形或治理所关有碍难不便等情，各该委员等当妥为参酌更定。

各该委员等当从速办理界务，以期奉委之后，限一年竣事；但遇各该委员等有所更定划界，两国政府未经认准以前，应据本约所定划界为正。

第四款，中国约将库平银贰万万两交与日本，作为赔偿军费。该款分作八次交完。第一次伍千万两，应在本约批准互换后六个月内交清；第二次伍千万两，应在本约批准互换后十二个月内交清。余款平分六次递年交纳，其法列下：第一次平分递年之款，于两年内交清，第二次于三年内交清，第三次于四年内交清，第四次于五年内交清，第五次于六年内交清，第六次于七年内交清，其年份均以本约批准互换之后起算。又第一次赔款交清后，未经交完之款应按年加每百抽五之息。但无论何时，将应赔之款或全数、或几分，先期交清，均听中国之便。如从条约批准互换之日起，三年之内，能全数清还，除将已付利息或两年半，或不及两年半，于应付本银扣还外，余仍全数免息。

第五款，本约批准互换之后，限二年之内，日本准中国让与地方人民愿迁居让与地方之外者，任便变卖所有产业，退去界外；但限满之后尚未迁徙者，酌宜视为日本臣民。

又台湾一省，应于本约批准互换后，两国立即各派大员至台湾，即于本约批准互换后两个月内，交接清楚。

第六款，中日两国所有约章，因此次失和，自属废绝。中国约俟本约批准互换之后，速派全权大臣与日本所派全权大臣，会同订立通商行船条约，及陆路通商章程。其两国新订约章，应以中国与泰西各国现行约章为本。又本约批准互换之日起，新订约章未经实行之前，所有日本政府官吏、臣民及商业工艺、行船船只、陆路通商等，与中国最为优待之国礼遇护视，一律无异。

中国约将下开让与各款，从两国全权大臣画押盖印日起，六个月后，方向照办：

第一，现今中国已开通商口岸之外，应准添设下开各处，立为通商口岸，以便日本臣民往来侨寓，从事商业工艺制作。所有添设口岸均照向开通商海口或向开内地镇市章程一体办理，应得优例及利益等亦当一律享受：一、湖北省荆州府沙市；二、四川省重庆府；三、江苏省苏州府；四、浙江省杭州府。日本政府得派遣领事官于前开各口驻扎。

第二，日本轮船得驶入下开各口，附搭行客，装运货物：一、从湖北省宜昌溯长江以至四川省重庆府；二、从上海驶进吴淞江及运河以至苏州府杭州府，中日两国未经商定行船章程以前，上开各口行船，务依外国船只驶入中国内地水路现行章程照行。

第三，日本臣民在中国内地购买经工货件，若自生之物，或将进口商货运往内地之时，欲暂行存栈，除毋庸输纳税钞派征一切诸费外，得暂租栈房存货。

第四，日本臣民得在中国通商口岸城邑，任便从事各项工艺制造，又得将各项机器任便装运进口，只交所定进口税。

日本臣民在中国制造一切货物，其于内地运送税、内地税、钞课杂派，以及在中国内地沾及寄存栈房之益，即照日本臣民运入中国之货物一体办理，至应享优例豁除，亦莫不相同。

嗣后如有因以上加让之事，应增章程规条，即载入本款所称之行船通商条约内。

第七款，日本军队现驻中国境内者，应于本约批准互换之后三个月内撤回，但须照此款所定办理。

第八款，中国为保明认真实行约内所订条款，听允日本军队暂行占守山东省威海卫。又于中国将本约所订第一、第二两次赔款交清，通商行船约章亦经批准互换之后，中国政府与日本政府确定周全妥善办法，将通商口岸关税作为剩款并息之抵押，日本可允撤回军队。倘中国政府不即确定抵押办法，则未经交清末次赔款之前，日本应不允撤回军队。但通商行船约章未经批准互换以前，虽交清赔款，日本仍不撤回军队。

第九款，本约批准互换之后，两国应将是时所有俘虏尽数交还，中国约将由日本所还俘虏，并不加以虐待，若或置于罪戾。

中国约将认为军事间谍或被嫌逮系之日本臣民，即行释放。并约此次交仗之间，所有关涉日本军队之中国臣民概予宽贷，并饬有司不得擅为逮系。

第十款，本约批准互换日起，应按兵息战。

第十一款，本约奉大清帝国大皇帝陛下及大日本帝国大皇帝陛下批准之后，定于光绪二十一年四月十四日，即明治二十八年五月初八日，在烟台互换。

为此两国全权大臣署名盖印，以昭信守。

大清帝国钦差头等全权大臣太子太傅文华殿大学士北洋通商大臣直隶总督一等肃毅伯爵李鸿章，大清帝国钦差全权大臣二品顶戴前出使大臣李经方，大日本帝国全权办理大臣内阁总理大臣从二位勋一等伯爵伊藤博文，大日本帝国全权办理大臣外务大臣从二位勋一等子爵陆奥宗光，光绪二十一年三月二十三日，明治二十八年四月十七日，订于下之关，缮写两份。

议定专条

大清帝国大皇帝陛下政府及大日本帝国大皇帝陛下政府，为预防本日署名盖印之和约日后互有误会，以生疑义，两国所派全权大臣会同议定下列各款：

第一，彼此约明，本日署名盖印之和约添备英文，与该约汉正文，日本正文较对无讹。

第二，彼此约明，日后设有两国各执汉正文或日本正文有所辩论，即以上开英文约本为凭，以免舛错，而昭公允。

第三，彼此约明，将该议定专条与本日署名盖印之和约一齐送交各本国政府，而本日署名盖印之和约，请御笔批准，此议定各款无须另请御笔批准，亦认为两国政府所允准，各无异论。

为此两帝国全权大臣欲立文凭，各行署名盖印，以昭确实。

另约

第一款，遵和约第八款所订暂为驻守威海卫之日本国军队，应不越一旅团之多，所有暂行驻守需费，中国自本约批准互换之日起，每一周年届满，贴交四分之一，库平银五十万两。

第二款，在威海卫应将刘公岛及威海卫口湾沿岸，照日本国里法五里以内地方，约合中国四十里以内，为日本国军队驻守之区。

在距上开划界，照日本国里法五里以内地方，无论其为何处，中国军队不宜逼近或驻扎，以杜生衅之端。

第三款，日本国军队所驻地方，治理之务仍归中国官员管理，但遇有日本国军队司令官为军队卫养安宁军纪及分布管理等事必须施行之处，一经出示颁行，则于中国官员亦当责守。

在日本国军队驻守之地，凡有犯关涉军务之罪，均归日本国军务官审断办理。

此另约所订条款，与载入和约，其效悉为相同。

为此两国全权大臣署名盖印，以昭信守。

停战展期另款

第一款，光绪二十一年三月初五日，即明治二十八年三月三十日，订约停战，从此约签订日起，得更展二十一日。

第二款，此约所订停战，于光绪二十一年四月十四日，即明治二十八年五月八日，夜十二点钟届满，彼此无须知照。如在期内，两帝国政府无论彼此不允批准和约，毋庸告知，即将此约作为废止。

为此，两帝国全权大臣欲立文据，即行署名盖印，以昭确实。

第二节　对《马关条约》的强烈反响

马关条约消息传开，全国一片哗然，群情激愤、怒发冲冠，仇日骂日，怒吼震天。反对和约、誓死抗日之悲壮声浪有如海潮，澎湃涌起。清廷中枢决策大臣中，以户部尚书、军机大臣、光绪帝的老师翁同龢为代表的反约主战派，态度最为坚决。以致翁与主和派大臣、刑（兵）部尚书孙毓汶，吏部尚书徐用仪争论不休。孙、徐均为军机大臣，坚持主和，反对再战。双方辩论“声彻户外”。在封疆大吏中，反和主战派有署两江总督张之洞、署直隶总督王文韶、两江总督刘坤一等。武将中有老帅宋庆、提督聂士成等，均是反约主战者，决定整军再战。此外，还有康祖诒即康有为等在京举人千余人，公车上万言书，极力反约。各省反对批准和约之愤语纷纷不绝，可谓举国沸腾。大臣们纷纷致电清廷，阻和备战。

李鸿章马关签约后的第三天，即4月20日，署两江总督张之洞首先发电总理衙门，阻止批准和约。其电略云：

闻和约各条，不胜焦灼痛愤，倭寇狂悖至此……诿约各条，贪苛太甚……稍有枝节，被即谓不依条约，立刻生事。彼时战不及战，和不及和，守不及守，即欲暂避，亦不及避。倭性凶狠，不同西洋，其祸岂堪设想……若照倭索诸条，更是自困自危之道。欲求旦夕偷安而不可得……水师既不能振，陆军亦不能自主，中华何以立国……海军无归宿，陆军无利器。威海弃，则京畿无屏蔽；商民贫，则军饷无来源。各国欺凌，人民嗟怨，外患叠至，内变将出……所虑者，京城不能安，和议不能成，不论远患，先有近忧……但此时总须乞援，方易措手。惟有速向英俄德诸国，恳切筹商，优与利益，订立密约，恳其实力相助，问其所欲，许以重酬，绝不吝惜。无论英俄德酬谢若何，去中国较远，总较倭患为轻。此时先恳各国公同告倭，令其停战，以便从容议办，尤为紧要。迫切上陈，万分惶悚。

张之洞的建议也是出于无奈，总想“以夷制夷”，不惜采取“优以利益，问其所欲，许以重酬，绝不吝惜”以乞援西强制日的外交手法。殊不知前门拒一豺、后门引群狼也，中国悲哉！五天之后，即4月25日帮办军务、武将老帅宋庆致电奕䜣为督办的军务处，谓：敌忾之士，誓不共戴，愿与天下精兵，舍身报国。其电略云：

窃思倭寇逞狡悍，无理要挟，既索巨款，又思侵地，为天下所切齿……况身在戎行敌忾之士，誓不与共戴哉……庆等统帅重兵，不能迅灭悍寇，分宵旰忧；虽膺显戮，不足尽其罪……庆夙练之军，仅止八营，经平壤之役，所丧已多，而虎耳山、王寨、太平山数大战，犹能斩将撑旗，毙贼过倍。虽非全胜，亦足以丧其胆，为倭忌惮……今日之急，尤在科简军实，去腐留精，卧薪尝胆，实事求是。庆一介武夫，愿与天下精兵，舍身报国……犹乞钧衡秉断，酌办陈奏。

4月20日，台湾巡抚唐景嵩致电军务处，反映台民不服割地，恐激他变。

处在和战之间难以决断、而停战时限将至、不容拖延的光绪皇帝，焦急万分，心急如焚；慈禧太后此时却有意龟缩，畏葸推诿，不置可否；诸大臣更是莫衷一是，乱成一团。光绪和中枢大臣却要封疆大吏来作决定。

4月26日，朝廷旨令两江总督刘坤一、署直隶总督王文韶，决定战或和。

旨略云：和战两事，利害攸关，即应立断。各抒己见，据实直陈，不得以游移两可之词，敷衍塞责。

4月29日，王文韶复旨，略云：诸将声气联络，必可一战……各处军营，亦各有可用之将。刘坤一在同日，也复旨，略云：宜战不宜和，持久二字，实为现在制倭要招。

5月2日，康祖诒在北京联合各省来京会试的举人一千三百余人，上万言书，请求朝廷拒和、迁都、变法，以抗击日寇。

尽管主战反和之呼声极其强烈，而主和者也众，“劝成者益促”。又寄指望于“三国干涉”。

清廷最后还是弃战主和，批准了《马关条约》。

1895年5月8日晚10时，伍廷芳、联芳奉旨在烟台与日本使者互换“和约”。《马关条约》正式生效。从此，中国国家和人民，深深陷入了灭顶之泥潭而越陷越深，不可收拾。

第三十八章　赔巨款、割台澎

第一节　三国干涉还辽

甲午日本侵华战争爆发后，世界列强已在密切注视，作壁上观。及见《马关条约》落地，日本不仅要霸占台湾、澎湖，而且要吞噬辽东半岛，对此，俄国特别发急，因为辽东半岛如被日本占领，将直接威胁到俄国在中国东北的利益，因此俄国坚决反对。俄皇尼古拉二世召开御前会议，在会上财政大臣威特主张中国领土完整之原则，指明俄国之最大利益需要保持中国之原状，而不容任何强国在中国扩张领土。并认为，日本若占有旅顺，即为远东和平之永久威胁。威特主张对日提出通牒，声明俄国不能容忍日本破坏中国之统一及领土之完整，故俄国不能同意中日间所订之《马关条约》。但日本因战胜国关系，得向中国要求赔偿其军事损失。威特并谓：日本如拒绝此要求，我国只有采取自由行动之一途。而外交大臣罗拨诺夫则坚持和平意见。会议无结果而散。俄皇再复召集会议，威特复申前议，未遭任何反对，即经俄皇之裁可，此次会议决定：

（一）为保持华北均势，先对日本作友谊的忠告，使之撤退在南满之军队。因此种军事行动有损俄国利益，并妨碍远东和平。日本如拒绝此项劝告，即向日本政府宣言保留俄国行动之自由，并为俄国利益而采取动作。

（二）向欧美及中国发表正式声明，俄国绝不攫取土地，但为保持俄国自身利益，深感坚持日本撤退南满驻军之必要。

俄皇当即谕令外交部执行此计划。外交大臣罗拨诺夫即邀请德法两国驻使暗会，谓：俄国有意劝阻日本占领大陆，期待德、法予以援助。若日本拒绝，则遮断日本与大陆之交通，研究武力压迫之手段。德、法两国也考虑到自身之利益，法国又是俄国之盟友，所以均愿意与俄联手制日。德国政府称：业已训令德国驻东京代表，援助俄国之要求，德国远东舰队已奉命令，与俄国海军共同动作。德国政府又训令驻日德使哥屈米德，要其告诉日本政府：日本之过大要求，损害欧洲各国及德国之利益，德国为其利益关系之重大，所以参加抗议，而共为有效的行动。日本如知敌对之强国之不易，即须让步也。并表示德与俄、法对日的同一见解。

1895年4月23日，俄、法、德三国公使至日外务部致送觉书。

俄国觉书曰：……日本国向中国所要求的媾和条件，认辽东半岛为日本所有，不特有常危中国首都之虞，且同时朝鲜国之独立亦为有名无实，对于将来远东之和平予以障碍，因之俄国政府为向日本政府重表诚实友谊，兹劝告日本政府，应放弃领有辽东半岛。

法国觉书曰：……日本占领辽东半岛，足以危及中国之首都，使朝鲜独立归于有名无实，且对东亚永久和平予以障碍。敝国政府兹为欲重事表彰对于日本帝国之友谊，故为友谊上之劝告，请放弃确然领有该半岛之事，敝国政府认此乃其应尽之义务。

德国觉书曰：敝国政府观中日媾和之条件，认为贵国要求占有辽东，是使中国之首都陷于不安全之地位，且全朝鲜独立成为泡影，而永为远东和平之障碍，故敝国政府劝告贵国政府放弃永久占有辽东之念，贵国弱，敝国强，若果开战，贵国必败。

三国的觉书词义相同，唯德国表示强硬。日方对此向德国表示抗议，后面四句始行删去。接觉书之日本外务次官林董表示：日本如暂行占领辽东半岛，至赔款付清时为止，列强尚有异议否？三使则未予确答。

日本接到三国觉书后，睦仁天皇立即在广岛召开御前会议，总理大臣伊藤博文提出三个方案：

一、即令遭遇新增敌国之不幸，断然拒绝俄、法、德三国之劝告；

二、招请列国会议，处理辽东半岛问题；

三、完全容纳三国之劝告，迅速地交还辽东半岛于中国。

经反复讨论，认为第一策不能取，凭日本现有之军力，绝非三国之对手。第三策又过于软弱，也不可取。只好用第二策，招请列国会议。

伊藤博文当夜即离广岛去舞子，会晤病榻上的外相陆奥宗光。陆奥仍坚持其此前就主张之立场，即暂拒绝俄、德、法三国劝告，观察它们如何运作和真实意图，再进行外交上的周旋。伊藤不同意，认为此太危险。陆奥只好放弃己说，但对召开列国会议也不以为然，恐列国会议节外生枝，甚至破坏《马关条约》，招致欧洲各国之新干涉；同时，又恐交涉过久，中国乘机拒绝批准《马关条约》。为此老谋深算的陆奥宗光提出：对于三国的干涉，纵令最后不能不完全让步，然对于中国则一步不让。伊藤完全同意陆奥这一方针，参加会晤的内务大臣野村即夜由舞子赴广岛，将此决定奏明天皇睦仁，获得天皇认可批准。此后日本政府就是本着这个方针一方面与三国讨价还价，最后不得不听从三国之“劝告”；另一方面，抓紧时间催促中国清廷批准《马关条约》。中国政府虽曾希图拖延时间，翘盼三国之干涉，但在日本严词恫吓催迫下，于1895年5月8日在烟台换约，《马关条约》正式生效。达到了狼子野心目的后，日本尽管不得不听从三国“劝告”而放弃辽东半岛，但又向中国索取到白银3000万两。

对于三国干涉的方针确定之后，日本对俄、法、德三国采取了欺骗手段，而对英、美等国则采取了拉拢和挑拨手法。4月25日，陆奥宗光向驻俄日使西德二郎发出训电，云：

中日媾和条约已经我皇上批准之今日，抛弃辽东半岛，颇属为难。若俄国念及伤害从来日俄两国多年亲密之善邻关系之非得计，则贵官可要求其对此次之劝告再加考虑。且望告以“日本将来虽永久占领辽东半岛，亦不危及俄国之利益。关于朝鲜之独立，日本政府不论如何，当使俄国政府充分满足”之意。

陆奥也知道如此抚慰俄国，俄国是不会听的，但是，他此举是试探俄国是否会行干涉之决心。

与此同时，陆奥又训电驻英日使加藤和驻美日使栗野。要他们告诉英国和美国，俄国已觊觎满洲东北部和朝鲜北部，将影响英国利益和美国恢复和平之努力。因此要求英、美予日以助力，向俄国劝告放弃干涉，训电中并威胁说，若三国运动使中国不肯批准条约，则将再陷入炮火相见之中。

但是，日本这两手均遭到失败。俄国不仅不撤回劝告，而且在调动船只，运送军队。英国和美国均拒绝助日。

日本无奈，又想听从驻俄日使西德二郎的意见，搞了一个变相占领辽东半岛的阴谋诡计，即表面上答应放弃永久占领辽东半岛，但要“一时”占领该半岛，以作偿金之担保，而这个偿金要增大到中国永久也还不清的金额，以此来达到永久占领之目的。

可是，这个一厢情愿的诡计，一提出就遭到俄国的完全拒绝，法国、德国亦持同一态度，拒之门外。陆奥宗光不得不承认其所出之诈计无法得逞。他说：余对于本问题，对于俄国，已用尽权谋术数，再三谈判，彼迄不为动。

日本的阁僚重臣在京都开会，不得不答应三国之劝告，将辽东半岛归还中国，多人主张要向中国索取偿金，以为交换条件，但又恐三国不允。还是老奸巨猾的陆奥宗光出计：对三国之回答，只简单申述完全容纳其忠告为止。交还辽东半岛之有无条件，不必言及，以留他日外交上自由之余地。伊藤博文对此认同，其他阁员也表同意。陆奥即草就答复三国之觉书，并进宫呈请天皇裁可，于1895年5月9日致电俄、德、法三国驻日公使，要他们向本国政府报告，觉书曰：日本帝国政府根据俄、德、法三国政府之友谊的忠告，约定抛弃奉天半岛之永久占领。

5月9日，驻东京俄国公使希德罗渥奉到圣彼得堡训令，至日本外务省宣告曰：俄国皇帝陛下得日本国抛弃辽东半岛永久占领之通告，认日本国皇帝陛下因此措置，重表示其高见。兹为宇内和平，特述祝词。

德、法两国公使亦各奉本国政府训令，至日本外务省宣述与俄国相同之言辞。

日明治二十八年五月十日即中国旧历四月十六日，日本天皇睦仁宣诏，容纳三国之忠告，交还辽东。但是，日皇这个宣诏中，有一句：关于交还辽东半岛壤地之一切措置，朕特命政府与清政府商定。明言对中国还有索取之交涉。

日本侵略者岂肯白白地将一块已经吞在肚中之辽东半岛肥肉吐出来，它狡猾地不在三国面前提此偿金，生怕三国一旦不允则将“提篮打水一场空”。日本强盗对中国是十吃有余。果然，提出了偿还的天价。“日人意存要挟，索望甚奢，闻其国中妄议，须得偿款一万万两，后减至五千万两。经三国磋磨五月有余，始说定三千万两”。九月三日，李鸿章与林董会议于总理衙门。李提偿金减少，林不同意，“毫不放松”。

1895年11月8日，中日双方签订了《中日辽南条约》，清廷以三千万两白银换回辽东半岛。规定这笔银两要在清光绪二十一年九月三十日，即日明治二十八年十一月十六日，交给日本政府。从交款之日起，三个月内日本国军队撤回，将辽东半岛交还中国。

日本侵略者吐出已经吞下肚里的辽东半岛肥肉，实在出于无奈。在俄、德、法三国面前，日本是内恨外从，这个挖抠之仇日本是一定要报的。事隔九年之后，于1904年在中国土地上进行了日俄战争，紧接着又于1914年仍然在中国土地上进行了日德战争。这两次战争都以日本的胜利和俄、德的失败而告终。日本在甲午时退还的辽东半岛的权益又复夺了过来；特别是1931年“九一八”事变，日本明火执仗地席卷侵略中国东北，远远超过一个辽东半岛面积的中国的广大东北地区，全部为日本所攫有。

第二节　赔巨款、敲骨榨髓吸尽中国血

《马关条约》的签订，是中国的奇耻大辱，是自《南京条约》之后，划时代

的卖国条约。中国已深深被踩在日本帝国和西方列强帝国的铁蹄下，处在苟延残喘、水深火热、垂死挣扎的悲惨境地。

《马关条约》要中国赔银二万万两。俄、德、法三国为了各自的利益，而共同对日本进行干预，要日本将辽东半岛归还中国，日寇又索银三千万两，对日本赔银共计二万三千万两。每六个月还款一次、分三年付清：第一次付八千万两，第二次付五千万两，余一万万两在两年内全部付清。

清政府每年财政收入总数才八千万两，怎能支付如此天价的赔偿！因此，只能借外债，而且非常急需，这就使西方帝国和沙皇俄国获得一次掠夺中国的大好机会。为了取得这笔债款，列强帝国演出了一场相互打斗的丑剧。沙俄帝国为了夺得英国在华银行的经济利益，排斥法国和德国，秘密通知中国，俄国愿意单独借银一万万两给中国。法、德知道后也力争不让，清政府不敢得罪法、德、俄，欲分别商借，沙俄不允。最后，沙俄和法国各借五千万两。合借一万万两，年息定为四厘，三十六年还清，以中国的海关担保。可是英国和德国没有油水而极为恼怒。两国向清政府提出抗议，美国也插足进来。“闹得总理衙门像个大拍卖场”。《翁同龢日记》记述英法公使愤争时的情景，说英公使“咆哮恣肆，为借款也，此等恶趣，我何以堪”，法公使“无耻无厌，日在犬羊虎豹丛中”。最后英、德借款成功，合借银一万万两，年息五厘，三十六年还清，以海关为担保。在三十六年期内，不得改变海关行政。这就是说，英国仍然把持海关行政，不许别国插足。

俄、法、英、德四个帝国主义，各捞到了五千万两的借款债权。而且年利息高达 4~5 厘，皆大欢喜。可是，中国是大山压顶顶欲摧了。

清政府借到高利贷银二万万两，向日本强盗一年两次支付赔款共一万三千万两。而经手人的回扣、佣费、官吏的贪污等花去三四千万两，所剩无几，不能全部付清赔款。

1897 年，清政府准备再借银一万万两，引起俄、英帝国之间的争夺。最后还是德国与英国夺得借债权。由英国汇丰银行和德国德华银行合借一万万两，八三折扣，年息四厘半，四十五年还清，主要保证条件是扬子江流域不得割让于他国，借款以海关收入及一部分厘金、盐税为担保，四十五年内不得改变海关行政，这简直是骇人的盘剥！

1895—1899 年即光绪二十一年至二十五年，清廷五年期间借外债七次，共借银三万七千万两，除支付日本赔款本息二万五千万两，其余一万二千万两，都消耗到折扣、佣金、利息、贪污、政费上去了。海关税本是政府岁入大宗，战后抵押无余，政费必须另寻财源，榨取百姓，正如李鸿章所说：国家屈志求和，百姓已引为耻，如复横征暴敛，贫民岂能相安。清朝统治已经到垂亡之期矣！

第三节　李经方奉旨交割台湾澎湖

正当三国干涉辽东问题时，日本定下：对三国可以妥协，而对中国则一步不让的方针，日益加紧逼迫中国批准《马关条约》，清廷不得不批准《马关条约》，并于5月8日在烟台换约。日本政府立即命令原海军军令部长桦山资纪为台湾“总督”，前来接收台湾，并要清廷派出大员办理交割台湾事宜。

清廷此时尚望俄国再阻割台，直到驻俄公使许景澄发来俄已谢绝之电后，不得不照约交割。旧历四月二十四日，刑科给事中谢隽杭奏请派李鸿章父子赴台交割，盖欲以羞辱李氏父子也。其奏曰：

奏为敬陈管见恭折仰祈圣鉴事：窃臣闻李鸿章、李经方为倭奴定议条约，中有割台湾一款，以致该省人情汹汹，众怒如水火。然仰见列圣列宗深仁深泽，沦肌浃髓，虽以孤悬海外之台湾，尚皆具有天良，不忍背负圣朝，甘心从夷。台湾诸臣若强驱之化外，于名为不正，于言为不顺。自有生民以来，无此办法。近复闻李鸿章有两礼拜期内交割台湾，并请简派唐景嵩之奏。臣意唐景嵩之为人，以之效命疆场，则志当靡他，以之扭转乾坤，则力恐弗胜。此事既属李鸿章李经方始终主谋，岂有功届垂成反自逍遥事外之理。且该大臣等既能定割地请和之策，自必具有用夷变夏之才。国家用人专一，若忽舍而他求，臣恐其迫胁朝廷且未有已也。相应请旨饬李鸿章、李经方等迅速亲赴台湾，依限交割，以终遂其志，而问执其口。用敢披沥直陈，伏乞皇上鉴施行，谨奏。

清廷采纳了此奏之一半，即只令李经方为代表前往割台交接。李经方不愿受旨，害怕台民杀他，辞以疾病，不能胜任此职。李鸿章于旧历四月二十五日电总理衙门，曰：

……查李经方自马关随同回津后，因忧劳成疾，病势沉重，回南就医。倾电传旨饬遵，据复称：素未到台，情形不悉，地方官绅无一知者，日本所派桦山，亦素未谋面，无从商办。现正延医调治，牵发旧疾，怔忡日剧，神志不清，困难胜此艰巨，乞代奏等语。查系实在情形，并无一语捏饰。商交台湾，事体繁重，自应责成台抚，督同藩司顾肇熙妥办。否则应饬闽督就近拣派大员前往，会同该处官绅筹办，似未便令情形隔膜资浅望轻之员搪塞外人，必至贻误。李经方实不胜任，理合自行检举，请旨收回成命，另行简派，乞代奏。

清廷于四月二十六日复旨，严责李经方抗旨，仍令其迅速前往交割，不许“畏难辞避”，并要追究其迟延贻误之责；也严厉批评了李鸿章。旨曰：

电李鸿章，电奏已悉，李经方前随同李鸿章赴日，派为全权大臣，回津后尚未复命，何以遽行回南？昨派令前往台湾商办事件，又复借病推诿。李鸿章膺此重任，宜将此事妥筹结局，何得置身事外，转为李经方饰词塞责。本日已有旨，将唐景嵩开缺，令其来京陛见，并令文武各员陆续内渡。现在日使将次到台，仍着李经方迅速前往，毋需畏难辞避。倘因迟延贻误，惟李经方是问，李鸿章亦不能辞其咎也。

李鸿章接此严旨，不敢不遵。但他仍然担心李经方的安全。台湾人民悲愤欲绝，通告全岛要杀李氏父子。对此李鸿章是早就获悉。本想托病坚持，不料遭到清廷如此严厉之责备，李鸿章实在无奈，只好硬着头皮要经方前往，并嘱以周详对付之策；又请求清廷派员协助；并立即致电伊藤博文，要其转电桦山资纪在交割时“格外体谅，按照友谊，通融办理”。他无耻地请求日本“遣派水陆各军以资弹压，保守平安”。

伊藤即于翌日电复李鸿章，可以照办。并确定台湾之淡水为双方割交地点。日方愿意将李经方安稳护送至澎湖或福州暂住，如有偾乱之事，俟弹压平靖后，再行前往云。

于是，李经方一行遂于旧历五月初七日自上海启程，初九日寅刻抵达台湾淡水海面，登上正在口外等候的日本千代田军舰，见到桦山资纪信函写到：本委员曾经如约前往淡水，何计在该处兵丁等放枪要击，无由进口，乃取道基隆附近，将入台北府。因此特派兵船，候贵委员来，即请转驾此兵船，或与之同航，速来会。

于是，李经方即随千代田驶往基隆。当日申时抵达基隆口外之三雕澳，初十日巳刻李经方与桦山资纪会面。双方进行了激烈的交锋，并没有如李鸿章哀求的“格外体谅友谊通融”。

双方辩论交锋如下。

桦山：奉命来台，以为和约已经批准，交接应该容易。接而中国政府电告，台事棘手，始方领水陆各军。（又是谎言。日本此前早已派去陆海大军侵台。）

经方：台湾如何交接望先告明。

桦山：诸事棘手，交接甚难。俟我攻取基隆，到台北府后再徐议交接。

经方：和约批准，伊藤自认中国已将台湾治理事权交与日本，此来照约将堡垒军器工厂及属公物件交与贵委员。台民已变，岂能登岸一一点交，我自马关回，卧病已久，在沪调治，奉旨力疾前来，此处风涛险恶，不能起立，如候贵委员登岸到台北府，不知何时。台地甚大，民变非一日可平，恐非数年不能交接清楚。今两国和好，须按照友谊，和衷商办，不可强我所难。

桦山：虽然如此，交接事大，不能迁就。

双方辩论至未初，经方昏眩，坐不能定。

桦山：请回船，我即来商议。

经方为多人扶回。桦山未正来拜，首云：和约批准，愿两国实心和好，永远不改。经方答以诚然。

桦山：既如此，何以淡水、基隆中国兵丁皆放枪炮要击？此处复见有华兵告示，令军民人等抗拒。

经方：台民不服生变，何事不可为？淡水开枪，想必团练士兵所为。告示皆台民所为，官岂能过问？

桦山：须有清单。

经方：非地方官何从有清单。且和约内本无清单字样，何必多立名目，强我所难？

桦山：清单上贵委员如何写法，总须有此名目，方合款式。

经方即于清单内写：台湾全岛，澎湖列岛之各海口，并各府厅县所有堡垒军器工厂及属公物件。

桦山：太含糊。

经方：强我开清单，只有如此，不能，即请将清单二字删去。桦山见经方词义甚决，始允照办。

桦山又云：由台湾至福建之海线，系台湾属公物件，须照收。

经方：海岸非岸上产业，何能交让？况海线登岸，非两国政府议明不能。我未奉命商办此事，无此权力，且和约内未言及。

桦山：既然如此，只好将台湾至福建沿海线应如何办理之处，俟两国政府随后商定。

彼此辩论，自未至酉正，始定议，双方代表签字，订立台湾交接文书，曰：

中日两帝国全权委员交接光绪二十一年三月二十三日即明治二十八年四月

十七日在马关两帝国钦差全权大臣所定和约第五款第二条中国永远让与日本之台湾全岛及所有附属各岛屿，并澎湖列岛，在英国格林尼次东经百十九度起至百二十度止，及北纬二十三度起至二十四度之间诸岛屿之管理主权，并别册所示各该地方所有堡垒军器工厂及一切属公物件，均皆清楚，为此两帝国全权委员愿立文据，即行署名盖印，以昭确实。光绪二十一年五月初十日，明治二十八年六月二日，订于基隆，缮写两份。大清帝国钦差全权委员二品顶戴前出使大臣李经方，大日本帝国全权委员台湾总督海军大将从二位勋一等子爵桦山资纪。

台湾全岛及所有附属各岛屿并澎湖列岛，所有堡垒军器工厂及属公物件清单：台湾全岛澎湖列岛之各海口及各府县所有堡垒军器工厂及属公物件；台湾至福建海线应如何办理之处，俟两国政府随后商定。

台湾、澎湖就是如此囫囵交接了。清廷犹恐民乱而受牵连，下旨李鸿章，要其电告伊藤博文：台事既经李经方与桦山交割清楚，立有文据，此后台湾变乱，与中国无涉。双方交割的文书，“以为了结此事之据”。可见，清廷之卖台保命，到了何等可耻又可怜的地步。而桦山资纪的刁难提价，又充分反映了日本这个凶狠的魔鬼，吞噬中国到何等贪婪的程度。

尽管《马关条约》和交割清单一再把中国的神圣领土——台湾、澎湖及其附属岛屿割让给了日本。但是，日本侵略者永远征服不了台湾人民。

当强盗兽蹄踏上台湾的第一天起，他们就深深陷入了台湾人民抗日卫台的坚决的打击泥潭之中，而长期不能自拔。

第三十九章　连锁反应——第二次割地狂潮

《马关条约》的签订，日本顿成暴发户，抢得白银二万三千万两，割夺台湾、澎湖这块大肥肉。帝国主义列强眼红了，垂涎三丈，现在是轮到他们这群豺狼张爪的时候了，从而掀起了第二次割地狂潮。

法国再割地：1895 年即光绪二十一年，法国驻华公使施阿兰自称还辽有功，提出割让云南省的猛乌、乌得两地给法国。越南铁路修造到广西龙州；云南、广西开放通商；云南、广东、广西开矿要先向法国商办等要求。施阿兰的态度非常傲慢凶悍，逼迫清廷总理衙门答应承认，并要求在 1896 年全部实现。1897 年，迫清政府声明不割让海南岛及对岸陆地于他国。1898 年，法国借口俄国租借旅顺、大连，强租广州湾为军港，限期 99 年；并要拥有法国修筑越南至昆明的铁路权；中国邮政总管要由法国人来担任。施阿兰每次提出的要求，都是先替清政府拟就承认文件，不准改动一字，翁同龢称其为“鬼”“犬”，以表示深恶痛绝。

英国再割地：1895 年，提出割让野人山全境，开放西江等要求。1897 年，订立条约，将野人山一部分割给英国，西江开放梧州等三口。英公使态度也非常蛮横，翁同龢称其“贪如狼，狠如虎，其狡猾不下于施（阿兰）贼”。1898 年，英国强租威海卫为军港，与俄之旅顺、大连对抗，租期 25 年。1898 年 6 月 9 日，强迫清政府签订中英《展拓香港界址专条》，非法“租借”从香港维多利亚港以北，扩至深圳河以南，后被称作“新界”的 977.4 平方千米的土地和水域给英国，租期 99 年。

德国再割地：1895 年，德国要求设立天津、汉口两处租界，作为还辽的报酬。1897 年借口曹州教案，派军舰强占胶州湾。1898 年，清政府被迫订立条约，承认：（一）德国租胶州湾为军港，期限 99 年；（二）德国在山东建筑铁路两条：①胶济路；②自胶澳经沂州至济南路（未动工）；（三）铁路附近 30 里地区内有开矿权。

沙俄再割地：除讹诈取得中东铁路建造权外，1897 年，沙俄借口德占胶济线，派出军舰占领旅顺、大连。1898 年，清政府承认旅顺为俄军港，大连为商港。

租期 25 年。此外，中东铁路造支路一条，通旅顺、大连。

美国再割地：1895 年，美国组成华美放兴公司，准备先建芦汉铁路，然后南通广州，北接西伯利亚铁路，并将已兴建的北京到山海关的铁路包括在内，构成贯通中国的干线。1898 年，攫取了粤汉铁路。

日本再割地：将福建划为日本势力范围。

列强侵略基地确定了，从各基地出发，列强互认势力范围：长城以北属俄；扬子江流域十省属英；山东属德；云南、两广属法，一部分属英；福建属日。又各争夺铁路建筑权，英得 2800 里，俄得 1530 里，德得 720 里，比（利时）得 650 里，法得 420 里，美得 300 里。

中国已被日本和世界强盗分割得“残肢断腿”。这就是《马关条约》的连锁反应，世界列强对中国的第二次割地狂潮。

台 湾 篇

刘永福（1837—1917）

抗日民族英雄，广东南澳总兵。在毫无后勤补给外援的严峻形势下，统率黑旗军及台湾义军，英勇抗击侵台日军，坚持到粮无弹尽。

丘逢甲（1864—1912）

三次刺血上书清廷，强烈反对割台。极力主张广练乡民，以御日寇。在完全无望后，提出“人自为战，家自为守，拒倭守土”自力保台的抗日方针。

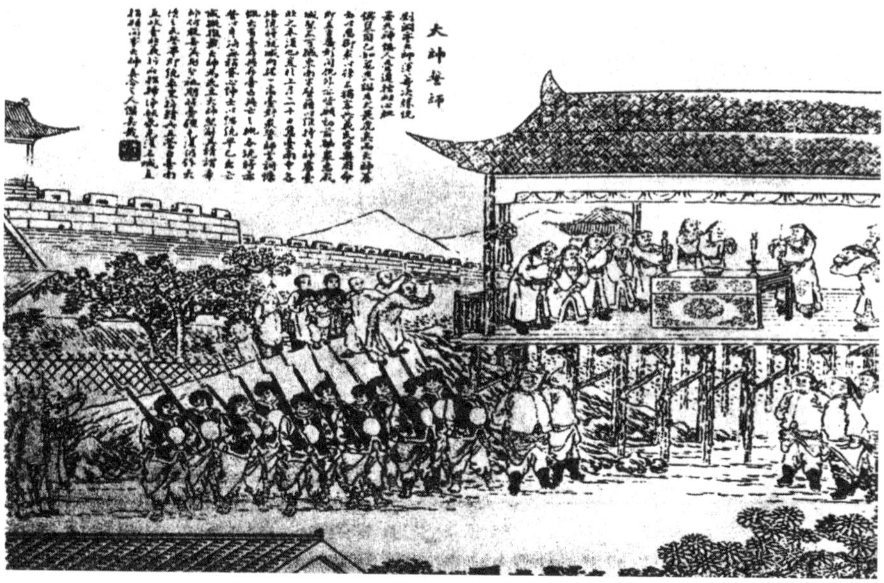

日本侵略者侵陷台北后，台湾军民热烈拥护黑旗军将领刘永福统率全体台湾军民进行抗日斗争。上图为刘永福举行誓师大会。

日本侵略军侵入台北后，台湾人民纷纷揭竿而起，自发地组织义军，誓死抗日杀敌，保卫台湾。图为抗日义军。

唐景嵩（1841—1903）

台湾巡抚，积极支持台湾人民的抗日斗争，留守台湾，领导抗日。台北陷敌后，内渡大陆。

被日军抓捕的台湾抗日民众，他们都遭到日军的惨杀。

为抗击日本强盗而壮烈牺牲的台湾义军。

日本侵台主力军近卫师团的师团长、亲王北白川能久，在侵台战斗中，被刘永福领导的黑旗军和义军击成重伤，而后毙命。

日本侵略军在埋葬被台湾义军打死的日本士兵。

侵台日军被打死无数，图为正在搬运尸体。

第四十章　台湾人民誓死反对割台

第一节　台湾人民哭声震天

当割让台湾给日本的消息传到台湾，台湾人民悲愤万分，号啕大哭，哭声彻夜，震天撼地，台湾巡抚唐景嵩 1895 年 4 月 20 日即光绪二十一年三月二十六日致电清廷军务处，报告台湾人民坚决反对割台，誓死不做亡国奴的极其悲愤情形。电曰：

昨电示传播，台民不服，闭市，绅民蜂拥入署，哭声震天。二百年来文物之邦，忽沦化外，流离迁徙，谈何容易！其惨自不待言。

江山渊著《徐骧传》记述：

未几，两军交战，我之军舰歼焉，而割台之诏下矣……诏下，台省举子之在都（指北京）者丘逢甲等上书痛哭争之，不得。凶耗达于台，台人骤闻之，若午夜闻轰雷，惊骇无人色，奔走相告，聚哭于市中，夜以继日，哭声达于四野。是时，风云变色，若无天地，澎湖之水为之不流，哀哉，亡国之民也！

第二节　台湾人民痛讨李鸿章、孙毓汶、徐用仪

台湾人民在获悉台湾割给日本的当天，即向报馆寄去一张檄文，要求刊登见报，并在全台湾到处张贴，以声讨李鸿章、孙毓汶、徐用仪。文曰：

痛哉！吾台民，从此不得为大清国之民也！吾大清国皇帝何尝弃吾台民哉！有贼臣焉，大学士李鸿章也，刑（兵）部尚书孙毓汶也，吏部侍郎徐用仪也（孙、李当时均任军机大臣）。台民与汝李鸿章、孙毓汶、徐用仪有何仇乎？大清国列

祖列宗与汝有何仇乎？太后、皇上与汝有何仇乎？汝既将发祥之地、陵寝迎近之区割媚倭奴，祖宗有知，其谓我太后、皇上何？尚且不足以快汝意，又将关系七省门户之台湾，海外二百余年戴天不二之台湾，列祖列宗深仁厚泽不使一夫失所之台湾，全输之倭奴！我台民非不能毁家纾难也，我台民非不能亲上死长也，我台民非如李鸿章、孙毓汶、徐用仪无廉耻，卖国固位，得罪于天地祖宗也。我台民父母妻子，田庐坟墓，生理家户，身家性命，非丧于倭奴之手，实丧于贼臣李鸿章、孙毓汶、徐用仪之手也。

我台民穷无所之，愤无所泄，不能呼号于列祖列宗之灵也，又不能哭诉于太后皇上之前也。均已死也，为国家除贼臣而死，尚得为大清国之雄鬼也矣！我台民与李鸿章、孙毓汶、徐用仪不共戴天，无论其本身、其子孙、其伯叔兄弟子侄，遇之船车街道之中，客栈衙署之内，我台民族出一丁，各怀手枪一杆，快刀一柄，登对悉数歼除，以谢天地祖宗、太后皇上，以偿台民父母妻子、田庐坟墓、生理家产、（身家）性命，无冤无仇，受李鸿章、孙毓汶、徐用仪之毒害，以为天下万世无廉无耻，卖国固位，得罪天地祖宗之炯戒。

除京都及各省码头自行刊登告白外，凡有血气者，恐未周知，贵报馆食毛践土有年，主持公论有年，向为我台民所钦佩。兹奉上《申报》《沪报》《新闻报》刊资各四元，请为连日用大文字刊登报首。乱臣贼子，人人得而诛之，圣训昭然。贵报馆如一一照登，我台民有一线生机，必图衔报。如将贼臣名字隐讳，我台民快刀、手枪俱在，必将以待李鸿章、孙毓汶、徐用仪者，转而相待，生死呼吸，无怪鲁莽，贵报馆谅之。

大清光绪二十一年四月台湾省誓死不与贼臣俱生之臣民公启。

第三节　血书上奏、抗议、质问、呼吁

当割台消息已经证实，台湾士绅阶层首先发动，代表人物丘逢甲等奔走呼号，口诛笔伐，誓死保台，决心拒日。并书写血书上奏朝廷，坚决反对割台予日，坚决不当亡国奴。

1895 年 4 月 18 日，丘逢甲率领全台绅民至巡抚府，上书抗议，并向朝廷提出质问，上书请台湾巡抚唐景嵩代为呈奏。奏曰：和议割台，全台震骇，自闻警以来，台民慨输饷械，不顾身家，无负朝廷。列圣深仁厚泽，二百余年，所以养人心正士气，为我皇上今日之用，何忍弃之？令台非澎湖之比，何至不能一战？臣等桑梓之地，义与存亡，愿与抚臣誓死守御。设战而不胜，请俟臣等死后再言割地，皇上亦可以上对祖宗，下对百姓。如敌酋来攻台湾，台民唯有开战！谨率

全台绅民痛哭，上陈等因，乞代奏。

丘逢甲等又咬破手指，写血书上呈朝廷，以示反割台湾于日寇的铁心，奏曰：割亦死，拒亦死，宁先死于乱民手，不愿死于倭人手……现闻各国阻缓换约，皇太后、皇上及众廷臣，倘不乘此将割地一条删除，则是安心弃我台民。台民已矣，朝廷失人心，何以治天下！

正在北京参加会试的台湾举人汪春元等，也联名上书朝廷。奏曰：今者闻朝廷割弃台地以与倭人，数千万万生灵皆北向恸哭，阁苍妇孺莫不欲食倭人之肉，各怀一不共戴天之仇，谁肯甘心降敌？纵使倭人胁以兵力，而全台赤子誓不与倭人俱生，势必勉强支持，至矢亡援绝，数千百万生灵尽归糜烂而后已……夫以全台之地使之战而陷，全台之民使之战而亡，为皇上赤子，虽肝胆涂地而无所悔。今一旦委而弃之，是驱忠义之士以事寇仇，台民终不免一死，然而死有隐痛矣……与其生为降虏，不如死为义民。上书并警告：睹此全台惨痛情形，岂有不上廑圣虑？但以议者必谓统筹大局，则京畿为重，海疆为轻故耳。不知弃此数千百万生灵于仇仇之乎，则天下人心必将瓦解，此后谁肯为皇上出力否！大局必有不可问者，不止京畿已也！

第四节　渴求台湾托管，以拒日本割台

丘逢甲等在一再呈奏恳请朝廷拒约保台的同时，紧急要求将台湾托付于英国保护，宁愿支付台湾之重要资源作为酬金。

1895 年 4 月 22 日，台湾巡抚唐景嵩又电奏朝廷：

台民知台已属倭，台北绅民男妇，日来署向臣母及臣环泣，并电知台中台南各绅士，留臣固守。当将朝廷不忍台民涂炭之意剀切开导，无如义愤所激，万众一心，无从分解，次日即鸣锣罢市。适英领事金璋来臣署，绅民环请设法，拟以台归英保护，将煤、金两矿并茶、脑、磺各税酬之，恳其转达公使。

4 月 23 日，唐景嵩复请与张之洞连衔请英国保护。

同日，唐景嵩又电总理衙门，拟将台湾租与各国为租界。

4 月 24 日，唐景嵩又电总理衙门，谓台民血书，誓不从倭，请各国公议，并派兵轮相助。

连日急电，可见台民之焦急心情，有如热锅上之蚂蚁，深盼外国干预，或托管，或租借，或出面干涉，等等。

但是，帝国主义各国与日本都是一丘之貉，岂会救台湾于水火，台湾人民最后一点希望破灭了。

第四十一章　孤立自主，全台动员，抗日自救

台湾人民在清廷铁心弃台、外国援助无望的绝境中，顿然觉悟：在此千钧一发的危急灾难面前，磕头乞求毫无用处，只有孤立自主、自力更生、抗日自救，全台湾总动员，军民团结一致，用武力抵抗日军，誓死保卫台湾。

台湾人民作了三项重大决定：

第一，成立台湾民主国；

第二，推举台湾巡抚唐景嵩任台湾民主国总统，并留任刘永福守台；

第三，全民动员，全面抗战，保卫台湾。

第一节　成立台湾民主国

前驻法国参赞陈季同，提出建立台湾民主国的方案。将台湾与清廷分割开来，单独成立一个国家，其目的就是不让台湾被日本侵略者抢走。

1899年5月21日，丘逢甲与陈季同，工部主事、候补道林朝栋，内阁中书教谕陈儒林等人，在台北筹防局聚会，讨论并采纳了陈季同的建议方案，成立“台湾民主国”。台民争赞之。“民主国”的旗帜定为蓝地黄虎图案，长方形，虎首向内，尾高首下。并推举台湾巡抚唐景嵩为民主国总统；改台湾藩司衙门为内部，设内部大臣；改筹防局为外部，设外部大臣；立军部，设军部大臣。府县等官均改署。

5月25日，丘逢甲率领众绅民，“蜂拥集于抚署，上台湾民主国总统印及国旗于景嵩。景嵩朝服出，望阙九叩首，谢罪，北面受任，大哭而入，改抚署为总统府，乃宣告自主焉……炮台升虎旗，开炮二十一门”。

当即由台湾民主国总统唐景嵩出示告谕，曰：台湾民主国总统前署台湾巡抚布政史唐，为晓谕事：照得日本欺凌中国，大肆要求，此次马关议款，于赔偿兵费之外，复索台湾一岛，台民忠义，不敢俯首事仇，屡次恳求代奏免割，总统亦照多次，而中国欲照大信，未允改约，全台市民不胜悲愤，当此无天可吁，无主可信，台民公议，自主为民主之国。以为事关军国，必须有人主持，于四月

二十二日士民公集本衙门，递呈请余暂统政事，经余再三推让，复于四月二十七日相率环吁，五月初二日公同刊刻印信，文曰："台湾民主国总统之印。"换用国旗，蓝地黄虎，捧送前来，窃见众志已坚，群情难拂，不得已为保民起见，俯如所清，允暂视事，即日议定改台湾为民主之国，国中一切新政，应即先立议院，公举议员，详定律例章程，务归简易。唯是台湾疆土，荷大清经营缔造二百余年，今须自立为国，感念列圣旧恩，仍应恭奉正朔，遥作屏藩，乞脉相通，无异中土。照常严备，不可稍涉疏虞。民间有假立名号，聚众滋事，借端仇杀者，照匪类治罪。从此台湾清内政，结外援，广利源，除陋习，铁路兵轮次第筹办，富强可致，雄峙东南，未尝非台民之幸也。特此晓谕全台知之。永清元年五月。

台民发出布告，曰：窃我台湾隶大清版图二百余年，近改行省，风气大开，俨然雄峙东南矣。乃上年日本肇衅，遂至失和，朝廷保兵恤民，遣使行成，日本要索台湾，竟有割台之款。事出意外，闻信之日，绅民愤恨，哭声震天。虽经唐巡抚电奏迭争，并请代台绅民两次电奏，恳求改约，内外臣工俱抱不平，争者甚众，无如势难挽回。绅民复乞援于英国，英泥局外之例，置之不理。又求唐抚帅电奏，恳由总理各国事务衙门商请俄、法、德三大国，并阻割台，均无成议。呜呼惨矣！查全台前后山二千余里，生灵千万，打牲防番，家有火器，敢战之士，一呼百万。又有防军四万人，岂甘俯首事仇？今已无天可吁，无人肯援，台民惟有自主，推拥贤者，权摄台政。事平之后，当再请命中朝，作何办理。倘日本具有天良，不忍相强，台民亦愿全和局，与以利益。唯台湾土地政今非他人所能干预，设以干戈从事，台民唯集万众御之。愿人人战死而失台，绝不愿拱手而让台。所望奇才异能，奋袂东渡，佐创世界，共立勋名。至于铜银军械，目前尽可支持，将来不能不借资内地。不日即在上海广州及南洋一带开头，开设公司，订立章程，广筹集款。台民不幸至此，义愤之伦，谅必慨为资助，泄敷天之恨，救孤岛之危。并再布告海外各国，如有认台湾自主，公司卫助，所有台湾金矿煤矿以及可垦田可建屋之地，一概租与开辟，均沾利益。如各国仗义公断，能以台湾归还中国，台民亦愿以台湾所有利益报之。台民皆籍闽粤，凡闽粤人在外洋者，均望重念乡谊，富者挟资渡台，台能庇之，绝不欺凌，贫者歇业渡台，既可谋生，兼同泄愤。此非台民无理倔强，实因未战而割全省，为中外千古未有之奇变。台民欲尽弃田里，则内渡后，无家可归，欲隐忍偷生，实无颜以对天下。因此椎心泣血，万众一心，誓死同守，倘中国豪杰及海外各国能哀怜之，慨然相助，此则全台百万生灵所痛哭待命者也。特此布告中外。

台民之此布告，可谓字字泣血，肝胆可见，誓死保台之决心如泰山之坚定，反对日本割台，不能做亡国奴、亡台奴之悲愤壮烈、万死不屈的精神震撼天地；

宁以台湾之全部资源利益，换取台湾不要沦陷于日寇之急切求援心声，令四海为之感动。

台湾民主国从成立到结束，虽然只有短短的12天，就被日寇强盗给灭亡了，但是，台湾民主国成立的意义十分深远。其意义至少有以下几点。

第一，成立台湾民主国的目的，是不让台湾被割掉给日本。既然清廷已铁心弃台，而外国列强又拒绝保护，在叫天不应、呼地无门的绝境下，台湾人民只有走“自救”之路，将台湾从清朝切割开，自成一国，以避免日寇掠去，这是被迫而不得不推出的反对日寇割台的一种大胆之举。

第二，即使成立所谓“台湾民主国”，但台湾的官民仍然承认中国是自己的祖国。例如：国号称“永清”，寓意台湾永远是属于中国大清朝的领土。国旗是蓝地黄虎图案，寓意自由的蓝地，而不能沦为日寇。黄虎寓意台湾仍然是中国黄龙的子孙，黄虎来镇守保卫。图案的虎首向内，尾高首下，以示仍然臣服于中朝。官居称呼，对外称总统，对内仍称抚台；诸大臣对外有新的称号，而对内仍称督办，文武属员仍照旧衔相称。唐景嵩在上书朝廷的电文中这样写到：……台湾疆土，荷大清经营缔造二百余年，今须自主为国，感念列圣旧恩，仍然供奉正朔，遥作屏藩，气脉相通。无异中土。

第三，成立台湾民主国的急切任务，是抵抗日本的侵略。即是用台湾人民自己的力量即人力、物力、财力去抗击比自己强大多倍的日鬼强盗的入侵，是准备牺牲一切去和豺狼拼搏，是孤注一掷的背水一战，这是一个极其悲壮的宣誓。

尽管情况的发展是如此之迅速，甚至只有十二天时间的抵抗，台北就落入狼口，但是，台湾民主国的壮举，充分体现了中华民族反抗日本侵吞的不屈不挠的爱国民族精神。台湾人民誓死保卫台湾的决心是：

> 愿人人战死而失台，绝不愿拱手而让台……桑梓之地，义与存亡。
> 誓死守御，誓不服倭。
> 万众一心，誓同死守。
> 众志成城，执梃胜敌。

真是气吞山河，悲壮泣血。

第二节　抗日巡抚唐景嵩临危受命、留台抗日

日寇侵台，台湾人民奋起抵抗，不怕牺牲，与敌拼搏，领导台北抗日的重担落在了唐景嵩的身上。

作为台湾巡抚的唐景嵩，台民公推他为台湾民主国总统，他临危受命，勇敢地挑起了这副千钧重担，诚属难能可贵。此时的台湾是风声鹤唳，一片混乱，处于狂飙卷城城欲摧的万分紧急的极其严重时刻；面临即将亡岛、亡人、亡家，人人都在提着自己的脑袋等待明天厄运的到来。台湾已几乎处于无政府状态，官员内渡，衙门空虚，不法之徒蠢蠢欲动，台民惶惶不安。就在这内外十分危殆之际，本来可以应诏内渡的唐景嵩，却能坚守岗位，挺身而出，承担"总统"一职，对日背水一战，对内继续维护治安、稳定百姓，唐景嵩的这种忠于职守、爱国亲民、抗日卫土的高度爱国民族精神，使那些畏敌如虎、屈膝乞和、苟安保命的以慈禧为首的腐败大臣们及临阵脱逃的原台湾巡抚邵友濂等贪生弃台者，汗颜脸红。

唐景嵩曾参加中法之战，战后任台湾藩司。正当日本侵略军入侵辽东半岛、清军节节败退之时，台湾前任巡抚邵友濂"虑兵祸将及台湾，大惧。徘徊思去，密求枢府内调，十月调湖南巡抚，以藩司唐景嵩署台抚"。

唐景嵩接手巡抚之职后，立即加强台湾防务，曾亲身去越南招募刘永福"黑旗军"来台，又以白银二十万两派人内渡广东招募广勇。

身为父母官的唐景嵩，在获知台湾要割让于日本的第一天起，就立场坚定，旗帜鲜明地坚决反对割让台湾；他与台民站在一起，为民请命，同声呼号；他及时反映台民对割台的悲愤情景，上报朝廷，请求拒签《和约》；同时，他极力主张请求外国对割台进行干预；他与以丘逢甲为首的台湾士绅阶层保持密切联系，倾听民意，极力向朝廷建议献策。

日帝为了吞噬台湾，在马关签订停战协定时，就不把台湾包括在内。唐景嵩闻讯即知日本入侵台湾不可避免，他立即致电朝廷：停战，台不在列，洋行得信宣传，台民愤骇，谓"此停战，台独不停，是令倭以全力攻台。台民何辜，致遭歧视？"……众口怨咨，一时军民工商无不失望，义勇尤哗。

当《马关条约》签订，割台消息传到台湾，唐景嵩立即致电清廷军务处严峻指出，台民不服割地，恐激他变。电曰：昨电示传播，台民不服，闭市，绅民蜂拥入署，哭声震天。二百年来文明之邦，忽沦化外，流离迁徙，谈何容易！其惨自不待言。士勇数十营，誓愿与战，撤时断不肯缴军装。日人登岸，民必歼之……请设法告曰，不可遽遣人来，来或被戕，官不任咎。此时官自难保，焉能保人？

当此万古奇变，祈作设身处地之想，焉能使勿滋事端？非挽各国筹一善处之法，和局仍恐有碍。民急思乱，何事不为？并恐劫他国银行，杀洋人，毁教堂，广开衅端，此后一日有一日之变矣！无论迫切待命之至。

此时，唐景嵩几乎每日都有电报上报清廷，报告台民反割激情，并极力建议运动外国列强来加以干涉和保护，他建言：吁请各国公使公断。唐景嵩致电总理衙门：台湾为各国入华咽喉，归之倭人，不独台民不服，恐各国亦不愿从。从此争端无已，涂炭生灵。查浙江之舟山，朝鲜之巨文岛，与各国皆有关系，可保中国之权，不致太伤中国体面。并为息争起见，台湾能仿此办法，不独台之幸，亦中国大势所关。恳将此电饬下总署，与各国使臣从公商断，不胜待命之至，乞代奏。

唐景嵩作了如下努力：

吁请台湾由英国保护。唐景嵩又电奏朝廷，曰：台民知台已属倭，台北绅民男妇，日来署向臣母及臣环泣，并电知台中台南各绅士，留臣固守。当将朝廷不忍台民涂炭之意剀切开导。无如义愤所激，万众一心，无从分解，次日即鸣锣罢市。适英领事金璋来臣署，绅民环请设法，拟以台归英保护，将煤、金两矿并茶、脑、璜各税之，恳其转达公使……急闻有各国公论（指三国干涉之事），欢声雷动，安堵如恒，果有转机，不难立定。若仍照前约，军兵必主变。现已抗交厘金，谓台仍属中国则缴，并禁各盐馆售盐，饷银不准运出，制造局不准停工，皆称应留为军民战倭之用。

吁请台湾成为各国租界。唐景嵩又电总理衙门，提出使台湾成为各国的租界。电曰：台湾多煤，公家无财开采，不立码头，路远本重，商人裹足。近知基隆卷兰金矿且多不仅金砂也，正拟招商承办，以办防中止。如以全台畀各国为租界，各认地段开矿，我所其税，彼利益均沾，全台将益繁盛。而各国有租界，商本萃集，自必互禁侵扰，烟台上海，是其明证。方今中外局势已成，非借西法，联络各国，难于自立。必先去我疑忌，且必有利于人，始肯助我，及今各国如肯调停，必须有切实办法。以上所陈，乞备采纳，请代奏。

唐景嵩复请与张之洞连衔请英国保护，之洞拒绝，要唐自行电奏。

吁请各国公议并派兵轮相助。唐景嵩又致电总理衙门，曰：台民汹汹，屡请代奏，未便渎陈，前闻各国阻缓换约，谓有机会可乘，窃以不得不奏之势。兹据绅民血书呈称，誓不从倭，割亦死，拒亦死，宁先死于乱民手，不愿死于倭人手。现闻各国阻缓换约，皇太后、皇上及众廷臣，如不乘此时将割地一条删除，则是安心弃我台民。台民已矣，朝廷失人心，何以治天下？查公法会通第二百八十六章有云：割地须商居民能顺从与否。又云：民必顺从，方得视为易主等语。务求废约，请诸国公议，派兵轮相助；并求皇上一言，以慰众志，而遏乱萌。迫切万分，哀号待命，乞代奏等因，请代奏。

唐景嵩在五天内，连续向朝廷电奏五折，反映台民的呼声，建议运动各国干预和保护，可谓用心之良苦。其与民同心，为民请命，维安防乱之忧心，至表沉重。可是这只是一厢情愿，殊不知各帝国主义列强与日本强盗是一丘之貉，一山之狼，它们怎么会为了中国一个岛屿去火拼！中国在它们眼中是一个非常落后愚昧可以任意宰割的国家。辽东半岛之所以能够归还，是日本占领辽东触犯了沙俄帝国的根本利益和德国法国的利益，才有了这个结局。台湾由日本攫取，正符合列强帝国强盗之间争夺分赃的平衡。显然一切寄希望于西方帝国和沙俄帝国的帮助，将台湾从日本豺狼的口中掏出来，只能是徒劳的幻想，必然失败。

在各种建议失败之后，面临日军即将入侵台湾，唐景嵩勇敢地允应担任台湾民主国总统，挑起了统率台湾军民进行保台抗日的重担，实在是难能可贵。

第三节　积极战备保卫台湾

台湾民主国成立，并没有使日本睦仁侵略帝国松手，日本海陆大军齐向台湾进攻，台湾只有加强战备，拼死一战。

早在中日签订《停战条约》未将台湾包括在内，台湾上下都已看出，日本侵略者侵吞台湾是迟早的事。从那时起，台湾就在加强战备，准备迎敌。

“唐景嵩令副将黄义德、督弁吴国华，挚银二十万两内渡，至广东募勇”。唐景嵩深知，光靠官军兵勇，不足抵敌，必须发动民众，募集台湾本地的义民，组成义军，军民合力，方能与日寇一战。于是他提出募集义军的主张和募集义军的24字方针：遴选头目，招集健儿，编伍在乡，不支公帑，有事择调，再给粮械。

丘逢甲奉唐景嵩令，招募组成一支拥有十个营的义军队伍，台湾义军从此开始建立。以后在台南保卫战中，各地揭竿而起的义军犹如雨后春笋，蓬勃发展起来，成为抵抗日军的主要武装力量。

台湾的防务，清廷曾命福建水师提督杨岐珍、广东南澳镇总兵刘永福，率师由大陆渡台湾防守。台湾的守军有提督张兆连率领的十三个营守基隆，台绅道员林朝栋率领的十个营守狮球岭，提督李本清率领的七个营守沪尾，台绅主事丘逢甲率义勇守彰化。此等布防以后均有变动。

第四十二章　日军澳底登陆
台北守军奋起抗日

第一节　日军大举犯台

1895年3月23日，日本侵略者乘中日马关和谈之时，用5000兵力，发动了对澎湖的攻击，24日攻陷澎湖。其目的是以澎湖作为下一步进攻台湾的桥头堡。

日本睦仁侵略集团，为了侵吞台湾，特任命海军军令部部长桦山资纪为“台湾总督”兼军务司令官，并由中将晋升为大将，组织了2.15万余人的陆军进攻台湾。部队由桦山资纪总督府直属部队和由陆军中将北白川能久亲王率领的近卫师团组成。其中将校级军官达到近590人，各类马匹5300余匹。此外，日军联合舰队出动了战舰多艘及运兵船多艘，从海上向台湾压来。后来侵台日军陆续增加到5万余人，马匹9400余匹，枪炮弹药无数。

1895年5月29日下午，日军在台湾东北的澳底海湾登岸。澳底守军总兵曾照喜刚新募组成的两个营，被打死四人，撤逃，澳底沦于日手。从此，日本侵略者的铁蹄踏上了中国宝岛台湾。

第二节　保卫台北、守军奋起抗日

姚锡光《东方兵事纪略》记载：

唐景嵩闻日兵登岸警电，令吴国华率广勇七百人，驻守三貂岭。

国华新自广东至，仓促部署，初七日巳刻始率四百人先行，初八日未刻至小楚坑，适日探兵从三貂岭来探瑞芳大道，骤遇国华军，遽搏战，团勇夹击，毙敌一人，日兵反奔，国华追之，乡民拍手欢呼。

是时，景嵩复令营官胡连胜等援基隆，且调顶石角营官陈国柱、包金里营官陈柱波、狮球岭营官知县包干臣等，各率广勇数千人，赴前敌助战。

四更时，日兵冒雨登三貂岭。初九日，景嵩电令前敌分三路进，图复三貂岭。

一由大路从相思岭、龙潭浦、瑞芳，过九芬桥、小楚坑，直抵三貂岭，为正兵，专责国华；一由暖暖街小路至吴朱琞，绕出三貂岭之左，为奇兵，专责游击杨连珍；一由海边杜寮炮台循八斗口庚子寮，渡九芬山，截其归路，责金包里分统李文忠。其以申初会基隆齐进。讵我诸营未集，日兵已分两队至，一扑九芬，一直抵瑞芳，别队扼吴朱琞北，防我军包抄。九芬近海岸，且兵单，日兵已移快炮登岸猛击。战移时，营哨官死多人，九芬遂陷，瑞芳闻之大震。

先是广东守备刘燕率炮勇三十人，督格林炮五架，扑瑞芳西面土山，营务处俞明震，以景嵩令来观战，亦在焉。瑞芳四面皆山，形如釜底，前夕大雨，适国华率营至，未筑垒，入住金砂局，敌乃出队，逼于地势，拥遏不成列；而日兵列队东西两山顶，每队八人，甚严整，东面距三貂岭四里，日兵先驱教民降虏下岭，进扼九芬桥，千余人。我军遽开枪，敌伏不动，俟我枪弹耗，始大呼，过九芬桥，而山顶日兵乃发枪弹，我已昏幕，国华率队进军九芬桥。日人先于涧旁埋伏奸民，俟国华至，突起来犯，死伤二十余人，我军哗溃。日兵乘势薄瑞芳。刘燕督炮队自西面发炮下击，弹雨下，敌死十余人，复退去。

初十日辰刻，兆连立九芬桥吹角列队，日军督奸民三四百人来攻，每十二人一队，而日兵持刀督其后，我军枪炮并轰，敌颇伤亡，稍退。兆连率队冲入，国华兵不接应，日军自山顶驰下包抄，断九芬桥归路。兆连被围，受重伤，亲兵死亡略尽。陈得胜率八十人，曾喜照率三十余人，涉溪涧，冒死入救。一卒负兆连潜涉溪涧得脱，得胜战死，喜照受伤，归路绝，裹创至庚子寮，入李文忠营。十一日黎明，日军分两路专攻瑞芳西面土山，刘燕被围，炮勇死八人，伤四人，瑞芳遂陷。

在瑞芳保卫战中，清兵英勇奋战，顽强杀敌。据日方记载：敌人的抵抗意外顽强，或仅仅以数十名前来逆袭，或单独潜伏房屋竹丛中，待我通过后加以阻击……我方死伤较多。清兵或“隐于村落的土墙后”，或“潜于茂密树木之间，巧妙地利用地物猛烈射击”。

在此战中，日军被打死打伤19人，第二联队长阱井重季大佐被枪弹洞穿军服，几乎毙命，清军英勇牺牲者30余名，被俘30余名。

6月3日，日军向基隆进犯，遇到清军200余名抵抗，日军向基隆发起猛攻，守军奋勇战敌，双方激战五小时，日军突入街市，清军据守，进行巷战，与敌搏斗，清军用刀剑拼杀敌人，或从民房窗口狙击射敌，打死打伤日军31人。清军坚持到最后阵亡牺牲，日军占领基隆后，有两名清军士兵将一座火药库炸毁，炸死日军军官1人、士兵20余人，炸伤军曹1人及夫役等100余人，其中重伤17人。

日军同时发动了位处基隆西北之军事要冲狮球岭的进攻，守军胡友胜率督4

个营兵力英勇抵抗，奋战不退。日军记者记载：我军虽集中射击，而守军却巍然不动。风雨愈急，日近黄昏，枪炮声与风雨声相合，相当凄厉可怕，真不知何时才能攻占！战至傍晚，狮球岭失陷。

第三节　台北府乱、台北亡

基隆既陷，狮球岭又落敌手，台北府城危在旦夕。唐景嵩晌午闻败，即令中军副将黄义德率护卫营往扎八堵。义德有变心，表面听命，实不急往。他率军去到八堵，立即转驰返回台北，向景嵩诡言：狮球岭已失，大雨不能驻营。更有甚者，他恐吓唐景嵩，谎称：日军悬六十万金购总统头，故乘火车驰归，防内乱。景嵩明知其欺蒙诡诈，但不敢诘问。

幕客熊瑞图等为景嵩策划，速退新竹，就林朝栋、刘永福，图再举。景嵩左右均怒目视，卫侍吴觐庭用手枪对准瑞图，威胁说：大人不寝者五夜矣，诸君亦宜休息，所划已定，多言者以是击之！景嵩默然无语。

俞明震等见唐景嵩不愿退守新竹，与林朝栋、刘永福二军联合，以图再举。明震以密书呈唐，劝其勿落敌手，离台内渡。

是夜，前敌士兵败溃涌入台北城，“城中大乱，积尸遍地，广勇土勇复相残杀，哭声鼎沸。未几，抚署火起，景嵩微服杂弁勇中出亡”，内渡。

自景嵩去，城中散勇游匪沿途劫掠，藩库犹存银二十四万两，劫夺互斗，库中积尸四百余。时狮球岭踞敌未得虚实，尚回翔未进。德商毕底兰以状驰告日营，请速派兵来定乱。

1895 年 6 月 7 日，日军攻破台北府城，台北亡。

台北城破，非破在敌手，而破在内乱。

军纪败坏，将领不忠。

副将黄义德，欺骗统帅唐景嵩，带兵去八堵不敢迎敌，而立即折回台北城，并谎报军情，威胁统帅。义德已有叛心，尤其是他的部队都是不久前由广东招募来的广勇，一到台湾即“喧扰无纪律，不可统驭”。“及至由八堵溃退台北，是夜义德部勇索饷，大哗”。进入台北城后，广勇即发动骚乱，与土勇“互相残杀”，“积尸遍地”，并纵火焚烧抚署衙门。“城中大乱”散勇游匪大肆抢劫，藩库存银二十四万两，“劫夺互斗”而空。此其城破之一也。

重兵内渡，防守薄弱。

日军从澳底登陆，澳底无强兵把守。“澳底本驻有杨岐珍防营（10 个营），至是撤兵（内渡）去，易以曾喜照，喜照新幕土勇两营，成军甫三日，遇敌不战而溃”。此失之二也。

军事要冲无守兵。

军事要道三貂岭，为由澳底通基隆之咽喉，并无一兵把守，以致很快落入敌手，严重威胁基隆和瑞芳。日军登岸才二千人，“若以兵严扼三貂岭，直可聚而歼之”。可惜“三貂无一兵”。此失之三也。

军令滞后，行动迟缓。

唐景嵩闻日兵登岸警电，即令吴国华率广勇 700 人驰驻守卫三貂岭，国华行动迟缓，“初七日巳刻始率四百人先行，初八日未刻至小楚坑”，此时三貂岭已陷敌一天矣。此失之四也。

争功夺利，丢阵不守。

国华猝遇倭兵于小楚坑，狮球岭营官包干臣率三百人往助战，至则日兵已遁，不继国华进蹑，而与团勇争日兵首级，大哗。干臣缚团勇，指为汉奸，将杀之，时国华追日兵已至岭顶，因雨待棚帐，尚未驻营，闻报，知干臣将持首级夺其功，大怒，竟置逃敌于不追，撤队驰下岭。干臣见国华还军，藏首级竹篦中，遽拔队回，国华尾其后，俱返基隆，遂弃三貂岭不守。干臣竟以大捷闻，景嵩及省会官绅毕贺。此失之五也。

部署相悖，布置失策。

狮球岭原由道员林朝栋部十个营驻防，林“所部士勇皆劲卒，且训练有法，颇负时望”。因由广东募集来台之广勇无纪律，与台湾本地之土勇闹事“积不相能，睚眦寻衅”。景嵩将朝栋部调离狮球岭去守中路，以胡友胜率领的广勇四个营守狮球岭。及至日军来攻，友胜虽率部奋力抵御，终因力薄势单而败退，使进入台北城之军事要冲狮球岭落于敌手。此失之六也。

中枢瘫痪，守兵空虚。

台北府城，为台湾抗日指挥枢纽，竟然无重兵把守，而溃败之兵又突然让其进入城内，土匪也乘机闯入，指挥枢纽完全瘫痪。以致一夜之间，出现抢劫斗杀、纵火烧署、陈尸数百。台北全然成了一座死城，此失之七也。

买通奸匪，引狼入室。

日军从澳底登岸，是用重金买通了汉奸土匪，使之引狼入室，此失之八也。

敌强我弱，力量悬殊。

台北抗日保卫战，绝大多数抗战部属及其将领官兵是英勇奋战，敢于战斗，不怕牺牲。像陈得胜、张兆连、曾喜照、刘燕等将领，都是身先士卒，与敌死拼的抗日英雄。许多营官、士卒英勇杀敌而壮烈牺牲。但是由于许多部属及将领官兵陆续撤出台岛而内渡，守军兵力太少，枪炮落后，与日军悬殊太大，而日军有二万五千余人马，备有新式快炮、大炮。侵略军又训练有素，无论从军队的数量上和战斗力的质量上，都大大地压过台湾守军，日军侵陷台北是不可避免的结局，这应该是台北失陷的主要原因。

日军从1895年5月27在台湾澳底登陆后，6月1日侵陷瑞芳，3日侵陷基隆，同时侵陷台北之屏障狮球岭，7日占领台北城，9日占领沪尾要害，11日北白川能久率近卫师团司令部进入台北府，17日桦山资纪在台北主持所谓“始政典礼”，无耻地宣布“台湾总督府”正式成立。此后，日本豺狼竟无耻地将这一天定为“始政纪念日”，开始了长达50年的殖民统治，残酷地镇压台湾人民，奴化台湾人民。

日军侵占台北，前后只用了12天时间，台北即变成了人间地狱，军民被杀者无数。

台北虽亡于日手，但台北人民的抗日意志和抗日精神未亡，他们在以后的日子里，继续以武力及各种形式与日本斗争不止。

第四十三章　保卫台南，抗日民族英雄刘永福统领台南人民英勇抗日

第一节　日军大举进犯台中、台南，台南亡

日军占领台北后，立即南侵，以4.5万人马的大兵力和先进枪炮入侵台南。

1895年6月12日陷桃仔园和中坜。6月22日新竹沦陷，义军顽强抵抗，日军进展缓慢。7月6日陷安平镇，7月14日陷龙潭陂，7月16日陷大嵙崁，8月2日陷新埔，8月9日陷大埔，8月10日陷头汾，8月13日陷后垅，8月14日陷苗栗，8月23日陷大甲溪，8月24日陷台湾县城，8月28日陷八卦山，同日陷彰化，8月29日陷云林，8月30日陷大莆林，10月9日陷嘉义，10月10日陷布袋咀，10月11日陷盐水港茄冬脚，10月12日陷东港，10月14日陷桥沟溪，10月15日陷奉山和打狗炮台，10月16日陷凤山县城，10月18日陷王爷头村，10月19日陷上庄台和二层行村，10月19日陷曾文溪，10月21日陷台南府城。至此，台中、台南均沦陷于敌，台南亡。整个台湾被日军灭亡。

日军每攻陷一地，都残酷地大肆屠杀台民、纵火烧房、强奸妇女、搜抓力夫，抢掠财物和粮食、家禽等。罪恶滔天，令人发指。

1895年10月27日，大战犯“台湾总督”桦山资纪无耻地发布告示，宣称“台湾全岛已全部平定”。

台北亡了，台中亡了，台南亡了，全台湾亡了！

日本睦仁豺狼帝国就是如此赤裸裸地将中国的神圣领土台湾强割，无耻地将台湾占为日本所有。从此，台湾人民沦陷于人间地狱的黑暗之中，遭受极端无人性的野兽豺狼的蹂躏践踏半个世纪之久。台湾人民变成了亡国奴，他们遭到日军的屠杀、抢掠、压迫、剥削、毒害，过着极其悲惨痛苦的非人生活。

可是，睦仁、伊藤博文、桦山资纪等一小撮战争罪犯分子率领日军，从铁蹄踏进台湾的第一天起，台湾人民的武装斗争就没有停止过，不愿做亡国奴的台湾人民，与日本侵略者不共戴天，50年来台湾人民用武装斗争、政治斗争、经济斗争、

文化斗争与日本侵略者进行了不屈不挠、艰苦卓绝的战斗，终于在1945年，台湾光复，台民重见天日，日本侵略者滚出了台湾。

第二节　台南义民誓死卫台抗日，抗日总兵刘永福及抗日官兵、抗日义军

日军入侵台南，率领台民起来抗战的是总兵刘永福。刘永福组织和指挥黑旗军及义军向日本侵略者进行了坚强的抗击，多次重挫敌军。在敌军十分强大、黑旗军和义军十分薄弱，敌我力量非常悬殊的态势下，黑旗军和义军累累打得日寇抱头鼠窜。打破了一个久久笼罩在中国人头脑中的阴影，即打破了日本侵略者是不可战胜的神话，从而使中国人扬眉吐气，振奋精神。确实，甲午战争以来，中国被日本打得节节败退，驻朝鲜的军队被打败赶回了国，北洋舰队在黄海战争中伤亡惨重，丢掉了辽东半岛和山东半岛，北洋舰队惨遭覆没，中国已无还手之力，战争的胜利使日本这个十恶不赦的畜生魔鬼的贪婪兽性膨胀到无以复加的程度，它迫使中国清廷俯首乞和，签订了空前丧权辱国的《马关条约》，将台湾、澎湖拱手割让给了这头万恶的野兽。

而台南的保卫战，在刘永福统率下，台民义军和黑旗军发扬了誓死不屈的大无畏的抗日卫岛的爱国精神，不怕牺牲，敢于以弱拼强，运用巧妙的战术，打得日本侵略军蒙头转向，死伤累累，嚣张气焰大减。人们不禁要为台湾人民的抗战鼓掌喝彩。

这是一场孤岛孤军无援的抗日战争，是一场以极其悬殊的劣势抵挡十分强大敌人的抗日战争，是在中国清王朝已经签字、拱手割让台湾领土，没有国家为后盾的抗日战争，是在岛内已处无政府状态、社会极其混乱下的抗日战争。这场孤军抗战是注定要失败的。但是，刘永福率领下的各级统领和义军黑旗军，仍然冒死抵敌，顽强战斗，浴血奋战，牺牲到最后一滴血。经过137天的艰苦卓绝的抗日拼搏，一次又一次地杀死杀伤敌人，台中、台南最终落入敌手，台南亡了！整个台湾亡了！而刘永福领导的黑旗军、义军的抗日卫国牺牲精神永垂不朽，他们的抗日爱国、为国捐躯的民族精神，在中国的抗战史上，永远闪烁着耀眼的光辉。

刘永福，汕头南澳总兵。名义，字渊亭。广州钦州县人，先祖世居广西博石，世代务农。父时由博石迁居钦州。

刘永福参加了中法战争，他们创建的黑旗军在抗击法国侵略军的战斗中，战功显著，名震中法。中法战争结束后，刘永福被任命为广东省汕头南澳镇总兵。

甲午中日战争爆发，刘永福以帮办台湾军务的官衔渡海来到台湾。台湾巡抚

唐景嵩对他不予信任，拒绝了刘永福“留驻台北，以协助处理军务”的要求，调他去到台南最边缘的恒春驻扎。刘被排挤，“几痛哭流涕”，一度欲内渡离台，但他还是坚持在台南。

台湾民主国成立时，刘永福拥护唐景嵩，积极备战抗日，并发布布告以示抗日之决心。

1895年五月初二日，刘永福发表布告曰：为开诚布公激励军民共守危疆事：照得倭寇逞凶，全台竟割，此诚亘古变异，为人所不忍闻，所不忍见，更何怪我台民发指眦裂，誓与土地共存亡，抗不奉诏，而为自主之国。本帮办则以越南为鉴，迄今思之，无日不抚膺痛哭，追悔无穷。不料防守台湾，未尝建树，离奇百变，意见两端。何以天无厌乱之心，而使民遭非常之劫？自问年将六十，万死不辞，独不思苍生无罪，行将复变为夷乎？嗟乎！积忿同深，自可换回造化；厚德载福，谅能默转契机。愿合众志成城，执铤胜敌；在我坚心似石，弃职以为。所有旗后凤垣地方业经布置，倭如有志，任往试之。刻顺舆情，移往南郡。查安平海口，天险生成，此外要隘多可补其纰漏，惟军民共守，气味最贵相投；淮楚同仇，援助岂容稍异？本帮办亦犹人也，无尺寸长，有忠义气，任劳任怨，无诈无虞。短愿人攻，将弁不妨面告；事如未洽，绅民急宜指陈。切莫以颇有虚声，便为足恃；更莫因稍尊官制，遇事推崇。从此有济时艰，庶可稍舒众望。若因力微畏怯，语不由衷，在上天断不佑予；若因饷绌吝筹，颇为挠阻，本帮办亦难恕尔。总之，如何战事，一旦肩膺，几有军需，绅民力任。誓死慷慨，定能上感天神，惨淡经营，何难徐消倭焰？合应剀切晓谕，为此示仰军民人等，须知同心勠力，自可转危为安；达变通权，无用专拘小节，不以斯言为河汉，仰各懔遵而无违！

日军在台湾东北角的澳底登岸，陷基隆，占领台北府，台北亡。巡抚唐景嵩，镇道以下各官及台绅丘逢甲、林朝栋等，皆相继内渡。

就在这台岛破碎、无数人头落地、台湾孤岛即将全亡的十分危急的严峻形势下，刘永福下定了与敌人拼死到底的决心，勇敢地挑起了保卫台南、抵抗顽敌的千钧重担，率领黑旗军和义军，与日军展开了英勇奋战、艰苦卓绝的抗日斗争，一直战斗到台南失守的最后一刻。

台北沦陷后，“绅民相率至旗后，迎永福，并上民主总统印章，永福不受，仍称帮办，入府议防守。永福与署台南镇总兵杨泗洪、布政使顾兆熙、台中府知府黎景嵩、安平县知县郑汉卿及各军统领18人，并台南义民等，登台歃血，立盟书誓守。推永福为军统，泗洪为分统”。

刘永福统领各军，展开了保卫台南、坚决抗日的极其艰苦卓绝的战斗，他周密部署了台南的军事防御。

以永福子知州成良统福字前军、右军及中左右各营，守族后大坪山炮台；提督陈罗统翊安军中左右各营，合黄金龙军，防四草湖海口；台湾镇标中军游击李英，统镇海前军并道标卫队，合蚧柏正才、吴锦州军防白沙墩海口；周明标、张占魁两营防喜树庄海口；都司柯壬贵统吉林炮队并安平各台炮勇，合郑超英、周得启、孔宪盈各营，防平安海口，是为台南海口之防；以副将袁锡中统镇海后军，防后山埤南诸路；台湾城守参将吴世添率右翼练兵驻台湾府城，是为台南内地之防。其勇营：杨泗洪所部镇海中军前军，武毅右军并吉林炮队，都司肖三发所部福军前敌黑旗各营，守备王德标所部福字七星队各营，总兵李惟义所部新楚各军，知县忠满所部忠清堂，镇海中军先锋营，总兵谭少宗所部福字先锋各营，都司邱启标所部台南防军各营，知县刘光明所部福字左军右军等营，副将吴光忠所部忠字防军各营。其义兵营有：吴汤兴之新竹义民各营，林德谦之十八堡义民军，兵部主事许南英之台南团练营，生员李清泉、谢鹏种中之五段团练营。此外，还有义民徐骧等所部之义军。

第三节　刘永福率领官军和黑旗军、义军奋勇抗日狠狠打击日军，并击伤其统帅北白川能久

在保卫台南的作战中，刘永福足智多谋，英勇指挥，给予强大于自己百倍力量的日军多次沉重的打击，使日军处处受创。姚锡光《东方兵事纪略·台湾篇下》记载了刘永福指挥黑旗军、官军和义军痛击日军的英勇事迹。

旧历闰五月初三日，日舰二艘窥安平口，傍英德兵船停泊。会永福巡炮台，发二炮，击断日船桅杆，日水兵落水者十余人，乃断索驶去。

六月十七日，福字先锋左营营官汤人贵、福字某营营官袁锦清，合队进攻新竹敌垒，获胜。

十八日，日兵来攻，义民长生员徐骧为所困，败退，敌迫甚急，骧反斗，日兵以路险谷深，炮无所施，退去。骧率健卒由间道绕出其后，突发抬枪，颇有擒获。

七月初一日，（敌）由枋寮登岸，行半里许，黑旗伏兵从山谷出，日兵来扑，时吴光忠奉命至枋寮剿匪，闻警率队由大路进援。恒春营刘游击、黑旗营官黄副将，分左右翼斜抄兜围日兵。日舰望见，连发大炮助战，我军稍却，日兵乘势突围去，光忠追之，敌惶急……始逸。

七月初三日，敌来追，会吴彭年率兵伏路侧，猛轰之，敌阵乱，我军反戈乘之，敌大奔。彭年穷追十余里，至一小溪，敌兵凫渡及半，而徐骧自岸林中出，盖徐骧率义民三十余人先伏林际，乘其半渡出击，彭年追亦至，敌张皇急遁，毙

五十余人，夺枪械甚伙。彭年收队归，道经海口，见敌粮舶数艘泊港内，亲兵吴正川者，勇敢善战，率七星队数人，踊跃登竹筏，将迫及，日兵格以枪，正川避弹，跃登敌船，戮运兵，水手略尽，夺其粮船。

初四日寅刻，敌大队猛攻大甲溪，汤人贵率福军先锋营当其冲，与相持；袁锦清、徐骧由溪弯左右绕出，攻其两腋，敌稍却。

初五日，徐骧率义民三百人为前锋，与日军遇，敌人枪甚厉，势不敌。骧伏义民山湾丛竹中，自率数十人，竖大旗招之，敌队至急攻，骧狂奔，引敌过山湾……营官李仕高率镇海中军正营来接应，而营官陈尚志率新楚左营，由左路生员吴汤兴、粤人沈仲安率义民四千人，由右路包抄，至截敌兵为二。汤兴、仲安乘之，敌后队先遁，为徐骧伏兵所击，死甚众。

初七日，前敌战，日军败，窜入后山。吴彭年自率队穷追，将截其回大甲溪归路。永福谓必扫荡此虏，不遗丑类。

十一日，泗洪率所部星夜进攻大莆林，精华、义成等率义民数千助战，反为敌所乘，泗洪突阵登先，军威陡振，日军围数重，亦数败。泗洪腿部受伤，裹创奋杀，日军惧遁，泗洪率众急追二昼夜。

营官朱乃昌率健卒数百人再战，日队开炮，声震山谷，乃昌奋战，精华助之，历三刻，日兵溃败。义成、荣邦率义民抄至，前后夹击，遂复大莆林，毙敌数百。

是日申刻，德标率七星队，与嘉义知县孙育万及简精华诸义民，出队攻云林。亥刻遂复云林县，敌军退走，德标会义民进追，精华率军独进，冲日队为二，敌窜入观音堂庙，荣邦、义成围之，攻甚力。日人惶急，以连环枪出击，围兵稍却，敌乘势冲出，精华复猛追，敌误窜入山，义成断其归路，擒斩殆尽。

十四日，进攻苗栗，歼日兵二百余人，遂复苗栗。

十五日，三发督荣邦、精华进，各军就地设伏。敌大队来，行及竹塘，见丛竹，不敢进。逾二刻，义成率义民由竹林出，敌以枪炮轰击，义成急退，敌追至山前，三发立山顶指挥，日军怒而仰攻，我兵散伏山畔，敌及半山，径益狭，多竹石，黄荣邦由竹石间用土枪轰击而出，毙敌数十，敌仍退仔塘。时日将暮，三发追至，敌反扑，精华从丛竹中兜出，乃潜遁，我军蹑之，颇有虏获。

十六日，三发督诸军进攻彰化。

二十二日，日舰复来台南，与我凤山海口炮台互击，敌船卒和台兵各有死伤，敌舰乃驶去。

二十三日，敌以炮队攻嘉义，王德标初营城外，敌至走入城，敌乃踞营，夜半地雷发，轰毙敌兵七百余人，敌惊退。德标设伏邀之，敌死甚众。

二十九日，敌攻（台南府）城外炮台，永福自发炮击之，毙敌数十人。

戚其章著《甲午战争史》的记述摘录：

台北陷敌后，各乡皆起兵自卫，各地义军蜂起，揭竿以抗。日军所到之处，几乎步步都遇到强烈的抵抗，“村妇助磨刀，耕农自裹粮”。

6月12日，日军在中坜强征台民为夫役，为之运送辎重。14日，发现所征夫役已全部逃走，想再征募，却无人应差，于是强捉多名村民为之服役，行抵大湖口东北18里的崩坡，该村“家家闭门锁户只影不见”。

6月21日晨6时，日军前队进至杨梅坜，与部分义军遭遇。义军“占据有利地形，鸣锣击鼓，吹笛奏笙，顽强地进行抵抗”。日军承认，“虽然数次发起冲锋，但敌军（指义军）据垒壁顽强抵抗，我军不易攻占，第二中队第一小队向前助攻，炮兵亦前往支援，直至次日晨仍未攻陷”。

6月23日，日军设在中坜的兵站遭到义军的袭击，义军300多人从东、西、南三面包围兵站，至150米距离处进行射击，日军机关炮兵立即应战，虽猛烈射击，义军却没有后退。日兵站派骑兵突围赴桃仔园请求增援，被义军堵击未能达到目的。日本《东京日日新闻》报特派记者石豖氏在报道中写到：去年日清战争期间，兵站线长达五千米，所设兵站亦不少，却从未遭遇敌军如此猛烈之袭击。为之哀叹不已。

6月25日，日军护送粮食纵队往新竹，行至头亭溪村，突遭义军约50人从竹林中猛烈射击。日军包围竹林，义军进入道旁的民房，利用墙壁上的枪眼射击敌人，日军向民房发起冲锋。“但以砖石砌成的墙壁十分坚固，枪弹不能贯通。”于是，日军纵火焚烧民房后又向南行，前进大约2000米时，又被七八十名义军拦截射击。义民仍利用民房墙眼打击敌人，日兵“拔出刀剑逼近墙壁，冲锋数次，不断呐喊，而土墙坚固，骑兵和步兵对之毫无办法”。此时，日军有10人伤亡，便纵火将民房焚毁，日军称：土著强兵，视死如归。

6月25日，义军反攻新竹，义军五六百人向日军前哨逼进，“扛旗敲鼓，猛烈射击。（日军）哨兵知众寡难敌，以信号求援”。日军令机关炮队和山炮向义军排炮轰击，毫不奏效，战斗持续了6个小时，义军始停止攻击。

头亭溪和新竹两次袭击，打破了日军的“南征”计划，不得不推迟入侵台南的时间。

“8月26日，日军统帅北白川能久率参谋长、参谋等10余人，乘马到大肚溪北岸炭仔脚附近，以就近侦察八卦山阵地，南岸守军发现，发炮轰击，榴弹飞落左侧，弹丸蹴立，沙土喷起，幕僚吃惊劝避。”北白川受伤，坐骑被击毙。

9月1日，杨泗洪奉刘永福令，北上御敌。3日，将大莆林敌军围困，日军第八中队突围，奔向他里雾，途中遭到黑旗军的堵截，日军伤亡多人，无力再战，伏躲在水田里，日落后逃出。下午，又包围了日本通信骑兵队所住的神庵，“乱枪乱发，越墙遁，有走散者，死于路”，活者仅3人。

9月4日，日军的一支运输队，也在他里雾附近遭到黑旗军的堵截和义军的袭击，只2人逃出，悉数被歼。

9月5日夜，在大莆林被包围了三昼夜的日军向北突围，杨泗洪率军从后追赶，日军逃至他里雾，会合该处日军共同北撤。“各处日军多退，云林也无敌踪，敌军大震。”

敌涩谷在明部逃至北斗，被义军包围，向北白川能久求援，北白川得讯，立即派兵增援，欲夺取云林境内的树仔脚，此处前临浊水溪，“溪中一带沙漠，数里无人居处，中多蔗园、林木、芦苇，可为埋伏之所。沙浦暗埋竹钉，桶上铺竹木，马军多陷于泥淖，人马死者甚多”。两军在此对峙近一个月，日军于“日间越溪而战，夜间即退驻北斗”。在彰化县境内，北斗以东，有南投的义首张圭等，“暗行聚众，欲由山后包抄”；北斗以西，有海丰苍的陈戆番，“亦有内应之意”。北斗的日军已处于四面楚歌之中。

10月10日，日海军陆战队在布袋咀登陆，遭到黑旗军及义军的顽强阻击。

10月11日，日军占领盐水港，后继登陆部队遭到黑旗军和义军的顽强阻击。据日方记载：我军在布袋咀登陆时，此地人顽冥……死力防御到底……我军东西南北，到处无不战斗。

同日，占领盐水港的日军向南进犯时，遭到林碧玉义军的激烈抵抗，日军伤亡不少，击毙一中尉。

10月11日，日军大批人马在番仔崙、枋寮间登陆，进犯茄冬脚村，遭到黑旗军阻击，“从胸墙枪眼里发射越猛，眼看着有七八名士卒（日兵）倒下去了”。日军几次夺取村门均失败，多人被击毙。日军陷入死地，不得进出，伤亡52人，其中包括1名大尉毙命，6名军官受伤。日军从上风纵火烧庄，黑旗军才不得不撤出该村。

10月12日，日军行至东石村时，被义军包围。日方记载：敌兵打着旗帜，兵力约一个半营，即七八百人，自北、东、南三面进逼东石，将黑松中队包围，于相距三百至五百公尺的距离上进行俯射……今我不仅处于背水之战的境地，而且寡不敌众，为彼诱入所设的圈套之中。因此，其气焰益盛，我军陷于苦战之中，欲向布袋咀主力部队求援，但无法脱围，欲杀开一条血路，又未能如愿。自上午10时至下午5时，敌军射击不停。黑松中队之弹药快要用完，口粮将尽，无论如何也不能久持了。此战激战7个小时，日军伤亡19人，日军派兵增援，才逃脱了全部被歼灭的命运。

10月14日，进犯东港的日军遭到黑旗军和义军的伏击，伤亡94人。

10月18日，日军向王爷头发起进攻，刘永福命李翊安统领黑旗军及义军袭击敌人守备队，切断日军粮道。日军冲入庄内，翊字军奋勇抵敌，与敌人展开肉搏战，“刀枪交加，呐喊互扑，白刃飞火，奋击实战”。有6名炮兵与敌拼搏至死不退，日人不得不赞叹曰：其炮兵直到我兵穿入阵地时尚不退走，炮手6名终死在炮侧，虽为敌人，其勇敢真值得赏叹，可称为中日战争以来未曾有的勇兵！又说：敌兵的一队决死防线，一步也不退，终于七十余人以身殉职，这亦是华兵中绝不可见的勇兵！在此次战斗中，打死日军22人，其中大尉以下军官6人。翊字军壮烈牺牲者达300多人。

10月19日，日军进犯台南，行至二层行溪南时，遭到郑清率领的义军的伏击，日方记载：敌军潜伏在甘蔗地里，待我军到来，突然从十几米外射击，我军猛烈射击河对岸之敌，但敌军顽强不动，枪声益烈。

10月19日，日军侵犯曾文溪。日方侦察，曾文溪正面防守非常严密：在左岸高地筑有防御工事，沿岸有完备的掩体和炮兵阵地，设有加特林炮。4000名黑旗军携带着毛瑟枪。在曾文溪右岸埋有39个地雷，于各处设置陷阱，并且还在涉渡点水下敷设水雷。敌军之精兵尽集于此。

日军向黑旗军正面发起佯攻，而大军从曾文溪上游涉水而渡，攻击黑旗军右翼，黑旗军和义军奋勇抵敌，拼死战斗，“始则徐射，继则白刃相接”，与敌人展开肉搏。

刘永福率领黑旗军及义军的英勇抗日战斗，打得真好，大长了中华民族的正气，大灭了日军的威风。日军自甲午战争打响的第一天起，至辽东半岛、山东半岛的占领，从来没有像在台湾这样，受到如此沉重的回击，遭到如此严重的创伤，死伤官兵如此之多，仅在台南战场上，日军官兵被打死打伤者达到5300余人。而且日军侵占台南竟然费了四个多月时间，可谓这块硬骨头实在使日本侵略者啃掉了不少兽牙。

为什么刘永福统领下的黑旗军及义军会在卫台抗日的极端艰困条件下取得如此出色的战绩？主要是：

第一，台湾人民有一个誓死不让日寇割去台湾，誓死不做亡国奴的极其坚强的意志和决心。他们早就抱定与台湾岛共存亡、以死相拼的卫台保家的决心。因此，敢于同比自己强大百倍的日军作战，不怕牺牲，浴血奋战。

第二，有一位抗日卫台杰出的统帅——刘永福。在他率领下，有一批不怕牺牲、拼死抗敌的各军统领和义军统领，亲临前敌指挥作战，身先士卒，冲锋陷阵，出生入死，浴血拼搏。在保卫台南战斗中，壮烈牺牲、为国捐躯的将领多达40余人，其中有吴彭年、徐骧、吴汤兴、杨泗洪、朱乃昌、杨紫云、陈得胜、林碧玉、汤人贵、袁锦清、黄荣邦、柏正才、陈开穗、冯练芳、刘步升、杨文豹、林鸿贵、李仕高、沈仲安、杨春发、吴国华、张兆连、刘燕、曾喜照、胡连胜、陈国柱、陈柱波、包干臣、杨连珍、李文忠、吴光忠、刘（游击）、黄（副将）、李邦华、陈尚志、江国辉、江排合、林万得、姜绍祖、沈福山、李仕炳、苏根铨等抗日英雄。

而且，在抗日卫台的将领中，不少是父亲和儿子两代人齐上阵，血战抵敌。如统帅刘永福及其子刘成良、义军统领苏力及其子苏根铨、彰化知县罗树勋及其子云林知县罗汝泽、义军统领简成功及其子简精华、义军统领林碧玉及其子（在与敌拼搏中父子同阵亡，双双壮烈殉国）。

第三，台湾人民自觉起来全民抗日，义军如雨后春笋，蜂拥而出。台湾各地义军揭竿而起，其中少则几百人，多则几千人，义军首领登高一呼，义民立即积极响应，踊跃参加，奔赴前线，浴血拼搏，不怕牺牲，与敌硬战，誓死杀敌。这许多支义军中有徐骧之义民军；丘逢甲之义民军；胡嘉猷之安平镇义民军；苏力之淡水义民军；江国辉之南雅厅大嵙崁义民军；黄源鉴之南雅厅乌涂窟义民军；吴汤兴之新竹义民军；林德谦之十八堡义民军；许南英之台南团练营；李清泉、谢鹏翀之五段团练营；李帮华之义民军；沈仲安之义民军；黄荣邦、林义成、简成功、简精华之义民军；王德标之义民军；孙育万之义民军；等等。

第四，刘永福团结了各阶层人民，甚至包括土匪，对他们实行招抚政策，使之加入抗日卫台的义军队伍中来，化消极力量为积极力量。同时，实行保甲制，行联庄法，从而巩固了内安，广泛地团结了人民群众。“时台南土匪塞道，解前敌饷械，行次嘉义，悉为掠去。”“著名匪首黄荣邦、林义成、简成功者，及成功之子精华，为群匪冠，永福令人招之。诸匪亦愤日军之残暴，皆受抚愿效死。”“永福从文案罗桐林、罗绮章策议抚，仿内地保甲，行联庄法，令各乡自近及远，渐次举行。”“联庄法已及台中，颇著成绩，北台乡民闻之，愿潜入联庄，受约束，期大军至，即内应同举，为台湾全民一大转机。”

第五，刘永福率领的黑旗军及各义军，运用了灵活机动的战术，从而有效地打击了比自己强大多少倍的敌人。他们根据地势，采取埋伏、突袭、包抄、断后、反击、分散、速聚等等出其不意的战术打击敌人，给日本强盗以沉重狠击。“盖自精华等受抚，义民矫捷可用，虽用土枪，能卧击，无虚发，且稔习地势，蓦山越涧，尤其长技。聚散前后，飚忽猱腾，每绕敌兵后路，日人畏之。”

第六，不屈不挠，拼死战斗。在无后勤供应、缺军粮、无枪械弹药补充的极其险恶形势下，义军及黑旗军仍然坚持与日军作战，他们忍饥挨饿仍不下火线，枪械弹药短缺，则用土枪土炸药、大刀长矛与敌人拼杀，直到粮械殆尽。

以上各点，是刘永福领导台南人民抗日能坚持四个多月之久并多次给日军以重创的主要原因。

第四节　日军攻陷台南，台南亡 台南保卫战失败的主要原因

1895年8月，日人渡兵澎湖，23日其战舰运船三十余艘，载兵械，以全力攻台南，直指安平海口。时陆路前敌诸军已饥溃不支，嘉义复陷。25日，日舰攻旗后炮台，永福之子成良登台据守，奸民夜引日兵由僻径登岸，突入大营，陷之。进围炮台，台兵持两日，死伤枕藉，饥不能战，成良乘间冲出。26日，敌进攻风山，义民拒战，大败，日军遂入风山，屠戮甚惨，进犯台南府城。27日，台南戒严，永福移居安平炮台。28日，各军饥哗散去。29日，敌攻城外炮台，永福自发炮击之，毙敌数十人。9月1日，城中无食，饥军悉溃。2日，永福驻炮台，城中土匪起，日兵亦集，永福见大势已去，登德国爹利士商轮内渡，从之者其子成良与陈树南、柯壬贵诸部将及幕客数人，而溃军台民胥委之去，台南亡。

◆ 台南抗日保卫战的失败，台南亡的主要原因有以下各点。

第一，军需涸竭，粮尽弹绝。

刘永福的抗日队伍，一开始就得不到国家的后勤供给，它是一场无源之水的抗战。刘永福为了军需饷械供给，费尽了心血，多次派人去向大陆沿海诸省乞讨，但都被拒绝而空手返回。“台南贫瘠，饷给维艰，永福多方筹措，而终鲜获。前敌自开战以来，屡电求饷械，且以伤亡多，请增兵接应。而台南军储早尽，器材亦空，永福忧惶无措，搜括得银八千两，解前敌，复令文案罗绮章渡厦门，仍电求沿海督抚拯台民，辞甚哀痛。”自7月11日至8月21日，刘永福连续不断地派人致信于署两江总督张之洞，乞求支援于火急。

7月11日电曰：台北义勇甚得力，台南饷械极支绌。易道顺鼎目睹，慨然任往江南，力求垂救，事关大局，无论如何，多拨饷械，千万莫延。

7月17日电曰：月前共肃三禀，由厦门共寄三电，易道去又呈一缄，不知已邀垂鉴否？心甚悬悬。饷械奇绌，恩赏多少，祈速接济。

8月19日电曰：闽、粤饷无济，台南已无法可筹。民不许行，我公不救，兵民皆乱，福死何益？痛哭乞援，望切望速……天地父母，只公一人，乞救福死，而拯民生。

8月21日电曰：福所以死守台南，为大局，非为私也。饷械不至，饿师渺然。

我建孤忠所在，诸公必有以图之，事急矣！生死安危，唯公是命。如克有济，则祖宗之土地幸甚，台湾数百万之生灵幸甚，福亦幸甚。

8月22日电曰：今饷械俱绝，民兵将乱，何以战守？福死奚惜，恐屏藩一弃，各国狡然生心。天下仰我公一人，乞为大局计，痛哭流血，乞速设法救援，守走死生，望公一言为定。

三天之后，张之洞于8月25日复电刘永福，电曰：朝廷不得已割台，曾有旨召各官内渡，阁下自在其内。又说：台南不归江南管辖，未便越俎。明确拒绝了刘的要求，并暗示其离台内渡，不必羁台抗日。永福子成良也私劝其父内渡，“揣度情势，预知不久”。但刘永福仍存一线希望，不忍心弃台湾百姓而去。

至10月初，传出消息说：已有密旨，令南洋接济台湾。台湾绅民大受鼓舞，拟再请刘永福为民主国总统，道员易顺鼎为副总统，“合力共谋，同心同德，扫平倭寇”，“以转旋台北之乾坤”。人们并不知道，此消息实为谣传，刘永福立即派易顺鼎暗渡厦门，又一次向张之洞借兵械，接济抗敌。张之洞致电易顺鼎，电曰：台事奉旨不准过问，济台饷械更迭奉严旨查禁，此时台断难救。且事必不能密，万一泄露，徒碍大局，朝廷必然震怒，且东洋必更加诘责要求，岂不所损更多？是欲为国家而反累国家也。此事关系重大，务望权其轻重，速离厦门，免生枝节为安。易顺鼎闻电后叹曰：不意天子断送台湾如此之酷，全台亿万生灵从此遂无生路，冤哉！为之感慨不已，对人叹曰：即卧龙复生，亦不能挽回大局。

刘永福此时极感悲绝，“四处之罗掘俱穷，百般之设法亦尽，张（之洞）、谭（钟麟）之接济已成画饼，番奴之进逼急若烧眉”。“盖未动兵先筹粮，兵家为第一要。今日睹此情形，粮饷必定涸罄，土崩瓦解，势所必然，自念焦灼，言之激昂。”

刘永福求助外援，可谓词悲情切，叩乞泣血，其为了卫台抗寇而乞求外援，心如火焚之急切心情，足可感天地而泣鬼神，尽管刘永福还在作最后的呕心沥血，但已是流竭水涸了。

王芸生《六十年来中国与日本》第三卷记述：台南饷械已匮，不能派兵前进，台民绝望，旋赴内地筹饷者失望而归，知内地不能接济，于是人心益涣，营弁纷逃不可止，台事遂不可。24日（肖）三发电请饷械，永福仅括得银二千两以应。27日官银票局绅庄序端请发现银，以利运转。谓官局发用银票，通当现银，军民信使，台人今知饷源已竭，西人银行及大小商民纷至索银，请发银收票，暂安众心。永福无以应，仍令文案知县吴桐林内渡求接济，桐林遍走沿海各省无应者，盖恐日人借口构衅也。

八月初二日，精华、荣邦、义成仍电请饷械，语悲痛。永福括得银一千五百两济之，令姑给军食。初三日，商民持票索银愈急，卧守不去，局绅庄序端匿不敢出，于是楮贝填委，市易梗绝，军民饥困，日益不支。

十四日，前敌诸军求饷益急，无策搜括。刘永福叹曰：“内地诸公误我，我误台民。”彷徨莫能应。

二十五日，日舰攻旗后炮台，永福子成良登台据守。奸民夜引日兵由僻径登岸，突入大营，陷之。进围炮台，台兵持两日，死伤枕藉，饥不能战。二十六日，敌进攻凤山，义民拒战，大败，日军遂入凤山，屠戮甚惨。日寇进犯台南府城。二十七日，台南戒严，永福移居安平炮台。二十八日，各军饥哗散去。二十九日，敌攻城外炮台，永福自发炮击之，毙敌数十人。九月初一日，城中无食，饥军悉溃。初二日，永福驻炮台，城中土匪起，日兵亦集，台南遂亡。

在危急形势下，刘永福曾经考虑留在台湾，“退入内山”继续领导台湾人民抗日。他致书易顺鼎：誓不走，如万难支，决入内山作草寇，与遗民共存亡。刘永福着手将军需武器用牛车运去内山。10 月 19 日，日军猛攻台南城，刘永福与子成良登旗后炮台，亲自发炮拒敌。敌攻城愈烈。时士饥弹尽，军心已散。两广总督谭钟麟托人捎信给刘永福，极力劝促弃台内渡，其子成良与亲近部将幕客也力促内渡。在此急情下，刘永福放弃留台愿望，决定内渡，偕其子成良及陈树南、柯壬贵诸部将和幕僚数人，登上德国爹利士商轮离台内渡。离台时，刘永福悲愤题诗一首，曰：

流落天涯四月天，尊前相对泪涓涓。
师亡黄海中原乱，约到马关故土捐。
四百万人共仆变，六千里地属腥膻。
今朝绝城环同哭，共吊沉沦甲午年。

刘永福是在台南沦于敌手、台南被灭亡、整个台湾被灭亡的形势下，撤离台湾内渡大陆的。尽管刘永福没有最后留下来，转入山里继续与日军抗斗，但是，他统率台湾军民卫台抗日，出色完成了台南保卫战的艰巨战斗任务，狠狠抗击了不可一世的凶恶敌人，第一次打破了甲午战争以来清军被动挨打的局面，而累累主动灵活地打击敌人，多次给日鬼以重创。如果不是外援绝、内需匮，台南的抗战肯定会出现另一个场面；即使在供应陷入绝境的条件下，刘永福的抗日卫台大旗还是高举了四个半月之久。刘永福不愧为甲午抗日非常杰出的民族英雄。

甲午战争三年后，1898 年刘永福奉命募兵四营，驻守广州，仍称“黑旗军”。1907 年称病还乡。1911 年武昌起义，清朝覆灭，刘永福被广东都督胡汉民邀请任全粤民团总长，不久辞职。1915年刘永福坚决反对袁世凯和日本签订“二十一条”，倡议组织义勇军抗日，愿为保卫国家主权重上战场。1917年刘永福病逝于广东钦州故里，享年80岁。

第二，汉奸投敌，卖台引狼。

台南抗战失败，除了后勤补给断绝之外，另一个原因就是汉奸引狼入室。有一小撮无耻的汉奸卖台贼，乞钱贪财，在日本人的重金收买下，为敌人卖命，做敌人的走狗，引日本登岸入侵腹地，进攻抗日官军和义军，残害自己的骨肉同胞。这些无耻的汉奸走狗是中华民族的败类。姚锡光《东方兵事纪略·台湾篇下》有这样的记载：

（光绪二十一年）五月初五日，日舰运轮29艘驶抵台北海角。初六日，日舰并力击金巴里，张声势，作欲登状，以缀我师，而潜结教匪，从澳底登陆。

日兵……进抢九芬桥（瑞芳地区）千余人……国华率队进争九芬桥。日人先于涧旁埋伏奸民，俟国华至，突起来犯，死伤20余人，我军哗溃。

自台北沦陷，林朝栋等相继委中路去，永福令杨紫云率新楚军伐之，拒敌于新竹。相持月许，凡大小20余战，互有伤亡，至是奸民导日兵由僻径抄击，紫云战殁。永福令营务处府经历吴彭年率军往援，不及，遂据大甲溪为守。

是时台南盗贼充斥，为日人间谍，将引以登岸……七月一日日军复窥恒春县属鹅鸾鼻、枋寮诸海口，由枋寮登岸……匪首邓蛮子、林苗生等迎降敌，故日兵登陆，无稍顾忌。

初四日寅刻，敌大队猛攻大甲溪，汤人贵率福军先锋营当其冲与相持；袁锦清、徐骧由溪湾左右绕出，攻其两腋。敌已稍却，忽闻后路大营陷，各军骇震，遂哗退。盖新楚军统领李惟义素畏葸……时日兵阻于人贵、锦清不得进，以重金购土匪，伪称日兵，往袭惟义营，惟义遂遁，前敌乃大挫。

初七日，前敌战，日军败，窜入后山。吴彭年自率队穷追，将截其回大甲溪归路。告捷，永福谓必扫荡此虏，不遗丑类。乃未几八卦山告警矣。

盖日人入我腹地，率以重金购奸民，刺官兵虚实，并山川道路，结为内应，以掩我不备。斯时敌之窜后山者，以有土匪为导，知后山有小路数支，可达八卦山……八卦山俯，临台中府城，若为敌据，则彰化不守……土匪导敌攻八卦山……敌炮雨下，七星队（守军）伤亡几尽，八卦山遂陷，城中奸民树白旗，迎敌人。

二十五日，日舰攻旗后炮台，永福之子成良登台据守，奸民夜引日兵由僻径登岸，突入大营，陷之，进围炮台。台兵持两日，死伤枕藉，饥不能战，成良乘间冲出。

显然，汉奸走狗引狼入室，是台南失守的重要原因之一，这一小撮无耻的汉奸走狗，将永远被钉在罪恶的耻辱柱上，永远被世人唾骂。

第三，日军强大，枪炮精良，而抗日武装相差极悬殊。

台南沦于敌手，还有个主要原因，也是根本原因，就是日军的军力比抗日武装要强大得多，日军的枪炮先进、快速，还有连射枪即机关枪，又有海陆军的紧密配合夹攻，而抗日武装部队人员大大少于日军，人少、枪少，炮更少，用的多是落后的枪炮，甚至是大刀、长矛，力量悬殊。而日军有着强大的国家补给力量。

日本睦仁侵略集团为了抢夺台湾，派出的部队共5万余人，马匹9400余匹，加上武器先进，台南最终陷于敌手是不可避免的。日本侵略者在台北，尤其在台南，惨杀了无数台湾人民，抢走了整个台湾。但是，这头恶贯满盈的野兽，在台南人民的有力抗击下，也死伤累累，罪有应得。仅据日本侵略者发表的文件，在抢掠台湾的强盗行径中，被打死164人，打伤515人，病死4642人，回国治病的21748人，留在台湾医院的5246人，总计死伤达3.2万余人，占侵略军总数的一半。

日军的死伤，不仅仅是数量大，而且还死了主帅和主将，日本睦仁侵略者派皇族北白川能久亲王为近卫师团长，统兵侵台，在进攻嘉义城时受重伤，于1895年10月28日不治而亡。北白川死后，日本秘不发丧，直到尸骨运回日本以后，才宣布“病死”，实际是重伤致死。还有少将旅团长山根信成，也在侵台战争中受重伤毙命。北白川能久及山根信成的死是罪有应得，是侵台的报应，他们的死可让一切侵华的日酋鬼子戒！

台南虽然终落兽口，但刘永福统率台湾人民抗日卫台的英勇精神永垂不朽，为国捐躯、壮烈殉国的将领们永垂不朽，在战斗中英勇牺牲的黑旗军及义民永垂不朽！

日本睦仁侵略帝国的军国主义分子，做梦也不会想到他们在抢夺台湾50年后，日本帝国会举起双手，低头向中国、向全世界反法西斯国家无条件投降，台湾重见天日，归还中国。历史的经验，证明了一条颠扑不破的真理，即“善有善报，恶有恶报，不是不报，时间未到，时间一到，统统都报”！它还证明，靠做强盗、杀人犯去抢夺别国领土和财富，以肥饱自己国家的强盗行径是一定会血债血还，自食恶果，而贻害自己的子孙的。

第四十四章　台湾保卫战中的抗日民族英雄及英勇抗日的官兵及义军

虽然《马关条约》强迫中国清廷将台湾、澎湖割给日本，睦仁侵略集团却面临着全中国人民尤其是台湾人民如火山爆发般的反对，对台湾久已垂涎欲滴的日本侵略者，用其联合舰队运载数万军队和先进的炮枪，如饿狼般贪婪地向台澎进行了最野蛮、最无耻的进攻和屠杀。尽管野兽的铁蹄践踏上了台湾岛，但是，日本侵略军遭到台湾人民的坚决抵抗，一次又一次地遭到挫折和失败，伤亡重大，甚至连其统帅头目北白川能久也在台湾死于非命而遗臭万年。

在反对割让台湾、誓死保卫台湾的战斗中，台湾人民英勇抵敌，不怕牺牲，舍身拼搏，涌现了许许多多保家卫乡、抗日卫国、拼死拼命抗击日本侵略军的英勇事迹。台湾人民及其统帅、将领的抗日民族精神永垂青史，生生不息。

台湾人民及其将领可歌可泣、英烈悲壮、惊天动地而泣鬼神的抗日战斗，给侵略者以迎头痛击。抗日英雄们一个又一个、几百几千地倒了下去，他们的鲜血染红了整个台湾岛，他们的抗日保台爱国牺牲精神永垂不朽。中国人民要世世代代永远记住在台湾保卫战中英勇牺牲的先烈们。有的统帅、将领虽然没有在阵地上牺牲，但他们为保卫台湾、坚决抗日，一直坚持到最后台湾被占领的最后一天，他们这种抗日爱国精神，同样值得永远颂扬。

第一节　卫台殉国的抗日民族英雄吴彭年及英勇牺牲的抗日官兵

有关吴彭年的英勇抗日事迹，姚锡光《东方兵事纪略》记述摘录：

自台北沦陷，林朝栋等相继委中路去，刘永福令杨紫云率新楚军伐之，拒敌于新竹，相持月许，凡大小二十余战，互有伤亡，至是奸民导日兵由僻径抄击，紫云战殁。永福令营务处府经历吴彭年率军往援，不及，遂据大甲溪为守……七月初三日，我军出队与敌遇，敌以我奸民为前锋，分十三人为一队，每队督以日兵一，而以马炮队随其后。前队败，则马炮队列横阵继进猛击，弹急如雨，我大队千人当其冲，死伤枕藉，大败退。敌来追，会吴彭年率兵伏路侧，猛轰之，敌阵乱，我军反戈乘之，敌大奔。彭年穷追十余里，至一小溪，敌兵凫渡及半，而徐骧自对岸林中出，率义民三十余人出击，敌张皇急遁，毙五十余人，夺枪械甚伙。彭年收队紧，道经海口，见敌粮舶数艘泊港内。亲兵吴正川者，勇敢善战，率七星队数人，踊跃登竹筏，跃登敌船，戮运兵，水手略尽，夺其粮船……初七日前敌战，日军败，窜入后山，吴彭年自率队穷追，将截其回大甲溪归路。告捷，永福谓必扫荡此虏，不遗丑类……大甲溪失守，彭年咎（黎）景嵩之荐用李惟义。初八日午刻，彭年自出搏战，酉刻始收队，丧千余人，士气大颓。是夜营务处吴孔搏率旱雷营至，议战事。彭年使孔搏往八卦山，距彰化二十里伏地雷以待，畏敌退道必经此，俟其至，发炮雷轰之，可大捷也。孔搏辞去。彭年与景嵩议移时，令吴汤兴为前队，陈尚志为后队，李仕高为左队，林鸿贵为右队，严守八卦山。丑刻日军大队来攻，快枪快炮环垒而进。彭年持及辰刻，汤兴中炮而死。鸿贵率七星队百余人冲入，将夺汤兴尸，而敌炮雨下，鸿贵亦殉，军遂大溃。彭年立山顶不去，挥七星队三百余人奋争，敌猛发大炮，七星队伤亡几尽，左右掖彭年行，不可，死之，八卦山遂陷。

关于吴彭年的抗日英勇事迹，戚其章《甲午战争史》记述：

吴彭年（1857—1895），字季钱，浙江绍兴府余姚县人。定居于广州府顺德县。1895 年 4 月，以县丞赴任台北。适《马关条约》签订，清廷割台湾予日本，因滞留台南。刘永福闻其才，延为幕客，任记室，掌管地方文卷，并参赞军务。批答公文，多出其手。刘永福以其“韬略谙熟，胆略过人，甚器重之”。倚为左右手，新竹失陷后，台湾道陈文禄拟内渡回籍，适道员易顺鼎自南京至，刘永福命吴彭年致书，请其暂署台湾道。易顺鼎以未奉朝命辞之，但提出：闻倭氛已逼台中，愿统一军往援，兼谋恢复台北。刘永福未纳此议，即命易顺鼎统领福军先锋左营、镇海中军副营、道标卫队营，以吴彭年为营务处。吴彭年爱国心切，希望早日恢复台北，欣然愿往。易、吴二人商酌，拟克日挥军北上，开往彰化，会合台中诸军，联络台北各庄义首，进扼大甲溪南，然后传檄台北，共图恢复。然而，黎景嵩来电：极言台中富民尽去，无饷可筹。其意盖在阻止黑旗军北上赴敌也。吴彭年遂未能成行。直至 7 月中旬，为调和苗栗县和新苗军之矛盾，刘永福才决心派黑旗军北上，以吴彭年为统领，副将李惟义副之。

7 月 19 日，吴彭年抵彰化，台中人民如望云霓，欢呼雀跃，阖城出迎，为之空巷。观其“胆略不凡，有儒将风，军令严肃”，咸以恢复有望，士气为之一振。然而吴彭年所统黑旗军北援军太单，只有 700 人，难御大敌。更为令人担忧者，黑旗军内部有不和的苗头。“副统领李惟义职居副将，官阶甚高，降之为副，心怀不平。”因此，事事掣肘，专与吴彭年为难。黎景嵩则趁机拉拢之，使为已用。黎景嵩的挑拨破坏，造成了严重后果：既排斥了吴彭年的领导作用，又分其所统部队之半，使其更加力单势孤，在抗击日本侵略军的战斗中难以有所作为……

8月13日，日军向苗栗发起进攻，吴彭年率部拼战，使敌人的进攻受阻，打退敌人数次冲锋。吴彭年初骑赤马出阵，至鞭之不行，再易以白马，“亲督诸军力战”。战至下午4时，吴彭年见伤亡已重，下令南撤。14日上午11时，日军占领苗栗。

8月18日，黎景嵩因积欠新楚军饷银两万余元，而府库告罄无可支给，又被败勇追索，无奈将新楚军交吴彭年兼统……时吴彭年正驻守大甲，前自台南所带两月之饷已用完，又兼领新楚军，款项更为支绌，而地方绅富或逃离或观望，兵饷实难筹集……幸赖群众热情支持，“城内外人民皆蒸饭到营，供给三餐”，各军才暂得以维持。

8月22日，日军进攻大甲，吴彭年先避敌锋，伏兵于大甲溪，候日军至，突起猛击，日军败渡河，吴彭年麾军追之，日兵渡河及半，徐骧率义军一队自对岸林中出，向敌射击。日军背腹受敌，仓皇逃窜，此战毙敌50余人，夺其枪械甚多。

8月24日，闻日军占领台湾县城，驻彰化府县诸吏皆议弃城，吴彭年电告刘永福，复电曰：兵来御之，死守无恐！吴彭年叹曰：吾与台事毫无责守，区区寸心，实不忍以海疆重地拱手让人。今刘帅谕我死守，诚知我也！吴彭年遂昼夜巡缉，决心死守。

彰化城小，难防守，而城东八卦山可俯瞰全城，守山即足以守城，故八卦山为布防的重点。吴彭年分四营守八卦山……他亲自驻守茄冬脚指挥。

8月26日，日军近卫师团长北白川能久率山根信成、参谋长鲛岛等十余人，乘马到八卦山阵地侦察，南僚守军发现，发炮射击，“榴弹飞落左侧，弹丸蹴立，沙土喷起，幕僚吃惊劝避”。北白川受伤，坐骑被击毙。

8月28日，日军向八卦山发起总攻，从东、西、南三面冲锋。守军发炮抗御。吴汤兴、徐骧麾军浴血奋战，吴汤兴中弹阵亡，壮烈殉国。李士炳、沈福山也先后阵亡殉国。吴彭年正在督战，见八卦山已竖日旗，便勒马率军回救，至南坛巷，亲率黑旗军七星队300人夺山。日军猛发排炮，七星队伤亡甚众，难以向前。吴彭年受伤，左右掖而奔，吴彭年厉声斥之，乃止，而山上敌弹密如雨落，吴彭年身中数弹，犹奋力向前，终不支仆地，壮烈殉国。有诗人作《哀季子歌》，云：巨炮雷轰力劈山，榴弹雨下响訇訇，身中数枪靡完体，据鞍转战莫敢撄。血溅衣襟溘然逝，凛凛面色犹如生……人居世上谁无死？泰山鸿毛权重轻。对吴彭年的抗日爱国的牺牲精神给予了充分的肯定。甚至认为：公故不顾成败利钝，效死勿去，直欲以身报国，不敢畏缩不前，卒至身中数枪，与马同阵亡，古之忠臣烈士，何以如此哉？

第二节　卫台殉国的抗日民族英雄徐骧及英勇牺牲的抗日台民义军

保台殉国之抗日民族英雄徐骧及抗日义民之英勇抗日事迹，江山渊记述甚详，现将其所著《徐骧传》节录如下。

徐骧者，台南人也……日人时以兵舰游弋台湾海港间，似密察所以进兵袭取之路。骧闻其事，举号于众。骧攘臂疾声号呼于市中曰：诸公不急起直追，共挽兹既倒狂澜，徒哭奚为者？吾台孤悬海外，朝廷视若可有可无，等于瓯脱（边界弃地）。朝廷无力以卫吾台，能卫吾台者吾民耳！众志成城，山可移，海可干，愿吾血随吾台俱尽，吾头与吾台俱碎，安知终不可以有为耶？徒哭奚为者？声未已，众咸愤臂而兴。

日人既得台北，乃以全力逼台南，大军四面包围之。未几，台北陷，台南军民日陷于楚歌四面中，警告日益急，炮声隆隆，彻夜不休，飞矢流弹时集于眉睫。台南之民束手无一策，唯日夜聚立通街间候战事消息，闻胜者额手庆，闻败则群相望而痛哭不已。骧奋起泣陈于众曰：吾民以全台之重付刘（永福）公，而皆袖手作壁上观，不能一援手。刘公孤主无助，兵单而粮绌，纵贞诚自矢，讵然操必胜之券，且刘公外人也，吾台吾民父母之乡也，则吾民之爱吾台自当较刘公为尤深。吾民之田庐在于是，子孙在于是，祖宗丘墓在于是，台亡吾民将安归乎？诸公皆健者，义薄秋云，气吞百川，际兹生死存亡之交，盍兴乎来，执梃以为刘公助，庶几人自为战，家自为守，灰尚未死，魂犹可招，光照千古，则兴吾民之骨血与全台俱烬焉，是亦亡国之荣也。否则大事一去，宗社其墟，子子孙孙呻吟于异族之下，沉沦万劫而不可复，彼刘公一人岂独任其咎耶？言已，喉哽声嘶，泣下如霰，众闻言大感动，有哭失声者，咸愤气高涨，握拳自击其掌，愿皆投身军籍，随骧以俱死，于是会议由各乡选壮丁，编列成队伍，朝夕奋练，扼险要而守，以为官军之声援，名曰“民团”，推骧为民团长，拱手肃立听指挥焉。

是时日军已由海道来，兵舰进窥安平口。安平口者，台北之要港也，此港一失，则海外之援绝，台北直可坐困而待其毙，故日首谋及之，思乘虚而来袭。永福已侦悉其情，亲率劲兵御之，骧亦领民团来助战。日军知有备，不敢进登岸，只停舰口外，相对轰击。永福初与日军战，愤不可遏，亲放巨炮击日舰，民团亦呼声动天地，飞弹如雨，纷纷向日舰落，舰几沉，仓皇遁而去。

日军既不得于安平口，乃移大军转攻新竹，而永福已夙有所备，守其地者则分统杨紫云也，紫云久经行阵，勇而能战，与日军相拒月余，大小二十余战，两军互有伤亡。永福恐紫云兵薄而势孤，力不克持久，急遣骧率民团千余人赴新竹助战，与紫云合军，奋勇与日军战。日军死伤颇多，阵脚欲动，继而后队军拥而至，气复威，卒不退，相持者久之。一日战方酣，我军阵后忽自乱，急回顾，则日军已纷纷压我后阵而来，势若潮涌，前后夹攻。盖日军购奸民导僻径，暗由我军后路而来袭也。是时吴彭年之援兵未至，民团与紫云军又为日军截为二，隔绝莫能达声气。紫云身陷重围中，兵士死散殆尽，紫云匹马单枪犹死战，不能出，力竭，卒死乱军中。吴彭年道中闻败耗，来援已不及，退守大甲溪，而骧领之民团且战且走。日人分军穷追之，追入密林中，势将及，骧曰：事急矣，此地途径彼不若我熟，我可以袭彼败我之术转而败之也。乃令半小队彷徨歧途间以引日军，而己则领余军由他路绕出日军后夹击之。日军方乘胜长驱，欲生擒骧归以快意，不料骧之袭其后，山路崎岖，途径狭且小，途旁泥土高于人，敌所挟长炮无所施不能进，后复不能退，敌遂大败。骧执而拘之，获百数十人焉。

日军既据新竹，即进攻大甲溪，买通土匪做向导引路，守大甲溪之吴彭年闻日军至，急与骧议所以破敌之策。策既定，彭年乃伏兵溪旁，乘其至，猛起击之。日军猝不及备，败走渡河。半夜，骧之伏兵顿大呼而起，横击其腰，骧奋身当前锋，民团感奋，无不以一当百，日军惊惶失措，前后不能相顾，不战而自乱。民团以戈挥之，日军纷纷落水中，死亡无算，积尸盈水面，水为之不流，日军之气大挫。

永福恐大甲溪一失敌兵益深入，乃复命统领李惟义为后援。每战，骧与锦清居前敌，惟义居后军，相持一月不能下。日军仍以金赂土匪，使冒称日军袭惟义营，惟义惊遁，营遂溃。前军哗传后营溃，自相惊扰，禁之不能止，势乃大挫。锦清力战不屈死亡。骧率民团殊死战，始突出重围，肃队退守八卦山，日军不敢追，乃得脱，大甲溪遂失。

大甲溪既为日军据，永福急令诸军严守彰化。日军由大甲溪来攻，骧与彭年居高临下，叠石为垒，分兵托山内险要以御之。日军落山下，仰而攻，山上矢石纷纷下如雨，屡前而屡却，日军所放弹丸只中山半危石，不损台军一人。有时危石为弹丸所击坠，轰然从空际压项下，日军不及避，反受其伤。骧有时乘夜袭击日军营，日军自惊扰，践踏以死者无算，因是日军虽望山而阵，卒不能达山脚，劳师既久，不能成尺寸功，愤甚，乃仍贿土匪为前导，昏夜由僻径蛇行而上，匍匐而达山巅，守者不及备，及知之，日军已盈山谷，大惊而溃。骧及彭年拨短兵与日军接战于崎岖山路间，军士伤亡殆尽，民团亦死伤过半，彭年身中数十枪死以殉。骧率所余民团且战且退，突由他径奔，竟脱于祸。

日军既夺八卦山，俯瞰彰化，日军遂日以巨炮轰彰化城，守者不能御，启城降，日军乘胜又连降云林、苗栗二县，将长驱逼嘉义。

骧自起义以来，转战千里，大小数十战，战必居前敌，日军闻而畏之不敢逼，其每败而得脱者亦以此。今虽穷蹙之余而名日益盛。台人举其名必以之与永福并。是时所余各州县之民咸知大势危殆，战亦死不战亦死，闻骧风咸奋臂兴，皓发老翁，黄口小儿，均执梃而隶兵籍，遥尊骧为之魁，受其节制。台北各城邑闻骧义声亦思奋起，图恢复，日军严备之不得逞。未几，嘉义警告日急，骧乃授策于嘉义民团林义成，义成等遂以弱卒抵日军，引入深山穷谷中，以劲旅塞谷口，尽歼之，日军又一挫。

是时库帑既匮，军饷不支，骧所统之民团，其饷尽集储民间，久已告尽。台民多贫户，罗掘俱穷，骧乃罄其家中祖父相传之产业以作军中粮，然杯水车薪，于事无济。日人再以大军攻嘉义，骧退驻嘉义城，嘉义守将王德标，健将也，骧与之议，密以地雷达日营，夜半地雷发，日军死七百余人，惊而退。日军以死将士多，大愤，来攻益急，聚巨炮四面轰城，骧知必无幸，扼腕曰：此吾报吾台时也！亲持刀主城头督军士战，须发怒张，飞弹缠绕其身不少避，卒中炮死，头颅随弹去，身犹直立于城上。未几嘉义破，德标亦死。

第三节　卫台殉国的抗日民族英雄吴汤兴及英勇牺牲的抗日台民义军

关于吴汤兴英勇抗日的事迹，戚其章《甲午战争史》记述较详，摘录如下。

吴汤兴（1860—1895），字绍文，原籍广东嘉应州镇平县高思乡。父吴悦来，只身到台湾谋生，入赘于苗栗街的樟树庄吴家为婿。不久，迁于铜锣湾定居。吴汤兴即其长子。

甲午战争爆发后，清军节节败溃，敌寇深入国土，并派军舰南窥台澎。吴汤兴悲愤题诗曰：闻道神龙片甲残，海天北望泪潸潸。书生杀敌浑无事，愿与倭儿战一番！其忠义奋发的爱国之情，跃然纸上。清廷割让台湾后，吴汤兴誓抗朝命，经丘逢甲举荐，由唐景嵩颁给台湾府义军统领关防。他回乡后，即号召乡人抗日保台，乡人“咸不愿属倭，听其言无不悦，则各搜器械，粮备应用”。当地生员邱国霖、吴镇洸皆出而臂助。台北失陷的消息传到苗栗后，吴汤兴即率队北上，以期恢复台北。6月10日，吴汤兴抵新竹城外，各路义军及清军诸营“不期而会者万人，遍山漫野”。于是，众推吴汤兴为抗日义军首将。

1895年6月11日，即日本近卫师团集结于台北的当天，吴汤兴集众列营，祭旗誓师。是日，“设大鼓一面，筑三丈高架挂之，旗帜整齐，立约法数章，有事则击鼓，各庄闻鼓音即齐集公所，并约众接济粮食费用”。吴汤兴望北而誓，表必死之决心曰：是吾等效命之秋也！众皆感奋，愿誓死抗敌。12日，吴汤兴发布布告，揭露敌人罪行，表示抵抗决心，并申明纪律，号召人民投入抗日斗争，其布告曰：

当此台北已陷于倭夷，异服异言，何能甘居宇下？本统领志切救民，故不惮夙夜勤劳，倡率义民义士，以图匡复，以济时艰。尔等践土食毛，尽属天朝赤子，须知义之所在，誓不向夷。尚祈各庄各户，立率精壮子弟，须修枪炮戈矛，速来听点，约期剿办倭奴。但军令宜严，方能杀敌致果。并望众志勠力同心，不可互相戕杀，不可挟衅寻仇，并不可观望不前，各安各业；如有倚强欺弱，妄杀无辜，或肆行掳掠，纠党劫财，定按军法严办，决不姑息。合行晓谕，为此示仰各庄义民等，一律遵照无违。特示！

当天，吴汤兴率部由新竹沿铁路线北上，以截击南侵之日军。因吴汤兴义军皆来自新竹、苗栗二县，故有“新苗军”之称。由于人民群众广泛地组织起来，台湾的抗日斗争便开始了新的局面。

北白川能久于6月11日到达台北后，即命令近卫步兵第二联队第四中队侦察新竹方面的情形。12日黎明，这支日军沿铁路线南下，经桃仔园至中坜。日军在中坜强征台民为夫役，为之运送辎重。13日，继续向南侦察。14日，进至头亭溪，发现在中坜所征夫役已全部逃走，想再征募，却无人应差，于是强捉三名村民为之服役。当天下午，行抵大湖口东北18里的崩坡，该村“家家闭门锁户，只影不见”。日军不敢停留，一面派飞骑进驻中坜，以为侦察队之后援，一面向南继进，至大湖口火车站前扎营。此时，日军始发现与后方的联系已被吴汤兴切断，义军向日军步步逼近，从四面八方猛烈发射。不巧此时忽降大雨，义军始停止射击。雨停后，义军又开始进攻，日军被迫死守营地。此夜，日军传令骑兵拟突围北上，向师团报告情况，但遭到义军截击，只好返回宿营地。15日，日军又派出几起传令骑兵，皆被堵回。在此日的战斗中，日军“惟发排枪，弹如雨下，鲜命中。吴军多山民，善狙击，弹无虚发，日军仆者相续”。16日凌晨1时，日军趁义军进攻暂停之机向北突围。

北白川能久闻第四中队逃回，又命近卫步兵第二联队长阪井重季大佐为支队长，率步兵第二联队、骑兵一小队、野战炮兵第一中队和机关炮第四队（各四门炮）再次南侵。6月19日……过海山口到桃仔园。20日，抵中坜，是夜下达进攻命令。21日晨6时，日军前队进至杨梅坜，与部分义军遭遇。义军占据有利地形，鸣锣击鼓，吹笛奏笙，顽强地进行抵抗。日军用山炮向义军猛轰，义军抵抗更加猛烈，日军承认“虽然数次发起冲锋，但敌军据垒壁顽强抵抗，我军不易攻占，直至次日晨仍未陷”。日军只好下令停止进攻。22日上午11时，阪井支队进至新竹城下，以机关炮队发炮掩护，步兵发起冲锋。吴汤兴义军“非素练，又苦饷械不继，新竹巨富复观望不供应”。仍奋力抵抗，毙伤敌人14名，然义军终于抵不住日军的猛烈轰击，牺牲50余人，撤出城外。新竹知县王国瑞及提督道茂林二营弃城内渡，日兵攀城墙而入，打开城门，大队涌入城内，新竹遂陷，然城外各庄仍在义军的掌握之中。23日，即日军占领新竹的第二天，日军设在中坜的兵站部即遭到义军的袭击。是日下午2时许，义军300多人从东、西、南三面包围了日军中坜兵站部，至150米距离处进行射击。兵站部派骑兵突围拟赴桃仔园请求增援，被义军堵截未能达到目的。随军日本记者石豕氏在一篇报道中写道：去年日清战争期间，兵站线长达五百余里，所设兵站亦不少，却从未遭遇敌军如此猛烈之袭击。为之哀叹不已。

6月25日，即北白川能久发布“南征”令的第二天，日军又遭到义军两次袭击：日军自台北护送粮食纵队往新竹，当进至头亭溪村时，义军约50人从竹林中猛烈射击，进入道旁的民房，利用墙壁枪眼射击。日军向民房发起冲锋，“但以砖石砌成的墙壁十分坚固，枪弹不能贯通”。于是，日军纵火焚烧民房后又向南行，前进大约2000米时，又被义军拦截射击。日军10人伤亡，另一次袭击发生在新竹城，义军五六百人向日军前哨逼近，“打旗敲鼓，猛烈射击（日军）哨兵以信号求援”。阪井急命第四中队驰援，机关炮队向义军发射排炮，后又急调山炮轰击，但义军占据有利地形，敌炮毫不奏效。义军战斗持续到下午4时10分始停止攻击，义军的多次袭击迫使日侵略军不得不改变“南征”计划，决定暂缓南进。

此时，吴汤兴所统带的新苗义军已发展为六个营，除卫中队营一营随身差遣外，其余徐骧一营扼扎北埔，邱国霖一营扼守尖笔山沿山一带，张北麟一营分守三杯水流东，陈超良一营驻防深井，黄景岳一营仍守苗栗。

台湾知府黎景嵩招募土客各勇，命名为“新楚军”，以副将杨载云为统领，并竭力筹措饷银，新苗军才得以维持。从此，新苗军与新楚军配合作战，共同打击敌人，义军与清军联合抗日的体制才得以建立起来。

当时固守新竹之日军仅1000余人，已处于新苗军、新楚军和新竹以北各庄义军的包围之中。

7月10日，抗日联军对新竹发动第二次进攻，吴汤兴率新苗军攻打南门，杨载云率军策应，日军发射榴霰弹，杨、吴军也“猛烈炮击”。杨、吴军无法靠近南门，又会合傅德升军队从东南路进。日军已占十八尖山，下山邀击。吴汤兴熟悉山路，急先应战，杨、傅军左右并进。“日军凭山发炮，我军先后奋迅争上，夺其山，自山下发抬炮，弹丸及城中，日军则发大炮，我军伏避炮，十八尖（山）复为日军据。我军或从山后东径击其腰，日军复退下山，一上一下，如是者数次。新竹人从屋上观，错愕叹两军壮烈……谓：‘来军有大炮，则克矣！’我军卒以无大炮，乏子弹，被驱下山。”25 日，杨、吴军对新竹发起第三次进攻，“从三面包围，炮击相当准确”。“在长达三千余米的战线上，枪声与炮声相合，战斗一度非常激烈”。敌人火力虽猛，抗日联军奋力抗御，伤亡惨重，牺牲 130 余人。

吴汤兴之新苗军原有 6 营，屡经战斗，多有伤亡，来不及补充。吴汤兴议募敢死队，因粮饷不足，迄未集，亦无器械，幸赖群众热情支持，“城内外人民皆蒸饭到营，供给三餐”，各军才暂得以维持。

8 月 28 日晨，日军以 6 个中队的兵力，从东、西、南三个方面向八卦山炮台发起冲锋，吴汤兴手持短铳，足蹬草履，帕首束腰，往来指挥，大呼杀贼。徐骧也麾军力战，然日军炮火炽烈，势不能支。李仕炳、沈福山先后阵亡，吴汤兴决心与敌死战，不幸中弹仆地，鲜血洒于八卦山巅。对于吴汤兴之死，有人赞之曰：汤兴固好男儿，不屈倭，不屈节，执戈制梃，授命疆场，其心决然而不幸，虽与日月争光可也。吴汤兴牺牲后，八卦山守军亦伤亡殆尽，且弹药告尽，徐骧率余部 20 人走后山，突围而出，日军遂登八卦山。

第四节　卫台殉国的抗日民族英雄杨泗洪及英勇牺牲的抗日官兵

戚其章《甲午战争史》记述了杨泗洪保台抗日英勇事迹。摘录如下。

杨泗洪（1848—1895），字锡九，江苏宿迁人。出身于拳技世家。“性倜傥，有远志。”“好济人危急，削不平。”曾投效湘军，积功保至游击。1884 年，刘铭传奉旨赴台治军，杨泗洪以营官随行，时法军侵台，在沪尾一战中，杨泗洪“率部挫其锋，敌为却”。刘铭传“极其藉之，由是名大著”。累保记名简放提督，赏硕勇巴图鲁勇号。又奏署台湾镇总兵。后刘铭传因故辞职离台。至 1891 年，邵友濂任巡抚，尽废前任之政，裁撤防军，将杨泗洪降为营官。及日军侵台，连陷台中诸城……经文案吴桐林力举杨泗洪“可当大任”，刘永福犹以为然，即命杨泗洪统镇海中军正营、后营、前军右营、武毅右军右营兼吉林炮队共 5 营，“节制黑旗前敌诸军，及各地勇队，咸归调遣”。杨泗洪为刘永福之知遇和信任感泣不已，他对吴桐林说：我当以身报大将军知遇之恩，庶不负先生牙齿力也。遂集队誓师，当众宣言：励其忠义之气，激以夷狄之守，垂泪而道，士气奋发，慷慨启行。

9月初，杨泗洪率黑旗军和义军北上御敌。刘永福知其“每战必先”，“诫其自重”。杨泗洪答曰：我如驱饥军，搏饱虎，利在速战，机在勇决。我苟不先，士气少沮，无能为也。刘永福知其心迹，默然无语。时日军已据大莆林。3日，杨泗洪率黑旗军至嘉义，北打猫庄，探知日军在大莆林街内，大莆林在嘉义城北30里处，台南孔道，为必争之地。下午1时半，杨泗洪下令将大莆林围住。下午4时，日军突围奔向他里雾，途中遭到黑旗军堵截，日军伤亡多人，无力再战，只好伏在水田里，待日落后逃出，连夜奔向他里雾，杨泗洪采取声东击西之计，佯攻大莆林，而以黄荣邦乘虚袭击他里雾，包围了日本通信骑兵队所住的神庙。日本骑兵“知寡不敌众，便锁住神庙大门坚守”。此时，“阿丑（黄荣邦）白手石斧劈门，七人随之。敌枪乱发，阿丑跳而入。敌越墙遁，有走散者，死于路”。活命者仅三人。他里雾被黑旗军占领。

9月4日，日军被围缺粮，涩谷在明命令第八中队到各村抢粮，抢完后即杀人烧庄，参加抢粮的日本兵野口要藏，在寄回国内的书信中写道：4日，因征集米谷，我小队被派往西南方向的村落，杀“土匪”（台湾人民）烧村庄。征集归来时，又奉命将前方的村庄烧毁。随后，涩谷又命这个中队绕过他里雾，与莿桐港的第六中队会合。这天，由莿桐港派出的一支运输队，在他里雾附近遭到黑旗军和义军的袭击，除2人逃回外，悉数被歼。5日凌晨1时，日军在他里雾纵火烧房，把整个他里雾街变成了一片火海。

至9月5日夜，在大莆林的日军已被围困整整三昼夜，且与后方的联系已断，半点接济全无。于是，涩谷在明与千田贞干议商，决定北撤。6日晨，日军刚作好撤退的准备，黑旗军和义军即对大莆林发起了总攻，据日方记载：黑旗军从嘉义城运来山炮（两门），以炮击激励志气，弹着亦甚良好。激战两个小时，日本“士兵携带的子弹都已打完，因兵力不足，涩谷中佐、千田少佐等军官不得不从事搬运弹药”。据统计，当天日兵发射的子弹平均约为每人360发。可见战况之激烈。最后，涩谷下令向北突围，“踉跄奔出，出则被我军截击，敌大乱”。杨泗洪率军从后追击，见有日将殿后，欲生擒之，脚部中弹，“犹裹创督战，且战且息，屡犯屡突……寇且败退，腹又中弹”。被部下救回后，延至8日而逝。台南绅民“闻其殒，巷哭罢舂，多有持纸钱、麦饭哭祭柩前者”。刘永福痛失勇将，“于野外招其魂，哭以奠之，并厚恤其妻子”。

日军从大莆林突围后，逃至他里雾，会合该处日军北撤，奔莿桐港，渡浊水溪，于9月9日至北斗镇始停。于是，台中之云林收复。“各处日军多退，云林也无敌踪，敌军大震。”

姚锡光《东方兵事纪略》记载有关杨泗洪抗日事迹。

台北陷敌手，刘永福与署台南总兵杨泗洪、布政使顾兆熙、台中府知府黎景嵩、安平县知县郑汉卿及各军统领十八人，并台南义民等，登台歃血立盟书誓守，推永福为军统，泗洪为分统。

永福得彰化失守警电，即夜电令守备王德标，统七星营，防守嘉义。杨泗洪统镇海中军正营、后营、前军右营，武毅右军右营兼吉林炮队，赴前敌援攻，永福亲赴曾文溪等防御。

泗洪率所部星夜进攻大莆林，精华、义成等率义民数千助战，反为敌所乘，泗洪突阵登先，军威陡振。日军围数重，亦数败。泗洪腿部受伤，裹创奋杀，日军慑遁。泗洪率众急追二昼夜，乃落虹桥，腹部中弹，至彰化行辕将息，夜殁。

第五节　卫台殉国的抗日民族英雄朱乃昌及英勇牺牲的抗日官兵

姚锡光《东方兵事纪略》记述：

泗洪阵亡后，营官朱乃昌率健卒数百人再战，日队开炮，声震山谷，乃昌奋战，精华助之，历三刻，日兵败溃。乃昌挥兵竞进，将抵大莆林，遥见火光冲天，声喧甚，乃义成、荣帮率义军抄至，前后夹击，遂复大莆林，毙敌数百，乃昌身受殊伤，裹创血战，中炮死。

第六节　卫台殉国的抗日民族英雄杨紫云及英勇牺牲的抗日官兵

姚锡光著《东方兵事纪略》的记载摘录：

自台北沦陷，林朝栋等相继委中路去，刘永福令杨紫云率新楚军代之，拒敌于新竹。相持月许，凡大小二十余战，互有伤亡，至是奸民导日兵由僻径抄击，紫云战殁。

有关杨紫云的抗日英雄事迹，戚其章《甲午战争史》的记述摘录：

杨载云，又作杨紫云或杨再云，原籍湖北，从军来台，积功至副将。日军占领台北后，曾奉黎景嵩之命，率一营北上御敌，然兵未到新竹，新竹已为日军所占领，杨载云遂扎于新竹以南。黎景嵩令杨载云添募陈澄波一营，并以栋军傅德升、郑以金之营隶之，共成四营，称新楚军。

此时，吴汤兴所统带的新苗军已发展为六营……从此，新苗军与新楚军配合作战，共同打击敌人。义军与清军联合抗日的体制建立了起来。

当时，日军虽欲固守新竹，然仅1000余人，且处于新苗军、新楚军和新竹以北各庄义军的包围之中。

7月10日，抗日联军对新竹发动了第二次进攻。分三路进军，杨载云会同吴汤兴军进攻城东之十八尖山，日军炮兵发射榴霰弹。杨、吴军也“落下旗帜，猛烈炮击”。

日军凭山发炮，我军先后奋迅争上，夺其山，自山下发抬炮，弹丸及城中。日军则发大炮，我军复避炮，十八尖山复为日军据。我军从山后东径击其腰，日军复退下山。一上一下，如是者数次。新竹人从屋上观，错愕叹两军壮烈……谓：“来军有大炮，则克矣！”我军卒以无大炮，乏子弹，被驱下山。

7月25日，杨、吴联军，对新竹发动了第三次进攻，“仍以三面包围，炮击相当准确……在长达三千余米的战线上，枪声与炮声相合，战斗一度非常激烈”。但敌人的火力太猛，且有良好的掩体，抗日联军虽奋力抗御，然处境不利，伤亡惨重，牺牲者达130余人，抗日联军只好向南撤退。

7月29日，近卫师团所部南侵，兽性大发，所到之处实施“杀光烧光”暴行，日军自己供述：我军所到之处，烧光家屋，逐杀敌兵，集结于新竹县。

杨载云是一位智勇双全的战将，两月间出队十余次，颇有斩杀。“杨统领之名大震于中路，敌人闻之，皆有惧心。”然而，黎景嵩为个人私心，将杨载云新楚军统领之职予以撤除，实黎之大错。

8月10日，日军向新楚军大本营所在地头份四面发起进攻，新楚军和新苗军拼死抵抗，敌被克制，然李惟义后营被敌袭破，李不敢抵挡力争，而畏敌逃跑，致使前敌诸义军陷入危境。此刻“唯杨载云力战，不避铳火。日军前后夹攻，杨回见大营已破，尤复奋勇为殿，身中数铳而毙”。杨载云虽被撤统领之任，可是在大敌当前，他仍然奋不顾身，置个人生死于度外，不怕牺牲，与日鬼誓死拼搏，与阵地共存亡，其英勇抗日事迹在群众中广为颂扬，有诗赞曰：公本血性奇男子，丹心捧日才不群。公愤奋臂冲前敌，身冒炮火甘自焚。日军占据头份街后，“将头份街全部烧光，使之变成一片焦土”。

第七节　卫台殉国的抗日民族英雄陈得胜及英勇牺牲的抗日官兵

有关陈得胜等统领的卫台抗日英勇事迹，现将戚其章的记述摘录如下。

三貂岭已为敌所据，唐景嵩复命营官胡连胜，且调顶石角营官陈国柱、金色里营官记名提督陈得胜、狮球岭营官知县包干臣等，各率粤勇数百人赴敌，皆称统领，无所系属。

6月2日早，日军向瑞芳发起进攻，记名提督张兆连决定进战，吹角列队，双方展开激战，清兵或“隐于村落的土墙后”，或“潜于茂密树木之间，巧妙地利用地物猛烈射击”。日方记载：敌人的抵抗意外顽强，或仅仅以数十名前来逆袭，或单独潜伏房屋竹丛中，待我通过后加以狙击……我方死伤较多。在激战中，提督张兆连重伤，记名提督陈得胜战死，余从不支，日军两路包围清军炮兵阵地，刘燕督兵抗御，死伤甚众。俞明震率亲兵助战，亦被弹片击伤，被部下抬至狮球岭。瑞芳遂陷。在此战中，日军死伤19名，第二联队长阱并重季大佐被枪弹洞穿军服。清军30余名战死，30余名被俘。

日军乘势薄瑞芳，刘燕督炮队自西面发炮下击，弹雨下，敌死十余人，复退去。四更，张兆连率护卫营冒雨至瑞芳。初十日辰时，国华、连胜亦来会，兆连立九芬桥吹角列队，日军督奸民三四百人来攻，每十二人一队，而日兵持刀督其后，我军枪炮并轰，敌颇伤亡，稍退。兆连率队冲入，日军自山顶驰下包抄，断九芬桥归路，兆连被围，受重伤，亲兵死亡略尽，陈得胜率八十人，曾喜照率三十余人，涉溪涧，冒死入救，一卒负兆连涉溪涧得脱，得胜战死，喜照受伤，归路绝，裹创至庚子寮，入李文忠营。

第八节　偕子卫台殉国的抗日民族英雄林碧玉及英勇牺牲的抗日台民义军

戚其章《甲午战争史》记述林碧玉保台抗日、壮烈牺牲的英勇事迹。摘录如下。

1895年11月，占领盐水港的日军南侵，遭到林碧玉所率义军的激烈抵抗。

林碧玉（1832—1895），字尔音，号昆冈，嘉义诸生。祖籍福建泉州晋江县，先世迁台。“初居台南县北门乡，后迁将军乡西甲。”中秀才后，设教于乡。“生平尚武好义，精拳术。”“喜为人排难解纷，里众倚重之。”至是，闻前敌迭败，台南岌岌可危，便集各庄群众曰：台湾亡矣！汝等将何往？吾欲率子弟卫桑梓，若能从吾乎？应者一百数十人，得旧铳数十杆，迎敌于盐水港10余里之铁线桥。林碧玉率众踊跃而进，日军稍却。复战于沟仔头，沿途庄民亦持械随战，既而日军大队至，他指天而誓曰：天苟不欲相余，今日一战，当先中弹而死！众等感泣。在与敌搏战中，林碧玉中弹洞胸，壮烈牺牲，其长子同战死，而日军伤亡亦颇不少，其中有一中尉，中弹当即毙命。

第九节 卫台殉国的抗日民族英雄袁锦清及英勇牺牲的抗日官兵

姚锡光《东方兵事纪略》记述：

1895年6月17日，福字先锋左营营官汤人贵、福字某营营官袁锦清，合队进攻新竹敌垒，获胜。敌大队猛攻大甲溪，汤人贵率福军先锋营当其冲，与相持；袁锦清、徐骧由溪弯左右绕出，攻其两腋，敌已稍却……日兵阻于人贵、锦清不得进，以重金购土匪，伪称日兵，往袭惟义营，惟义遽遁，前敌乃大挫。锦清扼大甲溪，抵死不退，率健卒五十余人，冲入敌队，颇有斩获。旋日军炮队至，发弹如雨，锦清死之，健卒五十余人无一还者，敌遂据大甲溪。

第十节 卫台殉国的抗日民族英雄柏正才、陈开穗、冯练芳、刘步升、杨文豹及英勇牺牲的抗日官兵及台民义军

日军攻嘉义城，守军总兵柏正才、营官陈开穗、同知冯练芳、武举刘步升、生员杨文豹等率部进行抵抗，并于城中埋设地雷，日军进入城内，夜半地雷爆炸，轰毙日军七百余人，日军惊退出城。第一天，复来攻城，炮轰益烈，嘉义陷敌，柏正才、陈开穗、冯练芳、刘步升、杨文豹奋勇抗击，壮烈牺牲，士卒伤亡惨重。

第十一节 卫台殉国的抗日民族英雄江国辉及英勇牺牲的江排合、林万德等抗日台民义军

戚其章著《甲午战争史》记述：

江国辉（1844—1895），字耀明，号明亮，台湾南雅厅大嵙崁人，清朝武举人。原籍福建平和县，先祖随郑成功从军渡海来到台湾。江国辉“好武能文，性急好公义”。日军占领台北，大嵙崁乡人捐金雇勇，以保地方，募义兵一千人，推江国辉为统领，吕建邦为副统领，李家允为邦带，简玉和为营官。江国辉与南雅厅岛涂窟的黄源鉴义军联络呼应，并联系三角涌的苏力义军，三军联合围击日军，给日军以重大杀伤。

7月13日，日军从三角涌出发，进犯大嵙崁，义军沿途设埋伏，连连打击拦截，日军伤亡甚多。敌军入侵到福德坑，立即被义军团团包围在一狭窄山谷中，义军从上向谷底猛烈射击，日军四窜无路，死伤很大。

在这场包围战中，江国辉“率大嵙崁义民阻击于分水岭，苏力父子率三角涌义民进围福德坑，黄晓潭等率众起自岛涂窟，四乡义民亦各率子弟军参战。日军四窜无路，死伤尤多”。

据日方记载：日军走出三角涌五六千米，刚到福德坑，突然“一发空炮为信号，在四面的山腰、山顶出现了约二千余名的敌兵，一齐向我射击，枪弹恰好雨霰，或打碎岩角，或打折树枝，山谷响应，如万雷齐发。敌人据地物从上瞰射。我军全队都陷入研钵形的谷底中……这样，陷于敌围之中，遭受敌袭两次，移时日斜，仍无暇吃饭，各兵都忍饥战斗，其间的困苦，殊非纸笔所能尽述”。

7 月 14 日拂晓，日军至娘子坑，义军“包围如昨，进行猛烈射击，兵数比昨天大见增加，而且追蹑益急”。日军坊城支队已完全陷入义军的包围之中，粮尽弹绝。“义军以日军无援，只增兵围困之，将使其粮尽白毙。”从 14 日早晨起至 15 日，日军后卫第七中队“粮食完全断绝了，连一粒饭、一块饼干都得不到”，“粮食不接，弹药将尽”，虽然日军在行军路上抢来的鸡豕，也无法给全军充饥，只好将从民家抢掠来的大米“磕开煮粥分配充饥，每 2 升米粥分给 70 个人吃，一碗里的米数寥寥可数，多的亦不过六七十粒，少的仅有二三十颗”。日军被围困待毙，挑了 4 人化装成当地居民，潜出重围求援，其中一人被义军截获。三人分别到了中坜和龙潭陂。

日军得风立即派出大队人马开往大嵙崁，以猛烈炮火轰击义军，突破了义军的防线，义军在街市顽强抵抗，浴血战敌，坚持火线不退，战斗进行了一天，日军眼看攻不下来，于是恶毒地纵火焚烧房屋，顿时大嵙崁市街成了一片火海，义军仍然用枪弹还击。在敌人的强大炮火及纵火下，义军突围，为敌夹击，江国辉被俘。在日鬼面前，江国辉大气凛然，坚贞不屈，被日军杀害，壮烈牺牲。和他同时被俘的江排合、林万德等 150 余名义军，被日军押到田心仔村，全部用刺刀刺死，令人发指。

第十二节　卫台殉国的抗日民族英雄黄荣邦及英勇牺牲的抗日台民义军

姚锡光著《东方兵事纪略》记述：

乃昌挥兵急进，将抵大莆林，义成、黄荣邦率民抄至，前后夹击，遂复大莆林，毙敌数百。荣邦率义民二千五百人，随精华大队，进图恢复。敌窜入观音堂庙，荣邦、义成困之，攻甚力。日人惶急，误窜入山，义成、荣邦断其归路，擒斩殆尽。三发督荣邦、精华进，各军就地设伏。敌及半山，径益狭，多竹石，黄荣邦由竹石间用土枪轰击而出，毙敌数十，敌仍退竹仔圹。

日军进攻彰化，扼于城外炮台，不得进。

荣邦先攻炮台，猛战中炮死。

第十三节　卫台殉国的抗日民族英雄林鸿贵、李仕高、沈仲安、杨春发及英勇牺牲的抗日台民义军

姚锡光《东方兵事纪略》记述：

大甲溪既失，永福令各军择彰化境内由大溪扼守。初五日，徐骧率义民三百人为前锋，与日军遇，敌人枪甚厉，势不敌……适台民李邦华率义民千人至，遭敌炮猛轰，义民死千余人，大溃。于是营官李仕高率镇海中军正营来接应，而营官陈尚志率新楚左营，由左路生员吴汤兴、粤人沈仲安率义民四千人，由右路包抄，至截敌兵为两。汤兴、仲安乘之，敌后队先遁，为徐骧伏兵所要，死甚众。汤兴纠各营前进，将争大甲溪，日军列炮，守甚严，不克拔，夜半始收队归。前敌战，日军败，窜入后山。

彭年与景嵩议移时，令吴汤兴为前队，陈尚志为后队，李仕高为左队，林鸿贵为右队，严守八卦山。丑刻日军大队来攻，快枪快炮环垒而进。彭年持及辰刻，汤兴中炮而死，鸿贵率七星队百余人冲入，将夺汤兴尸，而敌炮雨下，鸿贵亦殉，军遂大溃。

日军置炮山顶，将轰城，城中奸民树白旗，迎敌人。李仕高、沈仲安、杨春发俱巷战死，彰化陷。

第十四节　卫台殉国的无名抗日民族英雄

在反割保台的抗日战争中，台湾发动了全民对敌战斗，无数台军官兵和义民英勇奋战，浴血拼搏，誓死杀敌，壮烈殉国。这里记述的都是无名的抗日民族英雄，略记。

1895 年 5 月 29 日晨，日军从台湾东北边的澳底湾口登陆，守军曾喜照两营进行反击，牺牲士卒 4 人。6 月 2 日晨，日军进攻瑞芳，守军提督张兆连受重伤，刑部主事、督办全台营务处俞明震亦受伤抬离战场。此战打死日军 19 名。清军战死 30 余名，被俘 30 余名。

6 月 3 日晨，日军向基隆市街发起猛攻，下午 5 时日军突入市街，守台清军与敌人展开激战，英勇抵敌，有两名清军士兵将火药库点燃爆炸，炸死日军军官

一人，士兵二十余人，此战打死敌人共 31 人。清军官兵壮烈牺牲无数。

同日，日军向扼基隆去台北通路之狮球岭发起攻击，守军仅剩知县胡友胜率领的粤勇 4 营孤军，胡“督军苦战，坚守不退”。

在狮球岭战役中，清守军英勇作战，顽强抗日，牺牲无数。

在保卫台湾的抗战中，台湾是“全民皆兵”打击日寇，在战斗中作出了最大牺牲。日本人写的《日清战争实记》作了相关报道，现节录如下。

我骑兵一行迷失道路，问诸农民，农民假装亲切，事实却指示给不可通行的狭路，当我军困顿路上，正在徘徊踌躇时，忽然枪声四起，响彻山中，眼看假装着农民的人们，三三五五，不知从何而来，拿起预先藏好的步枪，四面齐向我军乱射，我军开枪应战，时达数刻，迟到的三骑赶到距全队四百公尺的地点时，已经是八方受敌，两方都陷入重围，无可措手了……宫崎上等兵因事已急，欲退到一民家之下稍事休息，但是，房顶上亦有敌兵，向我狙击发射……退却二里余，其间凡是树木桥荫，田里园里，都有人埋伏向我狙击，不知道有多少处……好容易才到达了盘杭对附近，然而举目一看，却是妇女童稚，全都勇敢地手持长枪，向我追赶而来，似乎老幼妇女都要当兵和我对抗……

另一篇报道记述：……作为坊大队的后卫，顺着山谷向大姑陷（台北到新竹铁路线南）前进。岂知在距离三角涌一里半地点时，突然从后方轰起一发空炮！敌兵！在四面的山腰山顶出现了约有二千余名的敌兵，一齐向我射击，眼看之间已经十来名死伤。随着我兵前进，敌人益加追蹑，大肆射击，敌兵七八百名，将高地点占领，向前我军瞰射，最为激烈……与此同时，约有敌兵三百余名追赶我军，急袭而来，又有三四百名敌兵从右方山谷中呐喊逼我军。这样陷于敌围之中，遭受敌袭两次，移时日斜，仍无暇吃饭，各兵都忍饥战斗，其间的困苦，殊非纸笔所能尽述。

此日，坊大队的前卫，亦于第七中队陷入敌围之后不久，在阻住去路的峻岭底下同样被敌兵扼住，不但遭受到掩堡的猛烈射击，而且侧背都是敌人，敌兵成群，毫未减少。到天亮，敌兵包围如昨，进行猛烈射击，兵数比昨天大见增加，而且追蹑益急。

敌人据守大姑陷，布置顽强的村落防御线，各墙壁都开有枪眼，大有待我兵到来之势。又背后的鞍部已经被追蹑的敌兵所占领，支队至此完全陷入了敌兵的包围中。过两小时后，有敌兵三百余名从大姑陷方面前来袭击我阵地，四面敌围未解，从四面瞰射，而且宽达一千公尺的水田，使得前进遭受无可奈何的不利。沿着河岸有民房十余家，突然向我军一齐射击。此夜处处篝火照耀，不容易突出……有敌兵三四百名从第七中队守备的一方前来袭击。我军已陷于敌兵包围之中，粮食不济，弹药将尽，仍在敌围中。午后听见大姑陷方面炮声大作，乃令山下中尉率领一个小队，将沿路敌人的据守的村落悉予烧火。

从上述日人随军记者的记载，可以明显地看出，台湾人民卫台抗日之英勇战斗精神，看出台湾已是人人皆兵打击日军，到处埋伏，围击野兽。在战斗中台湾人民壮烈牺牲者无数，他们卫台抗日殉国的伟大民族精神永垂不朽！他们都是无名抗日民族英雄！我们的后人世世代代将永远不会忘记他们！

第十五节　英勇卫台的抗日民族英雄吴国华、张兆连、刘燕、曾喜照率领下英勇牺牲的抗日士卒

姚锡光《东方兵事纪略》记述吴国华、张兆连、刘燕、曾喜照英勇抗日，所属抗日士卒英勇牺牲的抗日事迹。摘录如下。

唐景嵩闻日兵登岸警电，令吴国华率广勇七百人，驻守三貂岭。国华初七日巳刻始率四百人先行，初八日未刻至小楚坑，适日探兵从三貂岭来探瑞芳大道，骤遇国华军，遽搏战，团勇夹击，日兵反奔，国华追之，乡民拍手欢呼。

初九日，景嵩电令前敌分三路进，图复三貂岭。

广东守备刘燕率炮勇三十人，督格林炮五架，扼瑞芳西面土山。日兵进抢九芬桥，约千余人。我军遂开枪，国华率队进争九芬桥。日兵乘势薄瑞芳。刘燕督炮队自西面发炮下击，弹雨下，敌死十余人，复退去。

四更，张兆连率护卫营冒雨至瑞芳。初十日辰刻，国华、连胜亦来会，兆连立九芬桥吹角列队。我军枪炮并轰，敌颇伤亡，稍退。兆连率队冲入，被围受重伤，亲兵死亡略尽。陈得胜率八十人，曾喜照率三十余人，涉溪涧，冒死入救，一卒负兆连涉溪涧得脱，得胜战死，喜照受伤。十一日黎明，日军分两路专攻瑞芳西面大山，刘燕被围，炮勇死八人，伤四人，瑞芳遂陷。

第十六节　英勇卫台的抗日民族英雄吴光忠、刘游击、黄副将及所属英勇牺牲的抗日士卒和义军

姚锡光著《东方兵事纪略》的记述摘录：

申刻日舰复至风山旗后，旋陆续去。复窥恒春县属之鹅鸾鼻、枋寮诸海口，由枋寮登岸，行半里许，黑旗伏兵从山后出，日兵来扑。时吴光忠奉命至枋寮剿匪，闻警率队由大路进援。恒春营刘游击、黑旗营官黄副将，分左右翼斜抄兜围日兵，日舰望见，连发大炮助战，我军稍却，日兵乘势突围去。光忠追之，敌惶

急逃逸。是役也，匪首邓蛮子、林荫生等迎降敌，故日兵登陆，无稍顾忌。

第十七节　英勇卫台的抗日民族英雄肖三发、简成功、林义成、简精华、王德标、孙育万及英勇牺牲的抗日台民和义军士卒

姚锡光著《东方兵事纪略》的记述摘录：

刘永福令都司肖三发统福军前敌各营，进代泗洪。十三日檄简成功总统义民军，黄荣邦率义民二千五百人，林义成率义民三千人，随简精华大队，进图恢复。是日申刻，王德标率七星队与嘉义知县孙育万及简精华诸义民，出队攻云林。亥刻遂复云林县，敌军退走。德标会义民进追，精华率军独进，冲日队为两，敌窜入观音堂庙，荣邦、义成围之，攻甚力，日人惶急，以连环枪出击，围兵稍却，敌乘势冲出，精华复猛追，敌误窜入山，义成断其归路，擒斩殆尽。十四日进攻苗栗，歼日兵二百余人，我兵阵亡千数百人，遂复苗栗。十五日，三发督荣邦、精华进，各军就地设伏，敌大队来，行及竹塘，见丛竹不敢进。逾二刻，义成率义民由竹林出，敌以枪炮轰击，义成急退。敌追至山前，三发立山顶指挥。日军怒而仰攻，我兵散伏山畔，敌及半山，径益狭，多竹石，黄荣邦由竹石间用土枪轰击而出，毙敌数十，敌仍退竹仔塘。时日将暮，三发追至，敌反扑，精华从丛竹中兜出，敌乃溃遁，我军蹑之，颇有虏获。十六日三发督诸军进攻彰化，自辰至申，敌炮如雨，诸军不得进，三发令各军择地屯驻。

时台兵声势颇起，已逼彰化而进。盖自精华等受抚，义民趋矫健可用，虽用土枪，能卧击，无虚发，且稔习地势，蓦山越涧，尤其长技。聚散前后，飙忽猱腾，每绕敌兵后路，日人畏之。

当肖三发诸军之逼彰化，日舰复来台南。二十二日与我凤山海口炮台互击，船卒台兵多有死伤，乃驶去，三发、精华、荣邦战连捷。

由于饷械军粮不济，军民饥困，日益不支，屯彰化诸军饥困愈甚。三发与精华等议，相持非久计，不如拼力前进，夺回彰化，或可驻足。初五日遂合军进攻，而扼于城外炮台，不得进。初六日荣邦先攻炮台，猛中炮死。初七日义成亦攻炮台，受殊伤，诸军气益馁。十五日日兵大举来攻，三发率诸军力战，受创甚。徐骧、简精华率义民往援，斩十余级，敌始退。十九日日军大队攻我，精华、义成御之，陷重围，乃夜不得出，徐骧援之，三更始拔归营，而各负重伤。二十日复战，诸军大败，将士丧二千余人。二十二日徐骧为先锋奋战，诸军继之，敌颇却，骧旋中炮死，诸军夺气，大溃。云林、苗栗复陷，二十四日敌以列炮攻嘉义城，

陷之，德标、精华奔后山。

第十八节　英勇卫台的抗日民族英雄苏力和英勇牺牲的抗日英雄苏根铨及抗日台民义军

戚其章著《甲午战争史》的记述摘录：

苏力，台湾淡水县海山堡三角涌人。日本逼清廷割让台湾，苏力奋起反抗。他揭竿而起，号召乡人组织义军抵抗日寇，聚众千余人。“粮饷不足，破家以应，故战士致死。”其年方二十岁的儿子根铨，随父抗日。其表弟陈小俾也参加了义军。

1895年7月13日，日军运粮队护送18条木船，装运着大米150余袋，梅干30余桶，由台北出发，船行至三角涌地区，遭到苏力义军的伏击，日军领队樱井茂夫特务营长被打死，另一名领队军曹江桥勇次郎自尽身亡，运粮队日兵35人大多数被打死，4人自尽，逃出者仅4人，其中1人失踪，运粮队全队被消灭。

7月15日，日军派出骑兵侦察队22人马，去到三角涌侦察，被预伏苏力义军突然袭击，四面包围，被打死19人。日本随军记者记述：当我军困顿路上，正在徘徊踌躇时，忽然枪声四起，响彻山中，眼看假装着农民的人们，三三五五，不知从何而来，拿起预先藏好的步枪，四面齐向我军乱射……已经是八方受敌，两方都陷入重围，无可措手了，刚才在浓雾淡烟中杳然含笑的小河，现在变成充满杀气，四面草木皆成敌人了。妇女童稚，全都勇敢地手握长枪，向我追赶而来，似乎老幼妇女都是兵勇。

7月16日，日军进犯大嵙崁，苏力义军与江国辉义军，黄源鉴义军合力将敌围困在山谷中，敌死伤累累。敌大军来援，炮火猛轰，义军英勇还击。激战一天，义军死守街市，逐屋射击敌人。日军攻不下，便纵火烧屋，顿时大火吞没了整个大嵙崁市街，义军仍浴血与敌拼战，苏力之子苏根铨“奋战，遂阵亡”。苏力突围后内渡。

苏力、苏根铨义民军英勇抗日，誓死卫台的抗日民族精神永世发扬，英勇牺牲的义军永垂不朽。

第十九节　英勇卫台的抗日民族英雄黄源鉴、黄晓潭及英勇牺牲的抗日台民义军

日军侵占台北，江国辉在南雅厅大嵙崁揭竿而起，募义兵以抗日军，黄源鉴同时响应，在家乡南雅厅岛涂窟组织义军。日军入侵台南，黄源鉴率领义军与江

国辉、苏力两支义军联合，围敌于三角涌和大嵙崁地区。

7 月 13 日，日军从三角涌出发，奔向大嵙崁，沿途遭到义军阻截拦击，造成伤亡。据日人记述：日军走出三角涌五六里，刚到福德坑，遭到埋伏在山顶约二千名义军的袭击，枪弹雨下，打死打伤无数。江国辉“率大嵙崁义民阻击于分水岭，苏力父子率三角涌义民进围福德坑，黄晓潭、黄源鉴等率众起自鸟涂窟，四乡义民亦各率子弟军参战。日军四窜无路，死伤尤多”。

7 月 14 日，日军至娘子坑，义军“包围如昨，进行猛烈射击，兵数比昨天大见增加，而且追蹑益急”。被围日军“粮食完全断绝了，连一粒饭、一块饼干都得不到”。

7 月 16 日，日军派大队人马前来大嵙崁驰救，猛炮轰击义军阵地，义军发炮枪还击，激战一天，义军浴血奋战，勇敢杀敌。日军不得手。至晚，日军恶毒放火烧屋，整个大嵙崁顿成火海，义军伤亡惨重，许多义军壮烈牺牲，但仍坚持战斗，黄源鉴负伤，裹创陷阵，勇不可当，最后突出重围。

第二十节　英勇卫台的抗日民族英雄胡嘉猷及英勇牺牲的抗日台民义军

戚其章著《甲午战争史》的记述摘录：

台湾割给日寇，胡嘉猷怒火填膺。台湾民主国成立，嘉猷积极响应，动员乡里，组成新竹义民军，积极备战以抵抗日本割台。

日军占领新竹，胡嘉猷以安平外埠为据点，多次率义军袭击日军兵站，枪杀日兵，夺其粮食，给日军造成很大的威胁。

日军于 6 月 28 日入侵安平镇，途中多次遭到义军袭击，日军开始进攻，遭到义军的激烈抗击。

7 月 1 日，日军发起对安平镇的第二次进攻，并增加了炮兵和工兵力量。炮兵发炮猛轰，步兵与工兵合围义军固守的家屋。义军坚守不退，激烈发枪还击，胡嘉猷“以旧式大炮还击，沉着应战，日军仍不利”。日军死七名，负伤多人。义军“气势毫未减弱”。而日军“炮兵已将炮弹全部打光，攻击却毫不奏效”。日军将一屋墙爆破，义军拼死奋战，发弹如雨注，又从日军背后进行抄袭，日军抵架不住，丢下尸体“背负着轻伤的十一名伤员”，“用担架抬着剩余的八名重伤员”撤回中坜，第二次进攻失败。

7 月 6 日，日军对安平镇发动第三次进攻，此前义军已全部撤走，日军进入安平镇后纵火烧毁了全镇的房屋。

胡嘉猷义军转移至龙潭陂后，以此为根据地，“时而袭击中坜，时而破坏沿途交通”，给日军之“腹地”以重创。

7月14日，日军扑向龙潭陂，遭到义军的阻击而不能前进，义军“隐藏在竹丛间的家屋里乱射，因而不能前进”。日军赶来主力，包围村庄，义军英勇还击，分散在“家屋防御，顽强抵抗”。日军用六门大炮向庄内轰击，发炮50余发，全村几乎夷为废墟，义军死伤惨重，大多壮烈牺牲。胡嘉猷率残部突围撤出，继续坚持抗日。

胡嘉猷义军的卫台抗日的英雄事迹，从敌人记载中也可看到其抗日之英勇。日军工兵少尉森田在致东京友人的信中说道：安平镇乃贼首胡嘉猷的据点……构筑巢穴，呈割据之势，其队伍之彪悍，与一闻炮声即溃散之清兵相比，实不可同日而语。他们在丛林中实行坚固的家屋防御，经常袭击我兵站，夺我粮食，杀戮我兵。我先头部队有此后顾之忧，而不能向新竹以南进兵。

第二十一节　英勇卫台的抗日民族英雄汤人贵、李邦华、陈尚志及英勇牺牲的台民义军

姚锡光著《东方兵事纪略》的记述摘录：

福字先锋左营营官汤人贵、福字某营营官袁锦清，合队进攻新竹敌垒，获胜。

敌大队猛攻大甲溪，汤人贵率福军先锋营当其冲，与相持；袁锦清、徐骧由溪湾左右绕出，攻其两腋，敌已稍却，时日兵阻于人贵、锦清，不得进。

徐骧率义民三百人为前锋，与日军遇，敌人枪甚厉，势不敌。骧狂奔，引敌过山湾，适台民李邦华率义民数千人至，遭敌炮猛轰，义民死千余人，大溃。

营官陈尚志率新楚左营……由右路包抄，至截敌兵为两，敌后队先退，死甚众。

第二十二节　英勇卫台的抗日民族英雄吴正川

姚锡光著《东方兵事纪略》的记述：

彭年收队归，道经海口，见敌粮舶数艘泊港内，亲兵吴正川者，勇敢善战，率七星队数人，踊跃登竹筏，将追及，日兵格以枪，正川避弹，跃登敌船，戮运兵，水手略尽，夺取粮船。

第四十五章 台湾沦亡后抗日殉国的民族英雄及英勇牺牲的抗日义民

日本睦仁帝国1895年灭亡台湾后，至1945年日本无条件投降，整整五十年，万恶的日本军国主义对台湾人民进行了极残酷、极恶毒、极无人性的殖民统治，然而英勇的台湾人民从来没有屈服过，他们前仆后继，不怕牺牲，誓死反抗，对日本侵略强盗进行了一次又一次的坚强斗争，使日本侵略者坐卧不安，丧魂失魄。在五十年的反抗日本殖民统治的斗争中，台湾人民牺牲在日军屠刀下达到六十五万人。可是，野火烧不尽，春风吹又生，台湾人民最终在1945年将日本这个作恶多端的魔鬼赶出了台湾，台湾光复，重新回到了祖国的怀抱。

仅从1895年台湾全岛沦陷，日本豺狼帝国殖民统治台湾，至1916年前后21年，台湾人民武装反抗日本侵略者的斗争，方兴未艾，连绵不断，此起彼伏，给日本强盗以重大打击。台湾人民在斗争中涌现出一批又一批的抗日民族英雄，他们誓死与日军拼搏的大无畏抗日爱国精神，永垂不朽！

《大公报》记者王芸生在其所著的《台湾史话》一书中，有较翔实记载，摘编如下。

第一节 首揭反抗义旗的抗日殉国民族英雄林大北、胡阿锦、詹扼、曾玉及英勇牺牲的抗日义民

1895年6月，日本政府在内阁设“台湾事务局”，管理台湾及澎湖的政务，日本首相伊藤博文兼任台湾事务局总裁，另置副总裁及委员若干人，在台湾设“台湾总督府”。日本第一任台湾总督桦山资纪于6月17日在台北就职，称之所谓“始政纪念日”。桦山资纪初到台湾的三个月间，专施恐怖镇压政策，平均每天有六七名台湾人被绑赴西门外刑场处死，然后曝尸数日，投弃荒野。他想用这种凶暴手段“平定”台湾。然而，台湾人民决不屈服，即使在日本侵略者的血腥镇压屠杀下，仍然起来反抗。他们揭竿而起，此起彼伏，抗击日本侵略者的武装斗争从未停止过，真是“野火烧不尽，春风吹又生”。日酋桦山资纪在1895年10

月底狂妄地宣告，所谓“台湾全岛平定”，可是，就在两个月后，台湾人民就燃起了反抗日寇的烽火。1895 年 12 月，林大北首先揭起了反抗日本强盗的武装斗争旗帜。

刘永福旧部林大北，在日军占领台湾不到两个月时间，就收集散兵，自编一军，于 1895 年 12 月 28 日夜袭大里筒的日军分遣队，1896 年 1 月 1 日包围宜兰街，进而占领宜兰、双溪顶一带。林大北发出宣言：驱逐日寇，恢复台湾。顿时义军四方响应，胡阿锦、詹扼、曾玉等蜂拥而起，于 1895 年 12 月 31 日在大屯山举火为号，进攻台北城。深坑、士林、沪尾、枋桥、锡口等地方义军踊跃响应，声势浩大，进逼台北城。日本调集各路援兵，分头对应，1896 年 1 月 2 日，日军第二师团补充兵 1340 人，由基隆登岸，赶到台北；日军又从苏澳登陆，赴援宜兰，各处日军发动反攻。转战一月，起义军连攻不克，又因后无援军，难以支持。简大狮义军在台北失败，林大北军败被擒，英勇就义，壮烈牺牲，战友殉难者达 200 余人。日军大肆屠杀居民，宜兰当地人民被牵连屠杀的有数百户，老幼系狱，少壮处死，一片惨杀，哭声震天。林大北起义，是日殖民台湾五十年来反抗日寇占领、捍卫台湾的首义之师，英勇壮烈，影响极大。

第二节　英勇抗日殉国的民族英雄简大狮、陈秋菊及英勇牺牲的抗日义民

简大狮，台北农民武装的领袖。林大北在宜兰起义后，简大狮、陈秋菊等也起而响应，直袭台北城。1895 年 12 月 30 日，简军前锋抵台北城郊，城中日军大为震恐，惊惶不知所措。桦山资纪亲自率领卫队巡哨各街，日军严阵死守。1896 年元旦，起义军攻城，城外喊声震天，城内台民也纷纷起来内应，内外夹攻，进行肉搏。双方在八甲町交战最烈，日军不断增援，而义军武器落后，战不过枪弹锋利的日军而败退，散布于四郊，简大狮逃走内渡去厦门，日寇恶毒，竟将其妻杀害。1899 年，日寇与清朝政府交涉，以释放刘德杓为交换条件，要清政府将简大狮引渡回台湾。清政府奴颜婢膝，乖乖地答应了日方的蛮横要求，将简大狮引渡去台湾，立即遭到日寇的杀害，简大狮英勇牺牲，壮烈殉国。

第三节　英勇抗日的将领刘德杓、郑吉生、简义、柯铁、林火旺、卢阿爷、黄国镇、阮扼及英勇牺牲的抗日义民

原台东守将刘德杓，在台南沦亡后被迫退入山中，召集散兵游勇，联合各地

义军，积极准备起义。当时台湾南北志士一呼百应，抗日烈焰风起云涌。起义者除有宜兰的林大北、台北的简大狮外，其他各地的义军如凤山的郑吉生、太平顶的简义、云林的柯铁、台中的詹阿瑞、宜兰礁溪的林火旺、水返脚的卢阿爷等各路义军，均听从刘德杓的节制，图谋大举。

1896 年夏初，刘德杓从台东传檄出师，连战连胜。6 月 30 日，简义大举进袭云林。7 月 10 日，黄国镇和阮扼等围攻嘉义。此外，林屺埔、南投、彰化、北斗、他里雾、鹿港、员林、莿桐巷、大埔林等地，义军纷纷响应，英勇反抗日寇的侵略统治。日本统治者一时陷入慌乱之中，他们急忙调集重兵，分头应战。义军反抗日军的战斗，规模遍及全台湾，历时两年多，经过日本在台湾的几任反动统治——桦山资纪、桂太郎、儿玉源太郎、乃木希典四任“总督”，刘德杓才兵败被捕。1899 年日本经与清政府交涉，要挟清政府将简大狮引渡回了台湾，作为交换条件将刘德杓释放回大陆。

第四节　日本侵略者屠杀台湾人民的“六三法”

日本侵夺台湾，台湾人民誓死不甘心做亡国奴，纷纷起来反抗，日本妄图用屠杀政策来镇压台湾人民，以维持其可耻的殖民统治。日本于 1896 年在台湾施行特别法令，根据他们的“法律”第 63 号，授予台湾总督屠杀台湾人民的特权，这就是臭名昭著的血腥“六三法”。其主要条文有：

第一条，台湾总督于其管辖区域内，得发布与法律同效力的命令；

第二条，台湾总督于临时紧急必要时，不经过前条第一项之手续，得即时发布第一条之命令。

有如此大权在握的台湾“总督”，就可以为所欲为地杀害台湾人民了。他公布了《匪徒惩罚令》，主要条文有：

第一条，不论具有何等之目的，为达其目的，以暴力或以胁迫而结合聚众者，与匪徒同罪，依左条区别处决之：

（甲）首领及教唆者，处以死刑；

（乙）参与谋议或指挥者，处以死刑；

（丙）附和随从或为杂役者，处以有期徒刑或征役。

第二条，给资兵器、弹药、船舶、金钱及其他之物件，或供给会合之场所者，或帮助其他之行为者，及帮助匪徒者，处以死刑或无期徒刑。

日本妄图以这一套广泛无边的杀人“法律”，来镇压台湾人民。可是，台湾人民不怕牺牲，仍然不断地用武装斗争来反抗凶恶无比的日本侵略者。

第五节　抗日殉国的民族英雄詹阿瑞、抗日义军首领陈发、黄茂松及英勇牺牲的抗日义民

日寇的屠杀政策根本吓不倒台湾人民，就在日寇颁发《六三法》和《匪徒惩罚令》之后不久，1897 年有陈发的武装起义，与日寇战斗了数月之久，兵败后才避入深山。同年 11 月 23 日，又有黄茂松等人的武装起义，袭攻朴仔脚支厅，杀死日本的支厅长等日本全体人员。

台湾的抗日运动连年不绝，到 1900 年，又有詹阿瑞的大规模武装起义。詹阿瑞曾经先后参加过刘德杓、陈发的武装起义。刘、陈失败后，詹阿瑞就在 1900 年传檄起义。檄文说：

此次动兵，奉旨而行。军有纪律，约来严明。义师伐罪，奠定台澎。救民脱苦，唯倭是征。集我人民，雪恨复清。降者便安，恕过原情。嗟尔有众，万勿心惊。同心协力，早救生灵。

文到各处，人心激动，高山族人民也聚众响应。义军所过村镇，一路无阻，乃直攻台中。围困数日，日人严守，未能攻下。各处日军和武装警察应调赴援，与义军激战。詹阿瑞奋不顾身，英勇杀敌，身中数弹，犹大呼“前进杀敌”，壮烈牺牲。众既溃败，退入深山，日寇穷追不获，就纵火烧杀附近村庄的汉族和高山族居民来泄兽性。

第六节　抗日殉国的社会领袖林少猫及抗日牺牲的台民志士

日本侵略者看到台湾人民的抗日武装起义连年不断，用武力压制无效，就采用欺骗的手法，等到人民中计上钩之后，再来屠杀。林少猫事件就是个典型。

林少猫，出身台南大族，是社会领袖，拥有很大的潜势力，一向不服日本人的奴役。在 1898 年底，林少猫曾经率众三千余人，围攻日本潮州办务署。当时

台湾总督儿玉源太郎见林少猫势力浩大，不是用武力压服得了的，于是就用诱骗的阴谋，让林少猫在后壁林一带开垦，来维持属众的生活。少猫不察，受了欺骗。到1902年5月31日，日本人借口林少猫“佯为投顺，实谋培养兵力，以图大举”，突然包围后壁林，少猫因无防备，措手不及，临时改扮成苦力模样，从后门逃走，出门不远，就被预伏的日兵枪杀，然后日兵破庄大屠杀。

事后，日本混成第三旅团报告，日寇在白壁林及其他各庄院，杀死林氏家属及亲友计男子107人、女子31人、幼童15人；又捕获后虐杀者，计男子31人、女子22人、儿童25人。这个报告，必然打了折扣，日寇的阴险狠毒，由此可见一斑。

日本侵略者对台湾人民进行了一次又一次不断的残酷屠杀，据日方文件公布，从1897—1902年这五年，台湾抗日志士被日军逮捕者高达8030人，其中被处死3518人，被处无期徒刑的有682人，被处十年徒刑的有311人，被处五年徒刑的262人，处五年以下徒刑的13人。这个数字当然也是打了折扣的，至于在战斗中被枪杀或活埋的，更是不计其数。

第七节　抗日殉国的民族英雄蔡清琳及英勇牺牲的抗日义民

新竹厅北埔，革命青年蔡清琳，向往朱一贵，怀抱复中兴汉的愿望，对日人的凶暴横行尤其愤慨，他曾组织同志数百人，成立“复中兴会”，自任总裁，在中南北各地设立分会，并与“隘勇”即日人组织的把守要隘兵士取得联系，准备大举起义。

1907年11月14日夜，蔡清琳大队兵马来援，传檄全台，共起抗日。蔡清琳自率大坪隘勇及大隘社高山族人民，猛袭鹅公髻日本警察分遣所，杀了日警及日本隘勇。继袭大坪，又杀了许多在地方上作恶的日本人。到天晓时刻，杀到北埔，包围丁北埔支厅，杀死日人48名。近午，日本台北守备队得报，调混成步兵一中队，赶到北埔应援，同时日本台中驻屯兵也调来一大队，还有从其他地方调来的兵力，合力向起义军进攻。战斗到11月底，起义军不支，一部分走入蕃社，一部分退入五指山，蔡清琳被捕。日人借题搜捕，株连很多人。12月14日，日本北埔所谓临时法院，将蔡清琳等九人判处死刑，蔡清琳英勇就义，壮烈殉国。另有97人处无期徒刑及有期徒刑，同时在各地搜捕株连的有2000多人。

北埔起义反抗日寇，其规模不算大，时间也不久，但有高山族人民参加，是汉族和高山族人民联合的抗日起义。

第八节　抗日殉国的民族英雄刘乾、林启桢、林朝、黄老钳及英勇牺牲的抗日义民

1911年辛亥革命，推翻清朝。台湾人民听到了祖国发生革命的消息，欣喜若狂，更加坚定了抗日的信心，因而有林屺埔起义和土库起义。

日本侵略者大肆劫掠台湾民间产业，台湾人民积愤已久。尤其是日本三菱会社大举采伐南投厅方面的民间竹林，更引起了台湾人民的极大反感和愤怒。1912年3月23日，南投厅新寮民众领袖刘乾与庆兴人林启桢联合，以庆祝辛亥革命成功为名，召集南投、林圮埔一带民众，饮酒欢呼，群情激动，袭击林圮埔支厅顶林庄警察派出所，杀死日本警官。日本侵略者调来援军，搜索山地，直到月底，起义军多人被杀害，并逮捕12人，内有8人被处死刑，余处徒刑。刘乾、林启桢等英勇就义，壮烈殉国。

然而，日本侵略者的恐怖屠杀政策，是吓不倒台湾人民的，林圮埔起义后仅三个月，又有土库起义。嘉义厅打猫地方的雇农林朝和黄老钳二人，传播祖国辛亥革命成功的消息，号召乡民起来响应，驱逐日寇，约定在1912年夏起义。不幸在起义前被日军发觉，日寇在6月27日大举围攻，发生巷战，林、黄二人英勇战斗，壮烈牺牲，人民群众牺牲了200余人。

第九节　抗日殉国的民族英雄罗福星及英勇牺牲的革命党人

罗福星，广东省嘉应州镇平县人，于1903年随祖父到台湾。1906年全家离台内渡。罗福星在厦门参加了同盟会，他奉广东省督学丘逢甲命，赴爪哇视察学务，后任爪哇中学校长。响应国民党号召，归国应募为义勇军，参加黄花岗起义，手受枪伤。

1912年罗福星被派到台湾组织革命机关，择居苗栗一堡牛榈庄，设立机关，募集党员，发展很快。新竹大军及大湖地方的张火炉，台南的李河齐、台东的赖来、南投的赖阿荣等人，群相响应，约期起事。事被日警探悉，大行搜捕。罗福星因事机败露，准备不够，不敢动作，在1913年12月弃家而逃，不幸在淡水被捕。

罗福星身藏党员名册，被日寇搜出，于是日寇按图索捕，大兴党狱。被捕者多达1211人，其中判处死刑者221人，判处徒刑者285人，罗福星于1914年3月3日在台北监狱受绞刑而死，壮烈殉国。

第十节　抗日殉国的民族英雄余清芳、江定、罗俊、苏有志及英勇牺牲的台湾人民

台南阿缑厅人余清芳、台南竹头崎庄区长江定，联同广东人罗俊、苏有志，于1915年3月，各率同志数十人，约会于台南噍吧年境内的西来庵，发动起义。

西来庵起义，又名噍吧起义。噍吧年是台南山间一个偏僻的地方，风景优美，民风朴素，如同世外桃源。日寇陷台后，凶焰遍及台湾全岛，噍吧年同时被蹂躏。日寇在噍吧年境内，穷凶极恶，苛扰淫乱，人民非常痛苦，日人又强购民田，作为“官”用，人民的生计成了问题，忍无可忍，群谋反抗。

余清芳曾任凤山县警员，目睹日人的暴行，辞掉警职，常想纠合同志，驱逐日人，光复台湾。1915年初，余清芳迁居噍吧年，见当地情况，人人思动，就决意起事。另有台南竹头崎区长江定，豪侠好客，二人结交，痛论时事，慷慨激昂，至于抱头痛哭。江定又约广东人罗俊、苏有志二人，结盟立誓，共图起义。这年三月，各率同志数十人，约会于噍吧年境内的西来庵。西来庵是台南的名庙，祀五瘟神，香火很盛，余清芳就选西来庵为根据地，集结群众，宣传抗日大义，密谋起义。申言：日人非我族类，横行台岛，神人共愤，日人自亦认为台湾难治，试治二十载，如再无功，决心引退，归还中华。今适二十载矣，华军已云集厦门，整装来台。如台人此时发动，日人必退，华军必进，台湾必复归中华矣。群众欢呼。公推余清芳为“大明慈悲国”大元帅、江定为副元帅、罗俊与苏有志为左右参谋。当时在台北方面还没有联络，余清芳派罗俊、苏有志二人前往台北活动。日寇已有所闻，跟踪侦察，罗、苏二人事毕，从基隆乘日轮“大仁丸”南返，在船中经日寇盘查，事机败露，罗、苏二人被捕入狱，台南、台中、嘉义各厅同时戒严，大行搜捕。余清芳、江定知事机危急，仓促集合同志千余人，祭旗兴师。在7月9日拂晓，进袭阿缑厅甲仙埔支厅，杀日寇30余名。8月3日，陷南庄及阿里关派出所，又杀日寇30余名，官舍仓库多被焚烧，声势日盛。远近农民响应参加的有三千余人，分攻四境。8月6日，攻克噍吧年市街。10日，占领当地附近高地虎头山，凭险筑寨，成犄角之势。于是声势愈盛，参加的愈众。日寇大震，急调重兵赶来应援，血战七昼夜，噍吧年大寨为日寇攻破，义军溃退。余清芳、江定各率余众分途逃走。日寇穷追不舍。余清芳所率残部，疲惫饥饿，死伤很多，清芳也染病难行，卧息荒草之中，于8月20日终被日寇搜获。下年4月15日，江定也被捕。

西来庵起义的战斗极为壮烈，总计双方死伤在一万人以上。义军失败以后，

日寇大施毒手，特于台南设临时法院，自余清芳、江定、罗俊、苏有志以次处死刑者1300余人，日寇还不罢休，竟把附近20余个村庄，像后屠仔、竹围、番仔厝、新化、内庄子、左铁、茶寮等地的居民统统屠杀。据台南故老谈当时情况时说：那年（1916年）5月5、6两日，日寇押解各庄居民3200余名到一山坡下，进行大屠杀。100人为一组，依次屠杀，男子不分少壮老幼，全部捆绑就戮，无一幸免。

日寇灭亡台湾后，台湾人民反抗日寇的武装斗争一浪高过一浪，给予日寇沉重打击。日寇以高压手段，残酷地屠杀镇压台湾人民，但是，台湾人民决不做亡台奴，不怕牺牲、前仆后继、奋勇抗敌，无数抗日志士和台民义军壮烈牺牲于日寇的屠刀下，台湾人民的这种英勇不屈、抗日复台的爱国民族精神永垂不朽！

日本侵略中国72年，殖民统治台湾50年，最后终于在1945年8月15日无条件投降，日本军国主义统治集团对台湾的极其残酷的法西斯镇压统治一去不复返了。1945年10月25日当最后一任的台湾“总督”安藤利吉向中国政府无条件投降时，台湾人民家家焚香祭祖，香烟缭绕天空。台湾人民在经过日本侵略者50年镇压、屠杀、奴役、毁灭之后，看到了日本帝国的灭亡，看到了台湾人民从日寇铁蹄下解救出来，无不欢欣雀跃，扬眉吐气，爆竹万响，锣鼓喧天，庆祝胜利。历史证明，一切反人类的暴行，一切靠侵略别国来养肥自己的强盗，即使一时得逞，最终必将自食其恶果，必将走向他们为自己挖好了的地狱坟墓。

台湾，是中国的台湾！

战 犯 篇

睦仁（1852—1912）

日本帝国主义甲午侵华战争的头号战犯、日本明治天皇。

山县有朋（1838—1922）

日本帝国主义甲午侵华最高决策集团的大战犯、侵华急先锋、侵华日军第一军司令官。

大山岩（1842—1916）

日本帝国主义甲午侵华最高决策集团的大战犯、侵华急先锋、侵华日军第二军司令官。

桦山资纪（1832—1922）

日本帝国主义甲午侵华最高决策集团的大战犯、日本海军军令部长。

川上操六（1848—1899）

日本帝国主义甲午侵华最高决策集团的大战犯、陆军参谋本部次长、大本营陆军首席参谋官、特务头子。

第四十六章　以天皇睦仁为首的日本侵略决策集团积极准备侵华

日本甲午侵华战争，是由以明治天皇睦仁为首的一小撮战争贩子挑起的。1868年睦仁一登上天皇宝座，贼心就油然而生。明治维新改革的目的，就是要做国际超级强盗，把侵略中国和朝鲜作为强盗的首要目标。

睦仁及其一小撮战争罪犯，处心积虑，暗中准备。从1868年起至1894年，花了26年时间，发起甲午侵华。可谓狼子野心久藏，侵略鬼胎深谋。

日本在19世纪70年代，完成了侵华的第一期战略目标：吞并了琉球，入侵了台湾，剥离了朝鲜。当时，日本本欲乘机入侵中国大陆，由于其后方空虚，经济发生危机，出现了内外交困的局面，连1874年已经入侵占领了的台湾也不得不暂时撤出，作战略收缩，以后待机再来。

到了1885年，日本军方首脑战犯们，主张立即动手入侵中国。理由是怕三年后，中法战争一旦结束，中国会恢复元气，难以对付。而老奸巨猾、毒谋深算的日本内阁总理、大战争罪犯伊藤博文，却反对动手，理由是力量尚不充分，还需准备几年，待力量进一步雄厚之后，再入侵不迟。他要求国内“速节冗费，多建铁路，赶添海军，官商充裕”。按照伊藤这个主意，日本继续又准备了九年时间，直到1894年即中国农历甲午年，认为时机已经成熟，于是发难，在1894年7月下旬，开始挑起了罪恶滔天的甲午侵华战争。

我们可以回过头看一看，日本为了侵略中国，是怎样加紧从各方面积极准备的。

第一节　扩军备战，发展海军，扩大征兵，强化军事首脑机关

日本在国内进行了多年的扩军备战，1868年，头号战犯睦仁天皇一登台，就非常明确地提出要加强海军，他发出诏谕，命令“海军为第一急务，务必从速建立基础”。从此，日本的海军迅速发展起来。至1892年，日本连年向英法等国购进比中国舰重量轻、速度快、炮火强的先进军舰多艘，并投入大量军费自己

开发制造军舰。与此同时，建立了多所海军院校，加速培养海军侵略骨干，并选拔大批学员去英美学习海军。经过 20 年的加速发展，到 1894 年，即发动甲午海战前夜，日本海军已经发展到拥有大小先进军舰 31 艘，鱼雷艇 37 艘，排水量达到 59898 吨，堪称第一流的海军力量，完全具备发动侵略中国的条件。1894 年日本发动的甲午侵华黄海海战，就是凭着优胜于中国的海军力量，打赢了这一仗，从而劈开了中国的大门，日本侵略者的兽蹄才得以入侵中国大陆，使中国遭到一次极其惨痛的割肉灭顶之灾。

以睦仁为首的战犯侵略决策集团，为了侵华而积极加速发展军事工业，将国民经济各部门纳入军工生产。日本精心研究、开发、制造先进的枪支、火炮，向外国购进先进的机器设备，聘请国外工程技术人员指导改进生产技术，从而使军工业迅速发展起来。以睦仁为首的战犯侵略决策集团，为侵略中国，强化军事首脑指挥系统。1878 年日本特设“参谋本部”，成为最高的军事首脑、指挥军令机关。1893 年，又成立“大本营”，成为由日本天皇直接领导的最高军事统帅部。头号战犯睦仁颁发 52 号敕令，制定《战时大本营条例》，规定：大本营为陆海两军统一领导的最高军令机关，负责策划、指挥侵略战争的最高军令任务。同时，为了扩大、集中海军的指挥权力，于 1893 年将原隶属于海军大臣的“海军参谋部”升格为“海军军令部”，海军军令部直属天皇睦仁领导。“海军军令部”成为海军策划侵略、部署作战、海军训练、舰队编制、军港设置、搜编情报等的最高海军军令首脑机关。

为了侵略中国，以日本头号战犯睦仁为首的战犯侵略决策集团，极力扩充侵略兵员，改革征兵制度，搜集侵略炮灰。1893 年 12 月 28 日即甲午侵华前半年，将 1872 年的征兵制度进行修改，发布新的《征兵令》，扩大了征兵范围。将征兵年龄由 20 岁下降到 17 岁，上扩到 40 岁，从而大大扩充了日本侵略军的兵源，使日本成为世界上“全国皆兵”的穷兵黩武国家。改革兵役制度，扩大侵略兵员，是日本迈出侵略的重要步骤。到 1890 年，日本已经建成用现代先进武器装备起来的七个师团的陆军侵略军。而到了 1894 年，发动侵华时，日本侵略军的规模进一步扩大。

第二节　强化封建神权、法西斯、武士道的军国主义思想洗脑，实行精神统治

为了侵略中国、亚洲，以至称霸世界，睦仁战犯侵略决策集团还作了积极的精神准备。用封建法西斯军国主义思想和“武士道”精神，向军人、青少年和全

国国民，进行极其恶毒的封建、军国、崇拜天皇的愚民教育。向国民灌输毒素、洗脑，使人变成丧失人性的魔鬼和野兽。宣扬天皇的至高无上和神化，要国民像奴隶那样去绝对崇拜天皇，听从天皇，驯服于天皇。同时，向国民灌输“武士道”精神，使国民变成好斗、强悍、野蛮、残酷的行尸走肉，宣扬以强暴、侵略、杀人为荣，宣扬对天皇的绝对“忠诚”，对长官上级的绝对服从，用“尊皇”“神国”“武道”三结合的封建愚民教育，来培养军人成为毫无人性、杀人不眨眼、毁灭人类的魔鬼和豺狼。这种精神鸦片，是造成日本侵略军对中国人民、朝鲜人民、亚洲人民、欧美人民进行疯狂屠杀、疯狂焚烧、疯狂强奸、疯狂抢掠、疯狂毁灭的极无人性的种种暴行的精神根源。

为了侵略中国，睦仁战犯侵略决策集团对军人加强了思想管制。1882 年，头号战犯睦仁天皇颁布了《军人敕谕》，规定军人必须遵守：（1）必须崇拜天皇，效忠帝国，做到“忠节”；（2）必须黩武好战，侵略勇敢，做到“武勇”；（3）必须对天皇及其统治集团和上级绝对服从，做到有“礼仪”；（4）必须对天皇、统治集团制定的侵略条例坚决执行、做到有“信义”；（5）必须对天皇统治集团和上级忠诚不二，具有“武士道”驯服工具的“素质”。总之，军人必须崇拜并绝对服从天皇及其统治集团，军人就是天皇及其统治集团的顺民、奴隶、卫士、仆人，即使天皇及其统治集团命令去杀死军人的父母，军人也必须绝对服从去杀死自己的父母。

这种封建、法西斯、恐怖主义的愚民教育，使之并扩展到全民中去，特别是深入青少年中去，并由头号战犯睦仁天皇颁发《教育敕语》，命令执行。

第三节　进行大量的特务间谍阴谋活动

为了侵略中国，睦仁战犯侵略决策集团还暗中进行了长时间的非常周密的特务间谍阴谋活动，大肆搜集中国的情报。对中国的军队、军制、军备、武器、训练、国防、地理、人文、海洋、海岸，等等情报，大量搜集和研究。睦仁战犯侵略决策集团，秘密派遣了许多特务，潜入中国沿海和内地，将搜集到的情报研究后写成可行性侵略报告，呈送头号战犯睦仁天皇亲阅，得到睦仁的赞赏和表扬。日本特务间谍大肆测绘中国各地的军事地图，连村庄小路、河塘、山丘、住房等都了如指掌，以供侵略作战时应用。甲午战争爆发后，在各次侵略战役中，日寇都派遣了许多特务间谍，潜入搜集情报，为消灭中国军队起了很大的作用。睦仁和川上操六这两个大战犯搞的特务活动，为日本甲午侵华、消灭中国陆军海军、入侵中国大陆、屠杀中国人民，犯下了滔天大罪。

第四十七章 战犯名单

日本甲午侵华，对中国人民犯下的种种滔天罪行：屠杀、放火、强奸轮奸、掠夺、毁灭，都是在头号战犯睦仁天皇的直接决策和指挥下进行的，都是以睦仁为首的战犯侵略决策集团的具体指挥和执行的。

睦仁及其侵略决策集团的战争罪犯们，是日本甲午侵华的元凶、主谋，是罪大恶极的罪魁祸首，他们是披着人皮的豺狼野兽。

第一节 日本侵华决策集团的战犯名单

头号战犯	天皇睦仁	
大战犯	伊藤博文	总理大臣
大战犯	陆奥宗光	外交部长
大战犯	有栖川炽仁	参谋本部总长（前期）
大战犯	小松宫彰	参谋本部总长（后期）
大战犯	山县有朋	陆军大臣、侵华第一军司令官、大将
大战犯	大山岩	侵华第二军司令官、大将
大战犯	西乡从道	海军大臣、大将
大战犯	桦山资纪	海军军令部长、中将
大战犯	川上操六	参谋本部次长、特务头子、中将

以上大战犯均为天皇睦仁召集的最高决策会议——御前会议的成员，是睦仁最高决策侵略集团的核心人物，是侵华战争的策划者、最高指挥者。所有侵华的阴谋策划、不宣而战的突然袭击、挑起战争的侵略方针的提出、侵略步骤的制定、侵略部队的组成、侵略指挥官的任命，等等，以致在侵略战争中策划和怂恿、奖励杀、烧、毁、掠、奸，最后强迫中国政府签订丧权辱国的《马关条约》，抢走巨款，抢去台湾、澎湖等等，一系列狠毒罪恶行径，都是在这些罪魁元凶决定和操纵下进行的，他们人数很少，但罪大恶极。他们应对发动日本甲午侵华战争负主要罪责。

虽然这些战争主犯都逃脱了正义的审判，但是，他们的战犯罪行，将永远被钉在历史的审判柱上，而受到世世代代人们的唾骂和讨伐。

第二节　非决策集团但罪大恶极的战犯名单

在甲午侵华战争中，还有一部分战犯，虽然不是战争决策者，但他们是侵华的急先锋，是直接指挥屠杀中国人民的元凶。这群披着人皮的野兽也是罪大恶极的战争主犯。

主要战犯	伊东祐亨	侵华联合舰队司令官、中将
主要战犯	野津道贯	侵华第一军第五师团长、中将，后升任第一军司令官、大将（接任山县有朋）
主要战犯	桂太郎	侵华第一军第三师团长、中将
主要战犯	奥保巩	侵华第一军第五师团长、中将（接任野津道贯）
主要战犯	山地元治	侵华第二军第一师团长、中将
主要战犯	大岛义昌	侵华第一军第九混成旅团长、少将
主要战犯	立见尚文	侵华第一军第十旅团长、少将
主要战犯	大迫尚敏	侵华第一军第五旅团长、少将
主要战犯	长谷川好道	侵华第二军混成第十二旅团长、少将
主要战犯	乃木希典	侵华第二军第一旅团长、少将
主要战犯	大寺安纯	侵华第二军第十一旅团长、少将
主要战犯	西宽二郎	侵华第二军第二旅团长、少将
主要战犯	小村寿太郎	外务省代理驻华公使，日本侵占安东后任安东军事民政厅长
战犯	尾本知道	侵华联合舰队松岛舰舰长、海军大佐
战犯	横尾道昱	侵华联合舰队岩岛舰舰长、海军大佐
战犯	日高壮之丞	侵华联合舰队桥立舰舰长、海军大佐
战犯	河原要一	侵华联合舰队吉野舰舰长、海军大佐
战犯	新井有贯	侵华联合舰队扶桑舰舰长、海军大佐
战犯	东乡平八郎	侵华联合舰队浪速舰舰长、海军大佐
战犯	野村贞	侵华联合舰队高千穗舰舰长、海军大佐
战犯	内田正敏	侵华联合舰队千代田舰舰长、海军大佐
战犯	上村彦之丞	侵华联合舰队秋津洲舰舰长、海军少佐
战犯	樱井规矩之左右	侵华联合舰队比睿舰舰长、海军少佐
战犯	坂元八太郎	侵华联合舰队赤城舰舰长、海军少佐
战犯	鹿野勇之进	侵华联合舰队西京丸舰舰长、海军少佐

第四十八章　战犯罪行纪略

◆ 头号战犯日本明治天皇睦仁的战犯罪行纪略

睦仁（1852—1912），日本第 112 代天皇，决策发起甲午侵华战争的第一号战争罪犯，甲午侵华战争的罪魁祸首。

睦仁于 1868 年当上日本天皇之后，就野心勃勃，扬言要“开拓万里波涛，布国威于四方”，提出了一条极其狂妄、贪婪、野蛮的封建军国主义侵略扩张的反和平、反人性、反人类的侵略强盗罪恶路线，将推行军国主义、对外侵略扩张作为日本的国家战略目标和基本国策。

为了实现这一罪恶目的，睦仁处心积虑，精心策划，疯狂作出了一系列侵略战略决策和扩军备战部署，发展海军，扩大征兵，强化军事首脑机关和各级军事指挥系统，大力发展军事工业，引进先进舰艇和先进大炮枪支弹药，开设陆军、海军军事院校，加速培养侵略军事人才，并向先进国家派出大量军事政治外交留学生，加速准备各方面的侵略人才。与此同时，向中国、朝鲜等国暗中派出大量特务人员，进行大量的特务间谍活动。

在积极进行军事准备的同时，睦仁还作了积极的精神准备：对国内人民实行封建神权、忠于天皇、武士道精神的军国主义愚民教育，进行侵略扩张、抢夺别国领土、杀戮别国人民、掠夺别国财富来满足日本的海盗劫贼教育。

1874 年，睦仁派兵入侵中国台湾。后因遭到国际的强烈反对及日本国内出现危机等原因，而不得不撤出，却无耻地向中国索取白银 50 万两。

1879 年，睦仁派兵侵占琉球国，捉拿琉球国王，将琉球攫为日本所有，并吞为日本的一个冲绳县，琉球国被日本彻底消灭。

1894 年，睦仁派兵入侵朝鲜，包围王宫，劫持国王，推翻朝鲜政府，将朝鲜洗劫一空。从此，日本对朝鲜实行了长达 51 年野蛮残酷的殖民统治。

1894 年，睦仁作出侵略中国的罪恶决定，派兵入侵中国。

为了侵略中国，睦仁专门设立了“大本营”，直属天皇睦仁领导。“大本营”

是天皇直接领导和指挥的陆军海军最高军事首脑统帅部和最高军令指挥机关。

为了侵略中国，睦仁调整和任命了侵华日军指挥官：任命侵华急先锋、反华死硬分子山县有朋和大山岩为侵华第一集团军和第二集团军的司令官；免除了原海军军令部长中牟田仓之助的职务，改任桦山资纪为海军军令部长。原因是中牟田仓之助主张舰队取守势运动，反对在战略上对中国海军取攻势运动，而桦山资纪却与之相反。起用桦山资纪，撤除中牟田仓之助，充分表明睦仁侵华的罪恶决心。

侵华军队出发前，睦仁亲临指示“陆海两军要密切配合，切不可贻误战争的最终目标”。睦仁还亲自赐给侵华日军第二军司令官大山岩一匹白马和一把军刀，以鼓励其侵华士气。

以睦仁为首的“大本营”，在睦仁亲自布置指挥下，侵华日军以百倍的疯狂、比野兽还野兽的残忍，先后侵陷中国的辽东半岛和山东半岛，消灭几十万中国军队，覆灭了整个中国北洋舰队，屠杀无数的中国军人和平民百姓，特别是旅顺大屠杀，屠城六天五夜，旅顺二万男女老幼孕妇残疾被全部杀光。与此同时，对旅顺及所有被侵陷的地区，实施了极其罪恶的杀、烧、奸、抢、毁、抓、奴役等等暴行。

对旅顺大屠杀灭绝人性的滔天罪行，睦仁立即进行了表彰、鼓励、慰问，双手沾满中国人民鲜血的刽子手将领一个一个地得到睦仁的提拔授爵，从而更加激励了日军的疯狂大屠杀。

在结束这场罪恶之战时，睦仁威逼中国赔银二万万两。以后三国干涉，日寇不得不退还中国的辽东半岛，又无耻地索银三千万两，加上二万万两，中国被逼索付给了日本白银总共二万三千一百五十万两；不仅勒索去了如此巨额的银财，而且还极端无耻地强迫割去中国的神圣领土台湾、澎湖及钓鱼岛等附属岛屿。

睦仁亲自发动和亲自指挥的这场罪恶的甲午侵华战争，使中国遭到空前的极大祸丧，给中国人民造成了空前的灭顶之灾，也给以后日本帝国主义侵略中国东北及侵略全中国开创了罪恶之路。

睦仁犯有侵略罪、反和平罪、反人道罪、反人类罪，罪大恶极，罪该万死。按照第二次世界大战胜利后，远东国际军事法庭对东条英机等甲级战犯的审判和处决，睦仁应处以极刑，绞刑处死，正法示众。

睦仁由于过早地死去，逃脱了对他的战犯审判和处决。但是，他罪恶的灵魂应该被钉在历史的耻辱柱上，受到世世代代人们的唾骂和鞭挞，使之遗臭万年。

以下的战犯，都应如此处置，让这一小撮披着人皮的野兽永受后人唾骂鞭挞，遗臭万年。

◆ 大战犯伊藤博文的战犯罪行纪略

伊藤博文（1840—1909），日本内阁总理，日本侵略统治集团的第二号酋寇，日本甲午侵华战争的第二号大战犯，甲午侵华战争的主要策划人和积极发动者。

伊藤博文紧随天皇睦仁，对整个甲午侵华战争，进行了精心策划，积极准备，周密组织，参与指挥。

睦仁侵华犯下的种种滔天罪行与伊藤博文密不可分，而且甲午侵华的许多战略策略就是伊藤博文提出的。

在日军野兽般地进行旅顺大屠杀时，伊藤博文始则极力鼓励怂恿、嘉奖，继而在国际舆论强烈谴责下，亲自策划掩盖、抵赖、欺骗，极力为兽军大屠杀开脱，涂脂抹粉，欺骗世界舆论。

伊藤博文提出了进攻中国的路线。他主张在侵占中国的辽东半岛和山东半岛、消灭中国北洋舰队之后，立即侵夺中国台湾和澎湖列岛及其他附属岛屿的侵略路线，这个侵略路线因得到了天皇睦仁的批准而实施。

在《马关条约》谈判期间，伊藤博文老奸巨猾，穷凶极恶，对谈判始终进行了无耻的威胁、恐吓、诡辩，淫逼中国政府谈判代表李鸿章就范签约，以达到日本侵略帝国的强盗绑匪目的。

日本侵略帝国在灭亡朝鲜之后，1906年，伊藤博文充当了韩国统监府统监，对朝鲜实施恶毒的殖民统治，残酷地镇压和屠杀了无数的朝鲜人民。

伊藤博文犯有侵略罪、反和平罪、反人道罪、反人类罪，罪大恶极，罪该万死。按照第二次世界大战胜利后，远东国际军事法庭对东条英机等甲级战犯的审判和处决，伊藤博文应处以极刑，绞刑处死，正法示众。

1909年，朝鲜抗日民族英雄、除奸义士安重根，在中国哈尔滨火车站开枪，将伊藤博文刺杀击毙，结束这个双手沾满了中国人民和朝鲜人民鲜血的战争罪犯、罪魁祸首的肮脏生命。这是伊藤博文罪有应得、罪该万死的可耻下场。

◆ 大战犯陆奥宗光的战犯罪行纪略

陆奥宗光（1844—1897），日本外交大臣，是日本甲午侵华战争的急先锋，积极参与、精心策划了甲午战争。

陆奥宗光在外交上积极执行睦仁和伊藤博文的侵华方针，提出并实施了一系列极其恶毒的侵华外交方针和策略，为侵华前和侵华中的每一侵略步骤密切配合，鸣锣开道，做尽了坏事。陆奥宗光写的《蹇蹇录》，不打自招地道出了许多背地里玩弄的阴谋诡计。

在甲午开战前，陆奥宗光就积极地奉行睦仁和伊藤博文的阴谋，设下陷阱，引套中国。他多次从外交上引诱中国出兵朝鲜，制造种种谎言，欺骗中国出兵，为日本出兵侵略朝鲜找借口。

为羁留中国军队留驻朝鲜，陆奥宗光与伊藤博文绞尽脑汁，提出一系列诡计。

为了防止俄国干预，陆奥宗光提出并实行了“联英制俄”的外交方针，分化瓦解，各个击破。

为了挑起侵华战争，陆奥宗光密令日本驻朝鲜大使大鸟圭介“不妨利用任何借口，立即开始行动”。陆奥宗光毫不掩饰地提出，一定要使中日关系“促其彻底决裂”，“使阴霾笼罩的天气，一变而为暴风骤雨”。

对日军旅顺大屠杀，陆奥宗光在外交上，极力隐瞒屠杀真相，否认屠杀事实，制造谎言，欺骗国际舆论，并编造谎言欺骗驻日本的美、英、俄、德、意各国公使。

在《马关条约》谈判中，陆奥宗光在病中仍然积极地向伊藤博文出谋划策，对中国提出许多苛刻条件，威逼中国就范。

在俄、德、法三国干涉要日本退还中国辽东半岛时，陆奥宗光坚决反对；在三国表示要用武力干涉时，陆奥宗光不得不妥协退让，但提出对中国“不放松施压”的方针。

在日本甲午侵略战争中，陆奥宗光在外交上极尽阴谋诡计之能事，为日本侵华充当了急先锋，而且阴谋诡计特多特毒。

陆奥宗光犯下了侵略罪、反和平罪、反人道罪、反人类罪，罪大恶极，罪该万死。按照第二次世界大战胜利后，远东国际军事法庭对此类战犯的审判和处决，陆奥宗光应处以极刑，绞刑处死。

◆ 大战犯有栖川炽仁的战犯罪行纪略

有栖川炽仁，日本亲王，日本参谋本部总长，军令最高首脑，是睦仁侵略决策集团中的核心成员之一，日本甲午侵华战争的大战犯。

参谋本部创立于1878年，是由陆军省的参谋局升格而成。参谋本部直属日本睦仁天皇直接领导，成为不受政府和陆军省控制的独立最高军令机关。它可以策划运筹和命令一切军令事宜。作为参谋部总长的有栖川炽仁，成为仅次于天皇的军令首脑。

从1878—1894年的16年，日本军国主义由积极扩军备战准备侵略力量，到发动甲午侵华战争，指挥侵略军对中国国土的占领、对中国人民的大屠杀、对中国城乡的大毁灭、对中国财富的大掠夺、对中国妇女的大强奸，等等侵略罪行，都是在有栖川炽仁的策划和命令下进行的。

有栖川炽仁是日本睦仁天皇侵略决策集团中的核心人物，是掌管军事的最高领导层，是侵华最强烈的鼓吹元凶之一，是直接策划和直接指挥侵华的元凶。他极力协助日本睦仁天皇处心积虑地制定推行军国主义侵略路线，具体策划和制定一系列旨在侵略扩张的方针、政策、法令、法规、条例；扩大组织编制陆、海侵略军；制订一整套侵华行动计划等。

有栖川炽仁犯有侵略罪、反和平罪、反人道罪、反人类罪，罪恶滔天，罪该万死。按照第二次世界大战胜利后，远东国际军事法庭对此类战犯的审判和处决，有栖川炽仁应处以极刑，绞刑处死。

◆ 大战犯小松宫彰的战犯罪行纪略

小松宫彰（1846—1903），日本亲王，天皇睦仁侵略集团中的核心成员之一，甲午侵华战争中任日本大本营参谋总长，日本甲午侵华战争的大战犯。

小松宫彰积极参与和策划了日本甲午侵华战争。日本甲午侵华日军第一军和第二军两支侵华主力部队，就是在小松宫彰的直接指挥下，对中国的辽东半岛和山东半岛进行侵略的。

甲午日本侵华战争专门成立的大本营，在小松宫彰领导下，进行了一系列凶残恶毒的侵华军事策划。日军侵陷中国旅顺后，小松宫彰立即将大本营迁到旅顺，成立征清大总督府，小松宫彰自任征清大总督，就近指挥日本侵略军对华作战。

小松宫彰从成立大本营到成立征清大总督府，所有侵华的策划都是小松宫彰一手操作的。小松宫彰亲自制定作战方案，组织侵华作战，任命侵华作战指挥官，制定每一阶段的作战部署。

小松宫彰在整个甲午侵华战争中，从始至终都是侵华战争的罪魁祸首之一，是甲午侵华战争的直接指挥者。在小松宫彰的直接策划和指挥下，所侵之处，日鬼屠杀了无数中国军民，毁灭了无数城乡。

小松宫彰犯下了侵略罪、反和平罪、反人道罪、反人类罪，罪大恶极，罪该万死。按照第二次世界大战胜利后，远东国际军事法庭对此类战犯的审判和处决，小松宫彰应处以极刑，绞刑处死。

◆ 大战犯山县有朋的战犯罪行纪略

山县有朋（1838—1922），日本睦仁天皇侵略决策集团的核心人物之一，是个臭名昭著的狂热的军国主义分子，是侵略扩张主义的极端鼓吹手，是策划、制定、实行甲午侵华战争的罪魁祸首之一，是直接指挥侵华的元凶和急先锋。山县有朋是大本营的军方首脑之一，是陆军大臣。甲午侵华担任侵华第一集团军司令。

山县有朋提出“强兵富国”的侵略谬论，先强兵才能富国，非常露骨地提出强兵即侵略当强盗，去抢夺别国的领土、资源、财富、人力，来充实日本，发展日本。为了实现这个无耻透顶的反动强盗谬论，山县有朋协助睦仁天皇制定颁发了一系列的扩军备战政策和措施。

1872年，山县有朋等人制定《征兵告谕》，由天皇颁布在陆军中实行常备军、后备军和国民军三种兵役制。征兵年龄扩大到17—40岁，顿使日本的陆军兵力扩大一倍半，战时兵力可以动员20万人。

1877年，天皇颁布了由山县有朋参加制定的《征兵令》，又多次修改、不断地扩大征兵范围，实现了“全民皆兵”。

1878年，天皇颁布了由山县有朋制定的《军人训诫》，强制军人必须具有“忠义、勇敢、服从”的“三德”精神，从思想上毒化和控制军队。

同年，在山县有朋的建议下，天皇将陆军省的参谋局改变为直属天皇领导的独立的军令最高机构“参谋本部”，从而确立了天皇集权的军国主义领导体制。

1880年，时任日本参谋本部长的山县有朋，向天皇呈送侵略中国、朝鲜的《邻邦兵备略》，提出要将“强化军事力量”列为备战“急务”的侵略备战主张。

1881年，天皇颁布了由山县有朋制定的《军人敕谕》，规定军人必须遵守“尽忠节、正礼仪、尚武勇、重信义、崇俭朴”五项准则，以加强对军人的行为统制，以忠于天皇，效忠侵略。

同年八月，山县有朋向天皇提出，并得到天皇认可的《陆海军扩张之呈报》意见书，进一步强调扩军备战。

1884年，在山县有朋的极力推动下，制订了《1884—1894年陆军发展计划》。同时制订了《1883—1891年海军发展计划》，从而为在1894年发动甲午侵华战争，准备了雄厚的军力。与此同时，山县有朋等制定了《征讨中国策》。同年，天皇发布了由山县有朋制定的《改正征兵令解》，为侵略征兵鸣锣开道。

1885年，山县有朋聘请德国军官任陆军大学教官，采用德国式军制，灌输德国宰相俾斯麦的对外侵略、杀人、掠夺的治军强盗思想。

1888年，时任军监的山县有朋，向天皇提出《军事意见书》，强调将充实兵备列为最大急需，并改革了军队建制，撤销镇台，陆军改建为“师团制”。一个师团辖二个旅团，一个旅团辖二个联队。师团长的军阶规定必须是中将。

1889年12月，山县有朋任内阁总理大臣。在他任内，大大加快了扩军备战的步骤，大量追加军费。1893年，日本战时编制总兵力达到19万人，后备兵役22万人，军舰31艘59898吨，水雷艇24艘1475吨，基本完成了陆军和海军扩军计划。

1890年，山县有朋在日本帝国议会第一次会议上，发表《外交政略论》演说，公然首次抛出“利益线”的侵略扩张谬论，并将此作为日本帝国的施政方针。朝鲜和中国的台澎、东北、山东半岛等地，均被纳入山县有朋的所谓“利益线”范围。山县有朋这个“利益线”的谬论，成为日本侵略整个中国、朝鲜、东南亚，发动太平洋战争，妄图称霸世界的侵略理论基础。

山县有朋为日本军国主义的侵略扩张、扩军备战所制定的一切方针政策、条例，负有最严重的侵略战争罪责。日本军国主义长期准备侵略战争的过程，就是山县有朋出谋划策的过程。他的一生与日本明治以后日本走上侵略道路紧密地联系在一起。

日本挑起甲午侵略战争一开始，山县有朋就赤膊上阵，充任侵华日军第一军司令官。在他的指挥下，日本侵略第一军公然渡过鸭绿江，入侵中国辽东。在一个半月时间内，他率军先后侵陷九连城、安东、凤凰城、苏甸、宽甸、岫岩等城镇，打死打伤清军无数。所陷之处，他怂恿日军大肆屠杀中国平民，放火烧屋、强奸妇女、抢掠财物、捣毁城乡、抓俘奴役，无所不用其极。

山县有朋被胜利冲昏头脑，他极力主张南取京津、北夺奉天，妄图一举消灭中国。虽然此策遭到否决而山县本人也被召回国。但是，山县的侵略扩张胃口，已经膨胀到无以复加的程度。

山县有朋犯有侵略罪、反和平罪、反人道罪、反人类罪，罪大恶极，罪该万死。按照第二次世界大战胜利后，远东国际军事法庭对此类战犯的审判与处决，山县有朋应处以极刑，绞刑处死。

◆ 大战犯大山岩的战犯罪行纪略

大山岩（1842—1916），日本甲午侵华战争大战犯，日本天皇睦仁侵略集团中的核心人物，侵华元凶之一，旅顺大屠杀的直接策划者和指挥者元凶。

在日本甲午侵华战争中，大山岩充当侵华两个主力军之一的侵华第二军的司令官，率领2.4万余名日本侵华日军和2700多匹战马及大批枪支炮火，在日本海军的运载下，从中国辽宁大连庄河明阳镇花园口海滩偷偷登陆，从背面进犯辽东半岛的海防门户旅顺口。

大山岩指挥第二军日军侵陷金州，在金州及所经沿途各县城乡镇，大山岩指挥日军打死打伤中国守军无数，大肆屠杀中国平民百姓，纵火烧屋、强奸妇女、抢劫财物、打砸毁灭，制造了金州及其他沦陷地区的累累血债。

在金州，大山岩指挥日军逐户逐家搜查，将男人的辫子捆绑成一串串，驱赶去用人体排除清军埋设的地雷。几十人几十人地一批批屠杀，杀后将被杀人喷出的鲜血往大锅里放，去作“人祭”。将人身上浇上汽油，点火燃烧，活活烧死。

大山岩还怂恿日军去强奸妇女、强奸幼女、强奸老妇，并奸后杀掉。

日军的野兽强暴恶行逼得许多妇女投井自杀，积尸填满了水井；许多妇女在屋中上吊自尽。

大山岩鼓励日兽军围聚几百平民百姓，往海里驱赶，用海水将人溺死，没有死的再用刺刀刺死或用枪击杀死。

大山岩命令抢劫城乡民间的粮食和财物。仅金州被日军抢夺去的大米据不完全统计就多达 3210 多草袋，杂粮几百余石；还抢去无数金银财宝及牲口；被抢走的枪支弹药更加不计其数。

尤其令人发指的是，大山岩率领日军侵陷旅顺后，当天就指挥兽军实施大屠杀。大山岩毫无人性、比野兽还野兽地指挥屠城六天五夜，昼夜杀人，将旅顺男女老幼全城所有人民统统用刺刀杀死，仅仅残留 36 人，这 36 人是为了抬尸搬尸、清理街道才被留下来没有被杀掉。旅顺二万居民被杀殆尽，全城所有大街小巷、住宅角落以至郊区山间地里、湖塘海边、陆地海上河中，到处是尸首成堆，街巷为之堵塞，大地为鲜红的血水所浸染，野狗抢夺撕咬腐烂了的尸体。

大山岩在大屠杀密令中，指示日军见到中国人就杀，不论男人女人，老人小孩，孕妇，格杀勿论。

大山岩在大屠杀密令中，指示日军要用刺刀屠杀，手段不择，以致旅顺大屠杀掀起了一个极其疯狂的杀人潮，杀害手段极其残忍，比野兽吃人还胜百筹。日军屠杀的手法有：刀刺、斩头、劈脑、割头、穿胸、剖腹、断肠、挖肝、掏心、挖眼、割鼻、切耳、断腿、切肢、斩腰、剁趾、火烧、水溺、倒吊、割皮、活埋等等，极其残暴凶恶无比。

日军把一群群人的辫子连串捆结起来，把手捆绑，用枪逼着向湖塘水中推下溺死，一时不得死在水中挣扎的人，就用刺刀挑死，用枪射击致死，有些妇女抱着孩子被逼下池塘淹死，有些孕妇也被逼下水中淹死，死之前日本兽军用刺刀刺破孕妇的肚皮，将胎儿挑在刺刀尖上玩耍，然后挑到水中浸死。

日军在大山岩的指挥下，甚至极其凶残地将人杀害后再肢解，将人体剁成几段；有的用军犬将人活活咬死；有的将人头砍下来再让军犬去撕咬尸体和脖子；有的将老人的喉咙割开，挖出眼睛、舌头，把人劈成两半；有的将人从背后捅上十几刀，再割下头颅。

大山岩还密令要杀尽俘虏，以致日军将一批批的战俘加以杀害，甚至把来投降的战俘也杀害。将他们的辫子一串串连接起来，逼着往海中赶，并从后面放排枪射死，没有被海水浸没者再用枪杀；有许多战俘被日军杀死后肢解，用刺刀划开俘虏的肚皮，掏出一堆堆的肠子；划开胸腔，掏出心肝。

大山岩还密令对小孩也要杀死，日军将三岁的孩子举起，猛力摔到地上，脑袋被摔破，脑浆四射而死。

在大山岩的密令下，对所有逃走的中国平民一律杀死，许多逃往船上的难民，遭到日军的机枪猛射，一船拥挤的人群，包括男女老少统统被射死，然后又用刺刀刺破捅杀。

在旅顺大屠杀正疯狂进行的日子，大山岩竟然毫无人性地召开盛大的“庆功大会”，欢乐歌唱，对大屠杀的兽军进行表扬、奖励、庆祝。在六天五夜大屠杀时，旅顺城暗无天日，尸体遍地，血腥冲天，而日军竟然昼夜以杀人取乐，成队成队地用尖刀挑着被杀者的人头，在大街小巷狞笑歌唱地穿行。

旅顺大屠杀当时立即引起了国际舆论的震惊，许多外国记者发稿揭露和谴责，大山岩竟然指示兽军对外国记者进行威胁恐吓，不准揭露，并编造谎言，隐瞒大屠杀真相，欺骗国际舆论。

大山岩犯有侵略罪、反和平罪、反人性罪、反人类罪，罪大恶极，罪该万死。按照第二次世界大战胜利后，远东国际军事法庭对此类战犯的审判和处决，大山岩应处以极刑，绞刑处死。将他钉在大战犯的罪恶柱上，让世世代代人们对其唾骂鞭挞，使之遗臭万年。

◆ 大战犯西乡从道的战犯罪行纪略

西乡从道，海军大臣，大将。1894 年 9 月 25 日兼任陆军大臣。他是睦仁天皇侵略集团中的主要决策人之一，一直居日本海军最高领导地位，掌管海军的建设与发展，为睦仁定下的大力发展海军的战略方针大卖其力。

西乡从道是个侵华急先锋，是侵略扩张政策的积极鼓吹者和推行者。在甲午侵华战争前，他极力扩展海军建设，积蓄加强侵华海军力量，大力扩军备战，为侵华积极出谋划策。日本甲午侵华前后，作出的一系列侵略阴谋、侵略方针与策略，全面扩军备战的种种措施，都和西乡从道分不开的。

1883 年，日本政府决定每年投资 330 万日元，共 2600 万日元，实施建造大中小舰艇 32 艘的“八年造舰计划”。1886 年，又发行公债 1700 万日元，作为第一期造舰扩张经费，实现建造一等铁甲舰以下多种舰船 54 艘的“三年造舰计划”。到 1887 年，日本的海军已拥有各类军舰 22 艘。

1888 年，西乡从道又提出《第二期军备扩张案》的五年造舰计划。五年内要建造军舰 46 艘。到 1890 年，日本海军已经拥有和正在建造的舰只达到 25 艘，共计五万余吨。

为了对付中国的主力舰定远和镇远，西乡从道提出建造胜过这两舰的松岛、岩岛、桥立三艘强舰，谓之“三景观”。

到1894年，西乡从道掌管的日本海军，已建成拥有31艘大小军舰、37艘鱼雷艇、排水量达到59898吨的一支有较大规模的近代海军。

在甲午侵华战争中，西乡从道参与日本睦仁天皇侵略统治集团的各项侵略决策。在护运兵员侵朝，护运侵略军在花园口和荣成湾登陆，在丰岛海面不宣而战，突然袭击，在黄海侵略海战，在威海卫侵略围攻，等等，所有海上侵略行动中，西乡从道都充当了主谋角色。西乡从道浑身浸透了海上侵华的血债。

1895年《马关条约》签订前，西乡从道就已指示日本海军侵略中国的台湾和澎湖列岛，同时，西乡从道更加继续变本加厉地对海军扩军备战。西乡从道提出了一个很庞大的扩充海军的计划，并规定“其目标是在德国或法国同俄国联合起来时，用以击沉这两个国家能够联合派到东方来的舰队”。《马关条约》签订后，日本从中国抢得的巨额偿金，用于扩充海军军费达到1.39亿日元。

西乡从道是从建设和发展日本海军起家的，又从日本海军进行海盗侵略行径中，抢获了中国的巨大财富；而以西乡从道为首的日本海军战争罪犯们，却浑身沾满了中国人民的鲜血，欠下了深海的血债。

西乡从道犯有侵略罪、反和平罪、反人道罪、反人类罪，血债累累，罪大恶极，罪该万死。按照第二次世界大战胜利后，远东国际军事法庭对此类战犯的审判和处决，西乡从道应处以极刑，用绞刑处死。

◆ 大战犯桦山资纪的战犯罪行纪略

桦山资纪（1832—1922），日本海军军令部长，海军中将。1894年7月17日，睦仁天皇召开第一次御前会议，决定对中国发动侵略战争。睦仁并下特旨，将正在服预备役的枢密顾问海军中将桦山资纪恢复现役。任命他为海军军令部部长，以接替免职的原海军军令部长中牟田仓之助。原因是中牟田仓之助“主张舰队取守势运动”，反对在战略上对中国海军采取攻势运动。而桦山资纪却正相反，他是个对中国进行武装侵略的积极倡导者和鼓吹者。桦山资纪极力主张日本海军采取进攻的方针，坚决反对采取“守势”。

桦山资纪积极主张集中全部海军力量，组成一支大的舰队，对中国舰队发起攻击并消灭主力，以控制制海权，然后彻底歼灭中国海军舰队。

由桦山资纪参与提出的大本营海上作战方针：第一，如海战获胜，夺得制海权，陆军则长驱直入，进攻北京；第二，如海战胜败未决，则陆军进占平壤，海军则维持朝鲜海峡的制海权；第三，若日本舰队大败，则陆军全部由朝鲜撤退，而以海军防守沿海。其中以第一项为基本战略方针。

桦山资纪在上任的当天，立即着手紧张地进行一系列侵华战争准备，重新整编舰队。将原常备舰队、由警备舰队改编的西海舰队及其他舰只集合一起，组成为“联合舰队”，以适应侵略战争的战时体制。任命原常备舰队司令伊东祐亨海军中将为联合舰队司令官，并调整任命了一批海军军官，组织了舰队训练，加强了战争后期供应准备，如弹药、枪炮、军资非役舰的整修等，准备了向朝鲜护送部队的运输船舰，等等。

1894 年 7 月 23 日，桦山资纪以大本营的密令，命令联合舰队派出舰只秘密驶向朝鲜西海面，寻衅中国船只行踪，将高升号运兵船击沉；还出动武装小船，射击沉船落入海中已经失去抵抗能力的人。日舰此次炮击沉船杀人达 700 余人。舰队出发时，桦山资纪亲自赶到港口送行，鼓励舰队要“发扬帝国海军荣誉”。7 月 25 日，联合舰队之吉野、秋津洲、浪速三舰，在丰岛海面对中国返航的济远、广乙发炮突然袭击，济远大副都司沈寿昌与二副守备柯建章当即中炮身亡，官弁 15 人也中炮牺牲。同时，广乙舰被打伤者 20 余人，并将操江船全船官兵 83 人统统掳走，抢掠饷银 20 万两。

桦山资纪下令联合舰队，不断地护卫运兵船向朝鲜增兵，准备消灭牙山和平壤的中国清军。从 7 月 23 日至 9 月 12 日，先后四次载运三万余军队在朝鲜釜山、元山、仁川登陆。

桦山资纪参与大本营决策，提出“聚歼清国舰队于黄海”以夺取制海权的作战计划。桦山资纪命令联合舰队在黄海海面巡弋，寻衅中国海军，与之进行主力决战。9 月 17 日，在黄海大东沟口外海面，由日舰挑起的中日海军大决战展开。日联合舰队以 12 艘军舰的多数优势及炮火优势，击沉中国北洋舰队军舰五艘，中国海军官兵死伤一千余人。此次黄海战役，桦山资纪亲自乘西京丸舰督战，他满身浸透了中国人民的鲜血。

10 月 24 日，桦山资纪命令联合舰队护送侵略日军，从辽东半岛的花园口登陆，使日本侵略军得以入侵金州旅顺。

12 月 16 日，桦山资纪以大本营电令，命联合舰队护送侵略日军第二军，在山东半岛的荣成湾登陆，使日军得以入侵威海卫。电令曰：护送第二军上陆，并与之配合，占领威海卫，消灭敌舰队。

在入侵威海卫、围困并消灭北洋舰队的整个侵略行动中，桦山资纪从始至终，是日本侵略海军的最高指挥官。他指挥联合舰队从威海港正面对北洋舰队实行围堵，与陆军紧密联合，海陆夹攻，最后消灭了北洋舰队。

就在签订《马关条约》期间，桦山资纪率联合舰队入侵台湾、澎湖，大肆屠杀台湾人民。

桦山资纪是侵华海军的元凶，日本海军联合舰队在甲午侵华战争中，在丰岛袭击、黄海海战、威海围困的三次海盗行径及旅顺大屠杀和侵略台湾澎湖、屠杀台湾人民等等，所犯一系列罪行，都是在桦山资纪的亲自命令指挥下进行的。

桦山资纪犯有侵略罪、反和平罪、反人道罪、反人类罪。按照第二次世界大战胜利后，远东国际军事法庭对此类战犯的审判和处决，桦山资纪应处以极刑，绞刑处死。

◆ 大战犯川上操六的战犯罪行纪略

川上操六（1848—1899），日本参谋本部次长、陆军中将，是睦仁天皇为首的战犯侵略决策集团的重要成员之一，是甲午侵华战争的策划者和决策者之一，是侵华的急先锋和侵略战争狂。

川上操六还是个臭名昭著的特务头子。为入侵中国和朝鲜，进行了一系列卑鄙肮脏的特务间谍活动，搜集了有关中国方面大量的军事情报，为日本侵略集团侵略中国提供了许多策略依据和军事行动指南。川上操六既是浑身血债累累的战争罪犯，又是个作恶多端的特务元凶。

川上操六极力主张入侵朝鲜。1894 年 6 月 2 日，大战犯伊藤博文召开内阁会议，特请川上操六和参谋总长有栖川炽仁亲王参加。会上秘密决议出兵朝鲜。会后川上操六进一步加强了特务活动，派特务宗方小太郎潜伏烟台，对北洋舰队的行动进行监视。同时多次派遣特务潜入朝鲜釜山等地进行特务间谍活动。

早在 1886 年，川上操六就派遣大特务荒尾精进入中国，大搞特务活动。以开办所谓“日清贸易协会”“日清贸易研究所”为幌子，在中国各地组织了一个庞大的特务间谍网，“以北京为中心，北到蒙古、伊犁、满洲、陕西，西南从两广至云贵、巴蜀，对风土、气候、人情、风俗、农工、商业、金融、旅游、交通等概况，进行了精心调查”。

1887 年，川上操六又派陆军中佐山本清坚和陆军大尉藤井茂太等多人，深入中国华北地区进行间谍特务活动，调查日本侵略军在中国沿海岸的登陆地点的选择、军队如何运送的方法、登陆后攻取的战略目标及攻守地形选择等。这伙日本特务秘密经由山海关，沿洋河、滦河、北塘河、白河，至大沽口一带，长达 200 多里的广大地区，进行特务调查，搜集大量资料情报。日方承认，这次调查的情报，对于日本甲午侵华战争，“参谋本部制订作战计划起很大作用”。

1892 年，川上操六又派大特务陆军少佐福岛安正，以“考察”为名，到中国东北进行特务间谍活动。福岛安正于1892年2月11日从俄国圣彼得堡出发，经过蒙古、赤塔、满洲里，到达海参崴，长途行程四个月，一万四千余千米。福岛安正以他精通中国、俄国、英国等多国语言的有利条件，所到之处，搜集刺探到中国各方面的大量情报。当年6月12日回国，将搜集到的情报整理上报川上操六，再转呈天皇睦仁，深得睦仁的器重。睦仁天皇特给福岛安正颁发“旭日勋章”和奖金，以表彰鼓励其特务“功勋”，并将他从少佐提升为中佐官衔。

川上操六还在中国布置了一张如蜘蛛网般的特务网，使日本军方对中国的军情了如指掌，甚至“比中国人自己更清楚地知道每一省可以抽调多少人出来作战”。

川上操六在甲午战争前较早，就派遣特务到中国暗地测绘军事地图，特别是中国东北和山东半岛、辽东半岛的军用地形图。这些地图极其详细，对地方的每一个村庄、集镇、每一条道路、每一座小山丘、每一口水井、房屋坐落都非常清楚。一位欧洲人波纳尔曾经获得一份这样的地图，他后来十分肯定地说：这份地图本身就是日本久已蓄意侵略中国的证据。他驳斥了日本当时（指甲午战争时期）是被迫作战的说法。他说：相反地，即是一次有意图的、精心策划的侵略行动。

川上操六在依靠其大批特务搜集、刺探到大量的情报，为其制定侵华战争作出了精心的策划。侵华战争箭在弦上，日本侵略者急不可耐，要动手了。就在发动甲午侵华战争前夕，大特务头子川上操六，为了稳妥地落实侵华计划，特意亲身去了一趟中国和朝鲜，做最后一次间谍特务活动，进入中国之后，进行了实地作战的军事勘察。

1893年4月9日，川上操六从日本东京出发，先到朝鲜的釜山、仁川、汉城等地，所谓“实地考察”，实即特务刺探，进行了一个月；然后于5月11日由朝鲜进入中国，到山东半岛的烟台进行特务观察。5月12日到达天津。此时的李鸿章并未识破川上操六来到中国的狼子用心，竟然“殷勤接待”了这头披着人皮、即将开口咬人的豺狼。让他参观了培养军人的武备学堂，观看了炮兵操演技艺、发炮及步兵操练活动；参观了制造武器的天津机器局，观看了步枪、炮弹、火药的制作全过程；还让他登上北塘炮台参观山炮训练。5月14日，川上操六在参谋本部派到中国的特务分子、陆军少佐神尾光臣的秘密引带下，偷偷地察看了天津周围的地形。川上操六观后，认为天津“西方展面自由，利于进攻”。接着，又于6月中旬来到上海、南京等地，午后通过“参观”，掌握了上海江南制造局、南京金陵机器局生产军火的重要部门的军火生产情况；并登上吴淞炮台观看到炮台的大炮数量和火力、守炮台士兵数目等重要军事设施和守备力量。之后，又在大特务荒尾精陪同下，“参观”了日本在中国的特务机关“日清贸易研究所”。川上操六这个浑身沾满中国人民鲜血的大战犯，就是这样在中国进行了两个月明火执仗的间谍特务活动之后，于7月初返回了日本，去策划对中国的大侵略豺狼行动。

川上操六此次中国之行，“不仅看破了中国的极端腐败，而且对其陆军的强弱如何，甚至对地形、民俗、人情之微，均得进行一一观察。确信中国不足畏，而增强了必胜信念”。

川上操六回到日本后，立即将其侵华计划加以修改后，呈送天皇睦仁审阅，得到睦仁的认可，予以实施。

日本天皇睦仁和川上操六大搞特务活动，为日本豺狼帝国发动甲午侵华海战、击沉中国战舰、入侵中国大陆、消灭北洋舰队、屠杀中国军民，提供了大量的情报资料，使中国遭到灭顶之灾。

川上操六犯有侵略罪、反和平罪、反人道罪、反人类罪，罪大恶极，罪该万死。按照第二次世界大战胜利后，远东国际军事法庭对此类战犯的审判和处决，川上操六应处以极刑，绞刑处死。

◆ 主要战犯伊东祐亨的战犯罪行纪略

伊东祐亨（1843—1914），日本联合舰队司令官、海军中将，是侵华海军联合舰队的直接指挥官。他是个侵华的急先锋。伊东祐亨积极执行大本营、海军军令部长桦山资纪发出的每一个指令，并极力主动地指挥联合舰队的侵略行动。

1894年7月23日，伊东祐亨奉大本营作战密令，亲自率领联合舰队军舰15艘、水雷艇6艘、侦察舰1艘，由日本佐世保港启航，秘密驶向朝鲜海面，对中国舰只进行海盗突然袭击，击沉高升运兵船，全船700余名官兵葬身海底牺牲；并出动武装小船用机枪向沉船落入海中完全丧失抵抗能力的人进行扫射致死。7月25日晨，在伊东祐亨指挥下，日舰对中国北洋舰队返航的济远、广乙舰发起突然炮击，打死济远大副都司沈寿昌与二副守备柯建章及13名弁兵，打伤广乙舰上官兵20余人，掳走操江舰上全船官兵83人，并掳走饷银20万两。

7月25日至9月12日，伊东祐亨指挥联合舰队船只，四次大规模地护航载运三万余日军去朝鲜进行侵略。

伊东祐亨极力贯彻日本睦仁侵略集团“聚歼清国舰队于黄海”的侵略方针，对舰队进行了第二次改编。9月16日午后5时，伊东祐亨亲率联合舰队本队、第一游击队及赤城、西京丸等大小军舰12艘，由渔隐洞出发，向黄海北部海面搜索游弋，寻找北洋舰队主力决战。17日晨，伊东祐亨命舰队向东北方向的大洋河口进发，发现北洋舰队。伊东祐亨立即命令舰队速用午饭，准备战斗，并布置阵势，以十海里航速向北洋舰队逼近。午后12时50分开始双方激战，至下午

5 时 30 分左右，伊东率残舰退走。战斗历时近 5 个小时，日舰击沉北洋舰队的扬威、致远、超勇、经远 4 舰，翌日又击碎触礁搁浅的广甲舰，打死打伤清舰兵员约 800 余人。

10 月 24 日，伊东祐亨命联合舰队，护送侵华日军第二军的运兵船至辽东半岛的花园口登陆，护运了 12 天，并命联合舰队在海上密切配合第二军作战和屠杀中国人民，使日本侵略第二军得以攻陷金州、大连湾和旅顺，并从海上积极配合实施旅顺大屠杀。

12 月 6 日，伊东祐亨向大本营建议：如欲继续作战，莫如进兵山东半岛，海陆夹击，歼灭北洋水师。大本营接受了此建议，命令伊东祐亨率联合舰队“护送第二军上陆，并与之配合，占领威海卫，消灭敌舰队”。

伊东祐亨派出舰只密往荣成湾侦察，并决定此湾为登陆地点，于 1895 年 1 月 19 日、20 日、23 日分三批运送陆军登陆，使日本侵略军得以从陆路夺取威海卫南北两岸炮台，攻破威海卫后路。同时，伊东祐亨以联合舰队主力，紧紧围堵威海卫港正面，日以继夜地大炮轰击和鱼雷袭击被包围在港内的北洋舰队，致使北洋舰队遭到彻底覆灭。

伊东祐亨是个侵华急先锋，丰岛偷袭、黄海逞凶、威海夹击三次海上大的侵略行动，都是在伊东祐亨的亲自指挥下进行的。日本侵略军之所以能够入侵朝鲜、入侵中国的辽东半岛和山东半岛，都是通过伊东祐亨的联合舰队的护送运输而得逞的。甲午战争前后日本侵略者所犯的一切侵略罪行，都是紧紧地和伊东祐亨及其联合舰队分不开的。

伊东祐亨犯有侵略罪、反和平罪、反人道罪、反人类罪，罪恶滔天，罪该万死。按照第二次世界大战胜利后，中国军事法庭对此类战犯的审判处决，伊东祐亨应被处以极刑，枪毙处死。

◆ 主要战犯野津道贯的战犯罪行纪略

野津道贯（1841—1908），侵华日军第一军第五师团长、陆军中将、后继任第一军司令官，升为大将。

野津道贯是个侵华急先锋，他的第五师团是侵华第一军中的主力部队之一，在入侵中国之前，就对平壤中国守军进行过大屠杀。1894 年 9 月 15 日，野津道贯指挥所部，围攻平壤，打死清军总兵奉军统领左宝贵等将领，打死打伤清军无数。野津道贯还指挥日军，设埋伏，夜间袭击溃退的清军，当晚打死清军 1500 余人，俘虏 683 人（后都被日军处死），制造了平壤血债。

1894 年 10 月 24 日开始，野津道贯指挥所部偷渡鸭绿江，攻陷虎山，打死清军 495 人。

1894 年 10 月 28 日起，至 1895 年 3 月 9 日止，野津道贯指挥所部，先后攻占辽东的九连城、安东、凤凰城、苏甸、长甸、宽甸、岫岩、析木城、海城、缸瓦寨、盖平、牛庄、营口、田庄台等城镇，打死打伤清军无数、杀死无数平民百姓，怂恿部队屠杀、纵火、抢掠、强奸、毁灭。

1894 年 12 月上旬，野津道贯接任日侵略军第一军司令官职，更加肆无忌惮地指挥部下烧杀掳掠，强奸妇女，无所不用其极。仅在攻入牛庄，就打死打伤清军 2000 余人，其中 1/3 以上是平民百姓。俘虏 800 余人后都被日军处死。野津道贯公然鼓励侵略军可以去抢掠，去奸淫妇女，以此作为激发兽军施暴的“香饵”，去“尽可能地犒劳士兵”。侵略军攻入牛庄后，野津道贯命令部队挨户搜查杀戮。而且命令“只准使用刺刀”，以致“执剑挨户搜查”，杀人无数。一个晚上，牛庄被杀的军民就尸积如山，血流成渠，整个城遭到灭顶之灾。一名日本随军记者作了如此记述，他写到：牛庄市里是路旁伏尸相枕，尸积如山，尸山之间流出几条浑浊的血河。走进门里，见院内也堆满了尸体。野津道贯在牛庄制造了骇人听闻的血债。以致外国人都纷纷谴责这种暴行：如此纵杀，殊为残酷。

在攻陷牛庄后，野津道贯又指挥侵略军进攻田庄台，打死军民无数，攻陷田庄台后，野津道贯命令侵略军纵火烧城，将全城的房屋统统烧光，大火烧了几个晚上，烧死和杀死平民 2000 余人。田庄台毁为废墟。

野津道贯犯有侵略罪、反和平罪、反人道罪、反人类罪，血债累累，罪恶滔天，罪该万死。按照第二次世界大战胜利后，中国军事法庭对此类战犯的审判处决，野津道贯应处以极刑，枪毙处死。

◆ 主要战犯桂太郎的战犯罪行纪略

桂太郎（1847—1931），侵华第一军第三师团师团长、陆军中将，是个侵华急先锋，是侵略中国辽东的主要元凶之一。早在 1879 年秋，曾任日本参谋本部骨干分子的陆军中佐桂太郎，就充当过日本特务，与其他十几名特务分子一起，进入中国，进行卑劣的间谍阴谋活动，暗地搜集中国的军制、军备、武器、军队、地理等情报。回国后，根据掌握的情报，写成一份《起草对清作战策》，呈交军事首脑山县有朋。山县有朋于 1880 年，在此《作战策》基础上，再次派遣特务 10 余人进入中国，补充搜集情报，编写了一本《邻邦兵备略》的书，于当年 11 月 30 日呈报天皇睦仁亲阅，得到了睦仁的好评。以后发生的日本侵华的一系列阴谋毒计，这本特务“杰作”起了很大作用。

甲午侵华，桂太郎任师团长的第三师团，成为山县有朋侵华第一军隶属的两个主力师团之一。1894 年 8 月下旬，第三师团的一个混成旅由元山登岸，暂归野津道贯的第五师团指挥，命名为元山支队。1894 年 9 月 15 日，元山支队埋伏于义州大道，用密集枪炮击毙溃逃的清军 1500 余人，俘虏 683 人。

1894 年 10 月 5 日，桂太郎率领侵华第三师团从平壤出发，于 22 日到达义州。10 月 25 日晨，桂太郎率部首先偷渡鸭绿江，侵入中国领土，攻陷虎山，打死清守军 495 人。

从 1894 年 10 月 28 日起至 1895 年 3 月 9 日止，桂太郎指挥第三师团与野津道贯所部，先后侵占九连城、安东、凤凰城、苏甸、长甸、宽甸、岫岩、析木城、海城、缸瓦寨、盖平、牛庄、营口、田庄台等城镇，打死打伤清军无数。其中，仅牛庄清军死伤人数多达 2100 余人，被俘 800 余人。在侵陷田庄台时，纵大火焚烧几昼夜，烧死和杀死军民 2000 余人。

桂太郎犯有侵略罪、反和平罪、反人道罪、反人类罪，血债浑身，罪恶滔天，罪该万死。按照第二次世界大战胜利后，中国军事法庭对此类战犯的审判处决，桂太郎应处以极刑，枪毙处死。

◆ 主要战犯奥保巩的战犯罪行纪略

奥保巩，侵华第一军第五师团长、陆军中将。

日侵华军第一军司令官山县有朋回国，司令职由第五师团长野津道贯接任；第五师团长由奥保巩充任。

奥保巩接任第五师团后，指挥该师团进犯鞍山站。1895 年 3 月 2 日占领鞍山站。3 日，奥保巩率部进犯牛庄，进逼牛庄东北面。4 日，与第三师团合攻牛庄。大炮猛轰，枪弹如雨发，打死打伤清军和居民无数。奥保巩侵略军从牛庄东北冲入市区，大肆杀戮。入夜逐家搜索，杀人无数。奥保巩命令侵略军杀人“只准使用刺刀”。侵略军“执剑挨户搜查，杀人无数”。随第五师团进入牛庄的日本记者，记录了当时日军杀人的残暴凶狠惨状。他在通信中写到：在牛庄市内，路旁伏尸相枕，尸积如山，尸山之间流出几条浑浊的血河。走进门里，见院内也堆满了尸体。

奥保巩指挥所属侵略军与第三师团一起对牛庄人民进行大屠杀，被残杀者据日本方面的调查就达到 2100 余人，其中 1/3 是平民百姓。日本侵略军的暴行令人发指，引起外国人的强烈谴责，说：如此纵杀，殊为残酷。

奥保巩不仅指挥大屠杀，而且公然鼓励侵略军可以去抢掠财富，去奸淫妇女，以此“尽可能地慰劳士兵”。

奥保巩犯有侵略罪、反和平罪、反人道罪、反人类罪，罪恶滔天，罪大恶极。

按照第二次世界大战胜利后，中国军事法庭对此类战犯的审判，奥保巩应处以极刑，枪毙处死。

◆ 主要战犯山地元治的战犯罪行纪略

山地元治（？—1897），日本甲午侵华陆军第二军第一师团长、陆军中将，是甲午侵华战争的主要战争罪犯、旅顺大屠杀的元凶之一。

山地元治是日本侵略集团的主要干将，侵华急先锋。他率领日军从中国大连花园口海滩登陆，入侵旅顺。登陆后连续侵陷篦子窝、刘家店、三十里堡、乾河子、十三里台子、撑衣屯、狍子山、台山、金州等地。所到之处，山地元治都指使怂恿日本兽军大肆杀人，到处放火，强奸妇女，抢劫财物，抓夫奴役，无恶不作，使中国人民遭受到非常残酷的灾难。

特别是山地元治亲自指挥实施的骇人听闻、震惊世界的旅顺大屠杀。山地元治亲自下达了旅顺大屠杀的密令，他在密令中指示日本侵略兽军"见'敌军'一个不留"，"抓住非战斗人员也要杀掉"，"旅顺的男人都格杀勿论"。山地元治在密令中还告诫兽军"不要对外讲"。

在山地元治的密令下，他领导指挥的日本侵略兽军第一军第一师团，在旅顺疯狂地实施了大屠杀，杀人六天五夜，见人就杀，不管是男人、妇女、少女、幼儿、老人、青年、残疾人，统统杀掉。旅顺人口约二万人，全部被杀害，仅仅留下"36人"。为了抬运被杀害的尸体，清理血流成河的街道，才没有杀这36个人。

山地元治在密令中指示兽军杀人要用刺刀杀，于是兽军一个个变成了杀人魔鬼，极其残酷地大屠杀：用刺刀砍头、刺胸、剖腹、掏心肝、断肠子、剁手脚、断手臂、割鼻子耳朵；刺破孕妇的肚皮，挑出胎儿挑死；将人集体捆绑，赶下水塘和海中淹死，未死者再用刺刀刺或用枪击毙；将男人的辫子连接起来，吊在树上吊死……

在屠城的开头两日，杀人达到高峰时，山地元治竟然丧心病狂地召开"庆功会"，庆祝大屠杀的"胜利"。

旅顺大屠杀之后，国际舆论进行了强烈谴责，而山地元治却极力隐瞒，采取极其卑劣的手法百般掩盖杀人真相，施放谎言烟幕，欺骗世界舆论和世界人民。

山地元治是日本军国主义中极力主张侵华的急先锋。在头号战犯睦仁和日本侵华决策集团中的核心分子大山岩组建侵华日军时，山地元治就迫不及待地积极主动要求参加第一批侵华日军赶上侵华战场。为了表示自己的侵华决心，山地元治将自己的爱马献给"宫内省"，以表示要为侵华战死在战场上马革裹尸的决心。在侵华日军离日侵华的诀别会上，山地元治对部属表示，不侵陷北京决不回国。

为了死心塌地侵略中国，山地元治将副官给他编制准备的 500 人《战死名簿》改为 1500 人，以表死战到底的侵略决心。

山地元治是甲午侵华战争中的主要战犯，双手沾满了中国人民的鲜血。所有日本兽军第一军第一师团兽军干下的杀、烧、奸、抢、抓、毁等等极其恶毒的战争罪行，都是在山地元治的命令、指示、怂恿、鼓励下进行的。

山地元治犯下了侵略罪、反和平罪、反人道罪、反人类罪，罪大恶极，罪该万死。按照第二次世界大战胜利后，中国军事法庭对此类战犯的审判处决，山地元治应判处极刑，枪毙处死。

◆ 主要战犯长谷川好道的战犯罪行纪略

长谷川好道（1850—1922），日本甲午侵华战争第二军混成第十二旅团旅团长、陆军少将、旅顺大屠杀元凶之一。

长谷川好道率日军从花园口登陆后，入侵金州，直至大连旅顺。沿途指挥日军杀、烧、奸、抢、毁，无恶不作，侵占中国大片领土，屠杀无数中国人民。特别是旅顺大屠杀，长谷川好道是元凶之一。长谷一进入旅顺，立即指挥日军在全城进行大屠杀，杀了六天五夜，旅顺二万居民被几乎屠杀光，仅留 36 人替鬼子抬尸清场。

长谷川好道指示日军见人就杀，并且指示可以不择手段。在他的指挥下，日军用刺刀刺杀、砍头、劈脑、刺胸、剖腹、掏心、挖肝、割肠、断手臂、剁手足、刺破孕妇肚皮、将胎儿挑出挑死，将人连接起来成群地赶往海中、水塘中，活活将人溺死，未死者又用枪弹射击致死。许多人被活活打死，或活埋致死，或用火烧死，或放军犬咬死……日军杀人手法极其残酷。

在屠杀高峰期间，长谷川好道竟然疯狂地召开所谓“庆功会”，庆祝大屠杀的“胜利”。

旅顺大屠杀遭到国际舆论的强烈谴责，长谷川好道又无耻地指示所属兽军极力隐瞒杀人真相，欺骗世界人民。

在旅顺大屠杀后，长谷川好道的日军编入大山岩的侵略山东半岛的侵略部队，在荣成湾偷渡登陆，入侵威海卫，包围并侵陷威海卫陆路炮台和海岸炮台，攻侵占领威海卫。在入侵山东半岛、入侵威海的侵略作战中，长谷川好道指挥日军疯狂屠杀中国军人和战俘，疯狂屠杀中国平民百姓。

长谷川好道密切配合日本海军舰队从陆海夹击中国守军，消灭中国北洋舰队，使山东半岛军民遭到极大创伤和灾祸。

长谷川好道犯下了侵略罪、反和平罪、反人道罪、反人类罪，罪大恶极，罪该万死。按照第二次世界大战胜利后，中国军事法庭对此类战犯的审判处决，长谷川好道应判处极刑，枪毙处死。

◆ 主要战犯乃木希典的战犯罪行纪略

乃木希典（1849—1912），日本甲午侵华战争第二军第一旅团旅团长、陆军少将，是日本甲午侵华的主要战争罪犯，侵华急先锋，旅顺大屠杀的主要元凶之一。

乃木希典率日军从中国辽东半岛花园口偷渡登陆，入侵金州、大连湾。在攻陷金州后，乃木希典下令关闭城门，禁止行人通行，命令并放纵兽军进行杀、烧、奸、抢、毁。乃木希典率日军先后攻陷盖平、海城、凤凰山、大石桥、太平山、营口、田庄台等地，沿途乃木希典命令放纵兽军杀、烧、奸、抢、毁，中国军民被杀无数，陈尸遍野，大片房屋被烧毁，老少妇女孕妇被奸杀无数。

特别是旅顺大屠杀，更是比野兽还野兽地疯狂杀人，屠城六天五夜，旅顺二万居民几乎被屠杀光，仅留“36人”被强迫抬尸清街。

乃木希典积极执行大屠杀密令，极力鼓动放纵兽军以各种残酷手法，屠杀中国人民：砍头、刺胸、剖腹、掏心、撕肺、断手、剁脚，将刺刀刺破孕妇肚皮，从肚中挑出胎儿在空中摇晃致死，将人一串串捆绑起来，集体赶下海中和水塘中溺死，未溺死者再用枪弹击毙。乃木希典命令日军大屠杀采取刀杀、火杀、水杀、埋杀、咬杀等极其残忍恶毒的杀人手法。

在大屠杀高潮时，乃木希典竟然毫无人性地召开“庆功会”，“庆祝”屠杀胜利，令人发指。

国际舆论对旅顺大屠杀进行揭露和谴责，而乃木希典却无耻地命令日军极力隐瞒真相，欺骗世界人民。

乃木希典犯下了侵略罪、反和平罪、反人道罪、反人类罪，罪大恶极，罪该万死。按照第二次世界大战胜利后，中国军事法庭对此类战犯的审判处决，乃木希典应判处极刑，枪毙处死。

◆ 主要战犯大寺安纯的战犯罪行纪略

大寺安纯（？—1895），日本甲午侵华第二军第十一旅团旅团长、陆军少将，是日本甲午侵华战争的急先锋，旅顺大屠杀的元凶之一。

大寺安纯率日军从中国辽东半岛的花园口偷渡登陆，入侵金州、大连湾，直至侵陷旅顺。沿途大寺安纯指挥日军进行杀、烧、奸、毁，杀死中国军人、战俘和平民百姓无数，纵火烧毁房屋无数，强奸中国妇女无数，抢劫财物无数。

特别是旅顺大屠杀，大寺安纯率日军入侵进入旅顺的当天，立即指挥日军进行大屠杀，屠城六天五夜，将旅顺二万居民不分男女老幼，统统杀光，满城屋内屋外，大街小巷，陈尸遍地，血流成河，仅留“36 人”抬尸清街。

大寺安纯积极执行大屠杀密令，指挥日军不分昼夜，疯狂地屠杀中国人民。在大寺安纯的命令和放纵下，日军个个疯狂地挥刺刀见人就杀。其手法极其残忍：砍头、刺胸、剖腹、掏心、撕肺、挖肝、割肠、断手、剁脚，用刺刀刺破孕妇肚皮，挑出胎儿在尖刀上摇晃取乐，将人一串串捆绑在一起，一群一群地往海里或池塘中赶，用水溺死，未溺死者再用枪弹击毙。大寺安纯指挥日军在大屠杀中采取刀杀、火杀、水杀、埋杀、咬杀等极其残忍恶毒的杀人手法。

在大屠杀高潮中，大寺安纯竟然毫无人性地召开“庆功会”，庆祝杀人“胜利”。

当国际舆论对旅顺大屠杀进行揭露和谴责，大寺安纯急忙命令所属兽军极力隐瞒屠杀真相，欺骗世界人民。

旅顺大屠杀之后，大寺安纯所部编入大山岩的入侵山东半岛的侵略部队，从荣成湾偷渡登陆，入侵威海，侵攻南帮炮台等地，杀死无数中国军人和平民百姓。

大寺安纯在攻占摩天岭炮台时，被中国北洋舰队发射的炮弹击中腹部，当场毙命。大寺安纯被打死是罪有应得，死得好。

大寺安纯犯下了侵略罪、反和平罪、反人道罪、反人类罪，罪大恶极，罪该万死。按照第二次世界大战胜利后，中国军事法庭对此类战犯的审判处决，大寺安纯应判处极刑，枪毙处死。

虽然大寺安纯在这场侵略战争中被击毙，但大寺安纯所犯的战争罪行仍然应该清算，接受军事法庭的审判与处决。

◆ 主要战犯西宽二郎的战犯罪行纪略

西宽二郎（1846—1912），日本甲午侵华第二军第二旅团旅团长、陆军少将，是日本甲午侵华战争的急先锋，旅顺大屠杀的元凶之一。

西宽二郎率日军从中国辽东半岛的花园口偷渡登陆，入侵金州、大连湾，直至侵陷旅顺。沿途西宽二郎指挥日军进行杀、烧、奸、毁，杀死中国平民百姓无数，纵火烧毁房屋无数，强奸中国妇女无数，抢劫财物无数。

特别是旅顺大屠杀，西宽二郎率兽军攻占旅顺的当天，立即指挥日军在全城进行大屠杀，屠城六天五夜，将旅顺全城二万居民不分男女老幼统统杀光，满城屋内屋外，大街小巷，陈尸遍地，血流成河，仅留“36 人”是为了替日军抬尸清街。

西宽二郎积极指挥日军，不分昼夜，疯狂地屠杀，指示杀人可以不择手段：刀杀、火杀、水杀、埋杀、咬杀……杀人手法极其残忍恶毒。日军在西宽二郎的极力怂恿下，用刺刀砍头、劈脑、刺胸、掏心、撕肺、挖肝、割肠、断手、剁脚；用刺刀刺破孕妇肚皮，挑出胎儿，在尖刀上摇晃取乐；将人一串串捆绑在一起，一群一群地往海里或池塘中赶，用水溺死，未溺死者再用枪弹击毙。大屠杀极其残忍，日军在西宽二郎指挥与放纵下，比野兽还野兽地杀人，实在令人发指。

当国际舆论对旅顺大屠杀进行揭露和谴责，西宽二郎竟然无耻地命令兽军不准透露大屠杀，极力隐瞒大屠杀真相，欺骗世界人民。

西宽二郎更加无人性地召开“庆功会”，庆祝杀人“胜利”，并且对日军的屠杀进行嘉奖。

旅顺大屠杀之后，西宽二郎所部编入大山岩的侵略部队入侵山东半岛，从荣成湾偷渡登陆，入侵威海，侵占威海海防炮台，杀死无数中国军人和平民百姓。

西宽二郎犯下了侵略罪、反和平罪、反人道罪、反人类罪，罪大恶极，罪该万死。按照第二次世界大战胜利后，中国军事法庭对此类战犯的审判处决，西宽二郎应判处极刑，枪毙处死。

◆ 主要战犯大岛义昌的战犯罪行纪略

大岛义昌，侵华日军第一军第九混成旅团旅团长、陆军少将，是个侵华急先锋。1894 年 6 月 16 日，大岛义昌统带日本侵略军 4000 余名，乘轮由日本本土出发，开赴朝鲜，在仁川登陆，入侵朝鲜。同年 7 月 23 日清晨，“大岛率兵驰入汉城，沿途发炮，直抵王宫，予以包围”。

1894 年 7 月 23 日，大岛义昌率部对朝鲜牙山成欢驿清军发起突然袭击，不宣而战，造成清军伤亡 100 余人。清军被迫由偏道撤退，途中死亡 100 余人。

在围攻平壤的侵略战中，大岛义昌指挥混成第九旅团，包围并进攻平壤东南。9 月 15 日，向船桥里发起攻击，受挫阻。晚上清军撤出平壤，遭日军伏击，死 1500 人。

大岛义昌率部自朝鲜义州偷渡过鸭绿江，侵略中国领土。1894 年 10 月 26 日入侵九连城。此后，大岛义昌所部与其他部侵略军一起，攻陷辽东多城。其部队烧、杀、奸、抢、毁、抓，无所不施其极。中国军民被其部杀者无数。

1895 年 3 月 3 日，大岛义昌受命任前卫司令官，率部进犯牛庄。大岛指挥进攻牛庄东北角，攻入牛庄，与其他部一起，残杀和打伤中国军民 2000 余人，俘 800 余人。后被俘人员都被日军处死。

大岛义昌犯有侵略罪、反和平罪、反人道罪、反人类罪，血债累累，罪该万死。按照第二次世界大战胜利后，中国军事法庭对此类战犯的审判处决，大岛义昌应处以极刑，“枪毙”处死。

◆ 主要战犯立见尚文的战犯罪行纪略

立见尚文，侵华日军第一军第十旅团旅团长、陆军少将，是个侵华急先锋，是侵华第一军主力部队之一。在平壤战中就非常凶恶地杀戮中国军人和朝鲜人民。立见尚文率部由汉城东北出发，包围平壤北面，向平壤北城发起攻击，侵占牡丹台，炮轰打死总兵左宝贵及其以下官兵无数，攻入平壤玄武门。清军入夜撤出，遭日军伏击，清军死亡2000余人。

1894年9月24日，立见尚文充当侵华第一军先锋队，由平壤侵入义州。

10月24日，立见尚文率部侵过鸭绿江，侵入中国辽东领土，围攻虎山，立见部与其他侵略部队，攻陷虎山，打死清军495人。

在侵略辽东诸城战争中，立见尚文部所到之处，无不大肆杀戮中国军民、强奸妇女、纵火烧房、抢掠财富、打砸毁灭城镇，可谓血债累累。

立见尚文犯有侵略罪、反和平罪、反人道罪、反人类罪，罪恶滔天，罪该万死。按照第二次世界大战胜利后，中国军事法庭对此类战犯的审判处决，立见尚文应处以极刑，枪毙处死。

◆ 主要战犯大迫尚敏的战犯罪行纪略

大迫尚敏，侵华日军第一军第五旅团旅团长、陆军少将，是个侵华急先锋，是侵华第一军的主力部队之一。

在朝鲜平壤的侵略战中，大迫尚敏部从平壤西北道堵截清军，以断清兵归路。大迫尚敏率部埋伏于道路两旁，清兵夜间撤退时，遭到大迫尚敏部的伏击，打死打伤清兵2000余人，情状十分残忍。大迫尚敏是制造这起血债的元凶。大迫尚敏部担任偷渡鸭绿江安平河口的任务，打死守军20余人。渡江后抢占虎山东面高地，与其他日侵略军一起包围并攻陷虎山，打死清军500余人。

日本侵略军连续进攻辽东诸城战争中，大迫尚敏部作为主力之一，先后攻占大东沟、大孤山、岫岩、析木城、海城，打死打伤清军无数。大迫尚敏部攻陷缸瓦寨，打死清军500余人；接着攻占鞍山站，攻陷牛庄，在牛庄打死打伤清军1700余人，俘700人，并处死全部被俘人员；攻陷田庄台，纵火烧光了整个市区的所有房屋，军民死伤无数。大迫尚敏部所侵犯之处，无不烧、杀、抢、奸、毁，犯下十分严重的罪行。

大迫尚敏犯有侵略罪、反和平罪、反人道罪、反人类罪，罪大恶极，罪该万死。按照第二次世界大战胜利后，中国军事法庭对此类战犯的审判处决，大迫尚敏应处以极刑，枪毙处死。

◆ 主要战犯小村寿太郎的战犯罪行纪略

小村寿太郎（1855—1911），日本甲午侵华战争前夕任日本驻华公使。日本挑起甲午侵华战争、攻陷中国安东后，他担任“军事民政厅”民政长官。

小村寿太郎是一个极端侵华分子，对日本发动甲午侵华战争起了很大的促进作用。他积极执行伊藤博文、陆奥宗光的一系列对华外交阴谋，要尽欺骗、威胁、恐吓的卑劣手法，为积极促成日本甲午侵华充当外交急先锋。

小村寿太郎任职民政长官时，实行了一系列统治压迫中国人民的殖民政策和措施，加紧镇压中国人民，给辽东人民带来空前的灾难。

小村寿太郎犯下了侵略罪、反和平罪、反人道罪、反人类罪，罪大恶极。罪该万死。按照第二次世界大战胜利后，中国军事法庭对此类战犯的审判处决，小村寿太郎应判处极刑，枪毙处死。

参考书目

[1] 王芸生：《六十年来中国与日本》
[2] 戚其章：《甲午战争史》
[3] 关捷：《旅顺大屠杀研究》
[4] 范文澜：《中国近代史》
[5] 孙克复、关捷：《甲午中日海战史》
[6] 中国科学院近代史研究所：《帝国主义侵华史》
[7] 中国科学院近代史研究所：《近代史研究》
[8] 北京师范大学历史系中国近代史组：《中国近代史资料选编》
[9] 王芸生：《台湾史话》（修订本）
[10] 大连市政协：《大连文史资料选辑》
[11] 程栋、崔光弼：《甲午战争全景纪实》
[12] 张明金：《甲午国殇（1894—1895）》
[13] 关捷等主编：《中日甲午战争全史》第 6 卷人物篇
[14] 相关报刊文章

后 记

这本书我是从2005年9月——日本投降抗日战争胜利和“二战”胜利60周年时动笔的，断断续续，写了两年多时间，实际写作时间大约一年多。书稿最后一页总算写完了，搁笔舒腰，顿觉轻松。掩卷闭目，默然沉思，不禁悲愤交集，怒潮澎湃，思绪难平。日本甲午大屠杀惨景，幕幕又重现于眼帘。

我已是八十多岁耄耋之年的老人了，原本可以养尊处优、安享晚年，乘改革开放带来的春风度过暮年。但是，一个叫小泉纯一郎的日本人不让我安静下来。他在任日本首相期间，竟然不顾中国、韩国和国际舆论的强烈反对，而一意孤行，悍然一而再、再而三地顽固坚持参拜供有日本甲级战犯灵牌的靖国神社，完全置日本战犯们曾经穷凶极恶地屠杀中国人民、亚洲各国人民和欧美人民，全身浸透人民鲜血的可耻犯罪行径于不顾，置中国人民及其他各国人民的深刻伤痛于不顾。这种极其反动、极不道德、极其卑劣的倒行逆施，极大地伤害了中国人民也包括我这个老人的感情，使原本受到惨痛创伤、永远难以愈合的“疮口”，再被撒上了一把盐、二把盐、三把盐……痛上加痛，无疑又是一次屠杀。

仅从1894年日本甲午侵华算起，至1945年日本无条件投降，日本侵略了中国52年，实际上，从1874年日本首次入侵台湾始，日本屠杀中国72年，使中国国破家亡，中国人民达2/3世纪以上的长时间，处在水深火热的惨状之中，遭到灭顶之灾。日本对中国人民犯下的罪行，可谓罪恶滔天，罪该万死。即使按一个国家的普通法律，杀人者也必须判以死刑。而日本长期侵华，杀人如麻，血流成河，尸骨堆山。仅在14年全面侵华期间，直接被杀的中国人达3500万人，而间接被杀者则高达9000万人。日本侵略者触犯的已不是一般的刑事法律，而是犯下反人类罪、反人道罪、反和平罪、侵略罪，并且犯罪时间长达半个世纪以上。遗憾的是对这一群大大小小的杀人魔鬼野兽，除了“二战”时期几名甲级战犯受到绞刑处死外，绝大多数屠杀人民的刽子手，包括甲午侵华战争中的战争罪犯却未曾受到任何惩罚，他们一直逍遥法外。

日本无条件投降后，中国是以德报怨，以恩待仇：将日本侵入中国14年、残杀中国人民、全身沾满鲜血的一百多万刽子手军队，平安地护送回日本；也将百万的非军日本人平安地遣回了日本；收留抚养被日本军人遗弃在中国的大批大批日本妇女、儿童、婴儿；放弃战争赔偿，这种赔偿用日本全国的全部财政收入至少要赔上100年还不够。

中国对日本这一系列极其宽大的政治胸怀和高尚道德，换来的是什么？换来的不是日本的友好，换来的是日本首相顽固地参拜供奉甲级战犯的靖国神社；换来的是日本要翻“二战”时判处日本战犯的铁案；换来的是否定侵略历史、篡改和美化侵略历史；换来的是一系列染指侵犯中国主权的倒行逆施；换来的是日本妄想东山再起，重圆其“大东亚共荣圈”的旧梦。

是可忍，孰不可忍！

我和广大人民群众一样，对日本侵略中国，给中国人民造成的莫大灾难原来不想去想，因为那太悲痛伤心了。日本投降后，几十年来对日本侵略中国铸成的血海深仇，我几乎都给忘记了，逐年淡薄，逐年淡忘。可是，日本首相小泉纯一郎不让我们去淡忘，他硬要去参拜，而每次参拜都会勾起中国人民包括我在内的无比痛楚和愤怒。看来想忘却过去的悲痛和仇恨是不可能的了。因为日本人不容许我们忘掉它！

以日本首相小泉为代表的一群人的逆历史潮流而动的反动行径，激发了中国人民已经淡忘了的记忆；激发了中国人民对日本在中国犯下滔天罪行的重新声讨；激发了中国人民必须永远记住日本对中国的侵略罪行；激发了中国人民要更加努力建设强大的国防、更加团结一致地加速中华民族的伟大复兴。

我虽已年迈，我要重新唤醒我的记忆，和史学界的朋友一起，用我的老腕提笔，来记述日本侵华屠族的血海史，目的是让这段惨痛的国耻血史留给子孙后代，永远不要忘记它；要永远警惕这个危险的邻居——日本。忘记了过去，就是自杀，就是再被屠杀！

拜鬼勾发东洋恨，
老腕奋笔记血仇。
留得耻史警后世，
不让豺狼重蹦蹂。

这就是我在暮年编写这部血史的动因。

本书资料来源主要选自国内著名史学专家、学者的相关专著及报刊登载的相关文章，其中有王芸生先生的《六十年来中国与日本》《台湾史话》，戚其章先生的《甲午战争史》，关捷先生的《旅顺大屠杀研究》，范文澜先生的《中国近代史》，孙克复、关捷先生的《甲午中日海战史》，中国科学院近代史研究所编写的《中国近代史资料选编》《近代史研究》，大连市政协编辑的《大连文史资料选辑》，张明金先生的《甲午国殇（1894—1895）》，关捷先生等主编的《中日甲午战争全史》第6卷人物篇以及相关报刊文章等。书中所刊图片引自程栋先生主编、崔光弼先生编撰的《甲午战争全景纪实》。本书选引了以上这些著作中的许多珍贵资料，对此本人表示衷心的感谢。

本书在出版过程中，得到友人和家人的大力帮助，这里一并表示诚挚的谢意。书中，有关本人的观点、评述，只是表达个人的一些意见，不当之处敬请读者批评指正。

八旬老人李国俊